Cartas y Manuscritos no publicados en Español anteriormente

Eventos del Tiempo Final

Testimonios Específicos colocados en diferentes asuntos del tiempo del fin. Cuando fueron publicados en 1988, más del 70% del material de los testimonios no había sido publicado. Esta edición no es la misma que el libro que la Conferencia General publicó bajo un título similar.

Elena G. de White

Indy Pub

ISBN: 9781087900353

Copyright©2020

Contenido:

INTRODUCCIÓN 5

Capítulo 1—El Amor de Dios por el Remanente 7

Capítulo 2—Evangelismo 9

Capítulo 3—Las Ciudades 14

Capítulo 4—El Régimen Alimenticio, La Salud Y Las Drogas. 26

Capítulo 5—Fuerzas Opositoras 42

Capítulo 6—La Apostasía 56

Capítulo 7—La Lluvia Tardía 67

Capítulo 8—El Mensaje del Tercer Ángel y Apocalipsis 18 70

Capítulo 9: La Línea de Separación 90

Capítulo 10—La Cuestión del Sábado vs Domingo 102

Capítulo 11—La Persecución 139

Capítulo 12—La Lucha Final 144

Capítulo 13—El Tiempo Final 181

Capítulo 14—Las Calamidades 219

Capítulo 15—El Juicio y Castigo. 222

Capítulo 16—Cristo Viene. 228

Capítulo 17—De Pie ante Dios. 233

Capítulo 18— Las Cosas Celestiales 242

INTRODUCCIÓN

Los escritos de Elena G. de White incluidos en este volumen tratan específicamente del tema del tiempo del fin. Estos testimonios son vitalmente importantes para el pueblo de Dios en la actualidad, siendo que muy pronto enfrentaremos, si es que ya no lo estamos haciendo, los eventos delineados por la mensajera de Dios para el remanente.

Ella presenta claramente los sucesos del fin, algunos de los cuales se están cumpliendo ahora. Muchos, aun en la iglesia, serán tomados por sorpresa, pues se han quedado dormidos. No están velando y esperando pacientemente, observando las señales de los tiempos; en parte porque no sabían que estos testimonios existían.

La mayor parte del contenido de este libro no ha sido publicado hasta ahora, por lo tanto, no lo encontrará en otras fuentes. Muchos libros han usado parte de este material y se los menciona en las referencias. En muchos casos se encontrará que ciertas porciones han sido editadas en estos libros y estas joyas pueden encontrarse aquí.

Es gracias al amor y a la misericordia infinita de nuestro Dios, quien ha abierto estas verdades a su mensajera y quien fielmente las ha registrado para amonestar y ayudar a preparar a su pueblo para lo que ha de venir. Es sólo por su gracia que este material está disponible hoy. Hay poderes y agentes a quienes les encantaría mantener escondido este valioso material. Ellos preferirían mantener al pueblo de Dios en la oscuridad y la ignorancia con relación a estos testimonios, y sin duda, estos junto con otros se sentirán molestos contra esta publicación. Pero el pueblo de Dios debe saber lo que se nos ha revelado.

Los testimonios están arreglados por temas y en cierta medida en un orden cronológico, sin por ello dejar de entender que algunos de los temas son actuales y no necesariamente deben ser limitados al orden dado. Para mantener el tema en mente, sólo se han usado las porciones de sus escritos que tratan de los días finales mientras que el resto de los testimonios han sido omitidos para conservar el material en un volumen razonable.

Es mi sincera oración que al leer y estudiar este material inspirado, clamando fervientemente a Dios por su Espíritu y sabiduría, pueda estar mejor preparado para permanecer firme en defensa de la verdad a través de los últimos días tormentosos y difíciles. Y llegue a ser uno de sus escogidos que no se dejarán engañar haciendo de la carne su apoyo. Jeremías 17:5 y Salmos 118:8.

Capítulo 1—El Amor de Dios por el Remanente

Cristo amó a la raza humana, y su amor lo movió a sacrificar su propia felicidad por el bien de otros. Él tomó sobre sí mismo la naturaleza humana para combinar el poder divino con la debilidad humana. Aunque le costó un gran sacrificio, estuvo dispuesto a humillarse para ennoblecer a la raza humana y para que todos los que crean en él sean partícipes de su gloria, honor y bendiciones. La manifestación de su amor será uno de los grandes secretos que revelará la eternidad. —*Carta 30, del 29 de Enero de 1895.*

Nosotros nunca estamos solos. Jamás podremos hacer aunque sea un mínimo esfuerzo para avanzar la obra de Dios en nuestro mundo, sin que ese acto vibre en todo el universo y nos haga colaboradores de Dios, y al estar unidos con los principados y potestades celestiales, nuestros sentimientos más profundos serán subyugados...

Nunca estamos lejos de los sentimientos de Dios. Dios es nuestro gozo y nuestra salvación. Los profetas antiguos hablaron más para nuestro tiempo que para el suyo propio, de manera que sus profecías siguen en vigor. "Estas cosas les sucedieron como ejemplo, y fueron escritas para advertir a los que han llegado al fin de los siglos" (1 Corintios 10:11). "A ellos, que no ministraban en beneficio propio, sino en nuestro favor, les fue revelado este mensaje que ahora os anuncian los que os predican el evangelio por el Espíritu Santo enviado del cielo; mensaje que aun los ángeles ansían contemplar" (1 Pedro 1:12). La Biblia ha sido su libro de estudio. Está bien que lo sea, porque es el verdadero consejo de Dios, y es el conductor de todas las santas influencias que el mundo ha contenido desde la creación. Tenemos el relato animador de que Enoc caminó con Dios. Si Enoc caminó con Dios, en esa época de degeneración justamente antes de la destrucción del mundo por el diluvio, debemos recibir valor y ser estimulados con su ejemplo, en el sentido de que no necesitamos ser contaminados por el mundo, sino que, en medio de todas sus influencias y tendencias corruptoras, podemos caminar con Dios. Podemos tener la mente de Cristo. Enoc, séptimo desde Adán, estuvo profetizando siempre la venida del Señor. Este gran acontecimiento le había sido revelado en visión. Abel, aunque muerto, está siempre hablando de la sangre de Cristo, que es la única que puede perfeccionar nuestras ofrendas y nuestros dones. La Biblia ha acumulado y reunido sus tesoros para esta última generación. Todos los grandes eventos y las solemnes transacciones de la historia del Antiguo Testamento, han sido repetidos y se están repitiendo en la iglesia en estos últimos días. Dios ha enriquecido al mundo en estos días finales en proporción al aumento de la impiedad; si sus hijos sólo echaran mano de su don inapreciable y vincularan todo su interés con el Señor. No debe haber ídolos acariciados y no necesitamos temer lo que vendrá, sino encomendar el cuidado de nuestras almas a Dios, como a un Creador fiel. Él guardará lo que se encomiende a su cuidado. —*Carta 74a, del 1 de Marzo de 1897.*

El pueblo que Dios ha escogido se enfrentará con hombres que ocupan cargos administrativos que no tienen la Palabra de Dios como su guía y consejera, sino que siguen sus impulsos indisciplinados e impenitentes. Aquellos que han decidido ser fieles, leales y obedientes a los mandamientos de Dios sabrán por experiencia propia que tienen adversarios impulsados por el poder de las tinieblas... los discípulos de Cristo, al igual que su Maestro, serán tentados incesantemente; pero Cristo será su refugio, como lo fue para la viuda importuna...

El que habita en el santuario celestial juzga justamente. Se deleita más en su iglesia que lucha contra la tentación en este mundo, que en los imponentes ejércitos de ángeles celestiales que rodean su trono. Aquellos que no luchan contra sangre y carne, sino contra principados, contra potestades, contra los gobernadores de las tinieblas de este siglo, contra huestes espirituales de maldad en las regiones celestes, son el motivo de su especial cuidado...

El general de los ejércitos con sus ángeles que sobresalen en fortaleza está con su pueblo en el campo de batalla. El adversario de las almas está determinado a oponerse a todos los que están afirmados en la plataforma de la verdad eterna; los que en este tiempo peligroso levantan el estandarte inscrito con "los mandamientos de Dios y la fe de Jesús". Pero podemos estar seguros que Cristo lucha con su ejército. Él mismo conduce a sus seguidores a la batalla. Manténgase inmutable en esta hora de peligro. Cristo renovará las fuerzas de cada soldado fiel. —*Manuscrito 33, de Marzo de 1898.*

Dios tenía una iglesia cuando Adán, Eva y Abel recibieron con gozo las buenas nuevas de que Jesús era su Redentor. Comprendieron tan plenamente entonces como ahora, la promesa de la presencia del Señor en medio de ellos. Dondequiera que Enoc se encontraba con uno o dos que estuvieran deseosos de oír el mensaje que tenía para ellos, Jesús se les unía en su adoración. En los días de Enoc, entre los inicuos habitantes de la tierra, había algunos que creían. Sin embargo, el Señor nunca dejó a sus pocos fieles sin su presencia, ni al mundo sin un testigo...

Enoc caminó con Dios, pero la historia sagrada dice lo siguiente del mundo que lo rodeaba: "Y vio Jehová que la maldad de los hombres era mucha en la tierra, y que todo designio de los pensamientos del corazón de ellos era de continuo solamente al mal". La vida recta de Enoc estaba en marcado contraste con los impíos que lo rodeaban. Su piedad, su pureza y su integridad invariable fueron el resultado de su caminar con Dios, al paso que la impiedad del mundo fue el resultado de su caminar con el engañador de la humanidad. Nunca ha habido y nunca habrá una era donde la oscuridad moral sea tan densa como cuando vivió Enoc una vida de rectitud irreprochable. —*Manuscrito 43, del 2 de Agosto de 1900.*

Cristo, dirigiéndose a su iglesia dijo: "Otra vez os digo, que si dos de vosotros se pusieren de acuerdo en la tierra acerca de cualquiera cosa que pidieren, les será hecho por mi Padre que está en los cielos. Porque donde están dos o tres congregados en mi nombre, allí estoy yo en medio de ellos" (Mateo 18:19-20). Quien profesa ser cristiano pero no practica el cristianismo, no está incluido en esta promesa. —*Manuscrito 9, del 10 de Febrero de 1908.*

Capítulo 2—Evangelismo

Nuestra vida aquí es un breve período nada más ¿para qué y por quién estamos viviendo y trabajando? ¿Cuál será el resultado de todo? Lo que seamos en el corazón se revelará en el carácter y ejerceremos una influencia sobre aquellos con quienes nos asociamos. Nuestras palabras y acciones, son un sabor de vida para vida o de muerte para muerte. Y en el juicio seremos puestos frente a frente con aquellos a quienes debimos haber ayudado en los caminos rectos y seguros mediante nuestras palabras elegidas y consejos, si hubiéramos tenido una conexión diaria con Dios y un interés permanente y vivo en la salvación de sus almas. —Carta 27, del 29 de Mayo de 1892.

Deseo decirle que me he sentido tristemente defraudada por los recortes preparados para libros como la Vida de Cristo (El Deseado de todas las gentes). Considero que si el hermano "A" acepta tales imágenes, sus ojos y gustos han perdido su agudeza mental. No puede esperar que me agraden dichas reproducciones. Observe minuciosamente estas figuras y verá que fueron copiadas de diseños católicos o fueron hechas por artistas católicos. El cuadro de María tiene la fisonomía de un hombre, a Cristo se lo representa con dos dedos prominentes mientras que los otros están cerrados, es un símbolo totalmente católico y me opongo a esto. Veo poca belleza en los rostros de las personas. Los paisajes y escenas de la naturaleza no son censurables pero jamás podría descansar mis ojos sobre los rostros en el cuadro sin sentir dolor.

Preferiría no tener ninguna ilustración antes que tener retratos que no son más que desfiguraciones de la verdad. Ésta es mi opinión. ¿Dónde está el ojo discernidor? Sería mejor pagar un precio doble o triple para tener ilustraciones que no perviertan los hechos, si es que hemos de tenerlas. Hubiera preferido que no se esforzaran en poner ilustraciones, sino más bien que distribuyeran el libro y permitieran que éste hable por sí mismo. Considero que los rostros en esas escenas están tan pobremente representados que es una perversión de los hechos.

Si éste es el trabajo de "A", no puedo aceptarlo como diseñador, y si él puede aceptar esas representaciones, no puedo respetar ni honrar su juicio. No perjudique mi libro con desfiguraciones que rebajan los hechos y el contenido que representa. El hermano "A" necesita santificar sus sentidos para entender la espiritualidad de la verdad. Es posible que esté estudiando las artes europeas, pero en casi todos sus diseños se verán rasgos católicos. —Carta 81a, del 20 de Diciembre de 1897.

Si aquellos que conocen la verdad, la verdad presente para este tiempo, comprendieran su deber individual de comunicar la luz que el Señor bondadosamente les ha dado a los que aún no la conocen, se acercarían más al propósito de Cristo. Serían su luz, penetrando la oscuridad del error que cubre el mundo religioso y que es tan densa como la oscuridad que envolvía a la nación judía en los tiempos de Cristo.

¿Seguirán los adventistas del séptimo día la misma senda de la nación judía? ¿Será el mensaje para la iglesia de Laodicea aplicable a este pueblo? ¿Aquellos que han visto gran luz, que han tenido grandes oportunidades y privilegios, dejarán de servir como testigos de Cristo? Los que conocen la verdad, pero que no sienten la responsabilidad especial de revelar las obras correspondientes, serán como el siervo infiel que conociendo la voluntad de su amo no la cumplió.

El Señor ha determinado que cada alma convertida dé testimonio de él. La luz que ha sido dada individualmente a los miembros de su iglesia debe brillar, no sólo en palabras sino en buenas obras. Cada alma debe utilizar todo talento que se le haya confiado. Los que no usaron sus talentos en el servicio de Dios, tendrán que rendir cuenta por no haberlos aprovechado y por no haberlos invertido como Dios exige de sus mayordomos. El Señor demandará de las manos de aquellos que no hicieron nada para mejorar el servicio a Dios, los talentos que debieron haber invertido como buenos mayordomos. Cada rayo de luz, de habilidad, de influencia, debe ser usado no para la complacencia propia, sino para el Señor. Debemos estar unidos con Cristo en perfecta obediencia a la ley de Dios, que es santa, justa y buena. En consecuencia, los miembros del pueblo de Dios desarrollarán un carácter de creciente consagración, eficacia y tacto y participarán como colaboradores de Dios.

¿Por qué muchos son tan tardos en reconocer el trabajo que ellos deberían hacer para buscar y salvar lo que se había perdido? Considere con oración lo que debe hacer. Acabe con la indolencia. Dedíquese a la labor personal. Los que ministran en palabra y doctrina hacen demasiada labor en favor de las iglesias, que éstas deberían hacer por sí mismas. Los miembros de la iglesia deben llevar el peso de la responsabilidad. Deben mantener sus propias almas en el amor de Dios ejercitando todo el poder que está a su alcance. Por ejemplo y precepto deben dar testimonio del poder de la verdad y de la gracia de Cristo que obra en los corazones humanos. Esto indicará que la verdad del séptimo día, el sábado, es una señal entre ellos y su Dios. La obediencia a la observancia del sábado testifica de la santificación recibida a través de ella.

En muchas de nuestras iglesias organizadas, el estandarte de la verdad se arrastra en el polvo porque los miembros no están sirviendo a Dios, sino que sirven a sus propios intereses. Ellos trabajan a través de las influencias que rodean el alma. Por precepto y ejemplo: en su complacencia propia, en su manera mundana de vestir, en sus palabras y acciones, testifican contra la verdad, contra la abnegación, contra la mansedumbre de Cristo. Están espiritualmente fríos y completamente separados de Cristo. Si siguieran en los pasos de Cristo serían partícipes de su abnegación, de su sacrificio y podrían elevar y salvar a las almas que están listas para perecer.

Los talentos confiados a los hombres pueden ser usados de una manera no consagrada, haciendo buenas obras por impulso, de una manera casual, rehusando ver las oportunidades que están a mano y que debieran exigir su atención. Muchos practican esporádicamente la abnegación y el sacrificio. Necesitan buscar la sabiduría que viene exclusivamente de lo alto. Deben consultar a su Líder, orar mucho más, confiar más en Jesucristo para que su Espíritu Santo pueda obrar en ellos, revelando un servicio íntegro que Dios pueda aprobar y que sea de beneficio y bendición para muchas almas. La consagración a Dios de todas nuestras palabras y acciones nos hace sus testigos. Desarrolla un carácter que es el resultado de apreciar la verdad en todos sus principios. La verdad no es una ventaja barata; es oro precioso refinado en fuego...

El talento que el siervo inútil escondió en la tierra, era del Señor y se lo había encomendado para que él lo usara. Debía invertirlo para ganar otros talentos. Nuestra vida debe ser una vida de servicio diligente y eficaz a Dios. Aquellos que no sienten ninguna obligación de representar la verdad en su vida y carácter, quienes no testifican del poder de la gracia de Cristo revelando la reforma que él ha efectuado en ellos, no exaltan la ley de Dios ante aquellos que por sus malos principios demuestran su carácter al invalidar su ley. El pueblo que verdaderamente guarda los mandamientos de Dios, muestra al mundo un carácter de integridad inmaculada, testificando por su proceder que la ley del Señor es perfecta y que convierte el alma. Por eso el Señor Jesús, el Hijo de Dios, por medio de su obediencia exaltó y honró la ley de Dios. Ciertamente Dios condenará a todo miembro de iglesia que afirme ser adventista del séptimo día pero que no le sirve, sino que por su orgullo, egoísmo y mundanalidad, demuestra que la verdad de origen celestial no ha obrado una reforma en su carácter.

Por favor lea detenidamente Apocalipsis 3:19-21. Se oye la voz de Jesucristo diciendo: "Yo reprendo y disciplino a todos los que amo. Sé, pues, celoso, y arrepiéntete. Yo estoy a la puerta y llamo. Si alguno oye mi voz y abre la puerta, entraré a su casa, y cenaré con él, y él conmigo. Al que venza, le daré que se siente conmigo en mi trono; así como yo he vencido y me he sentado con mi Padre en su trono".

¿Prestarán las iglesias atención al mensaje de Laodicea? ¿Se arrepentirán o seguirán pecando a pesar de la solemne misión de presentar la verdad del mensaje del tercer ángel que se está proclamando a todo el mundo? Éste es el último mensaje de misericordia, el último mensaje de advertencia a un mundo caído. Si la iglesia de Dios es tibia, no será aprobada por Dios, así como las otras iglesias que cayeron y se convirtieron en habitación de demonios y cueva de todo espíritu inmundo y jaula de todo pájaro repugnante y abominable. Aquellos que han tenido la oportunidad de oír y recibir la verdad; que se han unido a la iglesia adventista del séptimo día diciendo ser el pueblo de Dios que guarda los mandamientos, pero que no poseen más vitalidad ni más consagración a Dios que las iglesias nominales, recibirán las plagas de Dios tan ciertamente como las iglesias que se oponen a su ley. Sólo aquellos que se santifiquen en la verdad, constituirán la familia real en las mansiones celestiales que Cristo ha ido a preparar para los que lo aman y guardan sus mandamientos.

"El que dice: „Yo le conozco" y no guarda sus mandamientos es mentiroso, y la verdad no está en él" (1 Juan 2:4). Esto incluye a todos los que afirman tener un conocimiento de Dios y guardar sus mandamientos, pero que no lo manifiestan por sus buenas obras. Ellos serán recompensados según sus obras. "Todo el que permanece en él, no sigue pecando. El que sigue pecando, no lo ha visto, ni lo ha conocido" (1 Juan 3:6). Esto va dirigido a todos los creyentes, incluso a los miembros de las iglesias adventistas del séptimo día. "Hijos míos, que nadie os engañe. El que practica la justicia es justo, como Cristo es justo. En cambio, el que practica el pecado es del diablo, porque el diablo peca desde el principio. Para esto se manifestó el Hijo de Dios, para deshacer las obras del diablo. Todo el que ha nacido de Dios, no sigue pecando, porque la vida de Dios está en él. No puede seguir pecando, porque ha nacido de Dios. En esto se ve quiénes son hijos de Dios y quiénes son hijos del diablo. El que no practica la justicia, ni ama a su hermano, no es de Dios" (Versículos 7-10).

Todos los adventistas que afirman estar guardando el sábado y continúan pecando, son mentirosos a la vista de Dios. Su proceder pecaminoso contrarresta la obra de Dios y conduce a otros al pecado. Dios le dice a cada miembro de iglesia:

"Enderezad el camino para vuestros pies, para que el lisiado no se desvíe, antes sea sanado. Seguid la paz con todos, y la santidad, sin la cual nadie verá al Señor. Mirad bien que ninguno se aparte de la gracia de Dios, que no brote ninguna raíz de amargura que os impida, y por ella muchos sean contaminados. Que ninguno sea fornicario ni profano como Esaú, que por una sola comida vendió su primogenitura. Porque ya sabéis que después, quiso recibir la bendición, pero fue rechazado y no pudo cambiar el sentimiento de su padre, aunque lo procuró con lágrimas" (Hebreos 12:13-17).

Esto se aplica a muchos que dicen creer la verdad. En lugar de abandonar sus prácticas desenfrenadas, se aventuran en una rama errónea de educación, bajo los sofismas engañosos de Satanás. No disciernen cuán pecaminoso es el error. Sus mismas conciencias están contaminadas, sus corazones están corrompidos; hasta sus pensamientos día a día son impuros. Satanás los usa para cautivar y seducir a las almas a realizar prácticas indecentes que contaminan el ser entero. "El que rechaza la Ley de Moisés, por el testimonio de dos o tres testigos, muere sin compasión. ¿Cuánto mayor castigo merecerá el que pisotea al Hijo de Dios, tiene por impura la sangre del pacto en la que fue santificado y afrenta al Espíritu de gracia? Pues sabemos quién dijo: „Mía es la venganza, yo retribuiré". Y agrega: „El Señor juzgará a su pueblo". ¡Horrenda cosa es caer en las manos del Dios vivo!" (Hebreos 10:28-31). —*Carta 35, del 1 de Enero de 1898.*

La obra del ministro sería incompleta si no preparara a las personas recién convertidas a la fe para que sean colaboradoras de Dios, para visitar y orar con las familias, y para mostrar al mundo lo que Jesús ha hecho por ellas. La Palabra de Dios declara: "La religión pura y sin mancha ante Dios el Padre es ésta: Visitar a los huérfanos y a las viudas en sus tribulaciones, y guardarse sin mancha de este mundo" (Santiago 1:27). Estas palabras están dirigidas no sólo al pastor sino a cada seguidor de Cristo.

Hay muchos holgazanes en nuestras iglesias que presentan excusas para estar ociosos. Dios no sólo llama al ministro para trabajar en su viña, sino también a cada alma conectada con él... Si usted no trabaja como un fiel misionero, es infiel a su cometido y defrauda a su Salvador...

Ni su misión ni mi cometido cesarán en esta vida. Por un corto tiempo podremos descansar en la tumba, pero cuando seamos llamados, continuaremos nuestra labor en el reino de Dios para perfeccionar la gloria de Cristo. Pero esta obra santa debe comenzar aquí en la tierra. —*Manuscrito 48, del 29 de Marzo de 1899.*

El Señor utiliza en su obra una gran variedad de talentos. Dios emplea en su servicio a todo aquel que esté convertido y santificado: al expatriado inculto, al pagano, al europeo, al esclavo. Le pertenecen a Cristo por creación y redención, no importa quiénes sean. No hay clases sociales en el cielo. Todos los que creen en Cristo como su Salvador personal no importa su posición; ya sean superiores o inferiores, ricos o pobres, negros o blancos, pertenecen a Cristo, quien los ha comprado por precio. Si se han convertido del pecado a la santidad son miembros de la familia real, hijos del Rey Celestial, herederos de Dios y coherederos con Cristo y sus amados hermanos que andarán con él vestidos de blanco porque son dignos. —*Carta 165, del 22 de Octubre de 1899.*

Pedro, Santiago y Juan dejaron sus redes de pescar para seguir a Cristo. Y hoy, hombres y mujeres dejarán sus profesiones para proclamar el mensaje del evangelio. Multitudes serán reunidas en el alfolí. Muchos de los que han conocido la verdad han corrompido su camino delante de Dios y se han apartado de la fe. Las filas raleadas se llenarán con los que según Cristo acudirán a la hora undécima. Hay muchos con quienes el Espíritu de Dios todavía está luchando.

El momento de los juicios destructivos de Dios será la hora de la misericordia para los que no han tenido la oportunidad de aprender la verdad. El Señor los contemplará con ternura. Su corazón misericordioso se sentirá conmovido; su brazo seguirá extendido para salvar, mientras se cierra la puerta para los que no quieren entrar. Serán admitidos en grandes cantidades aquellos que en estos últimos días escuchen la verdad por primera vez. El Señor llama a todo creyente a consagrarse totalmente a su servicio. Todos deben trabajar por él de acuerdo a sus diversos talentos. —*Carta 103, del 3 de Junio de 1903.*

Fortalecido por una fe incondicional en Cristo, aun el discípulo iletrado podrá resistir las dudas y las preguntas que los infieles puedan producir, y reducirá a la vergüenza los sofismas de los burladores. El Señor Jesús dará a los discípulos una lengua y una sabiduría que sus adversarios no podrán contradecir ni resistir. Aquellos que por razonamiento no podrían vencer los engaños satánicos, darán un testimonio positivo que confundirá a hombres supuestamente doctos. De los labios de los iletrados saldrán palabras con tal poder convincente y sabiduría, que se producirán conversiones a la verdad. Miles se convertirán bajo su testimonio.

¿Por qué el hombre iletrado tendrá este poder, del que carece el hombre docto? El iletrado, mediante la fe en Cristo, ha entrado en la atmósfera de la verdad pura y clara, mientras que el docto se ha alejado de la verdad. El hombre pobre es un testigo de Cristo. No puede apelar a datos históricos o a la así llamada ciencia, pero de la Palabra de Dios reúne evidencias poderosas. La verdad que habla bajo la inspiración del Espíritu es tan pura y noble y lleva consigo un poder indisputable que su testimonio no puede ser contradicho. Su fe en Cristo es el ancla que lo aferra a la Roca Eterna. Él puede decir: "Por esta razón padezco estas cosas, pero no me avergüenzo; porque yo sé a quien he creído, y estoy convencido de que él es poderoso para guardar mi depósito para aquel día" (2 Timoteo 1:12). —*Manuscrito 53, del 11 de Mayo de 1905.*

En todos los campos, cercanos y lejanos, habrá hombres que serán llamados a dejar el arado y los negocios que ocupan su atención, para prepararse junto a hombres de experiencia, hombres que comprenden la verdad... Merced a las maravillosas operaciones de la Providencia divina, montañas de dificultades serán removidas y arrojadas al mar...

Habrá una serie de acontecimientos que tendrán por objeto mostrar que Dios domina la situación. La verdad será proclamada en un lenguaje claro e inequívoco. Aquellos que la predican se esforzarán por demostrarla a través de su vida ordenada y su conversación piadosa. Y cuando lo hagan tendrán poder para defender la verdad y darle la aplicación que Dios le ha dado...

En el nombre del Señor, no permita que lo aprisionen en una atmósfera espiritual infectada con escepticismo y falsedad... porque donde se predica la falsedad en cuanto a la palabra y obra de Dios, como si fuera verdad, no es un ambiente para los que se están preparando para la vida futura e inmortal. Estamos buscando el cielo, donde no puede entrar nadie que haya convertido la verdad de Dios en una mentira...

La mentira no procede de la verdad. Constantemente Satanás está listo para introducir la levadura de sus falacias engañosas. No escuchen ni por un momento las interpretaciones que podrían debilitar una estaca o remover un pilar de la plataforma de la verdad.

Las interpretaciones humanas y la aceptación de fábulas echarán a perder su fe, confundirán su entendimiento, y su fe en Jesucristo no tendrá efecto alguno... "Acuérdate, pues, de lo que has recibido y oído. Guárdalo y arrepiéntete..." (Apocalipsis 3:3). ¿Por qué dice arrepiéntete? Porque se han introducido errores en forma de teorías tan sutiles que, por medio del dominio de una mente sobre otra y por la influencia de los que se han apartado de la fe, el astuto adversario hará que usted sea imbuido imperceptiblemente por un espíritu que lo apartará de la fe. —*Carta 230, del 5 de Julio de 1906.*

Capítulo 3—Las Ciudades

Satanás interpreta a su manera los acontecimientos, y [los hombres influyentes] piensan, como él quiere, que las calamidades que azotan la tierra son resultado de la violación del domingo. Creyendo aplacar la ira de Dios, esos hombres promulgan leyes para obligar a la gente a guardar el domingo. Piensan que al exaltar cada vez más ese falso día de reposo... están sirviendo a Dios. Los que honran a Dios al guardar el verdadero día de reposo son considerados desleales al Señor, cuando en realidad, son desleales los que los juzgan, porque están pisoteando el día de reposo instituido en el Edén.

El Señor espera que su pueblo tenga fe en el Dios viviente que creó todas las cosas. El pueblo escogido de Dios será sometido a pruebas antes de que se lo pueda señalar como buen siervo fiel, digno de heredar la vida eterna con sus beneficios celestiales. El Señor sacó al pueblo de Israel de la tierra de esclavitud, al desolar la fecunda tierra de Egipto, para cumplir con su propósito de enseñarles la primera y la más extraordinaria lección de que Dios era su Dios, el único Dios vivo y verdadero en quien debían confiar...

El Señor, Dios de Israel, va a ejecutar sentencia sobre los dioses de este mundo como lo hizo sobre los de Egipto. Él destruirá toda la tierra con fuego e inundaciones, plagas y terremotos. Entonces su pueblo redimido exaltará su nombre y lo glorificará en la tierra. ¿No tendrán una actitud inteligente hacia las lecciones de Dios aquellos que están viviendo en el último tramo de la historia de este mundo?

Como pueblo que guarda los mandamientos de Dios, debemos salir de las ciudades. Tal como lo hizo Enoc, debemos trabajar en las ciudades pero no vivir en ellas. —*Manuscrito 85, del 5 de Junio de 1899.*

Se aproximan tiempos peligrosos y en lo posible debemos establecer nuestro trabajo sobre un fundamento correcto, tenemos que dejar las grandes ciudades y comprar una propiedad en el campo. Sobre todo, es esencial que nuestros sanatorios sean establecidos en el campo. —*Carta 44, del 12 de Marzo de 1902.*

También vi que en las ciudades edificios costosos, reputados incombustibles, serían consumidos... Dios no ejecuta su ira sin misericordia. Todavía se extiende su mano. Se debe dar el mensaje en el Gran Nueva York. La gente debe ver cómo Dios, por un toque de su mano, puede destruir las propiedades que han reunido para enfrentar el último gran día. Sólo por corto tiempo seguirá oyéndose la voz de la misericordia; sólo queda poco tiempo para dar la invitación de gracia: "¡Si alguno tiene sed, venga a mí y beba!" (Juan 7:37). Dios envía la invitación evangélica a la gente de todo el mundo.

Juan escribe: "Después de eso vi a otro ángel descender del cielo con gran poder, y la tierra fue iluminada con su gloria. Y clamó con potente voz: ¡Ha caído, ha caído la gran Babilonia! Y se ha vuelto habitación de demonios, guarida de todo espíritu impuro, y albergue de toda ave sucia y aborrecible. Porque todas las naciones han bebido del vino del furor de su fornicación. Los reyes de la tierra han fornicado con ella, y los mercaderes de la tierra se han enriquecido con su excesiva lujuria. Y oí otra voz del cielo que decía: ¡Salid de ella, pueblo mío, para que no participéis de sus pecados, y no recibáis de sus plagas! Porque sus pecados se han amontonado hasta el cielo, y Dios se acordó de sus maldades" (Apocalipsis 18:1-5).

Estas palabras serán cumplidas. Pronto sobrevendrá la última prueba a todos los habitantes de la tierra. Entonces se tomarán decisiones rápidas. Los que se hayan convencido por la presentación de la Palabra se colocarán bajo el estandarte ensangrentado del Príncipe Emanuel. Verán y comprenderán, como nunca antes, que ellos han perdido muchas oportunidades de hacer el bien que debían haber hecho. Comprenderán que no han trabajado tan celosamente para buscar y salvar a los perdidos y arrebatarlos como si fuera del fuego, como era su deber hacerlo. —*Carta 43, del 19 de Marzo de 1902.*

Las perspectivas de nuestro mundo son ciertamente alarmantes. Dios está retirando su Espíritu de las ciudades impías que han llegado a ser semejantes a Sodoma y Gomorra. Los habitantes de esas ciudades han sido sometidos a prueba. Hemos llegado al momento cuando Dios está por castigar a los presumidos malhechores que rehúsan guardar sus mandamientos y desprecian sus mensajes de advertencia. Él, que es paciente con los que obran mal, le da a todos la oportunidad de buscarlo y de humillar sus corazones delante de él. Todos tienen oportunidad de venir a Cristo y convertirse para que él los sane. Pero llegará el momento cuando no se ofrecerá más misericordia. Las costosas mansiones, maravillas arquitectónicas, serán destruidas sin previo aviso cuando el Señor vea que sus ocupantes han traspasado los límites del perdón. La destrucción causada por el fuego en los imponentes edificios que se supone que son a prueba de incendios, es una ilustración de cómo, en un momento, los edificios de la tierra caerán en ruinas.

"Algunos le dijeron que el templo estaba adornado de hermosas piedras y dones. Jesús respondió: De esto que veis, días vendrán en que no quedará piedra sobre piedra que no sea derribada. Le preguntaron: Maestro, ¿cuándo sucederá esto? ¿Y qué señal habrá cuando estas cosas empiecen a suceder? Él entonces dijo: Mirad que no seáis engañados. Porque vendrán muchos en mi Nombre, diciendo: „Yo soy", y „el tiempo está cerca". Pero no vayáis en pos de ellos. Cuando oigáis hablar de guerras y revoluciones, no os alarméis. Es necesario que estas cosas sucedan primero. Pero el fin no vendrá enseguida. Entonces les dijo: „Se levantará nación contra nación, y reino contra reino. Habrá grandes terremotos, hambres y pestes en diferentes lugares. Habrá espantos y grandes señales del cielo. Pero antes de todo esto os echarán mano, os perseguirán y os entregarán a las sinagogas y a las cárceles. Y seréis llevados ante reyes y gobernadores por causa de mi Nombre" (Lucas 21:5-12).

Muchos de estos juicios vinieron sobre Jerusalén. Pero Cristo no habló sólo de Jerusalén. Él miraba a lo largo de las edades, más allá de la destrucción de Jerusalén, al tiempo cuando al fin de la historia de este mundo se verá la gran y última visitación divina de la ira de Dios. El capítulo 24 de Mateo nos presenta un resumen de lo que ha de sobrevenir al mundo. Vivimos en medio de los peligros de los últimos días. Los que perecen en el pecado deben recibir la advertencia. El Señor invita a todos aquellos a quienes les ha confiado medios financieros, a fin de que sean su mano ayudadora invirtiendo su dinero para el progreso de su obra. Nuestro dinero es un tesoro que el Señor nos ha prestado, y debe ser invertido en la tarea de dar al mundo el último mensaje de misericordia... Recuerde que los que gastan el dinero para su gratificación egoísta, cuando debieron haberlo usado para abrir las puertas para el avance del evangelio, sufrirán una pérdida eterna. El que hace de las cosas terrenales su mayor objetivo, el que pasa su vida esforzándose para obtener riquezas mundanales, de hecho, está haciendo una mala inversión. Demasiado tarde verá que las cosas en las cuales ha confiado se derrumbarán en el polvo. —*Carta 90, del 23 de Mayo de 1902.*

No puedo aconsejarles que se aglomeren en las ciudades. Yo misma no lo haría, no obstante, puede ser muy diferente para otros... sabemos que el fin está cerca y que en todo sentido las ciudades serán trastornadas. Habrá gran confusión. Todo lo que pueda sacudirse será sacudido y no sabemos lo que vendrá luego. Se juzgará de acuerdo a la maldad de las personas y a la luz de la verdad que hayan tenido. Si ellos han tenido la verdad, de acuerdo a esa luz será el castigo.

Cristo pronunció sus ayes sobre las ciudades que habían tenido su mayor instrucción. Por eso temo edificar un gran sanatorio en Battle Creek o en cualquier otro lugar donde la verdad ha sido conocida por años... Aquí (en Los Ángeles, la ubicación del edificio propuesto), usted podrá decir que la luz no ha brillado durante tanto tiempo. Es verdad, pero la inspiración nos dice que los sanatorios deberían ser edificados fuera de las ciudades. Dios tiene un propósito en ello. Él les dijo a los hijos de Israel que cuando vinieran las plagas debían salir de las casas de los egipcios, porque si estaban reunidos con ellos serían destruidos. Ellos debían ser un pueblo apartado. De modo que nuestras instituciones deben tener toda la ventaja posible, no en lo que concierne a grandes edificios sino a su ubicación. Los edificios no son tan importantes como lo son el espacio y los terrenos que rodean a un sanatorio...

Los norteamericanos no saben lo que están haciendo en Oakland y San Francisco con sus atracciones para todos los extranjeros que vienen allí. Estos extranjeros, como en el caso de Ezequías y los babilonios, están trazando planes que los llevarán a cabo en el futuro. Ezequías pensó que tendría ascendencia sobre los embajadores al mostrarles todos sus tesoros y ventajas. Pero ellos se marcharon y empezaron a proyectar lo que harían. Ellos mismos disfrutarían de esas ventajas. La obra en Battle Creek está haciendo lo mismo. Los líderes del sanatorio se han mezclado con los incrédulos, admitiéndolos en sus concilios. Pero esto es lo mismo que ir a trabajar con los ojos cerrados. Carecen de discernimiento para ver lo que puede suceder en cualquier momento. Hay un espíritu de desaliento, guerra y mortandad que irá en aumento hasta el mismo fin del tiempo. Tan pronto como el pueblo de Dios sea sellado en la frente, (no es ningún sello o marca que se pueda ver sino un afianzamiento en la verdad tanto intelectual como espiritual, de modo que sean inamovibles) tan pronto como el pueblo de Dios sea sellado y preparado para el zarandeo, éste vendrá. En realidad, ya ha empezado. Los juicios de Dios están cayendo ahora sobre la tierra para advertirnos y para que sepamos lo que viene. —*Manuscrito 176, del 15 de Septiembre de 1902.*

El Señor jamás ha guiado los grandes planes que se han trazado para construir edificios en Los Ángeles. Él nos ha dado luz para que sepamos lo que debemos hacer, sin embargo, se han hecho planes que son contrarios a la luz e instrucción que nos ha dado... Este lugar es como Sodoma por su maldad. Salgan de las ciudades, y como Enoc, vengan de sus hogares para advertir a la gente de las ciudades...

En lo posible nuestras instituciones deben ser ubicadas fuera de las ciudades. Debemos tener empleados en estas instituciones, y si éstas están ubicadas en la ciudad, las familias de nuestros empleados deberán instalarse cerca de ellas. Pero no es la voluntad de Dios que su pueblo se instale en las ciudades donde hay tumulto y confusión constantes. Se debe resguardar a los niños porque todo el sistema está desmoralizado por la urgencia, el apuro y el bullicio. El Señor desea que su pueblo se traslade al campo donde puedan establecerse en la tierra, cultivar sus propias frutas y verduras, y donde sus hijos puedan estar en contacto directo con las obras de Dios en la naturaleza. Mi mensaje es que lleven a sus familias fuera de las ciudades.

La verdad debe ser proclamada, ya sea que los hombres la escuchen o la rechacen. En nuestras ciudades abundan las tentaciones. Debiéramos organizar nuestra tarea de tal manera que resguardemos, lo más posible, a nuestros jóvenes de esta contaminación.

Hay que trabajar en favor de las ciudades desde puestos de avanzada. El mensajero de Dios dijo: "¿No serán amonestadas las ciudades? Sí; pero no por el pueblo de Dios que viva en ellas, sino mediante sus visitas realizadas para advertirlas de lo que acontecerá sobre la tierra". —*Carta 182, del 20 de Septiembre de 1902.*

La obra del pueblo de Dios consiste en prepararse para los acontecimientos del futuro, los que pronto lo sobrecogerán con fuerza abrumadora. En el mundo se formarán monopolios gigantescos. Los hombres se asociarán en gremios que los encerrará en el redil del enemigo. Unos pocos hombres se unirán para apoderarse de todos los medios que puedan obtenerse en cierto tipo de negocios. Se formarán gremios de obreros y los que rehúsen unirse a ellos serán hombres marcados...

Es el momento de llevar nuestro trabajo fuera de las ciudades. Nuestros sanatorios tendrían que proveer servicios que le brinden al enfermo el mejor de los cuidados y deben ser administrados apropiadamente, pero en lo posible deben estar ubicados fuera de las ciudades. Todo el mundo será sometido a prueba y esa prueba será la obediencia a la ley de Dios.

Las uniones laborales han revelado lo que son por medio del espíritu que han manifestado. Están controladas por el poder cruel de Satanás. Los que se nieguen a unirse a esos sindicatos sentirán su impetuosidad. Los principios que gobiernan la formación de estos gremios parecen inocentes, pero los hombres deberán comprometerse a servir a los intereses de estos sindicatos o tendrán que pagar con sus vidas la pena de su rechazo.

Los sindicatos son una de las señales de los últimos días. Los hombres se están uniendo en gavillas, listos para ser consumidos por el fuego de los últimos días. Pueden ser miembros de la iglesia, pero mientras pertenezcan a esos sindicatos les será imposible guardar los mandamientos de Dios, porque pertenecer a esos grupos significa rechazar el Decálogo.

"Amarás al Señor tu Dios con todo tu corazón, con toda tu alma, con todas tus fuerzas y todo tu entendimiento; y a tu prójimo como a ti mismo" (Lucas 10:27). Estas palabras resumen todo el deber de los hombres. Significan la consagración del ser entero; cuerpo, alma y espíritu al servicio de Dios. ¿Cómo pueden los hombres obedecer estas palabras, y al mismo tiempo comprometerse en apoyar aquello que priva la libertad de acción de sus semejantes? ¿Cómo puede uno obedecer este mandato bíblico y formar alianzas que roben a los pobres la prerrogativa que les corresponde legítimamente de comprar y vender, excepto bajo ciertas condiciones?

¡Cuán claramente la palabra de Dios ha predicho esta situación! Juan escribe: "Después vi otra bestia que subía de la tierra. Tenía dos cuernos semejantes a los de un cordero, pero hablaba como un dragón", "Y ordenaba que a todos, pequeños y grandes, ricos y pobres, libres y siervos, se les ponga una marca en la mano derecha o en la frente. Y que ninguno pueda comprar ni vender, sino el que tenga la marca o el nombre de la bestia, o el número de su nombre" (Apocalipsis 13:11, 16-17).

La formación de estos sindicatos es uno de los últimos esfuerzos de Satanás. Dios llama a su pueblo a salir de las ciudades y apartarse del mundo. Cuanto más lejos estemos de las ciudades mejor será; porque están repletas de hombres que no tienen ningún sentido del honor ni de la verdadera nobleza, hombres ambiciosos que recurrirán a cualquier medio para obtener bienes materiales. —*Carta 26, del 10 de Diciembre de 1902.*

Existe hoy la misma situación que existía antes del diluvio, y cuanto más cerca estemos de las grandes ciudades, peor será el mal. Mi mensaje es que no edifiquen sanatorios en las ciudades. Las leyes de la tierra serán cada vez más dominantes como en los días de Noé.

¿Por cuánto tiempo soportará el Señor la opresión de los pobres para que los ricos puedan acumular riquezas? Estos hombres están acumulando tesoros para los últimos días. Invierten su dinero donde no benefician a nadie. Roban a los pobres para aumentar sus millones, y el clamor de los que se están muriendo de hambre no es más que el ladrido de un perro para ellos. Pero el Señor nota todo acto de opresión. Él no deja de escuchar ningún llanto de dolor. En el gran día final, aquellos que hoy están maquinando obtener más propiedades y más dinero mientras desarrollan proyectos que significan hambre para el pobre, se encontrarán frente a frente con sus hechos de opresión e injusticia.

Aquellos que dicen ser hijos de Dios, en ninguna circunstancia se unirán a los gremios de trabajadores que están establecidos o que se formarán. El Señor prohíbe esto. ¿Acaso los que estudian las profecías no pueden ver y entender lo que se aproxima? Los transgresores de la ley de Dios se han unido a su líder, el general de la rebelión. Él sabe cómo inventar esquemas satánicos y con quién trabajar para llevarlos a cabo. Él está esforzándose por llevar a cada alma a tomar partido con él y bajo la influencia de sus tentaciones, miles se están atando en manojos, listos para ser consumidos por el fuego de los últimos días. Aquellos que ceden a sus tentaciones, se convierten a su vez en tentadores de sus semejantes y se hallan entre sus colaboradores más capaces.

En el tiempo de la cosecha el Señor les dirá a sus segadores: "Dejad crecer juntos lo uno y lo otro hasta la siega. Y al tiempo de la siega yo diré a los segadores: Arrancad primero la cizaña, y atadla en manojos para quemarla, pero juntad el trigo en mi granero" (Mateo 13:30). Dios tiene un pueblo en la tierra que verá el mal de toda clase de opresión y se negará a unirse con el enemigo para llevar a cabo sus planes...

Que Dios nos ayude a caminar y a trabajar como hombres y mujeres que están al borde de la eternidad. Pronto un temor abrumador sorprenderá a los habitantes de la tierra. Inesperadamente Cristo vendrá con gran poder y gloria. — *Carta 201, del 15 de Diciembre de 1902.*

Es tiempo de que nuestro pueblo traslade a sus familias de las ciudades a lugares más retirados; de lo contrario, muchos jóvenes y aún los de más edad que han confiado en su propia capacidad, serán entrampados y vencidos por el enemigo. —*Carta 5, del 5 de Enero de 1903.*

El Señor desea que sea valiente. Él tiene una tarea para usted en el área del evangelismo, una tarea que demanda un esfuerzo espiritual mayor del que usted ha estado haciendo. Nuestra obra consiste en preparar un pueblo que pueda estar en pie en el gran día de Dios que está a las puertas. Quiera el Señor ayudarle a usted, mi hermano, a consagrar los talentos que él le ha dado para ganar almas para Cristo. Confíe en el Señor y humíllese ante él. Usted necesitará abundante gracia del Salvador y una convicción profunda y firme de que la obra del pueblo de Dios consiste en prepararse para los acontecimientos del futuro, los que pronto lo sobrecogerán con fuerza abrumadora.

En el mundo se formarán monopolios gigantescos. Los hombres se vincularán en uniones que los envolverán en el redil del enemigo. Unos pocos hombres se unirán para apoderarse de todos los medios que puedan obtenerse en ciertas líneas de negocio. Se formarán gremios de obreros y los que rehúsen unirse a ellos serán hombres marcados.

Es el momento de llevar nuestro trabajo fuera de las ciudades. Nuestros sanatorios deberían proveer servicios que le brinden al enfermo el mejor de los cuidados y deben ser administrados apropiadamente, pero en lo posible deben estar ubicados fuera de las ciudades. Todo el mundo será sometido a prueba y la prueba será la obediencia a la ley de Dios.

Las uniones laborales han revelado lo que son por medio del espíritu que han manifestado. Están controladas por el poder cruel de Satanás. Los que se nieguen a unirse a esos sindicatos sentirán su peso. Los principios que gobiernan la formación de estos gremios parecen inocentes, pero los hombres deberán comprometerse a servir a los intereses de estos sindicatos o tendrán que pagar la pena de su rechazo con sus vidas.

Los sindicatos son una de las señales de los últimos días. Los hombres se están uniendo en gavillas, listos para que los consuma el fuego de los últimos días. Pueden ser miembros de la iglesia, pero mientras pertenezcan a esos sindicatos les será imposible guardar los mandamientos de Dios, porque pertenecer a esos grupos significa rechazar el Decálogo.

"Amarás al Señor tu Dios con todo tu corazón, con toda tu alma, con todas tus fuerzas y todo tu entendimiento; y a tu prójimo como a ti mismo" (Lucas 10:27) Estas palabras resumen todo el deber de los hombres. Significan la consagración del ser entero; cuerpo, alma y espíritu al servicio de Dios. ¿Cómo pueden los hombres obedecer estas palabras, y al mismo tiempo comprometerse en apoyar aquello que priva la libertad de acción de sus semejantes? ¿Cómo puede uno obedecer este mandato bíblico y formar alianzas que roben a los pobres la prerrogativa que les corresponde legítimamente de comprar y vender, excepto bajo ciertas condiciones?

¡Cuán claramente ha predicho la palabra de Dios esta situación! Juan escribe: "Después vi otra bestia que subía de la tierra. Tenía dos cuernos semejantes a los de un cordero, pero hablaba como un dragón", "Y ordenaba que a todos, pequeños y grandes, ricos y pobres, libres y siervos, se les ponga una marca en la mano derecha o en la frente. Y que ninguno pueda comprar ni vender, sino el que tenga la marca o el nombre de la bestia, o el número de su nombre" (Apocalipsis 13:11, 16-17).

Dios llama a su pueblo a salir de las ciudades y a aislarse del mundo. Llegará el tiempo en que deberán hacerlo. Él cuidará de los que lo aman y guardan sus mandamientos.

Hermano y hermana Burden, debemos ponernos ahora toda la armadura de la justicia. Debemos ser tan leales a los principios como el acero, resistiendo con firmeza toda especie de corrupción. Esta firme adhesión a los principios distingue a los que llevan el sello del Dios viviente de los que tienen la marca de la bestia.

Le escribo para que de una manera cuidadosa pero decidida, usted pueda aconsejarle a nuestro pueblo a que salga de las ciudades. Pero es necesario trabajar en las ciudades y nuestro pueblo ha estado durmiendo mientras Satanás sembraba la cizaña.

Poco he dicho con respecto a trasladar la fábrica de alimentos de Cooranbong a Sidney o quizá a Wahroonga, porque no veo ventaja alguna en hacerlo. Cuanto más lejos estemos de las ciudades mejor será; porque están plagadas de hombres que no tienen ningún sentido del honor ni de la verdadera nobleza, hombres ambiciosos que recurrirán a cualquier medio para obtener ventajas.

Aún entre los que profesan creer la verdad, habrá algunos que al seguir malos principios estarán ávidos por sacar ventajas. En nuestras instituciones hay algunos en quienes no se puede confiar, que por mucho tiempo han trabajado con propósitos egoístas. No tienen ningún sentido del honor, de la verdad, de la santidad, ni de la justicia. El egoísmo y la codicia han desterrado del corazón los principios santificadores de la verdad. Ellos han perdido todo el sentido de discernimiento entre la verdad y el error. Y porque están en posiciones de responsabilidad, como si la posición hiciera al hombre, dicen: "Templo del Eterno, templo del Eterno es éste" (Jeremías 7:4). Somos santos porque estamos manejando cosas santas. Pero el hecho de que ellos ocupen una posición exaltada de confianza sólo hace que su culpa sea mayor.

Los que aman a Dios y guardan sus mandamientos no contenderán por los mejores sueldos. Pero hay quienes se esfuerzan por incrementar sus sueldos, sin parar a preguntarse si al hacerlo no están robando a un compañero de trabajo a quien no le ha tocado un lugar agradable para trabajar. Aquellos que piensan de esta manera egoísta serán castigados junto con los que pecan abiertamente; sólo que su castigo será más severo, porque tuvieron oportunidades y luz que el pecador no tuvo. Muchos afrentan la conciencia y la ley de Dios al punto que en sus corazones los principios puros y santos de la verdad se corrompen. No ven ninguna diferencia entre la justicia y la verdad y tampoco, entre la injusticia y el fraude. Han pervertido su criterio y usan la posición de confianza que ocupan para hacer transacciones deshonestas, cuando creen que pueden hacerlo sin ser descubiertos. —*Carta 26, de 1903.*

En todas las ciudades de este mundo hay quienes no conocen la verdad. Hay nuevos campos en los que debemos arar y sembrar la semilla. Dios nos dice: "Clama a voz en cuello, no te detengas. Alza tu voz como trompeta, y anuncia a mi pueblo su rebelión, y a la casa de Jacob su pecado" (Isaías 58:1). Debemos dar a conocer a los hombres y mujeres en el mundo cuál es la prueba final para que, si ellos quieren, puedan negarse a recibir el sello del papado...

Los poderes de las tinieblas nos asaltarán, pero tenemos un Dios que está sobre todo. Él puede cuidar de su pueblo. Puede hacer un refugio para su pueblo dondequiera que éste se encuentre. A través de nosotros él quiere revelar su gloria para que se sepa que hay un Dios en Israel y que manifiesta su poder en favor de su pueblo.

Cada vez que veo las flores pienso en el jardín del Edén. Constituyen una expresión del amor de Dios hacia nosotros. Así es como él nos proporciona en este mundo un goce anticipado del Edén. Quiere que nos deleitemos en las cosas hermosas de su creación, y que veamos en ellas una expresión de lo que él hace por nosotros. Desea que vivamos con amplitud de espacio. Su pueblo no debe aglomerarse en las ciudades. Él quiere que sus hijos lleven a sus familias fuera de las ciudades a fin de prepararlas mejor para la vida eterna. Las ciudades están llenas de toda clase de impiedad: huelgas, asesinatos y suicidios. Satanás está en ellas y domina a los hombres en su obra destructiva. Bajo su influencia matan por el placer de matar, y esto irá en aumento... Toda mente está controlada o por el poder de Satanás o por el poder de Dios. ¿Qué seríamos si Dios controlase nuestras mentes? Seríamos damas y caballeros cristianos. Dios puede llenar nuestras vidas con su paz, alegría y gozo. Desea que tengamos el gozo de Cristo para que nuestro gozo sea completo.

¿Podemos esperar que Dios obre un milagro para detener los resultados de nuestro rumbo errado si nos ponemos bajo influencias inaceptables? ¡No, en absoluto! Salga lo más pronto posible de las ciudades y compre un pequeño terreno en donde pueda cultivar una huerta, donde sus niños puedan ver crecer las flores y aprender lecciones de sencillez y pureza. "Considerad los lirios del campo, cómo crecen sin fatigarse ni hilar. Sin embargo, os digo que ni Salomón con toda su gloria, se vistió como uno de ellos" (Mateo 6:28, 29). Padres, muéstrenles a sus hijos las bellezas de la creación y por medio de ellas enséñenles el amor de Dios. Muéstrenles las bellas flores; como las rosas, los lirios y los claveles y luego señale al Dios viviente.

Nuestra pregunta debe ser: ¿Qué puedo hacer para proclamar el mensaje del tercer ángel? Cristo vino a este mundo para dar este mensaje a sus siervos para que a su vez ellos lo impartan a las iglesias. Será proclamado a toda nación, tribu, lengua y pueblo. ¿Cómo debemos proclamarlo? Si no nos aceptan en las iglesias, debemos dar el mensaje en nuestros congresos campestres. Otro modo por el cual se debe proclamar el mensaje es por medio de la distribución de nuestra literatura. Que los obreros repartan panfletos, folletos impresos y libros que contengan el mensaje para este tiempo. Necesitamos hombres que tengan una fe inamovible en el Dios de Israel. Necesitamos colportores que hagan circular nuestras publicaciones por todas partes...

¿Estamos sobre la plataforma de la verdad eterna? ¿Estamos dando el mensaje que preparará a un pueblo para estar firme en el día de prueba que se avecina? Dios nos está llamando a todos a ocupar nuestro puesto y lugar. Nos está llamando a poner el estandarte de la verdad en lugares donde no se ha oído el mensaje. —*Manuscrito 10, del 28 de Marzo de 1903.*

Es designio de Dios que los hermanos se establezcan fuera de las ciudades y desde ese puesto de avanzada, amonesten a las ciudades y se levanten monumentos conmemorativos para Dios. —*Manuscrito 20, del 3 de Abril de 1903.*

San Francisco y Oakland están llegando a ser como Sodoma y Gomorra y el Señor las visitará con su ira. De aquí a no mucho tiempo sufrirán bajo sus juicios. Dios desea que se establezcan restaurantes en las ciudades. Si se los administra correctamente llegarán a ser centros misioneros. En estos restaurantes se deben tener a mano publicaciones para ofrecerlas a los clientes.

A menudo se pregunta: ¿Se deben abrir en sábado nuestros restaurantes? Mi respuesta es: ¡No, no! El sábado es nuestra marca y señal y jamás debe ser obliterada. Recientemente, he recibido luz especial sobre este asunto. Se harán esfuerzos para abrir los restaurantes en sábado, pero esto no se debe hacer. —*Manuscrito 30, del 20 de Abril de 1903.*

Satanás usará toda oportunidad para disuadir a los hombres de su lealtad a Dios. Él y los ángeles que cayeron con él, aparecerán en la tierra como hombres, tratando de engañar. Los ángeles de Dios también aparecerán como hombres, y usarán todos los medios a su alcance para derrotar los propósitos del enemigo. Nosotros también tenemos que hacer nuestra parte. Ciertamente seremos vencidos a menos que luchemos las batallas del Señor con valor. A los que aman a Dios y guardan sus mandamientos se los amonesta a no vivir en las ciudades para que no tengan dificultades en su camino al cielo. Si por medio de nuestra obra en los restaurantes no se convierten almas ¿Qué ganamos al entrar con tanto empeño en este trabajo que debe ser realizado en las ciudades? —*Carta 83, del 13 de Mayo de 1903.*

¡Qué terribles escenas ocurrirán cuando el Señor se levante para sacudir terriblemente la tierra! En aquel momento se cumplirán las palabras de Apocalipsis 18: 1-3. Todo el capítulo 18 de Apocalipsis es una advertencia de lo que ha de suceder en la tierra. Pero yo no tengo luz en particular con respecto a lo que ha de venir sobre Nueva York, y lo único que sé es que algún día los grandes edificios de esa ciudad serán derribados por el poder trastornador de Dios. Por la luz que me ha sido dada, sé que la destrucción está en el mundo. Una palabra del Señor, un toque de su poder terrible, y estas masivas estructuras caerán. No podemos imaginarnos el carácter terrible de las escenas que ocurrirán". Los ángeles destructores, enviados por Dios, están obrando. La muerte llegará a todas partes. Esta es la razón por la cual siento la imperiosa necesidad de que nuestras ciudades sean amonestadas. Todavía no se ha hecho la obra del colportaje que debería hacerse en ellas. — *Carta 176, del 9 de Agosto de 1903.*

Me ha sido mostrado que las ciudades grandes se volverán como Sodoma y Gomorra... Los padres deberían hacer ahora todo lo posible por redimir su descuido y colocar a sus hijos en el lugar donde todos estén bajo la mejor influencia. No permitan que los niños sean expuestos a las tentaciones de las ciudades que están listas para la destrucción. El Señor nos ha enviado advertencias y nos exhorta a salir de las ciudades. Padres y madres: ¿cómo consideran ustedes las almas de sus hijos? ¿Están ustedes preparando a los miembros de su familia para ser trasladados a las cortes celestiales? ¿Los están preparando para ser miembros de la familia real e hijos del Rey celestial? Véase en Marcos 8:36. ¿Cómo se puede comparar el bienestar, la comodidad y la conveniencia con el valor de las almas de sus hijos?

Ni una familia en cien se beneficiará física, mental o espiritualmente por residir en la ciudad. La fe, la esperanza, el amor y la felicidad se adquieren con facilidad mucho mayor en los lugares retraídos, donde hay campos, colinas y árboles. Alejen a sus hijos de los espectáculos y ruidos de la ciudad..., y tendrán mentes más sanas. Resultará más fácil grabar en su corazón la verdad de la Palabra de Dios...

Dios ha advertido una vez tras otra que nuestras escuelas, casas editoras y sanatorios deben establecerse fuera de la ciudad, donde pueda enseñarse a los jóvenes con la mayor eficacia posible qué es la verdad. Que nadie procure utilizar los Testimonios para respaldar el establecimiento de grandes intereses comerciales en las ciudades...

Será muy difícil para los que pertenecen a nuestra fe, permanecer en las ciudades debido a las condiciones que están surgiendo en ellas. Por lo tanto, será un gran error invertir dinero en establecimientos comerciales en las ciudades... Las ciudades se volverán cada vez peor. Habrá combates, derramamiento de sangre y finalmente terremotos. Los edificios serán derribados y consumidos con fuego del cielo...

Se debe trabajar en las ciudades. Debemos advertir a los que viven en ellas lo que sucederá. Utilícese el tiempo y los medios sabiamente. Vea si usted puede hacer algo en las carreteras y caminos apartados de las ciudades para proclamar el mensaje de la verdad presente. Pero no coloque a su familia en las ciudades y no establezca centros lucrativos allí. Si lo hace, en el futuro usted tendrá que guardar los feriados establecidos. Se colocarán guardianes para buscar motivos de queja en contra del pueblo que guarda los mandamientos de Dios. Satanás ejercerá su poder y enemistad y el resultado será la opresión. Cuanto más grande sea la ciudad, mayor será la opresión... Aunque vienen tiempos turbulentos, todavía debe hacerse una gran obra misionera en las ciudades... Pero esto no requiere que se establezcan grandes empresas comerciales en ellas. —*Manuscrito 76, del 29 de Junio de 1905.*

También pasaron ante mí, escenas que pronto tendrían lugar en Chicago y en otras grandes ciudades. A medida que aumentaba la maldad y se retiraba el poder protector de Dios, había vientos destructivos y tempestades. Los edificios eran destruidos por el fuego y derribados por terremotos. Algún tiempo después se me mostró que la visión de los edificios en Chicago y la inversión de los medios de nuestro pueblo para levantarlos, y su correspondiente destrucción, no eran sino una lección práctica para nuestro pueblo. También era una amonestación a no invertir grandes sumas en propiedades en Chicago, ni en cualquier otra ciudad, a menos que la providencia de Dios abriera positivamente el camino e indicara claramente que deben construir o comprar, como sea necesario, a fin de dar la nota de amonestación. Se dio una advertencia similar respecto a construir en Los Ángeles. Repetidamente se me ha instruido que no debemos invertir recursos en la construcción de edificios costosos en las ciudades... La maldad en Chicago ha llegado a ser como la maldad de Sodoma y Gomorra...

El Señor quiere que su pueblo sea amonestado para que se haga una gran obra en corto tiempo. He oído proclamar la palabra de Dios en muchos lugares fuera de la ciudad de Chicago. Había muchas voces que proclamaban la verdad con gran poder. Lo que ellas proclamaban no eran teorías irreales sino el mensaje de advertencia. Mientras la verdad sólida de la Biblia salía de los labios de hombres que no tenían ninguna teoría ficticia o ciencia engañosa para presentar, había otros que trabajaban con todo su poder para inculcar teorías falsas con respecto a Dios y a Cristo y realizaban milagros para engañar, si era posible, aun a los escogidos. —*Manuscrito 33, del 20 de Marzo de 1906.*

Los hombres continuarán levantando costosos edificios que valen millones; se dará especial atención a su belleza arquitectónica y a la firmeza y solidez con que son construidos. Pero el Señor me ha hecho saber que a pesar de su insólita firmeza y su costosa imponencia, esos edificios correrán la misma suerte del templo de Jerusalén. Esta magnífica construcción cayó. Dios envió a sus ángeles para hacer la obra de destrucción, de modo que no quedó piedra sobre piedra. Todo fue derribado...

Se me pide que declare el mensaje de que las ciudades, llenas de transgresión y pecaminosas en extremo, serán destruidas por terremotos, incendios e inundaciones. Todo el mundo será advertido de que existe un Dios que hará notoria su autoridad como Dios. Sus agentes invisibles causarán destrucción, devastación y muerte. Todas las riquezas acumuladas serán como la nada. A pesar de los cuidados de la ciencia con que los hombres salvaguardan los edificios de la destrucción, un toque del gran y justo Gobernante traerá a la nada las posesiones idólatras que se han almacenado en un magnífico y vistoso despliegue. Los inventos de los hombres se harán polvo.

Dios no pasará por alto la injusticia en nuestro mundo; el poder despótico que el hombre se ha adjudicado, los sindicatos opresivos que los hombres han establecido trayendo confusión, violencia y contiendas, y la manipulación del poder para gobernar a los hombres y adquirir riquezas mediante trampas clandestinas. Aquellos que están bajo la influencia y enseñanza del gran engañador se darán cuenta de que aunque Dios ha tolerado mucho tiempo su agudeza engañosa, él no ha sido engañado y recompensará a cada transgresor según sus obras. Él mantiene una cuenta estricta de toda mentira formulada y cuando él tome los asuntos en sus manos, recompensará de acuerdo a las invenciones secretas y ocultas de los hombres.

La historia bíblica se volverá a repetir. Vendrán calamidades, calamidades sumamente pavorosas, de lo más inesperadas y estas destrucciones se sucederán unas a otras. Las excursiones de placer llegarán a ser temidas por los accidentes. Si se prestara atención a las amonestaciones que Dios ha dado y si las iglesias se arrepintiesen y volviesen a ser fieles, entonces otras ciudades serían perdonadas por un tiempo. Pero si los hombres que han sido engañados continúan en el mismo camino en el cual han estado andando, sin prestar atención a la ley de Dios y presentando falsedades ante el pueblo, Dios permite que sufran calamidades, para que sus sentidos despierten...

El Señor demostrará ante el mundo que está transgrediendo su santa ley, que él es Dios y que junto a él no hay ningún otro. Él ha tolerado por mucho tiempo los engaños de los hombres que pretenden ser piadosos. Aunque lo han provocado con sus iniquidades, les ha dado menos castigo del que se merecen. El Señor no abandonará repentinamente al transgresor ni destruirá naciones enteras, pero sí castigará a las ciudades y lugares donde los hombres se han entregado a las agencias de Satanás. Las ciudades de las naciones serán tratadas con severidad, y, sin embargo, no serán visitadas con la extrema indignación de Dios, porque algunas almas renunciarán a los engaños del enemigo, y se arrepentirán y convertirán mientras que las multitudes irán acumulando ira contra el día de la ira...

Los que han estado engañando a las almas encontrarán que es una cosa terrible haber agotado la paciencia divina, porque la ira de Dios se derramará en forma marcada, intensa e inesperada. Aunque se humillen como nunca antes, no tendrán otra oportunidad para arrepentirse. Han persistido en llevar a las almas a la ruina. Repetidamente han invalidado la ley de Dios... El evidente disgusto de la ira de Dios está pendiente sobre ellos y no siempre se les permitirá continuar con sus métodos engañosos para atraer a las almas a las redes ocultas. Finalmente se proclamará que la paciencia divina se ha agotado. —*Manuscrito 35, del 27 de Abril de 1906.*

En el futuro, las ciudades ciertamente sentirán las terribles secuelas de los terremotos e incendios. Serán destruidas por inundaciones y relámpagos. Mi mensaje en este momento es que salgan de las ciudades. No cabe duda de que se llama a nuestro pueblo a situarse lejos de las ciudades grandes... no establezcan las instituciones en las ciudades sino más bien busquen una localidad rural. El llamado es: "salid de en medio de ellos, y apartaos" (2 Corintios 6:17). Toda la atmósfera de las ciudades está contaminada. Establezcan escuelas fuera de ellas en donde se puedan implantar industrias agrícolas y otras.

El Señor llama a su pueblo a establecerse lejos de las ciudades, porque en una hora en la que no pensamos, lloverán del cielo fuego y azufre sobre ellas. Su castigo será proporcional a sus pecados. Cuando una ciudad es destruida, que nuestro pueblo no considere este asunto como algo sin importancia, ni piense que puedan edificarse casas en esa misma ciudad si se les ofrece una oportunidad favorable... Todos los que quieran comprender el significado de estas cosas, lean el capítulo 11 de Apocalipsis. Lean cada versículo y entérense de las cosas que aún van a ocurrir en las ciudades. Lean también las escenas descriptas en el capítulo 18 del mismo libro.

"Y oí otra voz del cielo que decía: ¡Salid de ella, pueblo mío, para que no participéis de sus pecados, y no recibáis de sus plagas!" (Apocalipsis 18:4). A todos los que creen las palabras de las profecías de este libro, no les será de provecho ignorar las indicaciones especiales de Dios al demostrar indiferencia ante el despliegue maravilloso de su poder, debido a los pecados de... (la ciudad de San Francisco), recientemente destruida. El Señor prohíbe que los que han sido testigos de esta gran destrucción tomen este asunto con liviandad y se jacten de que en el futuro tendrán edificios mucho más avanzados que cualquiera que hayan tenido hasta ahora; porque si los que han sentido la represión de Dios y en forma desafiante invierten sus medios como lo han hecho, Dios ejercerá su poder para contrarrestar sus esfuerzos...

Los hombres que han sido amonestados con respecto a la influencia seductora de la obra y los métodos de Satanás, pero que no han prestado atención, han caído en la incredulidad. Pertenecen a un grupo que presta atención a espíritus seductores y doctrinas de demonios. ¿Dónde está este grupo que se apartará de la fe? Reflexione en esto: No les den cargos de importancia, ni siquiera los de menor trascendencia, a quienes apartarán las mentes de la verdad que debe decidir el destino de las almas... no coloque en puestos de responsabilidad sagrada a hombres que no escuchan el consejo de Dios concerniente a sus métodos y su voluntad. Hay influencias poderosas obrando contra la misma obra que Dios demanda que sea hecha. —*Carta 158, del 10 de Mayo de 1906.*

La maldad que existe en las ciudades de San Francisco y Oakland muestra que el mundo está llegando rápidamente a una condición similar a la que imperaba antes del diluvio. Los hombres de los gremios laborales, que para ganar mejores salarios han hecho huelgas destruyendo la propiedad ajena y esforzándose por destruir la vida, simplemente están mostrando a lo que llegarán cuando están determinados a llevar a cabo sus propios planes sin tener en cuenta los de otros. Muchos policías no saldrán a cumplir con su deber porque estarán desalentados. La mente humana no puede determinar cómo será el fin.

El Señor expone el dilema de estos problemas sociales para que veamos cuán malo es llevar adelante nuestros planes y voluntad propia. Éste es un mal que ha aparecido una y otra vez en nuestra obra, y que vuelve a aparecer ahora. El hombre natural necesita ser convertido; es necesario que el Espíritu de Dios transforme los corazones de los hombres. Muchos de nuestros miembros de iglesia están debilitados porque en lugar de depender de Dios, se creen autosuficientes.

Se me ha instruido a decir a nuestras iglesias: estudiad los Testimonios. Ellos fueron escritos para amonestarnos y animarnos a nosotros, en quienes los fines de los siglos han parado. Si los hijos de Dios no estudian estos mensajes que se les envían de vez en cuando, son culpables de rechazar la luz. Línea sobre línea, precepto sobre precepto, un poquito aquí y un poquito allá, Dios está enviando instrucción a su pueblo. Prestad oído a la instrucción: seguid la luz. El Señor tiene una lucha con su pueblo, porque en lo pasado sus hijos no han prestado atención a la instrucción que él les mandó ni han seguido sus consejos. — *Carta 292, de 1907.*

Cristo viene pronto y Satanás sabe que le queda poco tiempo. Al acercarnos al fin del tiempo, las ciudades se volverán cada vez más y más corruptas y menos aceptables como lugares para establecer centros para nuestra obra. Aumentarán los peligros en los viajes y abundarán la confusión y la embriaguez. Si nuestro pueblo puede encontrar lugares seguros, retirados en las regiones montañosas, donde sería difícil que entraran los males de las ciudades, establezcan allí nuestros sanatorios y escuelas de avanzada...

Los padres deben comprender que la educación de sus hijos constituye una obra importante en la salvación de las almas. El campo ofrece oportunidad para una abundante ejercitación en la práctica de hacer lo que debe hacerse y que proporcionará salud física mediante el desarrollo de los nervios y los músculos. "Fuera de las ciudades", es mi mensaje para la educación de nuestros hijos... Satanás tiene el propósito de atraer a las ciudades a los hombres y mujeres y con el fin de lograrlo, inventa toda clase de novedades, diversiones y toda clase de recursos que resultan excitantes. Y las ciudades del mundo están llegando a ser hoy como las ciudades que existían antes del diluvio...

En los días antes del diluvio, se inventó todo tipo de entretenimiento para llevar a los hombres y mujeres al olvido y al pecado. Hoy, Satanás está obrando intensamente para que prevalezcan las mismas condiciones de desventaja. La tierra se está corrompiendo. Poco se respeta la libertad religiosa, porque los profesos cristianos no comprenden las cosas espirituales...

No podemos dejar de ver que el Señor de este mundo está próximo a venir. Satanás está obrando en las mentes de hombres y mujeres y muchos parecen estar ávidos con un deseo de entretenimiento y excitación. El mundo está aumentando en su maldad como en los días de Noé. Los matrimonios y divorcios están a la orden del día.

En un momento como éste, el pueblo que está tratando de guardar los mandamientos de Dios debe buscar lugares apartados, lejos de las ciudades... Se nos ha encomendado este mensaje: Cristo vendrá a juzgar al mundo por su iniquidad y la tierra devolverá su sangre y no cubrirá más sus muertos. Entonces las grandes multitudes estarán sin Dios y sin esperanza en el mundo.

Una de las características sobresalientes de los días de Noé era la extremada mundanalidad prevaleciente. Estaban comiendo, bebiendo, comprando y vendiendo, casándose y dándose en casamiento y había marcadas diferencias entre las clases sociales más altas y las más bajas... ¿Quién será amonestado? Volvemos a decir: "Fuera de las ciudades". No consideren que es una gran privación tener que trasladarse a los cerros y las montañas, sino busquen un retiro donde puedan estar solos con Dios para aprender su voluntad y sus caminos.

No consideren que es una privación el ser llamados a dejar las ciudades para trasladarse al campo. Allí esperan abundantes bendiciones para los que deseen aprehenderlas. Al contemplar las escenas de la naturaleza, las obras del Creador y al estudiar la obra de la mano de Dios, serán transformados imperceptiblemente a la misma imagen. Se me ha encomendado a dar un mensaje específico con respecto a este asunto. Se me ha encomendado decirle a nuestro pueblo: "Prepárate para encontrarte con tu Dios" (Amós 4:12). —*Manuscrito 85, del 30 de Junio de 1908.*

El mensaje que se me ha encomendado para nuestro pueblo en este momento es: "Trabajen en las ciudades sin demora, porque el tiempo es corto". El Señor nos ha presentado esta obra durante los últimos 20 años o más. En algunos lugares se ha hecho un poco, pero se debería hacer mucho más. De día y de noche siento una gran responsabilidad, porque se hace tan poco para amonestar a los habitantes de las grandes ciudades acerca de los juicios que caerán sobre los transgresores de la ley de Dios.

El enemigo se regocijaría al ver que la gran verdad salvadora para este tiempo esté limitada a unos pocos lugares. Él no está inactivo. Está inculcando sus teorías engañosas en la mente de los hombres para cegar los ojos y confundir su entendimiento para que la verdad salvadora no pueda llegar a su conocimiento. Pronto se impondrán las leyes dominicales y los hombres que ocupan puestos de confianza se enfurecerán contra el pequeño grupo que guarda los mandamientos de Dios. Parecería que a Satanás se le ha permitido ganar muchas ventajas. Pero el Señor traerá a los hombres de entendimiento de varias iglesias, para que luchen contra la imposición de una ley que honre el primer día de la semana como un día en el que no se pueda realizar ninguna transacción comercial. —*Carta 168, del 1 de Diciembre de 1909.*

Capítulo 4—El Régimen Alimenticio, La Salud Y Las Drogas.

El guarda del tren habló con los señores que compartían el asiento con nosotros y les pidió que se fueran a otro vagón, así que tenemos todo el asiento para nosotros. Estamos cómodos. Nos demoramos porque un compartimiento se estaba recalentando; había mucho olor a humo, pero ahora estamos en marcha otra vez. Creo que soportaré bien el viaje.

9 de mayo. Después de lo que escribí anteriormente hemos tenido una experiencia desagradable. Sentí dificultad al respirar y me molestaba mucho el humo de los cigarrillos, pero como ya había cruzado el continente del Pacífico al Atlántico diecinueve veces, sabía que en la ruta norte podría conseguir un camarote donde no tendría la molestia de respirar el aire envenenado del tabaco.

Solamente una vez tuve mayores problemas. Con mi esposo estábamos situados en un vagón frente a un señor, su esposa e hija. Este señor era inspector de un barco a vapor. Él se puso a fumar en el vagón y otros siguieron su ejemplo. Debido al humo nos cambiamos a otro que se podía cerrar. Pensé que estábamos seguros, pero no encontré alivio. Usé limón en abundancia pero sentía la misma extraña sensación, y el aire viciado del tabaco era el mismo que en cualquier otra parte del coche. Estaba decidida a soportarlo y me recosté, pero sentía como si una venda me estuviera apretando la cabeza. No podía pensar y pronto me dio un espasmo. Una hora después me sentí mejor y más aliviada, pero con una extraña sensación de mareo y debilidad que me duró tres meses.

Al inspector del barco a vapor, se le dijo que era el humo del tabaco el que me había afectado porque para mí era como si fuera un veneno. Él tiró su cigarro y nadie más fumó en el tren. Un médico a bordo afirmó que temía que éste fuese un veneno fatal para mí y que nunca me recuperaría. Me dijo que nunca accediera a estar en un cuarto, coche, carruaje o buque de vapor donde estuviese obligada a respirar aire envenenado por el tabaco, porque en su trayecto como médico, él había tratado muchos casos de madres y niños con afecciones al corazón porque vivían inhalando constantemente aire viciado por el tabaco. A pesar de que les había advertido a los esposos y padres sobre los terribles resultados, él pensaba que no habría mayor cambio en los hábitos de esos hombres; porque los afectados vivirían poco tiempo, envenenados como si se les hubiera administrado una dosis de arsénico o estricnina.

Además, declaró que un gran número de estas esposas y niños, mueren por enfermedades del corazón como consecuencia de vivir en una atmósfera cargada de tabaco. "Su caso es un milagro", dijo él. El tic nervioso en el rostro, la rigidez de los músculos seguidos por un gran abatimiento y relajación de los mismos, son señales seguras de envenenamiento. He encontrado muchas veces que una arritmia (latido violento del corazón seguido por un pulso débil e intermitente), es el efecto del veneno del tabaco. Muchas son las víctimas atrapadas por esta plaga creada por el hombre y de este modo sufren la consecuencia de sus propios hábitos pervertidos. Ellos se sacrifican a sí mismos, a sus esposas y a sus hijos por una indulgencia que es una maldición para ellos y los que los rodean.

En este corto viaje me dolió mucho el corazón y sentía una gran pesadez en mi cabeza. Me pregunté si estaría mejor al acostarme e intentar dormir. Estaba muy cansada, pero la puerta del vagón estaba abierta y en el camarote contiguo se permitía fumar. Un grupo de alemanes estaba en el coche y ellos acostumbran a fumar casi constantemente.

Hablé con el guarda del tren. Me respondió que no tenía control sobre los pasajeros de los camarotes y que no podía hacer nada, que si los pasajeros querían fumar, podían hacerlo y nadie podía controlar el asunto. Le pregunté al mozo si no había ningún lugar en el vagón presidencial donde pudiera estar libre del aire viciado por el tabaco. Me dijo que no podía hacer nada, que él era sólo un empleado. Decidí tratar de resolver el asunto por mí misma y me dirigí a mi camarote, cerré las cortinas lo mejor posible y abrí las ventanas; pensé que después que se fueran a sus camarotes y no hubiese nadie que fumara allí, quizá podría dormir. Por la mañana desperté con un dolor intenso en mi corazón y me resultaba bastante difícil respirar.

Todavía me quedaban diez horas de viaje. Cerca de nuestros asientos los alemanes comenzaron su devoción ofreciendo su sacrificio matutino, a quién ¿al Creador o al diablo? Hablé con el guarda. Me dijo que él no podía impedirles pero que hablaría con ellos al respecto. Así lo hizo y ellos decidieron no fumar en ese lugar y se fueron a la parte de atrás del vagón. Para estar mejor informada, le pregunté al guarda. Él dijo que era la costumbre dedicar un extremo del vagón a fumar. Cuando se abría mucho la puerta o se la abría y cerraba continuamente, el humo se distribuía por todo el vagón. Entonces me di cuenta de que no podía esperar otra cosa que respirar aire viciado durante todo el viaje. Debía soportarlo de la mejor manera posible. —*Carta 54A, de Mayo de 1884.*

En su práctica, los médicos deberían procurar disminuir cada vez más el empleo de las drogas en vez de acrecentarlo. Cuando la doctora A acudió al Instituto para la Salud, dejó de lado sus conocimientos y sus prácticas de la higiene y administró las pequeñas dosis homeopáticas para casi cada enfermedad. Esto iba en contra de las instrucciones que Dios había dado. De este modo nuestro pueblo, que había sido enseñado a evitar las drogas en casi todas sus formas, estaba recibiendo una educación diferente. Me sentí obligada a decirle que la práctica de depender de las drogas, ya sea en grandes o pequeñas dosis, no estaba de acuerdo con los principios de la reforma pro-salud. Si se llevan a cabo los principios de la reforma pro-salud, el trabajo, en verdad, estará tan estrechamente relacionado con el mensaje del tercer ángel como la mano está unida al cuerpo. —*Carta 26A, del 2 de Marzo de 1889.*

Estimado hermano Kellogg:

Acabo de leer su carta. Ésta y los documentos adjuntos fue la única correspondencia que recibí este mes. Me siento mucho mejor de salud. Puedo dedicarme a escribir y encuentro muchas cosas para mantener mi mente ocupada. Desearía verlo personalmente, pero como no puedo hacerlo, le estoy escribiendo. Gracias por su prescripción médica. Tendré cuidado. Mi oración es que el Señor me ayude y lo ayude a usted, mi hermano, para que no asuma muchas responsabilidades y al hacerlo, se descalifique a sí mismo para administrarlas. Si usted fuese destituido por enfermedad o muerte ¿quién estaría preparado para llevar adelante estas responsabilidades? Los médicos que están bajo su dirección pueden tener interés en esta obra grande y extensa, pero no tienen su experiencia. Mientras usted tenga la posibilidad de educar, debe seleccionar a varios hombres y entrenarlos para llevar adelante las responsabilidades. Bajo su instrucción y por medio de la ayuda divina, ellos podrán aprender a hacer la obra que usted ha estado haciendo.

Como médico, la influencia que usted ha logrado en su profesión es grande y extensa, y en algunos casos ha sido la voluntad de Dios. Usted ha contribuido para que la luz que Dios le ha dado brille hacia otros y ésta ha influido en otros para la obra médica. Pero según la luz que el Señor me ha dado, existe un espíritu de masonería y éste ha construido un cerco alrededor de la obra. La antigua práctica tradicional ha sido exaltada como el único método verdadero para tratar la enfermedad y este sentimiento se ha propagado considerablemente entre los médicos conectados con usted. En los casos de fiebre han acudido a las drogas para interrumpirla, según creían ellos. En varios casos este método interrumpió la fiebre y otras enfermedades, pero esto afectó al hombre entero. El Señor se ha dignado a presentarme este asunto en forma clara. No es necesario tratar la fiebre con drogas. La naturaleza tiene sus propios recursos para manejar mejor y con más éxito los casos más difíciles. Si totalmente se adopta esta ciencia se obtendrán mejores resultados, especialmente si el que lo hace es meticuloso. El Señor bendecirá al médico que, dependiendo de los métodos naturales, trate de ayudar a cada función de la maquinaria humana para que ésta por sus propios medios cumpla el propósito del Señor y se restaure a sí misma y funcione correctamente.

Dr. Kellogg, Dios lo ha favorecido con la fraternidad médica y él desea que usted mantenga esa relación. Pero en ningún caso debe exaltar la Alopatía sobre toda otra práctica, como acostumbran los otros médicos del mundo y llamar curanderismo y error a todos los otros métodos; porque ésta, desde sus comienzos hasta la actualidad, ha exhibido resultados muy inaceptables. Se han perdido vidas en su sanatorio porque les han administrado drogas que le impidieron a la naturaleza la oportunidad de hacer su obra de restauración. La medicación con drogas ha roto el poder de la maquinaria humana y los pacientes han muerto. Otros han llevado las drogas consigo quitándole la eficacia a los remedios simples del cual dispone la naturaleza para restaurar el sistema. Los estudiantes en su institución no deben ser educados para creer que las drogas son una necesidad. Deben ser educados para dejar de lado las drogas.

La fraternidad médica, representada ante mí como masonería, con sus largos nombres ininteligibles que la gente vulgar no puede entender, llamaría curanderismo a la receta médica del Señor para Ezequías. Éste enfermó de muerte, pero oró por su vida y su oración fue oída. A los que lo cuidaban, se les ordenó que consiguieran higos y que los pusieran sobre la herida y el rey fue restaurado. Dios utilizó estos medios para enseñarles que todas sus prescripciones simplemente le estaban despojando al rey del poder para recuperarse y superar la enfermedad. Mientras ellos siguieran con sus tratamientos, no podrían salvarle la vida. El Señor distrajo sus mentes de sus pociones mágicas y les mostró un simple remedio de la naturaleza. En estas instrucciones hay lecciones para todos. Los jóvenes que van a Ann Arbor para obtener una educación, que según piensan ellos los exaltará como eminencias en el tratamiento de la enfermedad con las drogas, descubrirán que éstas producen la pérdida de vidas en lugar de la restauración de la salud y de la fuerza. Estas mezclas son una doble carga para la naturaleza, y miles de personas pierden la vida en el esfuerzo por lanzar fuera los venenos que éstas contienen. Debemos abandonar las drogas por completo porque al usarlas introducimos un enemigo en nuestro cuerpo. Escribo esto porque tenemos que combatir la costumbre de los médicos de este país de usar drogas, y no queremos que esto se introduzca sigilosamente en nuestro medio como sucedió en Battle Creek. Queremos cerrar la puerta al enemigo antes de poner en peligro las vidas de los seres humanos.

Dr. Kellogg, estoy preocupada por saber cómo conseguir los medios, pero no le pido que tome esta carga sobre usted. Dios prohíbe que usted tenga que llevar cualquier carga innecesaria. Haré una cosa: Apelaré a cada iglesia, sin tener en cuenta a las personas que están en posiciones de responsabilidad. Se debe hacer una obra en este país, y los que han tenido el beneficio de la labor de mi esposo y la mía propia, en la construcción de la obra en la Costa del Pacífico y en Battle Creek, deben comprender cuán arduamente hemos trabajado y deben ayudarnos. No apelaré a la asociación. Apelaré al pueblo para que nos ayude. Una vez establecidos, trabajaremos sin esa ayuda, pero la necesitamos ahora, no podemos hacerlo sin ella.

Usted menciona que la asociación dice que Australia ha tenido más medios que cualquier otro lugar. Es posible, pero siempre que la providencia de Dios nos abra nuevos campos ¿nos negaremos a entrar en ellos y establecer en este nuevo mundo una fuerza activa que envíe obreros a otros campos? ¿Cómo podrán oír si no hay quien les predique? Y ¿cómo podrán predicar sin haber sido enviados? Con la ayuda de Dios queremos amonestar al mundo y llevar nuestro testimonio a regiones distantes.

El Señor nos llama a predicar la verdad sin demora. Todo el país necesita la verdad, excepto los lugares donde ya se ha establecido un interés. Tenemos el mensaje del tercer ángel, los mandamientos de Dios y la fe de Jesús, y esta verdad debe rodear todas las ciudades y los pueblos. Debemos llevar el mensaje de un punto a otro, estableciendo en cada uno una pequeña comunidad de misioneros. A los obreros en Australia se los llama a extender su campo de acción enviando ayuda a los campos desfavorables en las regiones distantes, donde aún no se ha alzado la bandera de la verdad. No es nuestra propuesta que descuidemos otros campos para colonizar o construir grandes centros. Pero debemos ensanchar el círculo de nuestras operaciones, como quienes creen estar dando el último mensaje de amonestación al mundo. El profeso pueblo de Dios en los Estados Unidos de Norteamérica, debería haber estado despierto para hacer esta obra. En lugar de centrar tanto interés en Battle Creek, debería haber hecho planes de ciudad en ciudad. Si hubiese estado lleno del celo por la verdad, habría permitido que su luz brillara sobre otros y habría trabajado para preparar un pueblo para estar de pie en el día del Señor.

Es posible que hayamos tenido más medios que en otros lugares, pero tenemos resultados concretos. Se ha hecho una obra progresiva. Se ha entrado en nuevos campos, y todavía hay más necesidades a nuestro alrededor. Debemos penetrar en todos los campos de Australia. Se necesitan misioneros que vengan a este país para hacer una obra mayor para el Maestro. Que el Señor despierte a su pueblo que conoce la verdad para que imparta el conocimiento que tiene. Hagamos cada día la oración, tan llena de significado, que Cristo les enseñó a sus discípulos: "Padre nuestro que estás en los cielos: Santificado sea tu nombre, venga tu reino, sea hecha tu voluntad, como en el cielo así también en la tierra" (Mateo 6:9-10).

Una guerra agresiva está ante todos los que creen la verdad. Debemos realizar grandes progresos y mejoras para llevar adelante la obra que, bajo el mando del gran General de los ejércitos, el ser humano tiene el privilegio de hacer. Dios envía a sus ángeles como espíritus ministradores para que vayan delante del verdadero obrero y se unan a él. Por medio del poder del Espíritu Santo, la verdad debe obrar en nuestros corazones. Debemos hacer un llamado para que los que conocen la verdad entren a trabajar en la obra y sean colaboradores con los ángeles en la obra de Dios. Nada debe desalentarnos. Al esparcir el conocimiento de Dios y Jesucristo nuestro Señor, debemos tener puesta la esperanza en el progreso moral. Debemos acudir al Señor en cada emergencia y a cada paso.

Los principios vivientes están establecidos en la palabra de Dios. ¿Por qué los creyentes no leen con el propósito de obedecer? ¿Por qué no se dedican a ser misioneros? Necesitamos familias en Australia, no hombres y mujeres que deseen ser empujados, sino obreros, hombres sabios que puedan administrar. Necesitamos a aquellos que puedan trabajar hombro a hombro con nosotros.

Nuestro deber para con el mundo es vasto y profundo. Debemos hacer por otros lo que deseamos que ellos hagan por nosotros. La verdad debe ir a todas partes, y necesitamos personas que puedan suplicar en oración ante el Señor, que doblen sus rodillas ante Dios, aboliendo la costumbre de ponerse de pie como los fariseos y orar para ser oídos por los hombres, costumbre que ha entrado en nuestro pueblo y que ha sido llevada por nuestros obreros a otros países. Necesitamos que todos los que conocen a Dios y a Jesucristo, a quien él ha enviado, se postren en humilde reverencia ante su trono y oren para que el mundo pueda oír el mensaje de amonestación y para que éste pueda alcanzar a aquellos que lo oigan y sea llevado a aquellos que no lo conozcan. Arrodillémonos ante Dios con corazones humildes y expresemos nuestra reverencia hacia él. Todo orgullo y ostentación deben ser desechados. Hagan conocer sus deseos a Dios. El obrero sincero, de corazón verdadero, no fracasará ni se desanimará, porque Dios desde lo alto y sublime observa al contrito y lo capacita a cada paso. Él pondrá en acción las agencias omnipotentes para amonestar al mundo a que se prepare para ir al encuentro de su Dios.

Los instrumentos humanos por medio de los cuales Dios está obrando, no deben estar en discordia y desacuerdo como está sucediendo ahora. Aquellos que tienen fe en Cristo, como su Salvador todopoderoso, estarán en perfecta unidad con él. Cuando el yo esté sepultado con Cristo en Dios no habrá desunión, desacuerdos, ni conflictos. Todos estarán en perfecta armonía con Cristo, para salvar al mundo de la manera establecida por Dios. Dios llama a su iglesia para ministrar por él y con él en la salvación de las almas que están a punto de perecer. Entonces en vez de alejarse de Cristo y el uno del otro, los obreros buscarán guardar el aliento de vida en la iglesia. Aderezarán sus lámparas con el aceite santo que las dos ramas de olivo verterán por medio de los dos tubos de oro. Los dos ungidos que están de pie por el Señor de toda la tierra impartirán la luz.

Dios probará a cada iglesia en nuestro mundo. Aquellos que conocen la verdad pero no son hacedores de la palabra, son el peor tropiezo que podríamos tener en el avance de nuestra obra. Dios llama a su pueblo para que se despierte y aderece sus lámparas. La iglesia nunca podrá ver la obra del Espíritu Santo en favor de los pecadores convertidos, hasta que Sión trabaje incansablemente por las almas que están a punto de perecer. Cristo está esperando compasivamente a aquellos que trabajarán unidos en espíritu y mente para proclamar la verdad para este tiempo. Cristo ha establecido el ministerio cristiano y los diferentes medios de gracia que éste comprende. Cuando se revele la unidad en Cristo, cuando se reconozca a Jesús en precepto y práctica, el Espíritu Santo revelará su disposición para que los dos ungidos viertan el aceite santo en los vasos preparados para recibirlo. —*Carta 67, del 8 de Abril de 1889.*

Ésta [la oración por los enfermos] es una cuestión muy delicada, y temo que en muchas mentes no será aceptada de mutuo acuerdo. En el temor de Dios he intentado proceder de acuerdo a la luz que el Señor me ha dado. He orado por varios, presentando mi urgente petición porque me parecía que glorificaría a Dios si fuesen sanados y no estaba dispuesta a aceptar una respuesta negativa.

Aparentemente, varios por quienes he orado han estado en los últimos momentos de su existencia. Mi oración era muy apremiante porque me parecía que mi petición debía ser contestada favorablemente, y fueron sanados. Ahora, en muchos de estos casos se produjo algo muy diferente de lo que se deseaba; por su comportamiento, muchos demostraron que habría sido mejor si hubiesen muerto. Uno de ellos, después de muchos años, se convirtió en un famoso ladrón; otro se volvió licencioso y otro, ya en edad madura, no tiene amor por Dios ni por su verdad.

Esto me ha preocupado, y hace varios años decidí que si me viera obligada a orar por algún enfermo, vendría ante el Señor con una petición de esta índole: "Señor, no podemos leer el corazón de este enfermo, pero tú sabes si es para el bien de su alma y para la gloria de tu nombre restablecerle la salud. En tu gran bondad, sé compasivo en este caso, reprende a la enfermedad y restablece la salud en su cuerpo. La obra debe ser completamente tuya. Hemos hecho todo lo que la habilidad humana puede hacer. Ahora, Señor, ponemos este caso a tus pies. Obra como sólo Dios puede obrar y si es para su bien y tu gloria, detén el progreso de la enfermedad y sana a esta víctima".

En síntesis, ésta es la manera en que he orado por los enfermos. Pero pensé que quizá debilitaría la fe de otros en su intenso fervor; y durante algunos años he sentido que no era mi deber comprometerme con otros al orar por los enfermos. Así oré por Henry N. White. Pero luego de haber orado fervorosamente por el enfermo ¿qué? ¿Dejo yo de hacer todo lo posible para su recuperación? No. Me esfuerzo con más ahínco, con mucha oración, para que el Señor bendiga los medios que su propia mano ha proporcionado, rogando que me dé la sabiduría santificada para cooperar con Dios en la recuperación de los enfermos.

Esto fue lo que hice en el caso de mi esposo. Se ofrecieron muchísimas oraciones en su favor, pero usted bien sabe que las peticiones no fueron contestadas inmediatamente. Las personas que estaban orando se desalentaban porque no había respuesta a sus oraciones, y procuraban encontrar razones para justificar el retraso. Pero no cesé de orar. Cuando vi que él no se recuperaba redoblé mi empeño. Empecé a idear maneras y medios que ayudaran a la naturaleza lo más posible para lograr cambios saludables en el doliente. Día y noche oraba por sabiduría y si hubiera cesado en mis oraciones y esfuerzos, él habría muerto.

Cuando Edson y Willie se enfermaron, en primer lugar oramos fervientemente para que Dios reprendiera a la enfermedad y los sanara. ¿Estábamos eximidos por eso de hacer todo lo que estaba a nuestro alcance para que se recuperaran? No, trabajamos con mucho más fuerza utilizando los remedios naturales de Dios. Usamos el agua de muchas maneras y le pedimos a Dios que aceptara nuestros esfuerzos y nos diera fuerza y sabiduría para usar, no un tratamiento con drogas, sino los remedios simples y naturales que Dios nos ha dado. De esa manera, estábamos cooperando con Dios.

Cuando se ora por los enfermos es indispensable tener fe, porque eso concuerda con la palabra de Dios. "La oración eficaz del justo puede mucho" (Santiago 5: 16). De manera que no podemos descartar la necesidad de orar por los enfermos, y debiéramos sentirnos muy entristecidos si no tuviésemos el privilegio de aproximarnos a Dios, de presentarle nuestras debilidades y dolencias, de comunicar todas estas cosas a un Salvador compasivo, creyendo que escucha nuestras peticiones.

En algunos casos las respuestas a nuestras oraciones vienen de inmediato. Pero otras veces tenemos que esperar pacientemente y continuar rogando por las cosas que necesitamos; aquí se aplica como ilustración el caso del solicitante inoportuno que buscaba pan. "Quién de vosotros que tenga un amigo, va a él a medianoche y le dice: amigo, préstame tres panes, porque un amigo mío ha venido a mí de viaje, y no tengo nada para ofrecerle. ¿Le responderá él de dentro: No me molestes, la puerta está ya cerrada, y mis niños están conmigo en cama, no puedo levantarme a darte? Os digo, que aunque no se levante a darle por ser un amigo, por su importunidad se levantará, y le dará lo que necesita".

Esta lección significa más de lo que podemos imaginar. Debemos perseverar en nuestras peticiones, aunque no obtengamos respuesta inmediata a nuestras oraciones. "Yo os digo: pedid, y se os dará; buscad, y hallaréis; llamad, y se os abrirá. Porque todo aquel que pide, recibe; y el que busca, halla; y al que llama, se le abrirá" (Lucas 11: 9-10). Necesitamos gracia, necesitamos iluminación divina, para que por medio del Espíritu sepamos pedir las cosas que necesitamos. Si nuestras peticiones son dictadas por el Señor, serán contestadas. —*Carta 17, del 11 de Marzo de 1892.*

Nos esperan tiempos peligrosos. El mundo entero se encontrará envuelto en perplejidad y aflicción; la familia humana se verá azotada por toda clase de enfermedades y la ignorancia que hoy prevalece con respecto a las leyes de la salud, producirá grandes sufrimientos y la pérdida de muchas vidas que podrían haberse salvado. En tanto que Satanás se esfuerza constantemente hasta el máximo para sacar ventaja de la ignorancia de los seres humanos y para colocar el fundamento de la enfermedad por medio del trato impropio del cuerpo; los que dicen ser hijos e hijas de Dios, hacen bien de aprovechar, mientras puedan, las oportunidades que ahora se les presentan para obtener un conocimiento cabal del organismo humano y de cómo preservarlo con buena salud.

A medida que la agresión religiosa destruya las libertades de nuestra nación, los que se mantengan de parte de la libertad de conciencia, serán colocados en una posición desfavorable. Por su propio beneficio deberían actuar con inteligencia, mientras tienen oportunidad todavía y aprender acerca de las causas, la prevención y el tratamiento de las enfermedades. Al hacerlo, encontrarán un campo de labor en todas partes. Habrá muchas personas enfermas que necesitarán ayuda, no solamente entre los de nuestra propia fe, sino principalmente entre los que no conocen la verdad. —*Carta 34, del 16 de Septiembre de 1892.*

Debe haber una reforma entre la fraternidad médica o la iglesia será depurada de los que no sean cristianos de acuerdo a las Escrituras. Es demasiado tarde para exhibir el espíritu que se está revelando entre los médicos que usan drogas. Dios lo aborrece. —*Carta 48, de 1892.*

Quiero decir que el mensaje del tercer ángel es el evangelio y que la reforma pro-salud será la cuña de entrada para el trabajo de presentar la verdad. —*Carta 56, del 19 de Enero de 1896.*

El Señor ha dado a su pueblo un mensaje con respecto a la reforma pro-salud. Esta luz ha estado brillando en su camino durante treinta años; y el Señor no puede sostener a sus siervos en una conducta que la contradiga. Él se desagrada cuando sus siervos actúan en oposición al mensaje referente a este punto, que él les ha dado para que den a los demás. ¿Puede agradarle a él el que la mitad de los obreros que trabajan en un lugar, enseñe que los principios de la reforma pro-salud se hallan tan estrechamente relacionados con el mensaje del tercer ángel como el brazo con el cuerpo, mientras sus colaboradores, por medio de su ejemplo práctico, enseñan principios que son completamente opuestos? Esto se considera como un pecado a la vista de Dios, y por eso él no puede dar mayor éxito a su obra...

Mi hermano, usted ya no debe desacreditar a los mensajeros y el mensaje que Dios le ha enviado con respecto a los principios de una vida saludable. Se ha dado testimonio tras testimonio que deberían haber producido grandes reformas, pero tanto en casa como fuera de ella, su vida ha sido un testimonio expreso contra las amonestaciones que el Señor ha enviado. Nada trae más desánimo a los centinelas del Señor que el relacionarse con los que tienen capacidad mental y entienden las razones de nuestra fe, pero por precepto y ejemplo manifiestan indiferencia hacia las obligaciones morales.

La luz que Dios ha dado acerca de la reforma pro-salud no se puede pasar por alto sin que se perjudiquen quienes intentan hacerlo: y nadie puede esperar el éxito en la obra de Dios mientras, por precepto y ejemplo, actúa en oposición a la luz que Dios ha enviado. La voz del deber es la voz de Dios, un guía interior enviado por el cielo, y el Señor no será tratado con ligereza en lo que concierne a estos temas. El que no toma en cuenta la luz que Dios ha dado con respecto a la preservación de la salud, se rebela contra su propio bien y rehúsa obedecer a Aquel que está trabajando para darle lo mejor posible.

Es el deber de todo cristiano seguir el curso de acción que el Señor ha designado como correcto para sus siervos. Debe recordar siempre que Dios y la eternidad se encuentran ante él, y que no debe desentenderse de su salud espiritual y física, aunque su esposa, sus hijos o sus parientes lo tienten a hacerlo. "Si Jehová es Dios, seguidle: y si Baal, id en pos de él". Los principios de la reforma pro-salud que adopte aquel que predica la Palabra de Dios a otros, ya sean correctos o equivocados, tendrán una influencia transformadora en su obra y en aquellos por quienes trabaja. Si sus principios están equivocados, desvirtuarán la verdad delante de los demás. Si acepta la verdad que apela a la razón antes que al apetito pervertido, ejercerá una poderosa influencia para el bien. La verdad en su corazón será como una fuente de agua viva que fluirá para vida eterna.

La palabra de la inspiración no es sí y no, sino sí y amén en Cristo Jesús, y sus obreros están obligados a recordar que ellos no pueden ir a la deriva con principios inciertos, tergiversados y distorsionados por el impulso, sin representar mal la verdad que profesan y causando una herida eterna a sus propias almas...

Todo fiel siervo de Dios guardará cuidadosamente la ciudadela del alma, para que las cosas del mundo no lo aparten de Dios. Dios no pone una carga sobre sus siervos que éstos no puedan soportar. "Porque él conoce nuestra condición; se acuerda que somos polvo". "En el Señor Jehová está la fuerza eterna", y él espera otorgarla a cada alma suplicante. Es muy fácil profesar la verdad de la boca para fuera, pero si el corazón no es sincero y fiel a Dios y a sus requerimientos, nuestra predicación no tiene poder. —*Carta 67, del 30 de Marzo de 1896.*

Usted ha demostrado su confianza propia al despreciar la luz de la reforma pro-salud. El Señor le ha dado a su pueblo un mensaje especial por medio de sus siervos para que sean inteligentes en este asunto... Y usted no ha estado dispuesto a ver que recae sobre usted la responsabilidad de ser moderado en el comer, en el beber y en todas las cosas. Ésta en sí, es la razón por la cual usted no debería haber sido ordenado al ministerio. Ningún hombre debería ser elegido como maestro del pueblo, cuando su propio ejemplo contradice el testimonio que Dios ha dado a sus siervos con respecto al régimen alimenticio, porque esto traerá confusión. Su desprecio hacia la reforma pro-salud, lo hace indigno de permanecer como mensajero del Señor. El exceso en comer carne, tomar té y otras maneras de complacencia propia, son perjudiciales para la salud del cuerpo y del alma. —*Carta 23, del 14 de Diciembre de 1896.*

Todo el mundo gentil se levantará en el juicio contra aquellos que han sido los más favorecidos por el cielo, pero que se pusieron del lado de Satanás y trabajaron en sus filas, para llevar a tierras extranjeras estupefacientes que destruyen el alma, drogas que contaminan y destruyen las naciones paganas y que corrompen y socavan la salud. Por amor a las ganancias, una nación profesamente cristiana, a punta de espada ha impuesto su comercio en las naciones paganas, obligándolas así a aceptar su mercancía que degradaría a la gente que la usa, por debajo del reino animal. — *Manuscrito 49, del 19 de Mayo de 1897.*

En respuesta a las preguntas que se me han hecho recientemente con respecto a imponer la reforma en la vestimenta, yo diría que aquellos que han estado promoviendo este asunto, pueden estar seguros que no han sido inspirados por el Espíritu de Dios. El Señor no ha indicado que el deber de nuestras hermanas sea volver atrás a la reforma de la vestimenta. No debemos enfrentar nuevamente las dificultades del pasado. No debe existir ninguna divergencia ahora con respecto a las formas singulares de vestir. Continuamente surgirán cosas nuevas y extrañas, para conducir al pueblo de Dios a una falsa excitación, a reavivamientos religiosos y a estilos indiscretos; pero nuestro pueblo no debe estar sujeto a ninguna declaración de invención humana que pueda crear controversia en cualquier sentido.

El vestido reformado que una vez fue defendido, resultó en una batalla continua. Para algunos no había uniformidad y gusto en la confección del vestido como les había sido claramente presentado. Los miembros de la iglesia rehusaron adoptar este estilo saludable de indumentaria y causaron disensión y discordia. Esto fue motivo de deshonra para la causa. La preocupación por defender el vestido reformado desapareció, porque lo que había sido dado como una bendición se convirtió en una maldición.

Había algunas cosas que hacían que el vestido reformado fuera una gran bendición. Con él no había posibilidad de usar los ridículos aros que estaban entonces de moda. Las largas faldas que se arrastraban sobre el suelo y barrían la suciedad de las calles, no podían defenderse más. Pero ahora se ha adoptado un estilo de vestido más razonable, que no incluye esas características objetables, y si nuestras hermanas desean confeccionar sus vestidos siguiendo estos modelos simples y sencillos, el Señor no se sentirá deshonrado.

Algunos han supuesto que el modelo que se había dado era el único que todos debían adoptar. Esto no es así. Pero algo sencillo como ése sería lo mejor que podríamos adoptar bajo las [actuales] circunstancias. No me ha sido dado ningún estilo preciso como regla exacta que debe guiar a todas las personas en su vestido... Si nuestras hermanas piensan que deberían adoptar un estilo uniformado para vestirse, se levantaría una controversia; y aquellas cuyas mentes deberían entregarse completamente a la obra del mensaje del tercer ángel, perderían su tiempo discutiendo irritadamente por causa de la vestimenta exterior, descuidando así el ornamento precioso e interior de un espíritu manso y tranquilo, que a la vista de Dios es de gran precio.

El argumento de la vestimenta no debe ser nuestra verdad presente. Al enemigo le agradaría levantar ahora asuntos que distraigan las mentes del pueblo y lo pongan en disputa sobre el asunto del vestido. Él se gozaría en desviar las mentes hacia cualquier asunto que creara división de opiniones y condujera a nuestro pueblo a la controversia.

Les ruego que como pueblo anden cuidadosa y prudentemente ante Dios. Sigan las costumbres de la vestimenta siempre que éstas se adapten a los principios de la salud. Que nuestras hermanas se vistan en forma sencilla, como muchas lo hacen y que el material de sus vestidos sea bueno, resistente, apropiado para esta época y que el tema de la vestimenta no llene sus mentes. Nuestras hermanas se deberían vestir con simplicidad. Deberían vestirse con ropa modesta, con pudor y sobriedad. Muestren al mundo un ejemplo viviente del atavío interior de la gracia de Dios. Colóquense bajo la disciplina de los oráculos vivientes de Dios, sometiendo la mente a las influencias que forman el carácter como Dios manda.

Nos estamos acercando al cierre de la historia de este mundo. Estamos frente a conflictos espantosos, tormentas de disensión que pocos vislumbran y todo nuestro tiempo y agudeza mental deben centrarse en los temas vivientes que están ante nosotros. Dios tiene pruebas para esta época y éstas deben ser presentadas en forma clara y evidente. Ahora es demasiado tarde para entusiasmarse con cualquiera de las pruebas ideadas por el hombre. En los mandamientos de Dios se basará la gran prueba para este tiempo, especialmente en el del sábado y no se debe hacer nada que aparte la mente y el corazón de la preparación necesaria para enfrentarla. El pueblo de Dios tiene ya toda la prueba que debe tener.

La cuestión del sábado es una prueba que vendrá en el mundo entero. No necesitamos introducir ahora nada que constituya una prueba [de discipulado] para el pueblo de Dios, y que haga más severa para él la prueba que ya tiene. Que nuestras hermanas a conciencia presten atención a la Palabra de Dios. No trate de empezar una obra de reforma hasta que empiece en usted. Es imposible cambiar el corazón y el adoptar un estilo diferente tampoco lo hará. El problema es que la iglesia necesita una conversión diaria. Aparecerán muchas cosas para tentar y probar a los pobres seres humanos, engañados enanos espirituales y amadores del mundo. Tendrán que afrontar pruebas muy severas. No serán pruebas ideadas por los hombres, porque Dios está preparado para examinarlos y probarlos. Si ellos prestan atención a sus amonestaciones y advertencias... él los recibirá tiernamente.

La obra del Espíritu de Dios mostrará un cambio visible. Aquellos que se atrevan a desobedecer aún la declaración más simple de la Inspiración, no prestarán atención a ningún esfuerzo humano que se haga para inducirlos a adoptar una forma de vestir simple, prolija, sencilla y apropiada que no los haga parecer raros o extravagantes. Ellos continuarán exponiendo su punto de vista ante el mundo.

Hay hermanas que nunca volverán a su primer amor. Nunca dejarán de hacer un ídolo de sí mismas. A pesar de toda la luz de la Palabra de Dios que ilumina su senda no obedecerán las instrucciones de Dios. Seguirán sus propios deleites y harán lo que les plazca. Estas hermanas dan un mal ejemplo a la juventud y a los nuevos conversos, porque éstos pueden ver poca diferencia entre su vestimenta y la de los mundanos.

Al que hace un ídolo de sí mismo no se le debería presentar ninguna prueba establecida por los hombres, porque esto sólo le daría una excusa para dar el último paso hacia la apostasía. Ellos no saben a quien están sirviendo. El conocimiento y el poder le pertenecen a Dios. Los que por ignorancia son culpables deben reconocer su condición. Nosotros debemos esperar pacientemente y no frustrarnos ni desanimarnos, porque Dios tiene sus planes bien trazados. Mientras estamos abrumados y angustiados, aguardando con paciente sumisión, nuestro Ayudador invisible estará haciendo la obra que no podemos ver, y en su providencia provocará acontecimientos que causarán una transformación o una separación entre los miembros indiferentes amantes del mundo, y los creyentes. El Señor conoce cada caso y sabe cómo tratar a cada uno. Nuestra sabiduría es limitada, en tanto que la sabiduría infinita comprende el fin desde el principio. Nuestro período de prueba es muy breve. En la tierra se hará una obra fugaz. Las pruebas de Dios vendrán y serán bien demarcadas y decisivas. Que toda alma se humille ante Dios y se prepare para lo que se aproxima.

Que las hermanas escrupulosas que quieren introducir la reforma de la vestimenta, anden con cautela y obren de una manera que corresponda con la importancia del mensaje para este tiempo. La entrega del corazón, el alma y la mente en obediencia a los mandamientos de Dios es como un hilo de oro, que une las cosas preciosas de Dios y revela su valor en tiempo de prueba.

Por lo tanto, les digo a mis hermanas que no entren en controversia en cuanto a la vestimenta exterior, sino que procuren el atavío interior de un espíritu manso y tranquilo. Que todos los que acepten la verdad muestren sus convicciones.

Nosotros somos un espectáculo para el mundo, los ángeles y los hombres. La vestimenta exterior puede mostrar una falsa prudencia, una modestia simulada, aun mientras el corazón tenga una gran necesidad del atavío interior. Que siempre se comprometan a hacer lo recto.

No mire a su alrededor en busca de pruebas para el pueblo de Dios. Dios ha dado una prueba, el sábado del cuarto mandamiento. "Di a los israelitas: Guardad mis sábados, porque el sábado es señal entre yo y vosotros por vuestras generaciones, para que sepáis que Yo Soy el Eterno que os santifico. Por eso guardad el sábado, porque es santo para vosotros. El que lo profane, morirá. Todo el que haga algún trabajo en él, debe ser exterminado de su pueblo. Seis días se trabajará, pero el séptimo día es sábado de completo reposo, consagrado al Eterno. Todo el que haga algún trabajo en sábado, morirá. Guardarán, pues, el sábado los israelitas, celebrándolo de generación en generación, por pacto perpetuo. Es señal para siempre entre mí y los israelitas, porque en seis días el Señor hizo los cielos y la tierra y en el séptimo día cesó y reposó" (Éxodo 31:13-17).

Todos los que observen el sábado con un corazón consagrado a Dios, verán que el día que Dios ha santificado significa mucho más para ellos de lo que se imaginaban. "Yo Soy el Eterno que os santifico" (Versículo 13). "Si retiras tu pie de pisotear el sábado; de hacer tu voluntad en mi día santo y si al sábado llamas delicia, santo, glorioso del Eterno y lo veneras, no siguiendo tus caminos, ni buscando tu voluntad, ni hablando palabras vanas, entonces te deleitarás en el Señor, y yo te haré subir sobre las alturas de la tierra, y te sustentaré con la herencia de Jacob tu padre" porque la boca del Eterno lo ha dicho" (Isaías 58:13, 14). —*Manuscrito 167, de 1897.*

Es la variedad y la mezcla de carne, verduras, frutas, vinos, té, café, tortas dulces y pasteles concentrados lo que arruina el estómago y coloca a los seres humanos en la posición de inválidos, con todos los desagradables defectos que la enfermedad ejerce en su estado de ánimo. Una experiencia religiosa enfermiza es resultado de un carácter pervertido y de un apetito depravado. Las palabras del apóstol a los Romanos debieran ser repetidas a todas las iglesias y familias: "Así, hermanos, os ruego por la misericordia de Dios, que presentéis vuestro cuerpo en sacrificio vivo, santo, agradable a Dios, que es vuestro culto razonable. Y no os conforméis a este mundo, sino transformaos mediante la renovación de vuestra mente, para que podáis comprobar cuál es la buena voluntad de Dios, agradable y perfecta" (Romanos 12:1-2).

Se puede alcanzar la perfección de un carácter cristiano. Al acercarnos al fin de la historia de este mundo, descubriremos que todo el mundo se está convirtiendo en un asilo de leprosos, y la transgresión de la ley de Dios está trayendo un resultado inequívoco. [Deuteronomio 4:1-9 citado]. En el quinto capítulo de este libro se repiten los mandamientos de Dios. [Versículos 6-21 citados]. Todo el capítulo es muy categórico. Lea los versículos 29 al 33, la voluntad de Dios se presenta nuevamente en el octavo capítulo, versículos 1-15. Para que no olvidaran los requerimientos de Dios, debían ponerle música y cantarlos en las congregaciones de Israel. (Deuteronomio 10:12-22, 11:26-32 citados). Todo el capítulo contiene la expresa voluntad de Dios.

Presento la Palabra del Señor Dios de Israel. Debido a la transgresión, la maldición de Dios vino sobre la tierra misma, sobre el ganado y sobre toda carne. Los seres humanos están sufriendo el resultado de su propia conducta al apartarse de los mandamientos de Dios. Las bestias también sufren bajo la maldición. El consumo de carne no debe prescribiese para ningún inválido por parte de ningún médico que entienda estas cosas. Las enfermedades de los animales están haciendo que el consumo de carne sea un asunto peligroso. La maldición del Señor está sobre la tierra, sobre el hombre, sobre las bestias y sobre los peces del mar; y a medida que la transgresión llega a ser casi universal, se permitirá que la maldición se haga tan amplia, tan profunda como la transgresión misma. Se contraen enfermedades por el uso de la carne. La carne enferma de estos cadáveres se vende en los mercados, y el seguro resultado es enfermedad entre los hombres.

El Señor llevará a sus hijos hasta el punto en que ellos no tocarán ni gustarán la carne de animales muertos. No prescriba, pues, estas cosas ningún médico que tiene un conocimiento de la verdad para este tiempo. No hay seguridad en el consumo de carne de animales muertos, y dentro de poco tiempo la leche de las vacas también será excluida del régimen del pueblo que guarda los mandamientos de Dios. Dentro de un corto tiempo no será seguro usar ninguna cosa que proceda de la creación animal. Los que acepten sin reservas lo que Dios dice y obedezcan sus mandamientos de todo corazón, serán bendecidos. Él será su escudo protector. Pero con el Señor no se puede jugar. La desconfianza, la desobediencia, el enajenamiento de la voluntad y del camino de Dios, colocarán al pecador en una posición donde el Señor no puede darle su favor divino...

De nuevo me referiré al asunto del régimen. No podemos hacer ahora lo que nos aventuramos a hacer en lo pasado con respecto al consumo de carne. Siempre ha sido una maldición para la familia humana. Pero ahora lo es en forma particular dentro de la maldición que Dios ha pronunciado sobre los rebaños del campo, debido a la transgresión y al pecado del hombre. La enfermedad entre los animales está llegando a ser cada vez más común y nuestra única seguridad ahora consiste en dejar la carne enteramente. Prevalecen actualmente las más graves enfermedades, y la última cosa que deben hacer los médicos que han sido iluminados es aconsejar comer carne a sus pacientes. Debido al consumo de carne, que en tan vasto grado se hace en este país, los hombres y las mujeres se están desmoralizando, su sangre se corrompe y las enfermedades se implantan en el organismo. Debido al consumo de carne muchos mueren, y no entienden la causa. Si se conociera la verdad, se daría testimonio de que fue la carne de los animales la que pasó por la muerte. El pensamiento de alimentarse de carne de animales muertos es repulsivo, pero hay algo más, además de esto: al comer carne participamos de sus enfermedades y ésta siembra sus semillas de corrupción en el organismo humano.

Le escribo, hermano mío, para que no se siga prescribiendo en nuestro sanatorio el consumo de carne de animales. No hay excusa para esto. No existe seguridad en las consecuencias y los resultados que ello tiene sobre la mente humana. Seamos reformadores en pro de la salud en todo el sentido del término. Dése a conocer en nuestras instituciones el hecho de que ya no se sirve carne en la mesa, ni aun para los clientes; y entonces la educación que se da sobre el abandono de la carne no consistirá sólo en palabras sino en hechos. Si la clientela es menor, que lo sea. Los principios serán de un valor mucho mayor cuando se entiendan, cuando se sepa que no se quitará la vida de ningún ser para sostener la vida del cristiano.

En este país vemos la gran necesidad de que nuestras palabras armonicen con los hechos. En el momento oportuno tuve una conversación categórica con los médicos y pienso que ahora el asunto está claro entre ellos. El sábado hablé sobre este tema y la iglesia estaba llena de creyentes y no creyentes, por lo tanto, sin lugar a dudas, ellos conocen ahora nuestra posición. Por supuesto, debe haber abundancia de frutas y granos bien cocidos. Por nuestro ejemplo les estamos enseñando a hacer hornos fuera de la casa y hornear su propio pan. Tres familias usan nuestro horno de ladrillos y es una gran bendición para todos nosotros. Yo sigo con mi sistema de dos comidas diarias y me alimento frugalmente y rara vez sé lo que significa tener hambre. Aunque a veces las circunstancias nos obligan a no comer nuestras comidas en las horas acostumbradas, aun así, no siento hambre. —*Carta 59, del 26 de Julio de 1898.*

La influencia que usted ha logrado en su profesión como médico es grande y extensa, y en algunos casos ha sido la voluntad de Dios. Usted ha contribuido para que la luz que Dios le ha dado brille hacia otros y ésta ha influido en otros para la obra médica. Pero según la luz que el Señor me ha dado, existe un espíritu de masonería libre y éste ha construido un cerco alrededor de la obra. La antigua práctica tradicional ha sido exaltada como el único método verdadero para tratar la enfermedad y este sentimiento se ha propagado considerablemente entre los médicos conectados con usted. En ciertos casos han acudido a las drogas para quitar la fiebre, según creían ellos. En varios casos este método interrumpió la fiebre y otras enfermedades, pero esto ha afectado al hombre entero. El Señor ha tenido el agrado de presentarme este asunto en forma clara. No es necesario que la fiebre se trate con drogas. La naturaleza tiene sus propios recursos para manejar mejor y con más éxito los casos más difíciles. Si se adopta esta ciencia totalmente se obtendrán mejores resultados si el que lo hace es cuidadoso. El Señor bendecirá al médico que dependa de los métodos naturales ayudando a cada función de la maquinaria humana, para que actúe por sus propios medios la parte que el Señor ha establecido para que se restaure a sí misma y funcione correctamente.

Dr. Kellogg, Dios lo ha favorecido con la fraternidad médica y él desea que mantenga ese favor. Pero en ningún caso debe usted, como lo hacen los otros médicos del mundo, exaltar la Alopatía sobre toda otra práctica y llamar a todos los otros métodos curanderismo y error; porque desde sus comienzos hasta la actualidad la Alopatía ha exhibido resultados muy inaceptables. Se han perdido vidas en su sanatorio porque les han administrado drogas, y éstas no le han dado oportunidad a la naturaleza para hacer su obra de restauración. La medicación con drogas ha roto el poder de la maquinaria humana y los pacientes han muerto. Otros han llevado las drogas consigo quitándole la eficacia a los remedios simples que dispone la naturaleza para restaurar el sistema. Los estudiantes en su institución no deben ser educados para considerar a las drogas como una necesidad. Deben ser educados para dejar de lado las drogas.

La fraternidad médica, representada ante mí como la masonería libre, con sus largos nombres ininteligibles que la gente vulgar no puede entender, llamaría charlatanería a la receta médica del Señor para Ezequías. Éste enfermó de muerte, pero oró por su vida y su oración fue oída. A los que lo cuidaban, se les ordenó que consiguieran higos y que los pusieran sobre la herida, y el rey fue restaurado. Dios utilizó estos medios para enseñarles que todos sus preparados solamente le estaban despojando al rey del poder para recuperarse y superar la enfermedad. Mientras ellos siguieran con sus tratamientos, no podrían salvarle la vida. El Señor desvió sus mentes de sus pociones mágicas y les mostró un simple remedio de la naturaleza. En estas instrucciones hay lecciones para todos. Los jóvenes que son enviados a Ann Arbor para obtener una educación, que según piensan ellos los exaltará como eminencias en el tratamiento de la enfermedad por medio de las drogas, descubrirán que éstas producen la pérdida de vidas en lugar de la restauración de la salud y de la fuerza. Estas mezclas son una doble carga para la naturaleza, y miles de personas pierden la vida en el esfuerzo por lanzar fuera los venenos que éstas contienen. Debemos abandonar las drogas por completo porque al usarlas introducimos un enemigo en nuestro cuerpo. Escribo esto porque tenemos que enfrentar la costumbre de los médicos de este país de usar drogas, y no queremos que esto se introduzca sigilosamente en nuestro medio como sucedió en Battle Creek. Queremos cerrar la puerta al enemigo antes de poner en peligro las vidas de los seres humanos. Aquellos que conocen la verdad, pero que no son hacedores de la palabra, son las peores piedras de tropiezo que podríamos tener en nuestra obra de avanzada. Dios llama a su pueblo para que se levante y aderece sus lámparas. Sión no podrá ver la obra del Espíritu Santo en los pecadores que se han convertido hasta que trabaje con ahínco por las almas que perecen. Cristo espera con misericordia a los que al presentar la verdad para este tiempo trabajen con un espíritu y una mente. — *Carta 67, del 6 de Abril de 1899.*

Dios no le da a un solo hombre el monopolio de sus bienes en ninguna área de su obra. Los hombres a quienes el Señor les haya dado sabiduría, realizarán experimentos y pruebas. Prepararán alimentos que ocupen el lugar de aquellos que son perjudiciales para que los pobres puedan obtener beneficio de sus bienes al ganar su propio sustento y el de sus familias. Esto es lo que el Señor pide y a nadie se le permite cerrar la puerta a algo que sustentará la vida. Dios puede extender una mesa en el desierto y esto se comprenderá mejor en el futuro. —*Carta 53, del 12 de Junio de 1901.*

Los que estén en la sinagoga de Satanás profesarán estar convertidos, y a menos que los siervos de Dios tengan una percepción sutil, no discernirán la obra del poder de las tinieblas... Dios llama a sus instituciones a una reforma, porque éstas están siendo contaminadas con el espíritu del mundo. Él llama a todos a presentar el testimonio en favor de la reforma pro-salud.

No tenemos derecho a recargar nuestras fuerzas físicas y mentales hasta el punto de volvernos irritables y proferir palabras que deshonren a Dios. El Señor desea que nos mantengamos siempre serenos y pacientes. Hagan los demás lo que hagan, debemos representar a Cristo y obrar como él obraría en circunstancias parecidas. Debemos obedecer las palabras: "Sed prudentes como serpientes, y sencillos como palomas". Debemos mantener nuestras fuerzas físicas en una condición saludable para que seamos serenos en nuestra conversación y rectos al actuar...

Dios me ha instruido de que él dará habilidad a los hombres en varios países para producir alimentos saludables, para que la maquinaria humana pueda ser mantenida en buen estado, sin el uso de ninguna comida que contenga propiedades perjudiciales. Por medio del Espíritu Santo el Señor guiará a sus obreros en la preparación de alimentos. —*Carta 98, del 19 de Junio de 1901.*

El Señor dará inteligencia a muchas personas en diferentes lugares con respecto a la preparación de alimentos sanos. Él puede poner mesa en el desierto... De una manera sencilla y económica, nuestros hermanos han de experimentar con las frutas, los granos y las raíces propios de los países donde viven. En las diferentes naciones han de prepararse alimentos baratos y sanos para el beneficio de los pobres y de las familias de nuestro propio pueblo.

El mensaje que Dios me ha dado es que sus hijos en los países extranjeros no han de depender, para su provisión de alimentos sanos, de la importación que venga de los Estados Unidos. Cuando el mensaje alcanza a las personas que no han oído la verdad para este tiempo, ellas ven que deben realizar una gran reforma en su régimen alimenticio. Se dan cuenta de que deben abandonar la carne, porque crea un apetito por el licor y llena el organismo de enfermedad. Al consumir carne, las facultades físicas, mentales y morales se debilitan. El hombre se edifica de lo que come. Las pasiones animales predominan como resultado de comer carne, de usar tabaco y de beber alcohol. El Señor dará a su pueblo sabiduría para preparar, a partir de lo que la tierra produce, alimentos que ocupen el lugar de la carne. Las combinaciones sencillas de nueces, granos y frutas, preparadas con gusto y habilidad, serán recomendables para los no creyentes. Pero habitualmente se usan demasiadas nueces en las combinaciones ahora preparadas. — *Manuscrito 156, del 27 de Noviembre de 1901.*

Los adventistas del séptimo día manejan verdades trascendentales. En el asunto de la temperancia, deberíamos estar a la cabeza de todos los demás. Sólo cuando demostremos ser inteligentes tocante a los principios de una vida sana, podremos discernir los males que resultan de un régimen alimenticio impropio. Aquellos que, habiéndose vuelto de sus errores, tengan el valor de modificar sus costumbres, encontrarán que la reforma exige luchas y mucha perseverancia. Pero una vez que hayan adquirido gustos sanos, verán que el consumo de alimentos en los que antes no veían mal alguno y decían: "Oh, eso no me puede lastimar", preparaban lenta pero seguramente la dispepsia y otras enfermedades.

Los padres deben usar el sentido común al alimentar a sus hijos. Generalmente el apetito se pervierte en la infancia. Los hijos fallan en el mismo punto en que Adán y Eva fallaron en el Edén. Muchos han educado su gusto para saborear ciertas comidas que son perjudiciales y que no les proporcionarán la mejor calidad de sangre. Demasiada variedad de alimentos en una comida causa perturbación en los órganos digestivos. Los hijos débiles que comen verduras y frutas en la misma comida, a menudo se ponen irritables y malhumorados. Se considera que los chicos tienen mala disposición, cuando la verdadera causa de su irritabilidad es la comida provista por sus padres.

Debemos ser cuidadosos con respecto a la cultura del alma. Si usamos todas las reservas que las agencias celestiales han provisto para nosotros, seremos colaboradores con Dios. El Señor nos ha dado susceptibilidad moral. Él nos ha dado a Jesús que vino al mundo para mostrarnos en su vida lo que nuestras vidas debieran ser. Él nos ha dado los mismos principios de la verdad que le dio al antiguo Israel. Debemos seguir estos principios en la formación del carácter.

Para ser completos, debemos estar conectados con la Fuente de nuestra fuerza. Si el Señor en su misericordia sana nuestras debilidades y dolencias, no debemos ser presuntuosos o pensar que podemos complacer nuestro apetito pervertido, desatendiendo su mensaje de abstenernos de la lujuria de la carne que guerrea contra el alma. No nos burlemos de Dios con nuestra mala voluntad. Cuando él obra un milagro en nuestro favor para darnos la salud, es para que consagremos nuestras restauradas energías a su servicio.

Cristo no vivió para agradarse a sí mismo, sino para glorificar a su Padre. Y éste era el propósito de Dios al liberar a los Israelitas. Moisés declaró: "Porque eres pueblo consagrado al Eterno tu Dios. Él te ha elegido de entre todos los pueblos de la tierra, para que seas un pueblo de su propiedad" (Deuteronomio 14:2). En la historia de las naciones nunca habría existido el registro de la destrucción de Jerusalén, si su pueblo antiguo siempre hubiese guardado los caminos del Señor. El Señor tiene un mensaje para este momento. Las verdades que nos han sido dadas deben ser recibidas en el corazón y reveladas en la vida práctica. Nosotros debemos ser verdaderos canales de luz para el mundo...

Por medio de su ingratitud, los hombres y las mujeres revelan que su devoción a Dios y su conexión con él, en reconocimiento por su bondad y misericordia, son inferiores al de los animales del campo. Las bestias mudas poseen más gratitud a Dios que muchos de los seres que han sido dotados de razón y capacidad. ¡Qué reproche es para el hombre la superioridad del servicio de las bestias en contraste con el de los hombres! Por medio del profeta Jeremías el Señor dice: "Hasta la cigüeña en el cielo conoce su tiempo y la tórtola, la grulla y la golondrina guardan el tiempo de su venida; pero mi pueblo no conoce el derecho del Eterno. ¿Cómo decís: „Nosotros somos sabios, y la Ley del Eterno está con nosotros?" La falsa pluma de los escribas la convirtió en mentira. Los sabios serán avergonzados, espantados y presos. Rechazaron la Palabra del eterno, y, ¿qué sabiduría tienen?" (Jeremías 8:7-9). Todo el capítulo presenta las cosas tal cual son. "Así dice el Eterno: „No se alabe el sabio de su sabiduría, ni de su valentía se alabe el valiente, ni el rico se alabe de su riqueza. Si no alábese en esto el que se haya de alabar: En entenderme y conocerme, que Yo Soy el Eterno, que actúo con bondad, justicia y rectitud, porque en esto me complazco", dice el Señor" (Jeremías 9:23-24). —*Manuscrito 60, de 1902.*

Al paso que deseamos permanecer firmes en la plataforma de la verdad y estar unidos con respecto a la obra médico-misionera, también deseamos entender individualmente lo que es la verdadera obra médico-misionera delineada en la Palabra de Dios. Deseamos entender la longitud, anchura, altura y profundidad de esta obra. Es una obra abnegada. Algunas cosas que dicen ser la obra médico-misionera no lo son. La obra médico-misionera es la obra más exaltada. Es uno de los medios principales para preparar a un pueblo para estar en pie como familia de Dios en los últimos días. No es simplemente algo para obtener una salva de aplausos del mundo.

La verdadera obra médico-misionera concuerda con la religión pura del evangelio. Aquellos que estudian sus principios están aprendiendo de Cristo. Sus métodos de enseñanza deben ser introducidos en el entrenamiento de auxiliares que están empleados en esta rama de nuestra obra. "El que come mi carne", dice él, "y bebe mi sangre, tiene vida eterna". ¿Cómo podemos comer su carne y beber su sangre? Su respuesta es, "la carne nada aprovecha. Las palabras que yo os he hablado son espíritu y son vida". La Palabra de Dios debe ser el fundamento de todo...

Los empleados de la institución deben entender que en su labor diaria ellos están obteniendo una educación más valiosa que cualquiera que pudieran recibir en el aula. Un entrenamiento práctico vale mucho más que el conocimiento teórico.

Las palabras comunes que usamos para los remedios simples, son tan útiles como los términos técnicos que usan los médicos para esos mismos remedios. Pedirle a una enfermera que prepare un poco de té de nébeda, cumple el mismo propósito que las instrucciones dadas en un lenguaje que sólo se puede entender después de un largo estudio.

El Señor no usa palabras que no tienen sentido para la persona simple. Cuando Ezequías estuvo enfermo, el profeta Isaías dijo: "Tomen una masa de higos, pónganla en la llaga, y sanará". El Señor habla así en un lenguaje tan claro que todos podemos entenderlo. Para ser una enfermera competente, no es necesario aprender tantos términos técnicos que comparativamente pocos pueden entenderlos. Para adquirir familiaridad con estas palabras largas, los estudiantes usan un tiempo precioso que de otra manera, podrían utilizar para un mejor propósito. Se inventan esos nombres difíciles para encubrir la naturaleza de las drogas venenosas.

Cristo es nuestro gran Médico. Él está listo para tomar parte en nuestras escuelas de entrenamiento médico-misionero, para trabajar con los alumnos y sanarlos. Durante el ministerio de Cristo en la tierra, su gran corazón de amor atraía un lazo de simpatía y ternura en los corazones de la gente. Cuando les decía a los enfermos que habían sido sanados, ellos le creían. Sus mismas palabras parecían estar acompañadas por el poder de convicción, y el pueblo creía que él hablaba la verdad.

Los incrédulos preguntan: "¿Por qué no se realizan milagros entre aquellos que afirman ser el pueblo de Dios?". Hermanos, el mayor milagro que se puede hacer es la conversión del corazón humano. Nosotros necesitamos ser reconvertidos, perder de vista el yo y las ideas humanas y mirar a Cristo, para que podamos ser transformados a su semejanza. Cuando el mayor de todos los milagros se lleve a cabo dentro de nuestros corazones, veremos la operación de muchos otros milagros.

Mientras nosotros no estemos convertidos, Dios no puede obrar milagrosamente por medio nuestro porque eso nos arruinaría, lo tomaríamos como evidencia de que somos perfectos ante él. Nuestra primera obra es llegar a ser perfectos a su vista, por medio de una fe viva que acepte su promesa de perdón. Cristo les declaró a sus discípulos: "Pedid todo lo que queráis, y os será hecho".

Recordemos que él también dijo: "El que cree en mí, no cree sólo en mí, sino en el que me envió. El que me ve a mí, ve al que me envió. Yo, la Luz, vine al mundo, para que todo el que cree en mí, no permanezca en tinieblas" (Juan 12:44-46). "Dentro de poco, el mundo no me verá más, pero vosotros me veréis; porque yo vivo, y vosotros también viviréis" (Juan 14:19). "Permaneced en mí, y yo en vosotros. Como la rama no puede llevar fruto por sí misma, si no permanece en la vid; tampoco vosotros, si no permanecéis en mí" (Juan 15:4). Aquellos que por medio de una fe viva ven a Cristo y moran en él, tendrán poder para obrar milagros para su gloria.

Por esto, los médicos y enfermeras de nuestras instituciones médicas deben ser personas que habitan en Cristo; para que, debido a su conexión con el Médico celestial, sus pacientes reciban bendiciones. Los obreros que temen a Dios no usarán drogas venenosas. Usarán los métodos naturales que Dios ha dado para la restauración de los enfermos. Una y otra vez les he dicho a los empleados de nuestros sanatorios que de acuerdo a la luz que Dios me ha dado, sé que, en casos de fiebre, si ellos tomaran el caso a tiempo y usaran métodos naturales de tratamiento en vez de drogas, no perderían ni un solo paciente.

Mi esposo y yo no éramos médicos ni hijos de doctores, pero teníamos éxito en el tratamiento de las enfermedades. En un tiempo cuando muchas personas, incluso los hijos de médicos, se morían a nuestro alrededor, íbamos de casa en casa para tratar a los enfermos, usando agua y dándoles alimentos saludables. Gracias a la bendición de Dios, no perdimos ni un solo caso. En otra ocasión tuve que atender a mis dos hijos que se enfermaron con fiebre tifoidea. Dios era mi auxilio. Mi marido se habría muerto si yo, por fe, no me hubiese aferrado a Dios. Yo sabía que Dios no permitiría que él se muriera para que su nombre no fuese deshonrado. Dios preservó la vida de mi marido. Años después, cuando él se murió, mis amigos me dijeron: "¡Oh, Hermana White, ore para que resucite!" Yo les contesté: "El Señor dice, ¡Dichosos los que de aquí en adelante mueren en el Señor! Cierto, dice el Espíritu, descansarán de sus fatigas, porque sus obras los acompañan". "Yo no deseo que el viejo guerrero regrese a la vida, para volver a morir. Que descanse hasta la mañana de la resurrección". —*Manuscrito 169A, del 14 de Julio de 1902.*

El Señor abreviará su obra en justicia. La tierra se ha corrompido bajo sus habitantes. Enfermedades de todo tipo están ahora afligiendo a la familia humana. La miseria creada por la corrupción que está en el mundo a través de la concupiscencia, se está desarrollando de una manera sorprendente en toda clase de crímenes que se cometen. La crueldad de los poderes satánicos se ve en todas partes: robos, asesinatos, sensualidad. Estamos rodeados por peligros invisibles...

Se me ha instruido decir que si alguna vez el consumo de carne fue seguro, no lo es ahora. Se llevan los animales enfermos a las grandes ciudades y a los pueblos, y se los vende para servir de alimento... semejante dieta contamina la sangre y estimula las pasiones bajas...

A los padres que viven en las ciudades [el Señor] hace llegar este grito de alarma: Junten a sus hijos en sus hogares; sepárenlos de aquellos que desprecian los mandamientos de Dios, que enseñan y practican lo malo. Salgan de las grandes ciudades tan pronto como les sea posible. Los padres pueden procurar pequeños hogares en el campo, con tierra para cultivar, donde pueden tener huertas y cultivar hortalizas y pequeñas frutas para que ocupen el lugar de la carne, la cual corrompe tanto el torrente sanguíneo vitalizador que circula por las venas... Dios ayudará a su pueblo a encontrar tales casas fuera de las ciudades. —*Manuscrito 133, del 30 de Octubre de 1902.*

Aquellos que han estado promoviendo este asunto (un nuevo estilo en la reforma de la vestimenta), pueden estar seguros que no han sido inspirados por el Espíritu de Dios. Estamos muy cerca de la gran crisis. El Señor desea que se haga todo para la gloria de Dios. El crear una nueva dificultad en la cuestión del vestido agradaría al enemigo. Habría muchos comentarios, se acusarían unos a otros porque no todos visten exactamente igual.

No es necesario hacer alboroto en este asunto (del vestido). No se deben inventar pruebas. Tenemos una prueba para este tiempo, el sábado del cuarto mandamiento, y nada debe apartar la mente y el corazón de la gran obra de preparación para este tiempo. La cuestión del vestido no es la verdad presente... No se me ha dado un estilo preciso como la norma exacta para guiar a todos en su vestimenta...

Las pruebas de Dios deben destacarse ahora en forma clara e inequívoca. Hay tormentas delante de nosotros, conflictos con los cuales pocos sueñan. No hay necesidad ahora de hacer ninguna alteración especial en nuestro vestido. El estilo sencillo que se usa ahora, confeccionado de la manera más saludable, no requiere armadores (aros) ni largas colas y es presentable en todas partes. Estas cosas no deben presentarse para distraer nuestra mente de la gran prueba que decidirá el destino eterno de un mundo: los mandamientos de Dios y la fe de Jesús. —*Manuscrito 97, del 4 de Julio de 1908.*

Capítulo 5—Fuerzas Opositoras

Se me señaló el tiempo de los hijos de Israel en Egipto. Y vi las señales y prodigios que Dios obró por medio de Moisés delante de Faraón, la mayoría de los cuales fueron imitados por los magos de Egipto; y se me mostró que en el mundo y entre las profesas iglesias se harán cosas similares a la obra de los magos de la antigüedad. Vi que el poder de los magos ha aumentado muchísimo en unos pocos meses y seguirá yendo en aumento y se difundirá. A menos que Israel se levante e incremente su poder y fuerza y crezca en gracia y en el conocimiento de la verdad, los poderes de las tinieblas obtendrán la victoria sobre ellos. —*Carta 8, del 4 de Agosto de 1850.*

Vi que los esfuerzos de Satanás son más poderosos que nunca, porque sabe que su tiempo es corto y que el sellamiento de los santos los pondrá más allá del alcance de su poder. Ahora obrará de todas las maneras posibles, e intentará lograr mediante todas sus insinuaciones que los santos estén desprevenidos, se duerman en la verdad presente o que duden de ella, para impedirles así que sean sellados con el sello del Dios vivo. También vi que dentro de no mucho, Satanás aparecerá casi en forma humana y que sus ángeles estarán todos alrededor de ellos buscando alguna manera de devorarlos...

Vi que Dios quiere que su pueblo se aparte del mundo, porque los malvados serán propiedad del enemigo. Él obrará por medio de ellos de cualquier manera posible para desconcertar y destruir a los santos y que si nos vemos forzados a estar en compañía de los injustos, debemos orar y velar en todo momento para que no participemos de su espíritu, porque ellos corrompen la atmósfera en que se encuentran y su mismo aliento es tinieblas. Vi que los malos serán cada vez peor. También se me mostró que debemos separarnos de ellos y ser libres, libres en verdad. Dios no quiere que su pueblo se mezcle con los injustos más allá de lo que se vean obligados a hacerlo.

Vi que los "golpes misteriosos" eran efectos del poder de Satanás. Algunos procedían directamente de él y otros indirectamente, por medio de sus agentes; pero todos dimanaban de Satanás. Eran su obra y la realizaba de distintos modos. Sin embargo, en las iglesias y en el mundo había muchos tan sumidos en densas tinieblas, que se imaginaban y sostenían que esos golpes misteriosos eran obra del poder de Dios. "Dijo el ángel: ¿No consultará el pueblo a su Dios? ¿Consultará a los muertos por los vivos?" (Isaías 8: 19, 20). "Los muertos nada saben" (Eclesiastés 9: 5). ¿Consultan a los muertos por el Dios viviente? Se han apartado del Dios vivo para conversar con los muertos que no saben nada.

Vi que no tardaría en calificarse de blasfemia todo cuanto se dijera en contra de los golpes misteriosos, los cuales se irían extendiendo más y más, con incremento del poder de Satanás, y que algunos de sus adeptos tendrían poder para realizar milagros, hasta para hacer bajar fuego del cielo a la vista de los hombres. Se me mostró que por los golpes y el mesmerismo, estos magos modernos explicarían aún todos los milagros hechos por nuestro Señor Jesucristo, y que muchos creerían que todas las obras poderosas que hizo el Hijo de Dios cuando estuvo en la tierra, fueron hechas por este mismo poder.

Pronto llegará ese tiempo y habremos de asirnos firmemente del fuerte brazo de Jehová, porque todos los prodigios y las grandes señales del diablo tienen por finalidad engañar y vencer al pueblo de Dios... y no debemos temer a los impíos, sino ser esforzados y valientes en pro de la verdad. Si nuestros ojos se abrieran veríamos en nuestro derredor a los ángeles malignos tramando alguna nueva manera de dañarnos y destruirnos; pero también veríamos a los ángeles de Dios que con su poder nos amparan, porque el ojo vigilante de Dios está siempre sobre Israel para el bien y él protegerá y salvará a su pueblo si éste confía en él. Cuando el enemigo irrumpa como una inundación, el Espíritu del Señor enarbolará un estandarte contra él. Debemos obrar mientras dura el día y cuando Satanás viene con su poder para oprimirnos, debemos tener fe en Dios y vencerlo. Si no podemos vencerlo, debemos ayunar y orar y sin duda obtendremos la victoria y el triunfo sobre Satanás. —*Manuscrito 7, del 24 de Agosto de 1850.*

Nos dolió mucho cuando nos llamaron la atención y advertimos que en nuestros diarios había propaganda de brujería, hechicería, de la obra de magos y de toda suerte de cosas, que estaban sucediendo en Battle Creek... en estas manifestaciones existe un poder superior al poder humano; ¿y cuál es ese poder? Es el poder de Satanás; y no bien uno comienza a relacionarse con esos encantadores y les da el menor consentimiento, deshonra al Dios del cielo y pone en peligro su propia alma... ¿Cómo está trabajando (Satanás) aquí en Battle Creek? Vienen los magos y se despierta una ardiente curiosidad para ir a verlos; y cuando (los adventistas del séptimo día) asisten a estas funciones para ver lo que hacen, se ponen en contacto con ellos (los ilusionistas y magos); y al hacerlo están en comunicación directa con el poder de las tinieblas. —*Manuscrito 1, del 1 de Febrero de 1890.*

"¿Con qué limpiará el joven su camino? Con guardar tu Palabra" (Salmos 119:9). ¿Por qué, entonces, los maestros de nuestros colegios y escuelas dependen de libros que están llenos de falsedad y cosas sin valor, con cuentos de hadas e historias que llenan la mente de los jóvenes con deseos de lo irreal? ¿Por qué las lecciones que aprenden los niños y jóvenes no son puras, elevadas y ennoblecedoras? ¿No se pueden escribir libros que estén exentos de toda especie de error? ¿No hay suficiente talento entre los adventistas del séptimo día para escribir libros que contengan las lecciones simples del Antiguo y del Nuevo Testamento?

El estudio de la historia del Antiguo Testamento es de gran valor tanto para niños como para jóvenes, y las lecciones contenidas en el Nuevo Testamento fueron dadas por el mayor Maestro que este mundo haya conocido jamás. ¿Por qué entonces, dependemos nosotros de las producciones de hombres que no han estado trabajando para la gloria de Dios, cuyas mentes no han discernido entre la verdad y el error, la luz y las tinieblas? ¿No es suficiente el gran plan de salvación para absorber el interés de cada mente? Un conocimiento de este plan no solamente educará y disciplinará la mente, sino que atraerá y agilizará el intelecto. Nuestras vidas deberían estar llenas de Jesús, y deberíamos estar preparados en este momento para un mejor y más claro conocimiento de él.

¿Por qué entonces la gente depende de la sabiduría de libros que contienen errores objetables para la instrucción de sus hijos? Cuando los niños preguntan el significado de estas historias que están en contra de todo lo que se les ha estado enseñando, los padres responden que no son verídicas y, sin embargo, continúan colocando esos libros delante de ellos. Así se introduce el error en la educación de los jóvenes. Pero nadie parece tener en cuenta que las ideas presentadas en esos libros y las historias de ensueño, novelas y fábulas que son distribuidas para alimentar la mente, estimulan el deleite y el apetito por las cosas irreales de la vida.

Ya que tenemos abundante de lo real y lo divino ¿Por qué no alimentamos la mente de los niños con esta clase de comida? Jamás se debería poner delante de los niños y jóvenes libros que perviertan la verdad, y que desvíen la mente que está en crecimiento, y no sólo ellos, sino que aquellos que tienen una mente madura estarían mucho mejor, serían más puros, más fuertes y más nobles si no tuvieran nada que ver con ellos.

Traté de presentar este asunto delante de nuestro pueblo en esta última navidad. Pero otros asuntos demandaron tanto de mi tiempo y fuerza que no pude llevar a cabo el trabajo que tanto deseaba hacer. Protesté cuando se propuso que durante el siguiente año no se enseñara nada en el colegio, excepto lo que se había estado enseñando hasta aquí, sin haberlo presentado ante el congreso (1888), porque se me habían presentado muchas cosas que en ese momento yo no podía exponer ante la Asociación porque ellos no estaban preparados para recibirlas. En nuestras escuelas se necesita una verdadera reforma con respecto a las lecciones presentadas a los niños y jóvenes. En cada departamento debemos dirigirnos hacia un alto ideal y no aceptar un nivel mediocre.

Usted podrá decir que en nuestras escuelas sabáticas se instruye a los niños en función de la verdad. Es cierto, y cuando los niños van a la escuela todos los días (durante la semana), se colocan libros delante de ellos que confunden sus mentes y tienen que aprender lecciones falsas. Estas cosas necesitan ser condenadas, porque si usted educa a los jóvenes con libros que alteran la verdad ¿cómo podrá contrarrestar la influencia de esa educación? Usted está sembrando la semilla y debe preparase para la cosecha.

No insisto en que en nuestras escuelas educativas se deben presentar las razones de cada fase de nuestra fe; los alumnos pueden obtener esto en la escuela sabática y en la iglesia. Pero las lecciones dadas en el Antiguo y Nuevo Testamento deberían ser cuidadosamente seleccionadas y presentadas en forma interesante y atractiva para la mente de los niños. Es ciertamente seguro y aconsejable educar a los alumnos con las enseñanzas de Cristo. Los niños no son ciegos ni sordos a la perversión de la verdad; sus mentes son fácilmente impresionables y las impresiones dadas deberían ser de un temple apropiado.

¡No estamos en libertad de enseñar aquello que se pone al nivel del mundo o que complace la norma de la iglesia porque es la costumbre hacerlo! Solamente, al seguir las instrucciones de Jesucristo, estaremos seguros. Lo que era bueno para que él enseñara, es bueno para que nuestros niños estudien. La vida eterna está ante nosotros ¿acaso no queremos que nuestros hijos obtengan ese preciado beneficio? Pero todos los que ganen la vida eterna, ancianos y jóvenes, deben dejar a un lado sus preferencias y con simplicidad de corazón y profunda humildad deben buscar la palabra de Dios. Los que son precipitados, dominantes y llenos de autosuficiencia, no escudriñarán las Escrituras con el propósito de glorificar a Dios; porque tratarán de buscar algo para justificar sus propias ideas y respaldar sus propias teorías. Hay un grave estado de insubordinación en el corazón del que no está completamente santificado.

Es del todo importante que cada uno tenga el propósito de discernir y comprender de todo corazón las cosas elevadas de Dios; porque aún aquello que habíamos considerado como la luz, pudo haber sido chispas de nuestro propio fuego. Es imposible para el hombre interpretar las Escrituras correctamente por su propia luz y medirlas de acuerdo a su estrecha comprensión: "Nadie se engañe a sí mismo. Si alguno se cree sabio según este mundo, hágase ignorante, para llegar a ser sabio" (1 Corintios 3:18). Cuando, por medio de la gracia de Cristo, el hombre crucifique los deseos de la carne y sus afectos y atracciones, entonces, y solo entonces, podrá llegar a ser partícipe de la naturaleza divina. Pero muchos actúan como si ellos estuvieran por encima del Señor Jesucristo. Él era puro y sin mancha, completamente obediente a los mandamientos de su Padre y sus verdaderos seguidores deben ser como él.

Éstas son las lecciones que los niños deben aprender en la escuela. Si la vida interior es perfecta, se verá una experiencia noble; y veremos más allá del presente ámbito estrecho del tiempo y la percepción. ¿Han muerto al mundo los maestros de nuestras escuelas diurnas y escuelas sabáticas? ¿Están buscando las cosas de arriba, donde está Cristo sentado a la diestra de Dios? La religión de Jesucristo es de lo alto, y no puede tener nada en común con el despliegue y espejismo del mundo. —*Manuscrito 5, de 1890.*

El Señor me ha mostrado claramente que lo que usted considera como comunicaciones de Dios dadas a usted y a otros mediante su hija Ana, no procede de él. No lleva las credenciales divinas. Es otro espíritu el que controla a la niña. Es el enemigo el que trabaja en ella. Tales manifestaciones serán más y más comunes en estos últimos días. No conducen a la unidad, a toda la verdad, sino que alejan de la verdad... En varios casos, los que afirmaban haber tenido visiones tenían un testimonio para mí; según ellos yo debía hacer ciertas cosas, cosas humillantes que no mencionaré, todo producto del fanatismo... He visto a varios que en mi presencia parecían estar en visión; pero cuando reprendí al espíritu que los controlaba, ellos inmediatamente salieron de la visión con la mente perturbada.

Experiencias como éstas llegaron a ser muy frecuentes. Varios miembros de una misma familia eran afectados por esta clase de engaño... Uno veía que cierta hermana se exaltaba a sí misma... Otro veía que él debía ir a cierto lugar y permanecer allí por unas dos, tres o cuatro semanas. Algunos, faltos de sabiduría, aceptaban estas visiones...

Precisamente, el último engaño de Satanás se hará para que no tenga efecto el testimonio del Espíritu de Dios. "Sin profecía el pueblo será disipado" (Prov. 29: 18, versión Valera antigua). Satanás trabajará ingeniosamente, con métodos distintos e instrumentos diferentes, para desarraigar la confianza del pueblo remanente de Dios en el testimonio verdadero. Introducirá visiones engañosas para descarriar, mezclará lo falso con lo verdadero, y con esto fastidiará de tal modo a la gente que ésta tildará de fanático todo aquello que tenga que ver con las visiones; pero las almas sinceras, al establecer un contraste entre lo falso y lo verdadero, estarán capacitadas para distinguir entre estos términos...

Asimismo, él obra a través de personas que han sido amonestadas por alguna inconsistencia en su vida religiosa, por algún tipo de comportamiento que era peligroso para ellos mismos y para los demás. En vez de recibir el testimonio como una bendición de Dios, rechazan los medios que Dios usa para corregirlos. Aparentemente pueden ser muy celosos en la causa de Dios, pero interpretan la Palabra a su manera y hacen que ésta contradiga lo que el Señor ha revelado en los testimonios. Piensan que están sirviendo a Dios, pero tal obra no les ha sido encomendada... El tiempo presente es sumamente peligroso para el pueblo de Dios. Dios está guiando a un pueblo y no a un individuo aquí y otro allí. Tiene en el mundo una iglesia que permanece en la verdad...

Los males que han existido en todas las épocas continuarán existiendo hasta el fin del tiempo de gracia. Necesitamos entender la causa de estos males y los métodos de ataque de Satanás, para que podamos resistirlos. No solamente tendremos que enfrentar a los hombres que han caído en el error, sino a principados, potestades y maldades espirituales en los lugares celestes. Satanás está luchando para defender su imperio porque los siervos de Dios están determinados a destruirlo. —*Carta 12, del 13 de Agosto de 1890.*

Ahora estamos viviendo en un tiempo crítico para muchos. Hay muchos en el valle de la decisión casi determinados a asumir una postura. Alguno... puede ser un hombre de mucha habilidad, pero tan pronto como él define su posición no puede mantener su puesto y su esposa se opone amargamente. Oh, quiera el Señor ayudar a esas pobres almas. Pienso que debemos orar más por esas personas. Ellas han recibido la mala influencia de aquellos que ven la cruz, pero que no se atreven a levantarla porque al hacerlo perderían el apoyo económico y son el sostén de su familia. Ellos reconocen la verdad y la sienten intensamente, pero no se atreven a arriesgarse a dar el paso...

Hay tantas influencias que nos apartan de las realidades celestiales a las terrenales, que mi alma tiembla con aprehensión por aquellos que ven la verdad y no tienen suficiente fe para aventurarse a obedecerla. Oh... que el compasivo redentor pueda ser para estas queridas almas una presente ayuda en tiempo de necesidad y puedan tener la gracia para cantar: "Jesús yo he prometido servirte con amor..."

El enemigo ha hecho esfuerzos magistrales para perturbar la fe de nuestro pueblo en los testimonios y cuando estos errores lleguen, tratarán de probar todas las posiciones por medio de la Biblia, pero ellos interpretan mal las Escrituras. Hacen aseveraciones atrevidas... y aplican mal las profecías y las Escrituras para probar falsedades. Y, después que los hombres han hecho su obra para debilitar la confianza de nuestra iglesia en los testimonios, destruyen la barrera para que la incredulidad con respecto a la verdad se extienda ampliamente; y ninguna voz se eleve para detener la fuerza del error.

Esto es precisamente lo que Satanás se propuso que ocurriera, y los que han estado preparando el camino para que la gente no prestara atención a las advertencias y los reproches de los testimonios del Espíritu de Dios, verán que una ola de errores de toda clase aparecerá.

Pretenderán que usan las Escrituras como evidencia, pero los engaños de Satanás prevalecerán en toda forma.

Yo sé que el pastor Urías Smith, el pastor G. I. Butler, J. H Morrison y L. Nicola, en su ceguedad, han estado haciendo una obra con la cual no desearían enfrentarse en el juicio... Siempre quise al hermano Smith como a mi propio esposo y a mis hijos... y he tenido en alta estima al pastor Butler. Pero estos hombres me han dejado sola. Estos hombres, a quienes el Señor en varias oportunidades les instruyó a que permanecieran unidos junto a mi esposo y a mí en una íntima comunión hasta el fin del tiempo. Ellos me han causado una indescriptible tristeza y agonía. He llorado intensamente la muerte de mi esposo, ¡ay, sólo Dios sabe cuánto! Pero las acciones crueles de ellos hacia la obra que Dios me ha encomendado hacer, me han dolido aún más profundamente que la muerte de mi esposo... conozco perfectamente sus posturas, éstas están frente a mí de diferentes maneras, hasta que sólo siento alivio cuando me mantengo alejada de Battle Creek, donde prevalece la influencia activa de estas cosas. —*Carta 109, del 6 de Diciembre de 1890.*

Una noche me encontraba en un sueño o visión y se me revelaron algunas cosas que estaban sucediendo en Battle Creek. Mi guía dijo, sígueme. Las calles estaban infestadas de gente que andaba en bicicletas, de nuestro propio pueblo. Había un testigo celestial que los observaba mientras satisfacían sus deseos de gratificación egoísta, y de esa manera malgastaban lo que debieran haber invertido en las misiones extranjeras para levantar la bandera de la verdad en las ciudades, y en los caminos apartados de la tierra. Había una infatuación, una locura sobre ese tema. Los que invierten tanto dinero en estas cosas cuando hay hambre a las puertas de miles, no dan un buen testimonio de la verdad de que el fin de todas las cosas está cerca. Estas cosas están debilitando los mensajes que Dios ha dado a sus mensajeros para despertar al mundo respecto del gran evento que está justo ante nosotros.

El testigo celestial expresó: "Apartaré mi rostro de ustedes porque en su cuadro placentero y sus prácticas egoístas están representando mal la religión de Jesucristo y preparando así un pueblo que, al negarlo en su vida práctica, será entrampado por los engaños de los últimos días". Satanás usará toda artimaña que pueda inventar para hacer que nuestro pueblo sea desleal a Jesucristo, el Capitán de nuestra salvación. Sería mejor que eliminaran los artículos que aparecen en nuestros periódicos exaltando las bicicletas y en su lugar presentaran los destituidos campos extranjeros. "Mi pueblo", dice el Señor, "se equivoca y se separa de la fuente de su fortaleza. En sus obras me niegan, y yo apartaré mi rostro de ellos a no ser que se arrepientan y vuelvan a sus primeras obras".

Los Estados Unidos y especialmente Battle Creek, donde la mayor luz del cielo ha estado brillando sobre la gente, puede llegar a ser el lugar de mayor peligro y oscuridad, porque el pueblo no practica la verdad ni anda en la luz. ¿Para qué sirvió el movimiento del invierno pasado (1893-1894) promoviendo el dejar de lado las joyas y ornamentos? ¿Fue para enseñarle una lección a nuestro pueblo? Al hacerlo ¿estuvieron ellos impulsados por el Espíritu Santo con el propósito de usar los beneficios para el avance de la obra de Dios en los países extranjeros? ¿Acaso Satanás no está contrarrestando la impresión del Espíritu Santo sobre los corazones humanos, permitiendo que haya una reacción favorable para que luego aparezca otro mal? La actitud actual es totalmente inconsistente con el movimiento de dejar de lado los ornamentos y las indulgencias egoístas que absorben los recursos, la mente y los afectos, al distraerlos por vías falsas.

La luz que Dios me ha dado es que se debe hacer una obra en el corazón que no permita que la mente y los recursos sean desviados de esa manera del gran asunto que debiera absorber cada mente: el reino de Dios y su justicia. Preparaos, preparaos para el gran día de Dios. ¿Cómo puede el pueblo de Battle Creek interpretar dichos movimientos tan difíciles de armonizar el uno con el otro? Quiera el Señor ayudar a sus siervos a enfocar su influencia hacia los canales que él pueda aprobar.

La obra del Espíritu Santo es actuar como reprensor. Se me ha encomendado que diga que ésta es la obra que se ha estado haciendo y se debe seguir llevando a cada iglesia de nuestro país. Cuanto más nos acerquemos a las escenas finales de la historia de este mundo, más pronunciada será la obra de Satanás; por medio de sus artimañas aparecerá todo tipo de engaños para desviar la mente de Dios. Por medio de alguna excusa o invención suya, Satanás despertará en la mente de los seres humanos el ardiente deseo de invertir dinero en edificios cómodos o los motivará a gastarlo innecesariamente, para que haya menos dinero para mantener a los obreros y menos para la apertura de nuevos campos. El dinero será invertido imprudentemente para hacer cosas muy buenas en sí; pero que al hacerlo, la parte más esencial de la obra será inmovilizada y no se podrán emprender muchas cosas para levantar la bandera de la verdad en nuevos campos con la dignidad propia que debiera caracterizar la proclamación de las advertencias que deben ser dadas a nuestro mundo. Si en el gran corazón de la obra late un pulso violento y errático, el riesgo que amenaza la vida espiritual afecta al cuerpo entero.

Hermanos y hermanas de Battle Creek, les pregunto: ¿Quién los ha hechizado para no obedecer la verdad, no sólo en profesión, sino también en la práctica? ¿Destituirán los ídolos del corazón para que Jesús sea entronizado allí? Él está golpeando a la puerta de cada corazón; ¿pueden ustedes oír su voz diciendo: "ábranme, les ofrezco tesoros celestiales, bienes de valor imperecedero, compren de mí oro afinado en fuego para que sean ricos, vestiduras blancas y colirio para sus ojos? Estos son los bienes que necesitan, los cuales, si los poseen les abrirán las puertas de perlas de la ciudad de Dios". Él los invita a la rica fiesta del Evangelio que les ha presentado, para que se alimenten con el pan de vida y Cristo todavía está golpeando a la puerta de los corazones.

Muchos van a Battle Creek esperando encontrar una influencia semejante a la del cielo, pero pronto descubren prácticas que no están totalmente de acuerdo con sus ideas de la verdad, ni con el pueblo peculiar y separado que debe representar los más puros y santos principios de la religión que hayan sido dados al mundo. Muchos han seguido por senderos falsos al estar vinculados con aquellos que no son consagrados y abnegados seguidores de Jesucristo. Estos falsos maestros han sido como señuelos para desviar las almas de los principios de la verdad y de la rectitud.

¿Dónde están los fieles centinelas de Battle Creek que han de defender el fuerte? ¿Dónde están los miembros de la milicia que estarán en guardia y no disminuirán su vigilancia por un momento, hombres que velen, hombres de oración, hombres que cultiven un espíritu de humildad y mansedumbre, siguiendo el ejemplo de nuestro modelo, el mayor misionero que jamás haya visitado nuestro mundo?

Mi alma está continuamente agobiada como un carro debajo de las gavillas. Oh, ¿Por qué están los hombres tan ciegos espiritualmente? Pobres, triviales, prefieren a sus ídolos antes que a Jesucristo y los admiten en el corazón, mientras que a Jesús lo dejan afuera, a la intemperie. ¿Podrá usted forzar a Dios para que obre y eche por tierra sus ídolos uno tras otro, para que aquellos que afirman ser cristianos puedan ser guiados de lo perecedero a lo eterno?

A ustedes se les han confiado los sagrados y solemnes mensajes de amonestación a un mundo idólatra e impenitente y el Señor no se agrada con su forma de proceder. Él no puede prosperarlos mientras mal representan así la verdad, negando el mensaje por medio de su conducta. ¿Despertará nuestro pueblo? ¿Continuarán ellos esforzándose por comprar cosas que realmente no necesitan y que los hace un oprobio ante el mundo? El Señor tiene bienes en las manos de sus mayordomos y ellos los están malversando y de alguna manera ligándolos a algún tipo de ídolo.

Nosotros les hemos presentado las necesidades de este campo extranjero y, sin embargo, no han tenido orejas para oír ni corazones para sentir, y en vez de considerar nuestra posición en esta nueva región lejana, en vez de negarse a sí mismos para que podamos tener medios, enlazan las cosas de Dios con las cosas que él llama ídolos. Es tiempo que haya una actitud diferente en Battle Creek o los juicios de Dios caerán ciertamente sobre su pueblo. Las bendiciones que en gran medida les ha dado ¿han hecho de ustedes sus colaboradores? ¿Acaso nuestro pueblo no le está demostrando a los incrédulos que en Battle Creek no se cree la verdad que se afirma defender? Dios los ha estado llamando para que abandonen todo tipo de autoindulgencia y toda manera de extravagancia. Cuando la iglesia ha tenido gran luz, será para ella un grave peligro si no avanza en la luz, se pone sus hermosos vestidos y se levanta y resplandece; las tinieblas nublarán la visión hasta el punto en que llamarán tinieblas a la luz, y a la luz tinieblas. Cuando los creyentes en Battle Creek no sólo sean penitentes ocasionalmente, sino que anden en humildad y sean hacedores de la Palabra, el mundo se dará cuenta que han estado con Jesús. Oh, ¿cómo debe hablar el Espíritu Santo para impresionar los corazones de la gente a obedecer su voz? —Carta 23C, del 20 de Julio de 1894.

Mucho de lo que se me ha revelado se agolpa en mi mente y apenas sé como expresarlo. Sin embargo, no puedo callar. El Señor está indignado con los hombres que se disponen a controlar a sus semejantes y desarrollan planes que el Espíritu Santo condena...

El corazón natural no debe traer sus propios principios impuros y corruptos a la obra de Dios. No se deben ocultar los principios de nuestra fe. El mensaje del tercer ángel debe ser proclamado por el pueblo de Dios hasta transformarse en el fuerte clamor. El Señor tiene un tiempo determinado para terminar la obra; pero ¿cuándo será ese tiempo? Cuando la verdad para estos últimos días sea proclamada para testimonio a todas las naciones, entonces vendrá el fin. Si el poder de Satanás puede entrar en el mismo templo de Dios y manipular las cosas como a él le place, el tiempo de preparación será prolongado...

Los hombres en puestos de confianza han manifestado los mismos atributos de Satanás... Han estado haciendo esfuerzos para traer a los siervos de Dios bajo el control de los hombres... Han apoyado principios que jamás deberían haber visto la luz del día... Hombres finitos han estado luchando contra Dios, contra la verdad y contra los mensajeros escogidos por el Señor, contrarrestándolos con todos los medios a su alcance...

Es una ofensa para Dios que su obra sea restringida por los seres humanos... ¡Nada que el hombre pueda tramar podrá ocupar el lugar del Espíritu Santo! Nada que la sabiduría del hombre pueda inventar, justificará la violación de la verdad o la ignorancia de los derechos de la humanidad... El enemigo obstruirá la rueda del progreso para impedir que la verdad del evangelio circule por todas partes. Con este objeto él lleva a los hombres a sentir que tienen el privilegio de controlar la conciencia de sus semejantes de acuerdo con sus ideas pervertidas. Excluyen al Espíritu Santo de sus concilios y luego bajo el poder y el nombre de la Asociación General, inventan reglas para constreñir a los hombres a ser regidos por sus propias ideas y no por el Espíritu Santo.

Los planes formulados para obtener control sobre la experiencia y las mentes humanas, son como el fuego extraño que constituyen una ofensa para Dios. No es necesario recibir una educación con respecto a los derechos y deberes de los hombres que están ocupando posiciones de autoridad... Hasta que no han sido probados, cuán pocos hombres se percatan de su propia debilidad. Profesando ser sabios se hacen necios. El hombre no tiene en sí mismo nada de qué gloriarse. Aun aquellos que están en puestos de más responsabilidad caen en el pecado, aunque aparentemente están rodeados por los mejores privilegios religiosos...

Dios lee los motivos que hacen resaltar la obra de la cual he hablado y porque me los ha revelado siento un dolor tan profundo, que me resulta imposible expresarlo. No puedo defender esos motivos o métodos porque son una ofensa para Dios. Debo tomar mi decisión en cuerpo y alma. ¿Qué más puedo decir? Les he escrito una y otra vez, pero ¿cuál ha sido el efecto de los testimonios? ¿Qué reformas se hicieron?

La justificación por la fe se manifestará por medio de una transformación del carácter. Ésta es para el mundo la señal de la verdad respecto de las doctrinas que profesamos. La evidencia diaria de que formamos una iglesia viviente, se ve en el hecho de que practicamos la Palabra. Una acción cristiana consistente proclama un testimonio viviente al mundo. Le declara a un mundo apóstata que como pueblo creemos que nuestra seguridad está en nuestra dependencia de la Biblia. Este testimonio es un contraste inconfundible de la gran iglesia apóstata que adopta la sabiduría humana y su autoridad, en vez de la sabiduría y soberanía de Dios...

El Señor Jesús necesita limpiar la institución de Battle Creek tan ciertamente como fue necesario que limpiara el templo cuando estuvo aquí en la tierra. ¡Oh, si nuestras instituciones pudieran ser purificadas de los compradores y vendedores y de sus mercancías...!

A Battle Creek han llegado hombres impulsados por el Espíritu Santo, pero a menos que éstos lucharan cada pulgada de terreno una y otra vez para tratar de mantener los métodos correctos, finalmente serían dominados. Ellos han visto corrupción precisamente en el punto en que se centra nuestra obra... Dios ya no desea que su templo sea una cueva de ladrones y cambiadores de dinero... El Señor no puede ser burlado. Él examinará y probará a su pueblo; él purificará cuidadosamente el suelo y juntará el trigo en el alfolí. — *Carta 83, del 22 de Mayo de 1896.*

Debemos ser cuidadosos de no causar una impresión en la mente de los hombres que menoscabe nuestra influencia y bloquee nuestro camino. Podemos atar nuestras manos e impedir nuestra obra porque podemos despertar prejuicio debido a alguna palabra o acción inadvertida. "Porque ésta es la voluntad de Dios, que haciendo el bien, acalléis la ignorancia de los hombres insensatos. Obrad como libres, y no uséis la libertad para cubrir la malicia, sino vivid como siervos de Dios" (1 Pedro 2: 15- 16).

Entre los hermanos no debe haber una tajante represalia, ni contra aquellos que no conocen a Dios o a Jesucristo, a quien él ha enviado. Estos hombres están en las tinieblas y el error, y todo lo que nosotros, como pueblo, podamos hacer para dejar una impresión correcta en ellos, hará más para darles el conocimiento de la obra en la cual estamos comprometidos que todos los esfuerzos por mantener la libertad que Dios nos ha dado. Pero cuando se requiere que demostremos falta de respeto hacia el séptimo día, sábado, debemos rehusar conformidad, porque hay en juego intereses eternos y debemos conocer el terreno que deberíamos ocupar.

Aquellos que componen nuestras iglesias tienen rasgos de carácter que los inducirán, si no son muy cuidadosos, a sentirse indignados porque, sobre la base de tergiversaciones, les es quitada su libertad de trabajar en domingo. No monten en cólera por este asunto, sino lleven todo a Dios en oración. Sólo él puede restringir el poder de los gobernantes. No se conduzcan precipitadamente. Que nadie se jacte imprudentemente de su libertad, usándola como un manto de malicia, sino como siervos de Dios: "Honrad a todos. Amad a los hermanos. Temed a Dios. Honrad al rey" (Versículo 17).

Este consejo será de verdadero valor para todos los que serán conducidos a situaciones difíciles. No debe mostrarse nada que revele una actitud desafiante o que pueda interpretarse como malicia. "Criados, estad sujetos con todo respeto a vuestros amos; no sólo a los buenos y afables, sino también a los rigurosos. Porque esto merece aprobación, si a causa de la conciencia ante Dios, alguno soporta molestias y padece injustamente. Porque, ¿qué mérito es, si pecando sois abofeteados, y lo sufrís? Pero si haciendo bien sois afligidos, y lo soportáis, esto ciertamente es agradable ante Dios.

"Para eso fuisteis llamados, porque también Cristo padeció por vosotros, dejándoos ejemplo, para que sigáis sus pisadas. Él no cometió pecado, ni fue hallado engaño en su boca. Cuando lo maldecían, no respondía con maldición; cuando padecía, no amenazaba, sino que se encomendaba al que juzga con justicia. Él mismo llevó nuestros pecados en su cuerpo sobre el madero, para que podamos morir a los pecados y vivir a la justicia;

"porque por sus heridas fuisteis sanados" (versículos 18-24).

Esta instrucción es para todos. Los ministros deben prestar atención y con la pluma y la voz deben hacerse eco de las palabras de Dios. Cuando se nos impulse a desobedecer la Ley de Dios, recibiremos sabiduría de lo alto para responder como Cristo: "Escrito está". Hable lo menos posible sus propias palabras, pero atesore en su corazón la espada de dos filos provista por Dios. Si Dios, el gran Artífice Maestro está con nosotros, pasaremos a través de las perplejidades que nos esperan, firmes a los principios como una roca, obedeciendo a Dios antes que a los hombres. Esta actitud traerá victorias que nuestra falta de fe nos ha llevado a considerar descorazonadoras e imposibles. Estas cosas fueron escritas para nuestra admonición, en quienes los fines de los siglos han parado.

Nuestra mayor necesidad es la de un corazón limpio y puro, y de una mente comprensiva. Contra Cristo circularon toda clase de falsedades maliciosas, y también circularán contra el pueblo de Dios que guarda sus mandamientos. ¿Cómo podremos demostrar que son falsas tales acusaciones? ¿Será edificando una barrera entre nosotros y el mundo? La oración de Cristo responde: "No ruego que los quites del mundo, sino que los guardes del maligno" (Juan 17:15). Mientras nuestra obra es activa, debe ser conducida por principios bíblicos. Todas nuestras acciones deben ser conducidas con la simplicidad, paciencia y tolerancia de Cristo y con amor a Dios y a Cristo. Nuestra obra debe convencer, no condenar. Los seres humanos que nos rodean tienen las mismas debilidades que nosotros. El clero les ha enseñado que el domingo es el sábado, y tanto se ha acariciado este error que se ha afianzado con el tiempo. Pero eso no lo transforma en verdad.

Como colaboradores con Dios debemos estar de pie en la plataforma de la verdad eterna. No debemos atacar a aquellos que están en el error, sino levantar a Cristo e invitarlos a mirar al Cordero de Dios que quita el pecado del mundo. No debemos llenarles los oídos con prejuicios, porque ésta no es la manera de romper el prejuicio. Pablo, el fiel testigo de Cristo, en su lecho de muerte aconsejó a Timoteo: "Ante Dios y el Señor Jesucristo, que ha de juzgar a los vivos y a los muertos en su manifestación y en su reino, te encargo: Que prediques la Palabra, que instes a tiempo y a destiempo. Convence, reprende y anima, con toda paciencia y doctrina. Porque vendrá tiempo cuando no soportarán la sana doctrina; antes, teniendo comezón de oír, se amontonarán maestros conforme a sus pasiones, apartarán de la verdad el oído, y se volverán a las fábulas. Pero tú sé sereno en todo, soporta las aflicciones, haz la obra del evangelio, cumple tu ministerio. Yo ya estoy para ser sacrificado. El tiempo de mi partida está cerca. He peleado la buena batalla, he acabado la carrera, he guardado la fe. Por lo demás, me está guardada la corona de justicia, que me dará el Señor, Juez justo, en aquel día. Y no sólo a mí, sino también a todos los que aman su venida" (2 Timoteo 4:1-8) (Ver también 1 Timoteo 2:1-12 y 3:10-17).

Al tratar con hombres irrazonables y malvados, los que creen en la verdad deben tener cuidado de no descender a la misma altura y no usar las mismas armas satánicas que emplean sus enemigos; es decir, no deben dar rienda suelta a sus fuertes sentimientos personales, no sea que al hacerlo susciten contra sí mismos y contra la obra que el Señor les ha confiado, una enemistad apasionada y amarga. Mantengamos en alto a Cristo. Somos colaboradores de Dios. Se nos han proporcionado poderosas armas espirituales para derribar las fortalezas del enemigo. De ningún modo debemos representar mal nuestra fe introduciendo elementos anticristianos en nuestra obra. Debemos exaltar la ley de Dios como el medio de unirnos con Jesucristo y con todos los que lo aman y guardan sus mandamientos. También debemos manifestar amor por las almas por las cuales Cristo murió. Nuestra fe debe ser un poder que tiene en Cristo su origen. Y la Biblia, su Palabra, debe hacernos sabios para la salvación. —*Manuscrito 46, del 31 de Marzo de 1898.*

Desde ahora y hasta el fin, se levantarán hombres extremadamente inteligentes, contra quienes no podrán contender aquellos que no tienen un conocimiento inteligente de la verdad o que carecen de la ayuda especial de Dios. Algunos agentes humanos serán imbuidos con el espíritu del gran ángel caído que estará presente en todas las asambleas para ayudar al agente humano a enunciar sus palabras y hablar de tal manera que muchos serán engañados, si fuese posible, aún los mismos escogidos.

El hermano que supone que puede enfrentar a los adversarios de la verdad debe estar seguro de que está dirigido por el Señor. Podemos preguntar: ¿Qué podemos hacer? A menos que sepamos que tenemos un mandato de lo alto, no debemos entrar en controversia con otros porque este no es nuestro trabajo. Ninguno de nosotros procure echar fuera demonios a menos que nosotros mismos hayamos sido limpiados.

Recordemos con cuánta astucia y habilidad Satanás, citando las Escrituras, le sugirió a Cristo que se echara de las almenas del templo para que diera evidencia ante todo el pueblo de que él era lo que afirmaba ser. (Mateo 4: 6 citado). Al citar este versículo, Satanás omitió un punto muy importante que se encuentra en Salmos 91:11,12: "Pues a sus ángeles mandará por ti, que te guarden en todos tus caminos. En las manos te llevarán, para que tu pie no tropiece en piedra". Si Cristo hubiera aceptado la invitación de Satanás, se habría aventurado en los caminos de Satanás, no en los caminos que Dios había previsto para su Hijo. Eso fue un reto y los agentes de Satanás están llenos de desafíos presuntuosos para obtener una oportunidad para hacer su voluntad con aquellos que se atrevan a aceptarlos. Pero Cristo no aceptó el desafío de Satanás, no quiso entrar en conflicto con el archiengañador y tentador...

Los ángeles, como espíritus administradores, están en la senda del deber de los que serán herederos de la salvación y Dios los protegerá de todo mal. Debemos recordar lo que hizo Cristo, nuestro adalid, y nunca debemos apartarnos del sendero de la providencia de Dios, y colocarnos en una situación donde el enemigo pueda derrotarnos y vencernos, y así perjudicarnos a nosotros y perjudicar la causa de Dios. —*Carta 96, del 5 de Julio de 1900.*

Aquellos que se exaltan a sí mismos se ponen bajo el poder de Satanás, preparándose para recibir sus engaños como si fuesen verdades. Hay ministros y obreros que presentan una trama de falsedades absurdas como si fueran verdades contundentes. Aun los rabinos judíos presentaban los preceptos de los hombres como el pan del cielo. Al rebaño de Dios se le presentan sermones sin ningún valor, como comida a su tiempo, mientras que las pobres ovejas están hambrientas del pan de vida.

Parece haber un deseo ardiente de encontrar algo ficticio y presentarlo como una nueva luz. Así los hombres traman una sarta de mentiras como si fueran verdades importantes. Esta mezcla caprichosa de comida que se prepara para el consumo del rebaño, causará decadencia y muerte espiritual. —*Carta 131, del 14 de Octubre de 1900.*

Los que están en la sinagoga de Satanás profesarán haber sido convertidos y a menos que los siervos de Dios tengan una visión aguda, no discernirán la obra del poder de las tinieblas. —*Carta 98, del 19 de Junio de 1901.*

Hay falsos maestros que, bajo un manto de piedad, proclaman doctrinas falsas que están relacionadas con la ciencia de Satanás, la cual una vez que ha sido recibida, contamina todo el cuerpo, alma y espíritu. Esos maestros son fuentes sin agua. Adoptan una apariencia de piedad pero guían a las mentes a la apostasía y a la oscuridad. Por medio de palabras vanidosas hacen alarde de su propio poder. De esta manera hizo Satanás, cuando le prometió a Eva: "Si no que Dios sabe que el día que comáis de él serán abiertos vuestros ojos, y seréis como Dios, conocedores del bien y del mal" (Génesis 3: 5). Ellos apartan a los hombres y a las mujeres de la obediencia a la desobediencia desviándolos de las doctrinas puras de rectitud, y arrastrándolos a la ruina.

Siempre han habido falsos maestros y en el futuro seguirán aumentando en número y en poder, para engañar por medio de aparentes milagros. Todos deben tener cuidado de no asociarse con tales maestros. Sus doctrinas son atractivas, y sus engaños están tan cuidadosamente escondidos bajo un manto de justicia que, si fuese posible, engañarían a los mismos escogidos. —*Carta 155, del 15 de Septiembre de 1901.*

Satanás está vigilando los puestos de avanzada para ver dónde puede introducirse. Por años él ha estado obrando con todos sus engaños de impiedad para encontrar un lugar en la Review and Herald Publishing House. Y lo ha encontrado. Se le ha permitido entrar en el mismo lugar que siempre debió ser considerado como un lugar santo, sagrado; el templo de Dios, desde donde el Señor pudiera enviar claros y resplandecientes rayos de luz a todo el mundo. Satanás ha tenido éxito al poner en manos de los empleados de nuestras casas publicadoras, un tipo de literatura preparada con el fin de engañar, si es posible, a los mismos escogidos... Los empleados han preparado libros que contienen teorías espiritistas y desmoralizadoras...

Una oficina controlada por los adventistas del séptimo día ha permitido que circulen libros que contienen falsas teorías, mientras que los mismos libros que los administradores, activa y celosamente, debieran haber puesto en circulación por todas partes, han sido abandonados en los estantes. ¿Cómo puede Dios obrar para que su causa avance, cuando la verdad pura está mezclada con la inmundicia de los engaños satánicos?

El mero hecho de que haya salido literatura satánica de las prensas de las oficinas de la Review and Herald, es una victoria para las fuerzas de Satanás... Se ha permitido que se imprima la misma literatura que Dios ha condenado específicamente. Algunos que están en puestos de responsabilidad no son controlados por el Espíritu Santo... ¿Por qué aquellos a quienes se les confió pesadas responsabilidades en conexión con nuestras casas publicadoras han sido tan obstinados? ¿Por qué han avanzado como hombres ciegos? Porque han rechazado la luz que Dios les ha dado; porque no han prestado atención ni a las Escrituras ni a los testimonios de amonestación que se les ha enviado... muchos han prescindido del Señor en la oficina por considerarlo innecesario...

"Es tiempo de que actúes, oh Señor, porque han invalidado tu Ley" (Salmos 119: 126). La ley ha sido invalidada por aquellos que han seguido los principios del error que ha estado caracterizando la obra en los últimos doce años... por la apostasía de aquellos que han estado a la cabeza de la obra; de los mismos hombres a quienes se les envió mensajes para comunicarles que estaban equivocados y fuera de lugar al representar la voz de la Asociación General, como si fuera la voz de Dios. Por muchos años esto no ha sido así, no lo es ahora; ni volverá a serlo, a menos que haya una reforma total. —*Manuscrito 124, del 8 de Diciembre de 1901.*

Hermanos, recapacitemos. De muchas formas nos estamos apartando de Dios. ¡Oh, cuán abochornada me sentí por un artículo reciente publicado en la revista Signs of the Times! En la primera página se encuentra un artículo de Shakespeare, un hombre que perdió su vida por la indulgencia de un apetito pervertido, y que hace unos pocos días murió después de una gran borrachera. En ese artículo se elogia al hombre, se afirma que él hizo muchas obras buenas. Al bien y al mal se los coloca en un mismo nivel y se lo publica en un periódico que nuestro pueblo debe usar para dar el mensaje del tercer ángel a muchos que no pueden ser alcanzados por la predicación de la palabra.

La publicación de este artículo me robó el sueño anoche. Me causó agonía y desesperación. Si nuestros hermanos no tienen suficiente discernimiento como para ver el mal en esto, ¿cuándo lo tendrán? ¿Por qué no entienden el tenor de esas cosas? Nosotros debemos estar en pie sobre la elevada plataforma de la verdad eterna. La espada de la verdad no debe perder su filo. Nosotros debemos seguir una trayectoria simple, usando la verdad como un poderoso instrumento para separar del mundo a los hombres y mujeres que permanecerán en pie como pueblo adquirido por Dios.

Cuando demos el mensaje con su pureza, no tendremos tiempo ni lugar para fotos que muestren el lugar de nacimiento de Shakespeare, u otras que he visto en una página de un reciente número de la Review and Herald. No debemos educar a otros en esta forma. Dios se opone a tales artículos e ilustraciones.

Yo tengo que presentar un testimonio directo con respecto a estas notas. No debemos exaltar ni la idolatría ni a los hombres que no escogieron servir a Dios. Años atrás tuve que reprender a nuestros editores por promover la lectura aun de libros tales como La cabaña del Tío Tom, Fábulas de Esopo, y Robinson Crusoe. Generalmente los que comienzan a leer tales obras continúan leyendo novelas. A través de la lectura de historias seductoras, rápidamente pierden su espiritualidad. Esta es una de las principales causas de la debilidad e incertidumbre espiritual de muchos de nuestros jóvenes. —*Manuscrito 169a, del 14 de Julio de 1902.*

Los planes de los hombres serán derribados y el Señor Dios del cielo revelará su gloria. El Padre, el Hijo y el Espíritu Santo, harán que triunfe la ley del cielo. Estos grandes poderes están comprometidos a poner fin a las invenciones de las mentes idólatras. Ellos han puesto los infinitos tesoros del cielo a disposición del pueblo de Dios. Dios dice: "Así como el timón está guiado por una mano divina, la filosofía de los hombres más sabios que están obrando en contra de mis propósitos, llegará a ser intrincada y confusa"...

Al final de la obra nos encontraremos con peligros que no sabremos cómo superar; pero no olvidemos que los tres grandes poderes del cielo están obrando; que una mano divina está en el timón y que Dios hará que sus propósitos se cumplan. —*Manuscrito 118, del 6 de Octubre de 1912.*

Satanás usará cada oportunidad para seducir a los hombres a abandonar su fidelidad a Dios. Él y sus ángeles caídos aparecerán en la tierra como hombres, buscando engañar. Los ángeles de Dios también aparecerán como hombres, y usarán cada medio que esté en su poder para frustrar los propósitos del enemigo. Debemos hacer nuestra parte. Sin duda seremos vencidos si no peleamos con valentía las batallas del Señor. —*Carta 83, del 13 de Mayo de 1903.*

Después de seducir a Adán y Eva, Satanás fue desterrado a este mundo. "Enemistad pondré entre ti y la mujer, y entre tu descendencia y su Descendiente. Tú le herirás el talón, pero él te aplastará la cabeza" (Génesis 3: 15). Esta maldición fue principalmente dirigida al diablo, el instigador de todo pecado y no a la serpiente, el médium. Satanás y sus secuaces cayeron bajo la maldición.

A menos que el hombre sea convertido por la gracia del cielo, no tendrá la mínima disposición para oponerse a las insinuaciones de Satanás y voluntariamente se dejará engañar por el enemigo. Sólo Dios pone enemistad contra el pecado en el corazón humano. El Señor le da al hombre una mente nueva. Él causa la disensión que no deja someterse a los razonamientos engañadores de Satanás. Es Dios quien efectúa un conflicto donde hasta aquí había unidad de acción. Es el propósito del Señor que por medio de su poder divino, la depravada naturaleza humana sea provista con una energía renovadora. —*Manuscrito 5, del 5 de Enero de 1904.*

Tenga mucho cuidado de no albergar ideas especulativas, o enseñar algo que no represente correctamente la verdad para este tiempo. No debemos especular con respecto a lo que sucederá en el cielo. Escrutar esos misterios y presentar teorías ilusorias al respecto, es hacer un gran daño. El pueblo de Dios no necesita concentrarse en este punto. No se debe recibir suposiciones con respecto a estos misterios como si fuesen la verdad. Nadie se atreva a meterse en asuntos que Dios no ha revelado.

Se me ha instruido a presentar un mensaje de advertencia contra la teoría de que en la tierra nueva nacerán hijos. Entre nuestro pueblo existe una tendencia espiritista que debilitará la fe de los que le den cabida prestando atención a espíritus seductores y doctrinas de demonios.

He visto al archienemigo tentando a varios de nuestros ministros, maestros y obreros médicos, presentándoles teorías ilusorias de la manera más sutil y encantadora, para desviar sus afectos de aquellos a quienes deberían amar y apreciar. Les muestra cuadros seductores de mujeres con quienes ellos han simpatizado, sugiriéndoles que en la vida futura se unirán a ésa que ha sido tan afectuosa.

El enemigo de las almas gana mucho cuando puede guiar la imaginación de los atalayas de Jehová a distraerse y pensar en la posibilidad de casarse y tener una familia en el mundo venidero con la mujer amada. No necesitamos esas ilusiones placenteras porque se originan en la mente del tentador. Cristo nos asegura que en el mundo venidero "ni los hombres se casarán, ni las mujeres serán dadas en casamiento" (Mateo 22:30). — *Carta 59, del 22 Enero de 1904.*

En lo posible no se debe permitir que los hombres que están bajo la influencia de un espíritu impuro y falso, lleven a la ruina a los escogidos de Dios. Testifico en el nombre del Señor que paso tras paso se ejercerán influencias erróneas, no santificadas e impías para engañar a aquellos que suponen que esos hombres son verdaderos y fieles, cuando en realidad están obrando para engañar, si fuese posible, a los mismos escogidos. A través de su influencia engañadora y por la forma que presentan los Testimonios, intentan destruir a las almas que escuchan sus sofismas satánicos. —*Manuscrito 36, del 24 de Marzo de 1906.*

He sido instruida en el sentido de que el Señor, gracias a su infinito poder, ha preservado la mano derecha de su mensajera por más de medio siglo a fin de que la verdad sea escrita a medida que él me pide que la escriba para publicarla en periódicos y libros. ¿Por qué? Porque si no se la escribiera, cuando mueran los pioneros, habría muchos nuevos en la fe que aceptarían a veces como mensajes de verdad, enseñanzas llenas de opiniones erróneas y engaños peligrosos. A veces lo que los hombres enseñan como "luz especial" es en realidad, un error falaz... y errores de esta índole serán aceptados por algunos hasta el fin de la historia de este mundo.

Los engaños seductores de Satanás minan la confianza en los verdaderos pilares de la fe que se basan en la evidencia bíblica. La verdad se sustenta por un "Así dice el Señor", pero una trama de error se ha introducido y se usan las Escrituras fuera de su contexto natural, para sustentar invenciones que engañarán, si fuese posible, a los mismos escogidos.

En todo el mundo la ciencia satánica se fortalecerá y se desarrollará plenamente hasta que Cristo deje su lugar de intercesión ante el trono de la misericordia y se coloque las vestimentas de la venganza.

Si no aceptamos el amor por la verdad, estaremos entre aquellos que verán y creerán los milagros realizados por Satanás en los últimos días. Muchas cosas extrañas aparecerán como milagros maravillosos que se deberán considerar como engaños realizados por el padre de la mentira. — *Carta 136, del 27 de Abril de 1906.*

Existe una continua batalla entre las fuerzas del bien y las fuerzas del mal, entre los ángeles de Dios y los ángeles caídos. Estamos siendo atacados por delante y por detrás, por la derecha y por la izquierda. El conflicto que estamos atravesando es el último que tendremos en este mundo. Nos encontramos en lo más reñido del mismo. Los dos bandos están luchando por alcanzar la supremacía. En esta contienda no podemos ser neutrales. Debemos colocarnos de un lado o del otro. Si nos situamos del lado de Cristo, si lo reconocemos ante el mundo en palabra y en hecho, seremos un testimonio viviente que declara a quién hemos decidido servir y honrar. En esta hora importante de la historia de la tierra no podemos permitirnos dejar a nadie en la incertidumbre respecto a qué grupo pertenecemos...

"Por cuanto has guardado mi Palabra de perseverar con paciencia, yo también te guardaré de la hora de prueba que ha de venir en todo el mundo, para probar a los que habitan en la tierra" (Apocalipsis 3: 10). Estamos ahora en la gran hora de tentación que someterá a prueba a todo el mundo. Para obtener la victoria sobre las asechanzas del enemigo, debemos aferrarnos a un poder que está más allá de nosotros mismos.

Nos esperan severas pruebas. Sin embargo, no fracasaremos. Cristo no abandonará a sus hijos en la hora de tentación, sino que enviará a sus ángeles para sostenerlos. Él responderá a sus oraciones por liberación. —*Manuscrito 35, del 7 de Marzo de 1908.*

Capítulo 6—La Apostasía

Debemos hacer nuestra parte para detener esta terrible marea de impureza moral. El abuso propio [masturbación] aparece como el pecado más degradante que contamina todo el carácter del hombre. A menos que los que practican este vicio se arrepientan de su pecado, no tendrán lugar en la ciudad de Dios. No entrará en esa ciudad nada que corrompa o engañe. Estos personajes están viviendo una mentira continua...

Si el pueblo de Dios sigue al Señor y guarda su cometido, los Diez Mandamientos, se les promete que ellos juzgarán al mundo y tendrán un lugar entre los ángeles. Ahora la pregunta es: ¿los que profesan la verdad cumplirán con las condiciones? ¿El carácter de aquellos que profesan creer la verdad, concordará con su santidad? Satanás dirige ahora sus mayores esfuerzos hacia los que han tenido gran luz, él desea guiarlos a que amen lo terrenal y sensual. Hay hombres que ministran las cosas sagradas cuyos corazones están contaminados con pensamientos impuros y deseos impíos...

Pastor Butler le digo la verdad, a menos que muchos que dicen creer y predicar la verdad hagan una limpieza del templo del alma, vendrán los juicios de Dios que por mucho tiempo han sido postergados. Estos pecados degradantes no han sido tratados con firmeza y decisión. Hay corrupción en el alma y a menos que ésta sea purificada por la sangre de Cristo, habrá apostasías sorprendentes.

Si el corazón es puro los pensamientos serán puros. Si la fuente es corrupta, el manantial será corrupto. Los hombres que conocen las Sagradas Escrituras y que están en pie en defensa del cuarto mandamiento ¿serán condenados en los libros del cielo por transgredir el séptimo? ¿Se le dará a Satanás la ocasión de burlarse de los ángeles de Dios por el carácter desvergonzado de aquellos que dicen ser cristianos?...

Me dirijo a ustedes, líderes, príncipes entre el pueblo que recibirán esta epístola: "Limpiaos los que lleváis los vasos del Eterno" (Isaías 52:11). Humillen sus almas ante Dios. Jesús está en el santuario. Estamos en el gran día de la expiación y si el juicio investigador no ha empezado ya para los vivos, pronto comenzará. ¿A cuántos se aplican las palabras del Verdadero Testigo? "Conozco tus obras, que tienes nombre que vives, pero estás muerto. Sé centinela, y reanima lo que queda y está por morir; porque no hallé tus obras perfectas ante Dios. Acuérdate de lo que has recibido y oído. Guárdalo, y arrepiéntete. Si no velas, vendré como ladrón, y no sabrás a qué hora vendré sobre ti" (Apocalipsis 3:1-3).

El caso de todos será presentado en el juicio y si no han confesado sus pecados, sus nombres serán borrados del Libro de la Vida y tendrán parte con los adúlteros, fornicarios, engañadores y aquellos que aman la mentira y la hacen. "Con todo, tienes unas pocas personas en Sardis que no han manchado su ropa, y andarán conmigo vestidas de blanco, porque son dignas. El que venza, será vestido de ropa blanca. No borraré su nombre del Libro de la Vida, y confesaré su nombre ante mi Padre y ante sus ángeles" (Apocalipsis 3: 4-5). —*Carta 51, del 6 de Septiembre de 1886.*

Estamos viviendo en los últimos días en los que abundan la tibieza y la apostasía... Ésta es la condición de un gran número que en estos últimos días profesa tener una forma de piedad. La maldición sobre la higuera estéril tiene una aplicación personal. ¿Quién no puede ver la contraparte en la vida de los hombres y mujeres que dicen tener más luz que todas las otras personas en el mundo, cuya vida diaria y caracteres impíos desmienten su profesión de piedad?... No tienen el temple de Cristo, profesan tener hojas para ocultar su deformidad, pero no llevan frutos. Hay más esperanza para el que peca abiertamente que para ellos. —*Carta 16, del 30 de Abril de 1888.*

Hay una condición alarmante en nuestras iglesias. Dice la Palabra de Dios: "Vuestras iniquidades desviaron estas cosas, y vuestros pecados apartaron de vosotros el bien. Porque en mi pueblo hay impíos que acechan como quien pone lazos, ponen trampa para cazar hombres... los profetas profetizan mentira, los sacerdotes rigen por su propia autoridad, y mi pueblo lo quiso así. ¿Qué haréis al fin?" (Jeremías 5:25-26, 31). "Curan la herida de mi pueblo con liviandad. Dicen: „Paz, paz", cuando no hay paz" (Jeremías 6:14). "Mientras vosotros hacíais todas estas obras, dice el Eterno, os hablé una y otra vez, y no oísteis; os llamé, y no respondisteis. Por tanto, como hice a Silo, haré a esta casa que lleva mi Nombre, en la que vosotros confiáis, y a este lugar que os di a vosotros y a vuestros padres. Os echaré de mi presencia como eché a todos vuestros hermanos, a todos los descendientes de Efraín" (Jeremías 7:13-15). Dios ciertamente cumplirá su palabra con aquellos que no quieren oír, ni quieren ver y que rechazan la luz que él les envía. —*Carta 4, de 1889.*

La obra no debe centrarse en ningún lugar, ni siquiera en Battle Creek... se han cometido errores en esta área y de esa manera se ha reprimido y debilitado la responsabilidad personal de cada individuo. La obra es del Señor y su fuerza y eficacia no deben concentrarse en un sólo lugar.

Ya se ha demostrado que hubo infidelidad en los hombres que ocupaban importantes puestos de confianza. Se ha olvidado la sencillez del trabajo. Se han ignorado los principios que Dios había establecido... Se ha complacido al egoísmo porque los hombres en puestos de confianza, no dependían de todo corazón y alma de la sabiduría y poder divinos y no andaban en el camino del Señor, sino en la imaginación de sus propios corazones no santificados. Se me ha mostrado que esta escritura se aplica: "Palabra del Eterno a Jeremías: Ponte a la puerta de la casa del Eterno, y predica este mensaje", y dijo: "Oíd Palabra del Señor, todo Judá, los que entráis por estas puertas para adorar al Eterno. Así dice el Eterno Todopoderoso, Dios de Israel: Mejorad vuestros caminos y vuestras obras, y os dejaré habitar en este lugar. No confiéis en palabras de mentira, que digan: „Templo del Eterno, templo del Eterno, templo del Eterno es éste". Pero si realmente mejoráis vuestros caminos y vuestras obras, si hacéis justicia entre el hombre y su prójimo, si no oprimís al peregrino, al huérfano y a la viuda, ni derramáis sangre inocente en este lugar, ni andáis en pos de dioses ajenos para mal vuestro, os dejaré vivir en este país que di a vuestros padres para siempre. Vosotros confiáis en palabras engañosas, que no aprovechan. Hurtáis, matáis y adulteráis, juráis en falso, quemáis incienso a Baal y andáis tras dioses extraños que no conocisteis. Después venís a mí en esta casa que lleva mi Nombre y decís: „Estamos seguros". ¿Seguros para seguir en todas esas abominaciones? ¿Es cueva de ladrones a vuestros ojos esta casa que lleva mi Nombre? Yo he visto todo esto, dice el Eterno. Id ahora a mi Santuario en Silo, donde hice morar mi Nombre al principio, y ved lo que le hice por la maldad de mi pueblo Israel. Mientras vosotros hacíais todas estas obras, dice el Eterno, os hablé una y otra vez, y no oísteis, os llamé, y no respondisteis. Por tanto, como hice a Silo, haré a esta casa que lleva mi Nombre, en la que vosotros confiáis, y a este lugar que os di a vosotros y a vuestros padres". "También les mandé: „Escuchad mi voz, y seré vuestro Dios, y vosotros seréis mi pueblo. Andad por todo camino que os mande, para que os vaya bien". Y no oyeron ni inclinaron su oído; antes siguieron sus propios consejos, en la dureza de su malvado corazón, y fueron hacia atrás y no hacia adelante" (Jeremías 7: 1-14, 23, 24). —*Carta 71, del 8 de Abril de 1894.*

La gran apostasía está obrando hasta convertirse en profundas tinieblas como las de la medianoche, impenetrables como un saco de arpillera... Las tinieblas serán más densas en la mente de los hombres después que la verdad haya entrado y haya sido rechazada. Sin embargo, habrá algunos que reconocerán la luz una vez que se hayan disipado las tinieblas.

En esta noche de oscuridad espiritual existirá apostasía. Será destruida por el resplandor y la descollante gloria de la venida de Cristo... Entonces será destruido el sistema de engaños satánicos, el cual las almas han preferido en vez de la verdad, porque ésta requiere llevar la cruz.

El poder del engaño está obrando en la mente de todas las personas, en todos los países, para ocupar una posición firme... La noche de prueba, la noche de llanto, la noche de persecución por causa de la verdad, no está muy distante. Será a través de una gran tribulación que permaneceremos como centinelas fieles a Dios sin desviarnos ni un centímetro de la verdad y la justicia. Aumentarán las hambrunas. Las pestilencias barrerán a miles. A nuestro alrededor hay peligros procedentes de las potencias externas y de las operaciones satánicas internas, pero ahora se está ejerciendo el poder restrictivo de Dios.

La noche de prueba va llegando a su fin. Satanás recurre a toda su potencia porque sabe que le queda poco tiempo. Dios castiga al mundo para invitar a todos los que conocen la verdad a esconderse en la Roca y a contemplar la gloria de Dios. No es el momento de encubrir la verdad. Deben hacerse declaraciones positivas. La verdad debe ser expuesta sin disfraz en folletos y libritos, y éstos deben esparcirse como caen las hojas de los árboles en el otoño.

Aquellos que no han sido santificados mediante la verdad, serán subyugados por las tentaciones de Satanás. Serán sus mejores aliados para criticar, calumniar y hacer injusticia. Hay algunos que, justo ahora, demuestran exactamente lo que harían si tuviesen que enfrentar la tentación o un caso de emergencia, no se puede depender de ellos...

Muy pronto se disiparán las nubes con las que las agencias humanas han encubierto la verdad. La verdad que no ha sido claramente esclarecida, se abrirá ante los que la investiguen como si fuera un tesoro escondido. El Espíritu Santo descenderá con poder sobre su pueblo aclarando muchos misterios. —*Carta 31, del 28 de Febrero de 1897.*

La apostasía ha entrado en nuestras filas como entró en el cielo y todos los que se unan con Satanás en este tipo de tarea actuarán con sus mismos principios; no en forma abierta y franca sino secreta. Satanás debe engañar para tener éxito. Es inútil tender la red a la vista de las aves... ¿No es Satanás la vida y alma de toda especie de rebelión que él ha instigado? A causa de la multitud de tus contrataciones [por la amplitud de tu comercio] fuiste lleno de iniquidad y pecaste... Con la multitud de tus maldades y con la iniquidad de tus contrataciones [inmoralidad de tu comercio], "profanaste tu santuario". "Contratación" es aquí símbolo de una administración corrupta.

Cristo no vino a nuestro mundo para apoyar a Satanás en su rebeldía, sino para eliminar la rebelión. —*Carta 156, del 8 de Abril de 1897.*

Por momentos he tenido que enfrentar a casi toda la iglesia para defender y vindicar la luz enviada del cielo... Cada vez que nuestras instituciones se apartan de las líneas rectas; cada vez que se alejan de los principios correctos, se introducen métodos y principios extraños...

Dios está llamando a voluntarios, hombres que no se aparten de la verdad que han recomendado incansablemente durante años, para apoyar doctrinas erróneas... A la hora undécima surgirán un sinnúmero de talentos cuando el trabajo sea más difícil y la gente esté más endurecida. Estos obreros serán fieles y recibirán su denario. Hombres abnegados ocuparán los lugares vacantes de aquellos que no son aptos para ocupar un lugar en el templo celestial... él (Dios) llamará a la juventud para ocupar los lugares que la muerte y la apostasía han dejado vacantes. Tanto a los jóvenes como a los de más edad, les brindará la cooperación de las inteligencias celestiales. Ellos tendrán caracteres convertidos, mentes convertidas, manos convertidas, pies convertidos, lenguas convertidas. Sus labios serán tocados con un carbón encendido tomado del altar divino...

Satanás está obrando con intensidad infernal y está usando todas sus fuerzas para perturbar a aquellos que una vez habían sido establecidos en la verdad. Éstos son los mismos que al abandonar la verdad que una vez habían defendido, causarán mayor daño a la causa de Dios. Un gran número entrará por este sendero, porque no han practicado en su vida la verdad que una vez creyeron. Pero aquellos que se apartan de la fe y se niegan a dar el último mensaje de advertencia al mundo, marcharán por senderos que el Señor no los ha guiado. Satanás va delante de ellos como un ángel de luz. Ellos lo seguirán por caminos falsos hasta que se den cuenta en carne propia lo que significa la ira del Cordero. —*Carta 98a, del 9 de Abril de 1897.*

Aquellos que han conocido la verdad y que han sido bendecidos por la influencia del Espíritu Santo, que han apreciado la verdad pero se han apartado de ella, no serán tratados meramente como pecadores impenitentes. Su culpabilidad será mayor porque han tenido conocimiento de la verdad...

En los apóstatas no hay consagración... sus informes ni siquiera se asemejan a la verdad. Estos testigos falsos jurarían tan fácilmente por sus mentiras fabricadas así como por la misma verdad. —*Carta 143, del 6 de Mayo de 1897.*

En nuestra experiencia hemos visto algunos que aunque aparentemente creían en la verdad, no estaban en la verdad ni la verdad estaba en ellos. Algunos se apartarán de la fe, prestando oídos a espíritus seductores y a doctrinas de demonios y una vez que han abierto su corazón a la incredulidad, Satanás entra y se posesiona del alma. El cambio repentino en su carácter y en su semblante, muestra a quién han escogido como líder.

Los hombres que últimamente han apostatado dicen que el sábado no tiene mayor importancia, que da lo mismo si lo guardamos o no. —*Carta 126, del 18 de Mayo de 1897.*

En cuanto llegue la prueba a cada alma, habrá apostasías. Algunos resultarán traidores, temerarios, presuntuosos y engreídos y abandonarán la verdad, haciendo naufragio de la fe. ¿Por qué? Porque no cavaron hondo para hacer firme su fundamento. Cuando las palabras del Señor les son transmitidas por medio de los mensajeros escogidos, murmuran y piensan que el camino es demasiado estrecho, como algunos a quienes se creían discípulos de Cristo, pero que se disgustaron y no anduvieron más con él, se separarán de Cristo. —*Manuscrito 68, del 21 de Junio de 1897.*

Numerosos falsos cristos aparecerán obrando milagros y declarando que ha llegado el tiempo de la liberación de la nación judía. Éstos engañarán a muchos... otra vez se volverán a practicar los mismos engaños realizados antes de la destrucción de Jerusalén. Los mismos eventos que ocurrieron en la destrucción de Jerusalén se volverán a repetir...

Los adventistas del séptimo día tendrán que pelear la batalla en favor del séptimo día, sábado. Las autoridades en los Estados Unidos y en otros países se levantarán en su orgullo y poder y harán leyes para restringir la libertad religiosa. Asumirán el derecho que pertenece sólo a Dios. Y como Nabucodonosor, pensarán que pueden forzar la conciencia que únicamente Dios debe regir. Ya están comenzando; y continuarán esta obra hasta alcanzar un límite que no pueden pasar. Dios se interpondrá en favor de su pueblo leal, que observa sus mandamientos.

En toda ocasión en que hay persecución, los que la presencian se deciden a favor o en contra de Cristo. Los que manifiestan simpatía por aquellos que son condenados injustamente, demuestran su afecto por Cristo. Otros son ofendidos porque los principios de la verdad condenan directamente sus prácticas. Muchos tropiezan, caen y apostatan de la fe que una vez defendieron. Muchos que han profesado amar la verdad, demostrarán entonces que no tenían ninguna conexión vital con la Vid verdadera. Serán cortados como ramas que no llevan fruto y serán atados en manojos con los incrédulos, mofadores y burladores...

Los que apostatan en tiempo de prueba llegarán, para conseguir su propia seguridad, a dar falso testimonio y a traicionar a sus hermanos. Indicarán en donde están escondidos sus hermanos y mandarán a los lobos tras sus huellas. Cristo nos advirtió todo esto a fin de que no seamos sorprendidos por la conducta anormal y cruel de amigos y parientes que rechazan la luz.

"Se levantarán muchos falsos profetas, y engañarán a muchos" (Mateo 24:11). Los falsos cristos se levantaron (antes de la destrucción de Jerusalén en el año 70 d. C.) engañando a la gente y arrastrando a millares al desierto. Magos y hechiceros pretendían tener poderes milagrosos y atraían a la gente en pos de ellos a la soledad de las montañas. Pero esta profecía también se refería a los últimos días. Esta señal también será una de las señales del segundo advenimiento. Se formarán compañías inspiradas por Satanás para engañar y confundir. —*Manuscrito 78, del 28 de Julio de 1897.*

Muchos, al estar en medio de una crisis, han tratado de mantenerse en una posición neutral, pero han fracasado en su propósito. Nadie puede mantenerse en un terreno neutral. Los que se esfuerzan por hacerlo se olvidan las palabras de Cristo: "Ninguno puede servir a dos señores, porque o aborrecerá a uno y amará al otro, o será leal a uno y menospreciará al otro. No podéis servir a Dios y al dinero" (Mateo 6:24). Aquellos que comienzan su vida cristiana a medias, sin importar cuál sea su intención, finalmente se encontrarán en el bando del enemigo.

Los hombres y las mujeres de doblado ánimo son los mejores aliados de Satanás. No importa cuán favorable sea la opinión que tengan de sí mismos, su influencia será debilitante. Todos los que son leales a Dios y a la verdad deben mantenerse firmemente de parte de lo recto porque es recto. Unirse en yugo con los que carecen de consagración y a la vez ser leales a la verdad, es sencillamente imposible. No nos podemos unir con los que se sirven a sí mismos, con los que ponen en práctica planes mundanos, sin perder nuestra relación con el Consejero celestial. Podemos recuperarnos de las trampas del enemigo, pero saldremos magullados y heridos y nuestra experiencia se empequeñecerá...

Cuando el hombre pierde el escudo de una buena conciencia, sabe que ha perdido la colaboración de los ángeles celestiales. Dios no obra en él. Otro espíritu lo inspira. Y ser apóstata, traidor a la causa de Dios, es peor que la muerte: implica la pérdida de la vida eterna. —*Manuscrito 87, del 19 de Agosto de 1897.*

El evangelio no es culpable de que exista la apostasía. Aquellos que apostatan no están verdaderamente convertidos. Han recibido la verdad a medias. La luz de la verdad no ha sido fortalecida por su práctica y pronto se extingue dejándolos en mayores tinieblas que antes... En este mundo, todo hombre tendrá que rendir cuenta de las almas que se podrían haber salvado, si hubiese usado bien los talentos que Dios le había dado. —*Manuscrito 13, del 9 de Febrero de 1898.*

Muchos que han tenido gran luz no la han apreciado ni aprovechado como era su privilegio hacerlo. No han practicado la verdad; y debido a esto, el Señor traerá al redil a los que han vivido de acuerdo con toda la luz que han tenido. Y los que han sido beneficiados con oportunidades de entender la verdad y no han obedecido sus principios, serán vencidos por la tentación de progreso propio que Satanás les presenta. Ellos negarán los principios de la verdad en la práctica y traerán reproche sobre la causa de Dios.

Cristo declara que él los vomitará de su boca, y dejará que sigan su propia forma de obrar con el afán de distinguirse. Este proceder, ciertamente, los hará destacar como hombres que son mayordomos infieles...

Estamos viviendo en los últimos días, cuando la verdad debe ser hablada, cuando debe ser dada al mundo en forma de reproche y amonestaciones, cualesquiera sean las consecuencias. Si hay algunos que se ofenden y abandonan la verdad, debemos tener en cuenta que hubo personas tales que hicieron lo mismo en los días de Cristo... Los hombres que se mantengan en la verdad, a pesar de las consecuencias, ofenderán a otros cuyos corazones no estén en armonía con la verdad tal como está revelada en Jesús. Estas personas acarician sus propias teorías inverosímiles, las cuales no son verdad. La verdad no armoniza con sus sentimientos y en lugar de abandonar sus propias ideas, se alejan de aquellos que la obedecen. Pero hay hombres que recibirán la verdad, y éstos ocuparán los lugares que dejaron vacantes los que se ofendieron y la abandonaron...

"Salieron de entre nosotros, pero no eran de nosotros" (1 Juan 2:19). Su lugar será ocupado por hombres de verdaderos principios cristianos que llegarán a ser mayordomos fieles y dignos de confianza que presentarán la Palabra de Dios en su sencillez y en su marco verdadero. El Señor obrará de tal manera que los disgustados y descontentos se separarán de los fieles y leales... Las filas no serán disminuidas. Los que son firmes y fieles llenarán los lugares dejados por los que se ofendieron y apostataron... —*Manuscrito 97, del 11 de Agosto de 1898.*

En el futuro veremos que así como en el pasado, se desarrollarán todo tipo de caracteres. Seremos testigos de la apostasía de algunos en quienes confiábamos, con quienes contábamos y de quienes suponíamos, eran tan firmes como el acero a los principios. Frente a las pruebas se derrumbaron... Aquellos que caen, evidentemente se han corrompido ante el Señor, y son señales de advertencia que enseñan a los que profesan creer la verdad, que sólo la Palabra de Dios puede mantener a los hombres firmes en el camino de la santidad o librarlos de su culpa.

La Palabra de Dios es la perla de gran precio. Es inmutable, eterna. La verdad tal como está revelada en Jesús, regenera a los hombres y los mantiene así. Pero es mejor no estar ligados con hombres apacibles que son incapaces de apreciar la perla de gran precio, que son deshonestos con Dios e injustos con sus semejantes. Habrá quienes han pervertido su conciencia de tal forma, que son incapaces de discernir la verdad preciosa de la Palabra de Dios. Por lo tanto, seamos cuidadosos con quienes nos asociamos. La verdad no es verdad para quienes no la obedecen.

Los que son hacedores de la Palabra han encontrado la perla de gran precio. La verdad es como un ancla segura y firme para el alma. Siempre que los hombres se apartan de los principios de la verdad, traicionan su cometido sagrado. Que cada alma, cualquiera sea su esfera de acción, compruebe que la verdad esté implantada en su corazón por el poder del Espíritu de Dios. —*Manuscrito 154, del 22 de Noviembre de 1898.*

Estamos viviendo en los últimos días. Si sólo confiamos en Dios, él será nuestro amparo y fortaleza, nuestro pronto auxilio en las tribulaciones. Debemos hacer el mejor uso de nuestras oportunidades presentes. No tendremos otro tiempo de gracia para prepararnos para el cielo. Ésta es nuestra única y última oportunidad de formar caracteres que nos capacitarán para la morada que el Señor ha preparado para todos los que son obedientes a sus mandamientos. —*Carta 20, del 3 de Febrero de 1899.*

La iglesia ha entrado en comunión con el mundo y les ha brindado su afecto a los enemigos de la santidad. La iglesia y el mundo están en la misma plataforma de transgresión a la ley de Dios. La iglesia prefiere asemejarse al mundo en lugar de separarse de sus costumbres y vanidades. —*Manuscrito 44, de 1900.*

Nuestros corazones se entristecen cuando vemos que aquellos que por casi toda una vida han estado firmes en la plataforma de la verdad, deciden que da lo mismo si se unen con los hombres que no reconocen la ley de Jehová y buscan su influencia y apoyo. Piensan que pueden hacerlo sin comprometerse. Así los creyentes abandonan la verdad para unirse a los incrédulos y el enemigo se regocija. Habrá situaciones que demostrarán la verdadera posición de aquellos que sinceramente desean hacer el bien. Pero habrá quienes jamás volverán a sentirse seguros. Al tratar de derribar las barreras entre los que sirven a Dios y los que no le sirven, se han puesto en una posición donde jamás podrán afirmar nuevamente sus pies en un terreno sólido. —*Manuscrito 82, de 1900.*

Aunque a un hombre se le confíen grandes responsabilidades, su elevada posición no necesariamente mide el valor de su carácter. Las responsabilidades que él está dispuesto a aceptar no lo hacen perfecto ni auténtico. Su aceptación con Dios depende de su temor de ofender y de su obediencia a los requisitos de Dios. Si se aparta del consejo de Dios, ya no estará bajo la influencia del Espíritu Santo.

Cuando los hombres que, profesando guardar los mandamientos de Dios, se concentran a menudo en la importancia de obedecer la ley de Dios pero no andan en rectitud y obran contra ella, él les envía mensajeros para amonestarlos y hacerlos volver a los caminos de rectitud. Pero muchos que no tienen esa fe que obra por amor y purifica el alma, se niegan a prestar atención a las advertencias de Dios.

A todos los que lo buscan, Dios les concederá manifestaciones especiales de su presencia y favor. Pero a aquellos que lo abandonen se verá obligado a decirles: "yo también os abandonaré"...

La obediencia al Señor siempre favorece y el fiel cumplimiento de los principios virtuosos, llevará las credenciales divinas; pero los que han sido puestos como mayordomos y guardianes del rebaño de Dios, deshonran al Señor cuando sostienen y aprueban lo malo...

Dios otorga luz a los hombres, pero muchos están llenos de un espíritu dominante y de autosuficiencia; y luchan para llevar adelante sus propias ideas a fin de alcanzar una altura en la que serían como Dios. Sus mentes están en primer lugar, como si Dios debiera servirles a ellos. Aquí es donde yace el peligro: a menos que Dios haga que en alguna forma estos hombres comprendan que él es Dios y que deben servirle, se introducirán invenciones humanas que los apartarán de la verdad bíblica, a pesar de todas las advertencias que se han dado.

El Señor Jesús siempre tendrá un pueblo escogido que le servirá. Cuando el pueblo judío rechazó a Cristo, el Príncipe de la vida, él les quitó el reino de Dios y se lo dio a los gentiles. Dios continúa obrando de acuerdo con este principio en cada rama de su obra. Cuando una iglesia demuestra que es infiel a la obra del Señor, no importa cuán alto y sagrado pueda ser su llamado, Dios no puede seguir trabajando con ella. Otros son escogidos entonces para llevar importantes responsabilidades. Pero si éstos a su vez no purifican sus vidas de toda acción errónea, si no establecen principios puros y santos en todos sus límites, entonces el Señor los afligirá y humillará dolorosamente y, a menos que se arrepientan, los quitará de su lugar y hará que sean un baldón. —*Manuscrito 33, del 27 de Abril de 1903.*

Nosotros sabemos que los adventistas del séptimo día inconversos que tienen un conocimiento de la verdad, pero que se han unido con los mundanos, se apartarán de la fe, escuchando a espíritus engañadores y a doctrinas de demonios. Con el mayor agrado, el enemigo les presentará tentaciones para inducirlos a hacer guerra contra el pueblo de Dios. —*Carta 127, del 1 de Julio de 1903.*

En esta crisis se nos llama a tomar nuestra posición. Debemos apartarnos de aquellos que están decididos a naufragar en su fe. No debemos vender a nuestro Señor por ningún precio...

Ha llegado el tiempo en que aun en la iglesia y en nuestras instituciones, algunos se apartarán de la fe, escuchando a espíritus seductores y a doctrinas de demonios. Pero Dios preservará lo que le ha sido confiado. Acerquémonos a él, que él se acercará a nosotros. Demos un testimonio claro y directo, que los que se apartan de la fe practican el hipnotismo y que nosotros no debemos unirnos a ellos. El enemigo ejercerá su poder para desencaminar a otros, por medio de los que se apartan de la fe. —*Carta 237, del 14 de Julio de 1904.*

Cristo es nuestra suficiencia. Aquellos que realmente lo reciben como su Salvador personal, revelarán honestidad e integridad en todas sus relaciones. No habrá robos ni maniobras secretas. Debemos estar arraigados y edificados en Cristo para no ser descarriados por la ciencia del gran engañador. Algunos ya se están apartando de la fe escuchando a espíritus seductores y a doctrinas de demonios. Algunos se jactan que han estudiado las ciencias por años. ¿Pero qué ha hecho esta ciencia por ellos? Exactamente lo mismo que hizo por Satanás en las cortes celestiales. —*Carta 141, de 1905.*

Satanás tiene aliados en los hombres, y los ángeles malos aparecerán en forma humana ante los hombres y les presentarán imágenes resplandecientes de lo que podrían hacer si tan sólo creyeran sus sugerencias. Éstos a menudo sustituyen su penitencia por una actitud desafiante. —*Manuscrito 122, de Agosto, de 1905.*

Nuestro mayor riesgo vendrá de hombres que entregaron sus almas a la vanidad, y que no tuvieron en cuenta las palabras de advertencia y reproche enviadas por Dios. Al elegir estos hombres su propia voluntad y camino, el tentador, vestido con ropas angelicales, está cerca de sus hijos, listo a unir su influencia a la de ellos. Les presenta engaños del más atractivo carácter, que ellos a su vez presentan al pueblo de Dios. Algunos de los que escuchan serán engañados y trabajarán en límites peligrosos.

Sin una transformación cabal del carácter, los seres humanos no pueden entrar en la ciudad santa. En medio de la iniquidad predominante, debemos recibir a Cristo y creer en él como nuestro Salvador personal. Sólo así recibiremos poder para ser hijos e hijas de Dios. El alma que está luchando en cooperación con Cristo llega a ser partícipe de la naturaleza divina, habiendo huido de la corrupción que hay en el mundo por la concupiscencia. El poder de un ejemplo piadoso a menudo será eficaz en la conversión de los más cruentos perseguidores del pueblo de Dios. Un ejemplo virtuoso, tan contrario a las normas del mundo, sorprende a los mundanos y los lleva a humillarse ante la cruz de Cristo. Ninguna alma que no haya confesado sus pecados y se haya arrepentido, entrará por las puertas de la ciudad de Dios. —*Manuscrito 127, de 1905.*

Aquellos que se apartan de la fe procuran minar la confianza de otros, y lo han estado haciendo por varios años... una jota o un principio de nuestra fe que cedamos ante la presentación astuta del enemigo, abre el camino para que nos apartemos de otros principios de la verdad de la Biblia. Tenemos una verdad establecida que no debe ser cambiada por sugerencia de los médicos, aun cuando ellos hayan sido honrados grandemente por Dios; ni por las exposiciones de los ministros, aunque éstos hayan predicado la verdad por mucho tiempo...

Los que se pierden por prestar atención a espíritus seductores, tendrán la simpatía y la influencia animadora de aquellos que no conocen a Dios; que son desleales a él y que están en rebelión contra la verdad...

Es posible que pastores y médicos se aparten de la fe, como lo declara la Palabra de Dios y los mensajes que Dios les ha dado a sus siervos. Eso será para los creyentes una evidencia de que la Palabra de Dios y las advertencias que él ha dado, se están cumpliendo entre nosotros. Algunos tomarán estos mensajes livianamente y los malinterpretarán y dirán cosas engañosas para inducir a otros al error. Nuestra única esperanza está en el Dios de la verdad... Cuanto más sencilla y cortante se presente la verdad ante la gente, más amargo será el odio manifestado por aquellos que se han apartado de la fe y han prestado atención a las manifestaciones de Satanás. —*Carta 90, del 6 de Marzo de 1906.*

Como fue predicho en las Escrituras, en la misma iglesia habrá espíritus seductores y doctrinas de demonios, y esta influencia diabólica irá en aumento, pero debemos mantener firme el principio de nuestra confianza hasta el fin...

Se acerca el tiempo en que Satanás obrará milagros para demostrar que él es Dios; y el pueblo de Dios debe estar firmemente asentado sobre la plataforma de la verdad del mensaje del tercer ángel. El diablo presentará perspectivas halagüeñas y realizará milagros para engañar, si fuera posible, aun a los escogidos. Nuestra única esperanza es aferrarnos a las evidencias que han confirmado la verdad en justicia. Proclamad estas evidencias una y otra vez hasta el cierre de la historia de este mundo.

Ya están sobre nosotros los peligros de los últimos días. No pierda un tiempo precioso tratando de convencer a los que convierten la verdad de Dios en una mentira... Usted no puede ayudar a nadie que está determinado a apartarse de la fe. Toda su lógica será como fábulas ociosas. —*Manuscrito 61, del 3 de Junio de 1906.*

Jamás he tenido tanta tristeza en mi corazón, como la que tuve al ver la apostasía de los hombres y mujeres que han tenido gran luz y abundante evidencia de la verdad durante este tiempo. Deberían haber tenido compasión de mí en los días finales de la historia de este mundo. Pero no tengo poder para cambiar la obra seductora del enemigo. La Escritura ha dicho que tales cosas sucederían. Acepto la Palabra del Señor y me someto a las condiciones que se presenten. —*Carta 266, del 5 de Agosto de 1906.*

Muchos han recibido toda la evidencia de la verdad que Dios les dará en toda la vida. Pero han permitido y alentado sentimientos falsos, cultivando el error para cubrir su apostasía. —*Carta 50, del 6 de Febrero de 1907.*

El capítulo 24 de Ezequiel registra el castigo que sufrirán todos los que rechacen la palabra del Señor...

"Pues así dice el Señor, el Eterno: „¡Ay de la ciudad sanguinaria, de la olla herrumbrada cuya herrumbre no ha sido quitada! Vacíala pieza por pieza, sin echar suerte sobre ella. Porque su sangre está en ella, sobre una piedra lisa la vertió, no la derramó en tierra para que fuese cubierta con polvo..."

"Por tanto, así dice el Señor, el Eterno: „¡Ay de la ciudad sanguinaria! Yo también haré gran hoguera. Apila la leña, enciende el fuego, cuece bien la carne, mezcla las especias, deja que los huesos se quemen. Pero se frustró todo esfuerzo. Ni con el fuego salió la herrumbre. En tu perversa suciedad padecerás. Porque procuré limpiarte, pero no quedaste limpia de tu suciedad. Nunca más te limpiarás, hasta que yo haya desahogado mi ira sobre ti. Yo, el Eterno, hablé. Vendré, y lo haré. No me volveré atrás, ni tendré lástima, ni desistiré. Según tus caminos y tus obras te juzgarán", dice el Señor, el Eterno. Recibí Palabra del Señor, que dijo: „Hijo de Adán, de golpe voy a quitar el deleite de tus ojos. No endeches, ni llores, ni corran tus lágrimas. Reprime tus suspiros, no hagas duelo. Ata el turbante, pon tus sandalias en tus pies. No te cubras con rebozo, ni comas pan de luto". Hablé al pueblo por la mañana, y a la tarde murió mi esposa. A la mañana siguiente hice como fue mandado. Entonces me preguntaron: „¿No nos explicarás qué significan para nosotros estas cosas que haces?" Les respondí: „Palabra del Eterno, que me dijo: Di a la casa de Israel: Así dice el Señor Dios: Yo profano mi Santuario, el orgullo de vuestra fortaleza, el deleite de vuestros ojos, el objeto de vuestro afecto. Y vuestros hijos e hijas que dejasteis, caerán a espada. Y haréis como yo hice. No os cubriréis con rebozo, ni comeréis pan de luto. Vuestros turbantes estarán sobre vuestra cabeza, y vuestras sandalias en vuestros pies. No endecharéis ni lloraréis, sino que os consumiréis a causa de vuestras maldades, y gemiréis unos con otros. Ezequiel, pues, os será por señal. Según lo que él hizo, haréis. Cuando esto suceda sabréis que Yo Soy el Señor, el Eterno"" (Ezequiel 24:6-7, 9-10, 12-24).

Se me ha instruido a citar estos versículos ante quienes han tenido gran luz y evidencias, pero que han andado contrariamente a la luz dada por Dios. El Señor hará que el castigo de aquellos que no han aceptado sus amonestaciones y advertencias, sea tan grande como lo ha sido el mal. Los propósitos de aquellos que han tratado de cubrir su mal, mientras en secreto se oponían a los propósitos de Dios, serán totalmente revelados. La verdad será vindicada. Dios pondrá de manifiesto que él es Dios.

Un espíritu de maldad está obrando en la iglesia y constantemente se esfuerza por anular la ley de Dios. Aunque el Señor no castigue con la muerte a aquellos que han llevado su rebelión a un grado extremo, la luz nunca brillará de nuevo con poder convincente sobre los persistentes opositores de la verdad. A cada alma se le da suficiente evidencia en cuanto a lo que es verdad y lo que es error. Pero en algunos el poder engañoso del mal está tan arraigado que no recibirán la evidencia ni se arrepentirán.

Hasta el corazón más susceptible se endurecerá si resiste la verdad por mucho tiempo. Aquellos que rechazan el Espíritu de verdad se ponen bajo el control de un espíritu que se opone a la Palabra de Dios y a su obra. Por un tiempo podrán continuar enseñando algunos aspectos de la verdad; pero al negarse a aceptar toda la luz que Dios les ha enviado, harán la obra de un centinela falso.

Los intereses de la causa de la verdad presente, demandan que aquellos que profesan estar de parte del Señor ejerciten todo su poder para vindicar el mensaje adventista, el mensaje más importante que jamás se haya dado al mundo. Sería un uso imprudente de su tiempo si aquellos que representan la verdad presente, dedicaran ahora su tiempo y energía procurando contestar las preguntas de los que dudan, porque esto no las quitaría. Nuestra preocupación en la obra ahora no debe ser trabajar por aquellos que, aunque han tenido abundante luz y evidencias, todavía continúan del lado de los incrédulos. Dios nos encomienda a dedicar nuestro tiempo y fuerza para predicar al mundo los mensajes que conmovieron a los hombres y mujeres en 1843 y 1844... En lugar de insistir una y otra vez sobre el mismo terreno para establecer la fe de aquellos que nunca debieron acariciar dudas con respecto al mensaje del tercer ángel, esforcémonos en hacer conocer la verdad a aquellos que nunca la han oído...

Dios está hablando a su pueblo hoy como cuando por medio de Moisés se expresó al pueblo de Israel diciendo: "¿Quién está de parte del Señor?" Mis hermanos, colóquense en el lugar designado por Dios. Apártense de aquellos que, después de que se les ha presentado la luz repetidas veces, se han colocado en el bando opuesto. Usted no debe perder un tiempo precioso repitiéndoles a ellos lo que ya saben y así desaprovechar la oportunidad de abrir nuevos campos con el mensaje de la verdad presente. —*Manuscrito 125, del 4 de Julio de 1907.*

Anoche los pensamientos corrían por mi mente y no podía dormir así que me puse a escribir, aunque faltan varias horas antes del amanecer...

Todos los que ahora profesan ser hijos de Dios, deben tener presente que estamos viviendo en tiempos peligrosos. El fin de todas las cosas es inminente. Las señales se están cumpliendo rápidamente y, sin embargo, parece que pocos se dan cuenta de que el día del Señor viene rápida y silenciosamente, como ladrón en la noche. Muchos están diciendo: "Paz y seguridad". A menos que estén velando y esperando a su Señor, serán apresados como en una trampa...

Vemos la incredulidad de algunos que han enceguecido y endurecido sus corazones y se han negado a reconocer la luz, porque ésta no coincide con sus propias ideas y nos duele profundamente. Siento un gran pesar cuando veo que tantos, y algunos aun de nuestro pueblo, están cumpliendo las palabras escritas por Pablo: "El Espíritu dice claramente que en el último tiempo algunos se apartarán de la fe, escuchando a espíritus engañadores y a doctrinas de demonios..." (1 Timoteo 4:1). Estamos en el tiempo de esta apostasía. Se hará todo esfuerzo concebible para arrojar dudas sobre las posiciones que hemos sostenido por más de medio siglo...

La obra que el Señor me ha dado es ridiculizada y menospreciada. Pero incluso en esto tengo buena compañía, porque así consideraron los fariseos al Salvador y a su obra. Algunos declaran que no creen en la obra que el Señor me ha encomendado porque, según dicen: "La Sra. White no realiza milagros". Pero aquellos que esperan que ocurran milagros como una señal de dirección divina, están en grave peligro de ser engañados. En la Palabra se declara que el enemigo obrará mediante sus agentes que se han apartado de la fe y que aparentemente realizarán milagros, aun hasta el punto de hacer descender fuego del cielo ante la vista de los hombres. Mediante "milagros mentirosos" Satanás engañará, si es posible, hasta a los mismos escogidos.

Multitudes me han escuchado hablar y han leído mis escritos, pero nadie me ha oído decir que realizo milagros. Algunas veces me han invitado a orar por los enfermos y se ha cumplido la Palabra de Dios. "¿Está alguno enfermo entre vosotros? Llame a los ancianos de la iglesia y oren por él, ungiéndole con aceite en el Nombre del Señor. Y la oración de fe salvará al enfermo, y el Señor lo levantará. Y si hubiera cometido pecados, le serán perdonados" (Santiago 5:14, 15). Cristo es el gran realizador de milagros. A él sea tributada toda la gloria.

Si aquellos que en cuanto a sus privilegios fueron exaltados hasta el cielo; que debieran haber sido sabios en el discernimiento espiritual, no reconocieron en Cristo al Mesías prometido ¿Nos resulta extraño que sus seguidores no sean reconocidos por el mundo?

"Pero a todos los que lo recibieron, a los que creyeron en su Nombre, les dio el derecho de ser hijos de Dios. Éstos nacieron, no de sangre, ni por el impulso de la carne, ni por el deseo de un varón, sino de Dios. Y el Verbo se hizo carne, y habitó entre nosotros, lleno de gracia y de verdad" (Juan 1:12-14).

Necesitamos un verdadero discernimiento. Sólo el que recibe al Hijo de Dios como su Salvador está firme en un terreno ventajoso. Muchos están confundidos porque fallaron al recibir la verdad.

En estos días de terrible maldad cada alma necesita escudriñar las Escrituras ante todo. Aquellos que desean tener una experiencia genuina en la fe que obra mediante el amor y purifica el alma, estarán más seguros cuanto menos se asocien con elementos que fomenten la duda y la incredulidad.

Cuando comprendo la responsabilidad de aquellos que conocen la verdad, no puedo dormir. Oro fervorosamente por la luz del semblante de Jesús para no confundirme. Seguiré usando la pluma y la voz de acuerdo a la Palabra de Dios. Cuando reciba visiones, procuraré escribirlas con fidelidad.

El autoengaño es algo terrible; porque muchos, debido a su confianza propia y autosuficiencia, se perderán eternamente. Este es justo el momento en el que debemos lavar los mantos de nuestro carácter y blanquearlos en la sangre del Cordero. No podemos correr el riesgo de perder el cielo. Será espantoso para los que descubran que los libros del cielo demuestran que ellos han sido agentes de Satanás, para engañar a otras almas haciendo que ellas también pierdan la vida eterna. Será inexpresablemente triste el cuadro de aquellos a quienes otros culpen por haber perdido sus almas. La vida eterna estaba a su alcance, pero sus corazones engañados y orgullosos no se quebrantaron y se negaron a confesar sus pecados...

"Entonces empezó a denunciar a las ciudades donde había hecho muchos de sus milagros, y no se habían arrepentido: „¡Ay de ti, Corazín! ¡Ay de ti, Betsaida! Porque si en Tiro y en Sidón se hubieran hecho los milagros que fueron hechos en vosotras, hace tiempo que se hubieran arrepentido en saco y en cilicio. Por tanto, os digo que en el día del juicio el castigo será más tolerable para Tiro y Sidón, que para vosotras. Y tú, Capernaúm, que eres levantada hasta el cielo, hasta el sepulcro serás abatida. Porque si en Sodoma se hubieran realizado los milagros que fueron hechos en ti, hubiera quedado hasta hoy. Por tanto, os digo que el juicio será más tolerable para Sodoma que para ti". En ese tiempo Jesús dijo: „Te alabo, Padre, Señor del cielo y de la tierra, porque escondiste estas cosas de los sabios y entendidos, y las revelaste a los niños. Así es, Padre, porque eso te agradó. Todas las cosas me han sido entregadas por mi Padre. Nadie conoce bien al Hijo, sino el Padre. Y nadie conoce bien al Padre, sino el Hijo, y aquel a quien el Hijo lo quiera revelar"" (Mateo 11:20-27).

Hay esperanza para ellos si prestan atención a la bondadosa invitación: "Venid a mí todos los que estáis fatigados y cargados, y yo os haré descansar. Llevad mi yugo sobre vosotros, y aprended de mí, que soy manso y humilde de corazón, y hallaréis descanso. Porque mi yugo es fácil y ligera mi carga" (Mateo 11:28-30). —*Carta 410, del 26 de Agosto de 1907.*

Es nuestra esperanza que usted no invierta ningún medio para ayudar a aquellos que han salido de nosotros, porque ellos no son de nosotros... El mensaje de la verdad presente debe ser proclamado a aquellos que nunca lo han oído. Es nuestra oración que el Señor le conceda sabiduría para dedicar sus energías al desarrollo de la causa de Dios en la tierra. —*Manuscrito 13, del 25 de Marzo de 1908.*

Nos rozaremos con aquellos que, a pesar de la definida represión y la advertencia de los Testimonios, han seguido por un mal camino. Dios nos manda a que nos apartemos y nos distingamos de aquellos que no han prestado atención a sus advertencias... Porque ellos engañarán, si es posible, aun a los escogidos. —*Carta 330, del 11 de Noviembre de 1908.*

Capítulo 7—La Lluvia Tardía

El Señor vendrá pronto. Debe haber un proceso de refinamiento y zarandeo en las iglesias, porque hay entre nosotros hombres viles que no aman la verdad ni honran a Dios. Se necesita una transformación del carácter. ¿Se levantará la iglesia y se pondrá su hermosa vestimenta, la justicia de Cristo? Pronto se verá quiénes serán los vasos de honra.

"Después de eso vi a otro ángel descender del cielo con gran poder, y la tierra fue iluminada con su gloria. Y clamó con potente voz: „¡Ha caído, ha caído la gran Babilonia! Y se ha vuelto habitación de demonios, guarida de todo espíritu impuro, y albergue de toda ave sucia y aborrecible"" (Apocalipsis 18:1-2).

"Entonces volveréis, y veréis que hay diferencia entre el justo y el malo, entre el que sirve a Dios y el que no le sirve... Viene el día ardiente como un horno. Y todos los soberbios, todos los malhechores serán estopa. Y ese día que está por llegar los abrasará, y no quedará de ellos ni raíz ni rama, dice el Eterno Todopoderoso" (Malaquías 3:18, 4:1).

Aquí se verá claramente quiénes serán vasos de honra porque ellos recibirán la lluvia tardía. Cada alma que a pesar de la luz que ahora ilumina nuestra senda continúe en pecado, será enceguecida y aceptará los engaños de Satanás. Nos estamos acercando ahora al cierre de la historia de este mundo. ¿Dónde están los fieles centinelas en los muros de Sión que no dormitarán sino que fielmente declararán el peligro?... ¡Cuán doloroso es ver que al Señor Jesús se lo coloca en último plano!...

Nunca fue la confederación del mal más fuerte que actualmente. Los espíritus del mal están combinándose con los agentes humanos para hacer guerra contra los mandamientos de Dios. Se unen para que la ley de Dios pierda todo su efecto. La tradición y la mentira quedan ensalzadas por encima de las Escrituras; la razón y la ciencia por encima de la revelación; el talento humano por encima de la enseñanza del Espíritu; las formas y ceremonias por encima del poder vital de la piedad...

Se ha perdido un tiempo precioso en andanzas y rebeldía contra Dios. El carácter de todos será pesado en las balanzas del santuario; si el carácter moral y el avance espiritual no corresponden a los beneficios, las oportunidades y las bendiciones otorgadas, al lado de su nombre se hallarán las palabras: "has sido hallado falto".

Todos los que dicen ser hijos de Dios, deben tratar de entender diariamente por qué creen lo que creen y escudriñar diligentemente las Escrituras por sí mismos. Aquellos que con corazones humildes estudien el carácter de Jesús, reflejarán su imagen cada vez más. El descenso del Espíritu Santo sobre la iglesia es esperado como si se tratara de un asunto del futuro: pero es el privilegio de la iglesia tenerlo ahora mismo. Buscadlo, orad por él, creed en él. Debemos tenerlo, y el cielo está esperando concederlo...

La historia de la rebelión de Datán y Abiram se está repitiendo y se repetirá hasta el fin del tiempo. ¿Quiénes estarán del lado del Señor? ¿Quiénes serán engañados y a su vez se convertirán en engañadores? Todo lo que puede ser sacudido será sacudido. Y todo lo que no pueda ser sacudido, permanecerá. —*Carta 15, del 25 de Junio de 1892.*

Estimados hermanos, que ocupan posiciones de responsabilidad en la obra:

El Señor tiene una controversia con ustedes... los principios religiosos han sido corrompidos. O bien haremos que los principios sostenidos por la herencia de Dios sean más puros, nobles y santos o los desviaremos por una falsa suposición, por mentiras que digan: "Templo del Eterno, templo del Eterno, templo del Eterno es éste" (Jeremías 7:4). La causa del Señor es sagrada. No se debe mezclar con la ofrenda de Dios nada humano, ordinario o de fuego común. Esto se ha hecho y todavía se lo sigue haciendo. Pero los hombres están ciegos y no ven el resultado de sus ardientes esfuerzos. La pregunta es: los que son llamados de un lugar a otro para realizar una obra sagrada ¿usarán el fuego que Dios mismo ha encendido o el fuego común del cual no se debe usar ni una chispa, para encender el incienso de los incensarios que se ofrecen ante Dios?...

El primer premio a la obediencia es la vida eterna. "Pero el Ayudador, el Espíritu Santo, a quien el Padre enviará en mi Nombre, os enseñará todas las cosas, y os recordará todo lo que os he dicho" (Juan 14:26). Ésta es la obra del Espíritu Santo. El Consolador se revelará, no en una forma específica o precisa que el hombre pueda distinguir, sino según el orden de Dios; en tiempos y maneras inesperados que honrarán su propio nombre.

Ahora, justo ahora, es nuestro día de misericordia y salvación. El Señor Dios, que habita en el lugar santo, ve cada alma que expresa desprecio hacia las manifestaciones del Espíritu Santo. En Battle Creek, Dios mismo se ha revelado una y otra vez de una manera notable. Allí los creyentes han recibido una gran medida de su Santo Espíritu... Algunos se sintieron molestos por esta manifestación y exteriorizaron su propia inclinación natural. Dijeron: es sólo un estado de excitación, no es el Espíritu Santo ni el derramamiento de la lluvia tardía...

En muchas ocasiones el Espíritu Santo se manifestó. Pero aquellos que rechazaron el Espíritu de Dios en Minneapolis, estaban esperando la oportunidad de seguir transitando por el mismo camino, puesto que su espíritu era el mismo... En lo más íntimo de su corazón decían que esta manifestación del Espíritu Santo era fanatismo y engaño. Se mantenían inmutables como una roca, mientras las olas de misericordia fluían alrededor de ellos y golpeaban sus corazones duros y empedernidos que resistían la obra del Espíritu Santo. Si lo hubiesen recibido, los habría hecho sabios para la salvación; hombres más santos, preparados para hacer la obra de Dios con habilidad santificada. Pero todo el universo fue testigo del trato vergonzoso que le dieron a Jesucristo que estaba representado por el Espíritu Santo. Si Cristo hubiera estado ante ellos, lo habrían tratado de la misma forma en que los judíos lo trataron...

Los que en Minneapolis abrieron la puerta de sus corazones a la tentación y llevaron el mismo espíritu a sus hogares comprenderán, si no ahora, en un futuro cercano que ellos, a pesar del espíritu de gracia, resistieron al Espíritu Santo. ¿Se arrepentirán o endurecerán sus corazones y resistirán la evidencia?

Muchas cosas deben cambiar en nuestras instituciones alrededor del mundo. Los hombres finitos no deben enseñorearse y tratar de dominar la mente y los principios de otros, cuando son vacilantes en sus propias ideas y principios. Los hombres que ocupan cargos destacados transmiten esta incertidumbre a las iglesias...

Algunos han rehusado ponerse el vestido de bodas. Todavía llevan su propio vestido y desprecian la indumentaria tejida en el telar del cielo que es "Cristo, nuestra Justicia"...

El Espíritu del Señor ha estado obrando en sus mensajeros a quienes les ha enviado la luz preciosa; pero hubo muchos que se apartaron del Sol de Justicia y no vieron sus rayos luminosos. El Señor les dice: "me volvieron la espalda, y no el rostro...".

El mismo espíritu de señorío sobre la herencia de Dios, está invadiendo nuestras iglesias como si los talentos de la mente y del alma y los principios de los hombres estuvieran bajo su jurisdicción. Muchos se ponen en una situación en que el Señor no puede hacer nada por ellos. No reconocen ni el espíritu ni la voz de Dios, sino que consideran sus mensajes como fábulas ociosas. Muchos han respirado la atmósfera que rodea las almas de los hombres que ocupan posiciones de confianza, que no sólo lo piensan en lo más íntimo de sus corazones sino que lo expresan con sus labios: "Mi señor se tarda en venir" (Mateo 24:48) y sus acciones revelan sus sentimientos.

¿Quién puede entender lo que escribo? Hay hombres que han conocido la verdad y que se han regocijado en ella, pero que ahora están divididos entre sentimientos escépticos.

Hay sólo un paso entre ellos y el precipicio de la ruina eterna. El Señor viene pronto, pero aquellos que rechazaron la luz que Dios dio abundantemente en Minneapolis, que no humillaron sus corazones ante Dios, continuarán resistiéndose y dirán: "¿Quién es el Eterno para que yo obedezca su voz?" (Éxodo 5:2). El estandarte que todos deben llevar para proclamar el mensaje del tercer ángel, está cubierto con otros colores que prácticamente lo ocultan. Esto ya está sucediendo. ¿Se aferrará nuestro pueblo a la verdad? "¡Aquí está la paciencia de los santos, los que guardan los Mandamientos de Dios y la fe de Jesús!" (Apocalipsis 14:12). Ésta es nuestra norma. Sostengámosla en alto porque es la verdad. —*Carta 6, del 16 de Enero de 1896.*

El Espíritu Santo ha sido insultado y su luz rechazada. ¿Es posible que vean aquellos que durante años han estado tan ciegos? ¿Es posible que sus ojos sean ungidos en esta etapa tan avanzada de su rebelión? ¿Distinguirán ellos la voz del Espíritu de Dios de la voz engañosa del enemigo?

Hay hombres que pronto mostrarán claramente bajo qué estandarte se encuentran: si se hallan bajo el estandarte del Príncipe de la Vida o bajo el estandarte del príncipe de las tinieblas...

Hay almas pobres, honestas, humildes, a quienes el Señor pondrá en su lugar (hombres que ocupan puestos de responsabilidad), que nunca han tenido las oportunidades que ustedes han tenido, y que no podían haberlas tenido porque ustedes no se dejaron manejar por el Espíritu Santo.

Podemos estar seguros de que cuando el Espíritu Santo sea derramado, aquellos que no recibieron ni apreciaron la lluvia temprana, no verán ni entenderán el valor de la lluvia tardía. —*Carta 8, del 6 de Febrero de 1896.*

Tenemos la seguridad de que en esta época del mundo, el Espíritu Santo obrará con imponente poder, a menos que por nuestra incredulidad limitemos sus bendiciones y así perdamos los beneficios que podríamos haber obtenido...

En todas las iglesias se necesita una experiencia religiosa personal. ¿Por qué? Porque aquellos que no están siendo transformados por el Espíritu Santo, no podrán soportar los peligros de los últimos días...

A menos que el Espíritu Santo produzca un reavivamiento, los miembros de la iglesia jamás serán cristianos, no importa lo que profesen. Hay pecadores en Sión que necesitan arrepentirse de los pecados que han acariciado como tesoros preciados. Hasta que los reconozcan y los quiten de sus almas, y que cada defecto y expresión de un carácter sin amor sean transformados en virtud de la influencia del Espíritu, Dios no podrá manifestar su poder. Hay más esperanza para un pecador ostensible, que para los profesos justos que no practican la pureza, la santidad y que no son sin mácula... El Señor nunca ungirá espiritualmente a los hombres y mujeres autosuficientes... ciertamente serán pesados en las balanzas doradas del santuario celestial y serán hallados faltos....

¿Qué clase de testigos en favor de la verdad y la justicia somos nosotros? ¿Estamos luchando con todas las facultades que Dios nos dio para alcanzar la medida de la estatura de hombres y mujeres en Cristo? ¿Estamos procurando su plenitud, conquistando una altura cada vez mayor, en procura de la perfección de su carácter? Cuando los siervos de Dios alcancen este punto, serán sellados en sus frentes. El ángel registrador declarará: "Consumado es". Serán completos en él los que le pertenezcan por creación y por redención.

Debemos ser colaboradores de Dios, o no seremos vencedores y nuestra influencia impía hará que otras almas fracasen. Ninguna alma se pierde sin arrastrar a otras. —*Manuscrito 148, del 8 de Octubre de 1899.*

Capítulo 8—El Mensaje del Tercer Ángel y Apocalipsis 18

Mientras los falsos profetas claman: "Paz y Seguridad" y tratan de apaciguar la conciencia de los pecadores, diciéndoles: "no se alarmen, todo saldrá bien", la voz de los siervos de Dios debe despertar a los que están dormidos, clamando: "vendrá destrucción repentina sobre toda alma que no esté despierta, velando y anticipando la aparición del Señor en las nubes de los cielos". El mensaje del tercer ángel será proclamado con todo poder y la tierra será alumbrada con su gloria... El mensaje de advertencia debe llevarse a cada nación del mundo... Satanás está siempre activo para obstruir el camino. Debemos ser sabios, o él prevalecerá. —*Carta 34, del 12 de Octubre de 1875.*

Corremos el peligro de llegar a ser una hermana de la caída Babilonia, y permitir que nuestras iglesias se corrompan, se llenen de todo espíritu inmundo y alberguen a toda ave inmunda y aborrecible. Le digo la verdad Pastor Butler: a menos que haya una limpieza del templo del alma por parte de aquellos que dicen creer y predicar la verdad, vendrán los juicios de Dios que por mucho tiempo han sido postergados.

Me dirijo a los líderes, príncipes entre el pueblo que recibirán esta epístola: "Limpiaos los que lleváis los vasos del Eterno" (Isaías 52:11). Humillen sus almas ante Dios. Jesús está en el santuario. Estamos en el gran día de la expiación y si el juicio investigador no ha comenzado ya sobre los vivientes, pronto empezará. —*Carta 51, del 6 de Septiembre de 1886.*

Yo indiqué (en la Sesión de la Asociación General de 1888) que, cuando se aproximaran los acontecimientos del fin de la historia de este mundo, habría una luz especial para el pueblo de Dios. Otro ángel vendrá del cielo con un mensaje y toda la tierra será iluminada con su gloria. Para nosotros es imposible determinar cómo se revelará esta luz adicional. Podrá venir de una manera totalmente imprevista, de un modo que no esté de acuerdo con las ideas preconcebidas de muchos. No es del todo inverosímil ni contrario a la manera de obrar de Dios, el mandar luz a su pueblo de forma inesperada ¿sería correcto que cerráramos todas las avenidas? —*Carta 22, del 18 de Enero de 1889.*

Muchos de los que profesan creer la verdad presente, comprenden débilmente las advertencias y súplicas de la Palabra de Dios y el cumplimiento de las profecías en los eventos que ocurren a diario alrededor nuestro. Satanás desea que los hombres sigan durmiendo mientras él trabaja activamente para sembrar las semillas del error. Todos los ojos del universo están pendientes de los acontecimientos que se desarrollan ante nosotros; las escenas finales de la gran controversia, la consumación de la larga lucha entre el bien y el mal y entre el infierno y el cielo. Satanás con su poder obrador de milagros, engañará al mundo impío. Pero Cristo, el sacrificio expiatorio, será un refugio para cada alma que confíe en él. Podemos escondernos en la hendidura de la roca para estar protegidos del poder y las artes del maligno.

Satanás tomará posesión de cada mente que se someta a su control y obrará a través de cada agencia que él pueda asegurar, para impulsar sus planes. Cuanto más grande sea la necesidad de derramar la luz en las tinieblas de este mundo, Satanás realizará los mayores y más variados esfuerzos para interceptar esa luz.

El Señor ha revelado los peligros que nos rodean. A través de la mediación del Espíritu de Profecía, él descorre el velo a los engaños que tomarán cautivo al mundo y le dice a su pueblo: "Este es el camino, andad por él". El libro El Conflicto de los Siglos pone en evidencia los engaños de Satanás; y podemos estar seguros de que el enemigo de la justicia desplegará todo su poder para impedir que el pueblo descubra lo que revelan sus artimañas.

Por medio de su Espíritu, el Señor nos ha dado la instrucción necesaria para este tiempo. Ha revelado el movimiento especial, manifestado en los mensajes de Apocalipsis 14, y su relación con el pasado y el futuro y el trabajo final de Cristo en el cielo y de su pueblo en la tierra. El Señor ha puesto en mí el peso de revelar estas cosas, y las he presentado en el cuarto volumen [El Conflicto de los Siglos de la serie del Espíritu de Profecía]. Todavía siento el compromiso de presentar este mensaje al pueblo. En ese libro hay advertencias para proteger al pueblo de Dios contra los muchos errores que serán promulgados como si fuesen la verdad. Cada familia en nuestro pueblo debería estudiarlo. Las verdades que presenta despertarán la conciencia, y para muchos será una protección contra el engaño. Confirmará su fe en la obra de los mensajes. Todos necesitamos ser amonestados, reprendidos e instruidos por el Espíritu Santo. Necesitamos despertar y escudriñar nuestros corazones a la luz que Dios nos ha dado.

Por años, el pueblo ha necesitado y aún necesita las verdades presentadas en el cuarto volumen. El Señor me ha encomendado que no tarde en dar estas advertencias y yo no fui rebelde a la visión celestial. He hecho todo lo que pude. Otros tendrán que hacer su parte en darle al libro la circulación que debería tener.

Desde el Congreso de la Asociación General de 1888, Satanás ha estado trabajando con un poder especial a través de elementos inconversos, para debilitar la confianza del pueblo de Dios en la voz que les ha estado llamando durante todo estos años. Si lo logra, por medio del uso indebido de las Escrituras, llevará a muchos a abandonar su confianza en la obra realizada por los mensajes. Así él los llevará a la deriva, sin un fundamento sólido para su fe, esperando atraparlos totalmente bajo su poder. Será una bendición para todo el cuerpo si nuestro pueblo presta atención a la obra especial del Espíritu de Dios, relacionada con el surgimiento y progreso de los tres mensajes angélicos. Un reavivamiento de la fe y el interés en los testimonios del Espíritu de Dios, les dará una experiencia saludable en las cosas de Dios.

Dios les ha dado su lugar en la línea de la profecía a los mensajes de Apocalipsis 14, y su obra no cesará hasta que concluya la historia de esta tierra. Los mensajes del primer y segundo ángel aún son la verdad para este tiempo, y deben ser presentados en forma simultánea con el siguiente. El tercer ángel proclama su amonestación en alta voz: "Después de eso", dijo Juan: "vi a otro ángel descender del cielo con gran poder, y la tierra fue iluminada con su gloria" (Apocalipsis 18:1). En este resplandor se combina la luz de los tres mensajes.

En el cuarto volumen, el Señor nos ha revelado la crisis venidera que está casi sobre nosotros. Él nos ha advertido de los peligros que asedian nuestro camino, para que podamos aferrarnos a su fortaleza y ser victoriosos sobre la bestia y su imagen, y finalmente estar en el mar de vidrio para entonar el canto del triunfo eterno. Pero el Señor no intenta que guardemos estas advertencias para nosotros mismos. La luz que él ha dado en el cuarto volumen es para todo el mundo.

Hoy prevalece la iniquidad, no sólo contaminando al mundo como en los días de Noé, sino también a la iglesia. Para contrarrestar su influencia se debe levantar la cruz del Calvario; se debe presentar ante el pueblo el sacrificio expiatorio, para que los hombres puedan ver el pecado en su verdadero carácter odioso y se aferren a la justicia de Cristo, que es la única que puede dominar el pecado y restaurar la imagen moral de Dios en el hombre.

Muchos en la iglesia permiten que las cosas terrenales se interpongan entre el alma y el cielo. Ellos no tienen un concepto claro del carácter de Dios. No perciben su amor incomparable y la fe y el amor mueren en sus corazones. Muchos están desconcertados. No pueden discernir las cosas espirituales, y son incapaces de distinguir la voz del verdadero Pastor de la de un extraño. Cuán importante es que el pueblo estudie el mensaje que Dios le ha dado para no ser arrastrado por los engaños irresistibles del enemigo.

Todo el mundo yace en tinieblas. Las tinieblas cubren la tierra y densa oscuridad cubre las naciones, y el Señor invita a los miembros de la iglesia a que trabajen con él para, si es posible, despertar al mundo del peligro que lo rodea. No podemos hacer esto por nosotros mismos. Nuestra eficacia debe proceder de Cristo. Jesús dice: "Y cuando yo sea levantado de la tierra, atraeré a todos hacia mí" (Juan 12:32). Aquí está el secreto del poder y de la eficacia, porque aunque se utilicen instrumentos humanos en la obra de la salvación, sólo la luz que brilla de la cruz puede atraer los corazones hacia el cielo. Debemos presentar la verdad como está revelada en Jesús. Sólo cuando el Salvador mora en nosotros tendremos la luz y el poder para atraer a otros hacia él. Debemos estar imbuidos con el espíritu de la verdad, el espíritu de Cristo. No hay poder en la humanidad para atraer a la naturaleza humana a Cristo. Somos como el hierro que, a menos que haya sido magnetizado, no puede atraer a otros. Si hemos de tener una influencia santificadora sobre otros, debemos ser santificados por la verdad. Jesús dice: "Tu Palabra es verdad" (Juan 17:17). Sólo por medio del conocimiento santificado de la Palabra de Dios, podremos vencer el poder de las tinieblas y ganar almas para el Maestro.

He sentido el deseo ardiente de exhortar a todos a escudriñar las Escrituras por sí mismos para que sepan cuál es la verdad, y puedan discernir más claramente la compasión y el amor de Dios. No obstante, existe la necesidad de orar cuidadosa y fervorosamente al estudiar la Biblia, para que ninguno caiga en el error por malinterpretar sus enseñanzas.

Hay una gran verdad central que siempre debe tenerse en cuenta en la investigación de las Escrituras: Cristo y él crucificado. Todas las otras verdades reciben influencia y poder de acuerdo a su relación con este tema. Sólo a la luz de la cruz podemos discernir el supremo carácter de la ley de Dios. El alma paralizada por el pecado, sólo puede recibir vida mediante la obra consumada en la cruz por el Autor de nuestra salvación. El amor de Cristo impulsa al hombre a unirse con él en sus labores y sacrificios. La revelación del amor divino aviva en ellos un sentido de responsabilidad, por haber descuidado ser portadores de luz para el mundo, y los inspira con un espíritu misionero. Esta verdad ilumina la mente y santifica el alma. Hará desaparecer la incredulidad e inspirará fe. Es la única verdad que, constantemente, debe mantenerse en la mente de los hombres. Sin embargo, cuán poco se comprende el amor de Dios y el estudio de la Palabra causa una débil impresión.

Cuando vemos a Cristo en su obra de redención como la verdad central del sistema de la verdad, se vierte una nueva luz sobre todos los acontecimientos del pasado y del futuro. Se los ve en una nueva proporción, y poseen un significado nuevo y más profundo. Es así como Dios por su Espíritu Santo ha mostrado estas cosas a su pueblo. Desde esta perspectiva, el cuarto volumen, nos presenta la experiencia pasada de la iglesia y los grandes eventos del futuro. En ese libro Dios ha puesto ante nosotros la verdadera relación que tienen los acontecimientos que ocurrirán en nuestro mundo.

Pero Satanás, constantemente está buscando interceptar cada rayo de luz que Dios envía para preparar al pueblo ante los acontecimientos que les esperan. A aquellos que deben dar la luz al mundo, él les presentará planes que parecerán promulgar la verdad, pero que en realidad impedirán el trabajo. Sin embargo, esos planes, aparentemente loables, son aceptados y así él logra su objetivo. Debido a esto, el cuarto volumen no ha recibido la atención que se merece...

Si es un libro que las personas necesitan, si el Observador divino se ha dignado a descorrer el velo de las escenas de la gran contienda en la que toda alma viviente tendrá que participar ¿no se debiera hacer un gran esfuerzo para hacerlo circular? ¿No se debiera alentar a los colportores a difundirlo? ¿No se debiera estimular a nuestro pueblo a hacer todo lo posible para presentarlo ante el mundo?...

"No luchamos contra carne y sangre, sino contra principados y potestades y huestes espirituales de maldad en las regiones celestes". Siempre que se presente un libro que expone el error, Satanás está al lado de la persona a quien se le ofrece y le sugiere razones por las cuales no debería comprarlo. Pero un instrumento divino trabaja para influir la mente en favor de la luz. Los ángeles ministradores opondrán su poder al de Satanás. Y cuando por la influencia del Espíritu Santo la verdad es recibida en la mente y el corazón, tendrá un poder transformador sobre el carácter.

No es la habilidad del agente u obrero, sino el Espíritu de Dios que obrando en el corazón, da el verdadero éxito.

Muchos de nuestros hermanos no creen que otras publicaciones sean tan efectivas para traer a las almas a un conocimiento de la verdad, como el cuarto volumen.

Hay algunos que aunque están ocupando posiciones de responsabilidad, han tenido poca experiencia en cuanto a la obra del Espíritu Santo. No aprecian la luz de las advertencias, represiones y estímulo dadas a la iglesia en estos últimos días, porque sus corazones y mentes no han estado recibiendo el Espíritu de la gracia divina. Estas personas están dispuestas a esconder el hecho de que, a través del Espíritu de Profecía el Señor le ha estado comunicando a su pueblo el conocimiento de su voluntad en relación con la obra del mensaje del tercer ángel. Piensan que la verdad recibirá más aceptación si no se destaca este hecho. Pero es un mero razonamiento humano. El solo hecho de que esta luz no se origina en la mente de los hombres, dejará una impresión en muchos que creen que los dones del Espíritu se manifestarán en la iglesia en los últimos días. De esta manera, llamará la atención de muchos que se convencerán y se convertirán. Por este medio muchos serán persuadidos de que no podrían haber sido alcanzados de otra forma...

Doy testimonio a las iglesias que el cuarto volumen debería haber tenido una circulación tan amplia, como cualquier otra obra que hemos publicado... Pero parece que nadie siente que debe llevar a cabo una tarea especial en este asunto. Ahora se lo presento a ustedes, mis hermanos, en el nombre del Señor. Creo que muchos de ustedes no conocen su contenido y les pido que lo estudien con cuidado y oración. Entonces comprenderán cuán importantes son mis palabras; verán la necesidad de instar a cada familia para que tenga uno en su hogar y para que también sea presentado al mundo.

Los resultados de la circulación de este libro [El Conflicto de los Siglos], no han de juzgarse por lo que ahora se ve. Leyéndolo, algunas almas serán despertadas y tendrán valor para unirse de inmediato con los que guardan los mandamientos de Dios. Pero un número mucho mayor que lo lea, no tomará su decisión hasta que vea que los mismos acontecimientos que han sido predichos están ocurriendo. El cumplimiento de algunas de las predicciones inspirará fe de que otros también ocurrirán, y cuando la tierra sea alumbrada con la gloria del Señor, en la hora final, muchas almas harán su decisión con respecto a los mandamientos de Dios como resultado de este instrumento. — *Manuscrito 31, de 1890.*

Mientras se esté proclamando este mensaje (de Apocalipsis 18), mientras la verdad esté haciendo su obra de separación, nosotros, como fieles centinelas de Dios, debemos percibir cuál es nuestra verdadera posición. No debemos asociarnos con los mundanos para no ser contagiados de su espíritu, para que nuestro discernimiento espiritual no sea nublado y veamos a los que tienen la verdad y llevan el mensaje del Señor desde la perspectiva de las profesas iglesias cristianas. — *Carta 86a, de Enero, de 1893.*

La proclamación de los mensajes del primero, segundo y tercer ángel, ha sido establecida por la Palabra inspirada. Ni siquiera un ápice ha de removerse de lo que el Señor ha establecido. Ninguna autoridad humana tiene el derecho de cambiar el orden de estos mensajes, como no tiene derecho a sustituir el Nuevo Testamento por el Antiguo... Los mensajes del primer y segundo ángel se dieron en 1843 y 1844, y estamos bajo la proclamación del tercero, pero todavía se deben proclamar los tres mensajes. Es tan esencial que se repitan ahora como lo fue antes... No puede haber un tercer mensaje sin el primero y el segundo. A través de publicaciones y predicaciones debemos presentar estos mensajes al mundo, mostrándoles, en el trayecto de la historia profética, las cosas que han sucedido y que sucederán... "Entonces vi a otro ángel que volaba por el cielo, con el evangelio eterno para predicarlo a los que habitan en la tierra, a toda nación y tribu, lengua y pueblo. Decía a gran voz: „¡Reverenciad a Dios y dadle honra, porque ha llegado la hora de su juicio! Y adorad al que hizo el cielo y la tierra, el mar y las fuentes de las aguas"" (Apocalipsis 14:6-7).

Si se presta atención a este mensaje, inducirá a cada nación, tribu, lengua y pueblo a examinar cuidadosamente la Palabra, y los conducirá a la verdadera luz concerniente al poder que ha cambiado el séptimo día de reposo, por un día de reposo espurio. El único Dios verdadero ha sido olvidado, su ley ha sido descartada y su sábado sagrado ha sido pisoteado en el polvo por el hombre pecador. El cuarto mandamiento, tan claro y explícito, ha sido ignorado. El monumento del sábado, que expresa quién es el Dios viviente, el Creador de los cielos y de la tierra, ha sido derribado y en su lugar se ha dado al mundo un día de reposo falso. Así se ha abierto una brecha en la ley de Dios. Un día de reposo falso no podría constituir una norma verdadera.

En el mensaje del primer ángel se llama a los hombres a adorar a Dios, nuestro Creador, quien hizo el mundo y todas las cosas que hay en él. Han rendido homenaje a una institución del papado e invalidado la ley de Jehová; pero debe haber un aumento de conocimiento con respecto a este asunto.

El mensaje proclamado por el ángel que volaba por en medio del cielo es el Evangelio eterno, el mismo Evangelio que fue declarado en el Edén, cuando Dios le dijo a la serpiente: "Y pondré enemistad entre ti y la mujer, y entre tu simiente y la simiente suya; ésta te herirá en la cabeza, y tú le herirás en el calcañar" (Génesis 3:15). Ésta constituye la primera promesa de un Salvador que saldría al campo de batalla para desafiar el poder de Satanás y prevalecer sobre él. Cristo vino a nuestro mundo para presentar el carácter de Dios tal como está representado en su santa ley, porque su ley es una copia de su carácter. Cristo era tanto la ley como el Evangelio. El ángel que proclama el Evangelio eterno, proclama también la ley de Dios; porque el Evangelio de salvación induce a los hombres a obedecer la ley, mediante la cual sus caracteres son formados a la semejanza divina...

Todos los que investiguen por sí mismos las Escrituras, verán que la ley de Dios permanece inmutable y eterna y que su monumento, el sábado, permanecerá por los siglos sin fin, señalando al único Dios verdadero, a distinción de todos los dioses falsos.

Pero si la ley de Dios ha sido cambiada en una jota o una tilde, Satanás ha logrado en la tierra lo que no pudo realizar en el cielo. Ha preparado su trampa engañosa con la esperanza de tomar cautiva a la iglesia y al mundo. Pero no todos caerán en la trampa. Se está estableciendo una línea de separación entre los hijos de obediencia y los hijos de desobediencia, entre los leales y fieles y los desleales e infieles. Se han formado dos partidos, los que adoran a la bestia y su imagen y los que adoran al Dios vivo.

El mensaje de Apocalipsis 14, que proclama que la hora del juicio ha llegado, es dado en el tiempo del fin; y al ángel de Apocalipsis 10 se lo representa con un pie en el mar y el otro sobre la tierra, para demostrar que el mensaje se llevará a países distantes; se cruzará el océano y las islas del mar escucharán la proclamación del último mensaje de amonestación.

"Y el ángel que vi en pie sobre el mar y sobre la tierra, levantó su mano al cielo. Y juró por el que vive por los siglos de los siglos, que creó el cielo y las cosas que están en él, y la tierra y las cosas que están en ella, y el mar y las cosas que están en él, que el tiempo no sería más" (Apocalipsis 10: 5, 6). Este mensaje anuncia el fin de los períodos proféticos. El chasco de los que esperaban ver al Señor en 1844 fue muy amargo para los que habían aguardado tan ardientemente su aparición. Dios permitió que ocurriera este chasco y que los corazones se manifestaran.

No ha habido ni una sola nube que ha caído sobre la iglesia para la cual Dios no haya hecho provisión; no se ha levantado ni una sola fuerza opositora para contrarrestar la obra de Dios que él no haya previsto. Todo ha ocurrido como lo predijo por medio de sus profetas. No ha dejado a su iglesia en tinieblas y olvidada, sino que ha mostrado mediante declaraciones proféticas lo que ocurriría, y obrando por medio de su providencia en el lugar designado de la historia del mundo, ha dado lugar a aquello que el Espíritu Santo reveló a sus profetas para que lo predijeran. Todos sus propósitos se cumplirán y se afirmarán. Su ley está unida con su trono y los instrumentos satánicos combinados con los instrumentos humanos, no pueden destruirla. La verdad es inspirada y está protegida por Dios; perdurará y tendrá buen éxito, aunque algunas veces aparezca oscurecida. El Evangelio de Cristo es la ley ejemplificada en el carácter. Los engaños practicados contra ella, toda invención destinada a vindicar la falsedad y todo error forjado por los instrumentos satánicos, llegarán a ser desbaratados para siempre, y el triunfo de la verdad será como la apariencia del sol en el mediodía. El Sol de justicia brillará con poder sanador en sus rayos y toda la tierra estará llena de su gloria.

Se ha cumplido todo lo que Dios ha especificado en la historia profética, y se cumplirá todo lo que aún deba cumplirse. Daniel, el profeta de Dios, permanece firme en su lugar. Juan también lo está. En el Apocalipsis, el León de la tribu de Judá ha abierto el libro de Daniel a los estudiosos de la profecía, y así es como Daniel permanece firme en su sitio. Da su testimonio, el cual le fue revelado por Dios, por medio de visiones de los grandes y solemnes acontecimientos que debemos reconocer en este momento, cuando estamos en el mismo umbral de su cumplimiento.

Mediante la historia y la profecía, la Palabra de Dios describe el prolongado conflicto entre la verdad y el error. Ese conflicto sigue en desarrollo. Las cosas que han acontecido volverán a repetirse. Revivirán antiguas controversias. Y continuamente surgirán teorías nuevas. Pero el pueblo de Dios, el que mediante sus creencias y su cumplimiento de la profecía ha desempeñado una parte en la proclamación de los mensajes del primero, del segundo y del tercer ángel, sabe dónde se encuentra. Tiene una experiencia que es más preciosa que el oro refinado. Debe permanecer firme como una roca, aferrándose al comienzo de su confianza hasta el fin.

Un poder transformador acompañó a la proclamación de los mensajes del primer ángel y del segundo, e igualmente acompaña el mensaje del tercer ángel.

Satanás está trabajando para que se repita la historia de la nación judía, en la experiencia de quienes pretenden creer la verdad presente.

Ellos distaban mucho de comprender la misión de Cristo. La esperanza ilusoria en un príncipe temporal, los indujo a pervertir y aplicar mal las Escrituras... Aquellos que deberían haber sido los primeros en dar la bienvenida a Jesús, no lo reconocieron. Él no era lo que sus presuntuosas esperanzas deseaban. Continuaron hasta el fin en el sendero falso en el cual habían entrado. Fue imposible enseñarles, porque debido a su justicia y suficiencia propia, creían que ellos poseían la verdadera luz y que eran los únicos instructores seguros para el pueblo.

Ese mismo Satanás trabaja actualmente para debilitar la fe del pueblo de Dios... Estos mensajes, cuando se los recibe y se obra de acuerdo con ellos, llevan a cabo su obra de preparar a un pueblo que permanezca en pie en el gran día de Dios. Si investigamos las Escrituras para confirmar la verdad que Dios ha dado a sus siervos para el mundo, llegaremos a proclamar los mensajes del primero, del segundo y del tercer ángel.

La obra que debe realizarse ahora, consiste en proclamar el mensaje final de misericordia a un mundo caído. Una nueva vida está viniendo del cielo y posesionándose de todo el pueblo de Dios. Pero en la iglesia ocurrirán divisiones. Se formarán dos grupos. El trigo y la cizaña crecerán juntos hasta el momento de la cosecha.

La obra se intensificará y se tornará más activa hasta el mismo fin del tiempo. Y todos los que trabajan junto con Dios contenderán fervorosamente por la fe que una vez fue dada a los santos. No se apartarán del mensaje para este tiempo, que ya está iluminando la tierra con su gloria. Fuera de la gloria de Dios, no vale la pena luchar por ninguna otra cosa. La única roca que permanecerá es la Roca de la Eternidad. La verdad enseñada por

Jesús constituye el único refugio en estos días en que predomina el error.

Dios ha advertido a su pueblo de los peligros que lo acechan. Juan contempla las cosas que sucederán en los últimos días y ve a un pueblo que actúa contra la obra de Dios. (Lea Apocalipsis 12:17; 14:10-12; y capítulos 13 y 17). Juan ve una compañía que había estado engañando y dice: "Y vi salir de la boca del dragón, de la boca de la bestia, y de la boca del falso profeta, tres espíritus impuros como ranas, que son espíritus de demonios, que hacen señales, y van a los reyes de todo el mundo, para reunirlos a la batalla de aquel gran día del Dios Todopoderoso. „Mirad que yo vengo como ladrón. ¡Dichoso el que vela y guarda su ropa, para que no ande desnudo y vean su vergüenza!"" (Apocalipsis 16:13-15).

La luz de Dios se ha apartado de aquellos que han rechazado la verdad, porque hicieron caso omiso a los mensajes del verdadero Testigo: "Por lo tanto, te aconsejo que compres de mí: oro afinado en fuego, para que seas rico, vestidos blancos para cubrir la vergüenza de tu desnudez; y colirio para ungir tus ojos y puedas ver" (Apocalipsis 3:18). Ese mensaje hará su obra y un pueblo estará preparado para estar sin mancha delante de Dios.

Juan contempló esta compañía y dijo: "¡Gocémonos, alegrémonos y démosle gloria porque han llegado las bodas del Cordero, y su novia se ha preparado! Y le fue dado que se vista de lino fino, limpio y resplandeciente, porque el lino fino representa las obras justas de los santos" (Apocalipsis 19:7-8).

La profecía se ha estado cumpliendo puntualmente. Cuanto más nos afirmemos bajo el estandarte del mensaje del tercer ángel, tanto más claramente comprenderemos la profecía de Daniel; porque el Apocalipsis constituye el suplemento de Daniel. Cuanto más plenamente aceptemos la luz presentada por el Espíritu Santo, a través de los siervos consagrados de Dios, tanto más profundas y seguras (así como el trono eterno) parecerán las verdades de las profecías antiguas; tendremos la seguridad de que los hombres de Dios hablaron inspirados por el Espíritu Santo. Los hombres deben estar sometidos a la influencia del Espíritu Santo, a fin de comprender las declaraciones que el Espíritu realizó mediante los profetas. Estos mensajes fueron dados, no para los que formulaban las profecías, sino para los que vivimos en medio de los acontecimientos que constituyen su cumplimiento...

El Evangelio eterno debe ser proclamado por los instrumentos humanos. Debemos hacer resonar los mensajes de los ángeles a quienes se presenta volando por en medio del cielo y llevando las últimas amonestaciones para un mundo caído. Si no se nos llama a profetizar, se nos invita a creer en las profecías y a colaborar con Dios en la tarea de llevar la luz a otras mentes. Estamos procurando cumplir con esto...

Continuamente se esgrimirán teorías para apartar la mente y desarraigar la fe. Los que participaron en el desarrollo de las profecías han llegado a ser lo que son actualmente, adventistas del séptimo día, mediante esas profecías. Deben permanecer firmes, con sus lomos ceñidos con la verdad, y revestidos con toda la armadura... "¡Aquí está la paciencia de los santos, los que guardan los Mandamientos de Dios y la fe de Jesús!" (Apocalipsis 14: 12). Aquí estamos, bajo el mensaje del tercer ángel. "Después de eso vi a otro ángel descender del cielo con gran poder, y la tierra fue iluminada con su gloria. Y clamó con potente voz: „¡Ha caído, ha caído la gran Babilonia! Y se ha vuelto habitación de demonios, guarida de todo espíritu impuro, y albergue de toda ave sucia y aborrecible. Porque todas las naciones han bebido del vino del furor de su fornicación. Los reyes de la tierra han fornicado con ella, y los mercaderes de la tierra se han enriquecido con su excesiva lujuria". Y oí otra voz del cielo que decía: „¡Salid de ella, pueblo mío, para que no participéis de sus pecados, y no recibáis de sus plagas! Porque sus pecados se han amontonado hasta el cielo, y Dios se acordó de sus maldades"" (Apocalipsis 18: 1-5).

La esencia del mensaje del segundo ángel vuelve a darse al mundo por medio del otro ángel que ilumina la tierra con su gloria. Estos mensajes se mezclan en uno solo para ser presentados a la gente en los días finales de la historia terrenal. Todo el mundo será probado, y todos los que han estado en las tinieblas del error en lo que respecta al sábado del cuarto mandamiento, comprenderán el último mensaje de misericordia que ha de darse a los hombres... La gran preocupación de cada alma debería ser: ¿Ha sido renovado mi corazón? ¿Ha sido transformada mi alma? ¿Han sido perdonados mis pecados mediante la fe en Cristo? ¿He renacido? ¿Estoy cumpliendo con esta invitación: "Venid a mí todos los que estáis fatigados y cargados, y yo os haré descansar?" (Mateo 11:28)... ¿Consideran ustedes todas las cosas como pérdida en comparación con la excelencia del conocimiento de Jesucristo? ¿Y considera usted que es su deber creer cada palabra que procede de la boca de Dios? —*Manuscrito 32, de 1896.*

Los hombres están tomando partido según su elección. Los que se están alimentando de la Palabra de Dios lo demostrarán en su vida práctica. Ellos están en el lado del Señor, procurando reformar el mundo por precepto y ejemplo. Todos los que se han negado a ser enseñados por Dios, apoyarán las tradiciones de los hombres. Finalmente estarán en el bando del enemigo denominado: "el anticristo", luchando contra Dios.

Los del pueblo de Dios que comprenden nuestra posición en la historia de este mundo, están con los oídos abiertos y corazones receptivos y dóciles, unidos en un todo con Jesucristo. Aquellos, que no practican las enseñanzas de Cristo y que tratan de abastecerse y reformarse a sí mismos, encuentran en el anticristo su centro de unión. Mientras los dos grupos permanezcan en pugna, el Señor aparecerá y resplandecerá gloriosamente ante sus ancianos. Él establecerá un reino que durará para siempre... Ha llegado el tiempo donde en un momento estaremos en terreno sólido y en el siguiente la tierra se estará agitando bajo nuestros pies. Cuando menos lo esperemos habrá terremotos. —*Carta 73, del 12 de Octubre de 1896.*

Toda la tierra será alumbrada con la gloria del Señor. Los de corazón puro verán a Dios. Los que sigan al Cordero, dondequiera que vaya, recibirán el poder de ese ángel que bajó del cielo "teniendo gran poder". Se debe repetir el primer mensaje que proclama el segundo advenimiento de Cristo a nuestro mundo y el mensaje del segundo ángel también: "¡Ha caído, ha caído la gran Babilonia! Y se ha vuelto habitación de demonios, guarida de todo espíritu impuro, y albergue de toda ave sucia y aborrecible. Porque todas las naciones han bebido del vino del furor de su fornicación. Los reyes de la tierra han fornicado con ella, y los mercaderes de la tierra se han enriquecido con su excesiva lujuria" (Apocalipsis 18:2, 3). —*Manuscrito 91, del 17 de Julio de 1898.*

Esta profecía se cumplirá, y la tierra sabrá que los cielos gobiernan. Cristo viene con poder y gran gloria. Lo hace con su propia gloria y la del Padre. Y a su paso lo asistirán los santos ángeles. Mientras todo el mundo esté sumido en las tinieblas, habrá luz en cada morada de los santos. Captarán el primer resplandor de su segunda aparición.

Qué grandioso será el día cuando brille la luz inmaculada de su esplendor y Cristo, el Redentor, sea admirado por todos los que lo recibieron. Todos los que le han servido percibirán los refulgentes rayos del brillo y la gloria del Rey en su majestad. En aquel día los que hayan sido contados entre los despreciables serán verdaderamente ensalzados. —*Manuscrito 91, del 17 de Julio de 1898.*

(Mateo 25:1-13 citado). En la proclamación de los mensajes del primero y segundo ángel, nuestro mundo ha recibido un mensaje especial. (Apocalipsis 14:6-8 citado). Con esos mensajes se presentó el clamor de medianoche y los que creyeron en ellos fueron obligados a salir de las iglesias, porque predicaban sobre la segunda venida de Cristo en las nubes de los cielos. El mundo entero tuvo que oír ese mensaje: "¡He aquí, el esposo viene, salid a recibirle!" He aquí la parábola de las diez vírgenes.

Cuando las diez vírgenes salieron al encuentro del esposo, sus lámparas estaban aderezadas y encendidas. Cinco de estas vírgenes eran sabias. Anticiparon un posible retraso y llenaron sus vasijas con aceite para estar preparadas para cualquier emergencia. De estas vasijas ponían aceite en sus lámparas para que no se apagaran. Pero cinco de ellas no hicieron previsión. No dispusieron para un caso de chasco o demora.

Cuando se hace el segundo llamado, las diez vírgenes todavía están esperando al esposo. Transcurre una hora tras otra y todas están esperando con ansiedad la aparición del esposo. Pero se produce una demora y las que están esperando se cansan y se duermen. Pero a la medianoche, cuando las tinieblas son más densas, cuando más necesitan sus lámparas, se oye el clamor: "He aquí, el esposo viene". Se despiertan. Todas se ponen en movimiento. Ven que la procesión avanza, iluminada por las antorchas y alborozada por la música. Oyen la voz del esposo y de la esposa. Las cinco vírgenes prudentes llenan sus lámparas con el aceite de las vasijas y éstas comienzan a brillar.

"Pero cinco de ellas eran fatuas". No habían hecho provisión para llenar sus vasijas de aceite y cuando se levantaron, vieron que se les apagaba la luz. Sus vasijas estaban vacías.

Su primer pensamiento fue pedir prestado aceite a sus compañeras y dirigiéndose a las vírgenes prudentes les dijeron: "Dadnos de vuestro aceite; porque nuestras lámparas se apagan". Pero ellas respondieron: "Porque no nos falte a nosotras y a vosotras, id antes a los que venden, y comprad para vosotras". Mientras iban a comprar, la procesión avanzó y las dejó atrás. Las cinco que tenían sus lámparas encendidas se unieron a la muchedumbre, entraron en la casa con el séquito nupcial y la puerta se cerró. Cuando las vírgenes fatuas llegaron al salón del banquete, recibieron un rechazo inesperado. Fueron dejadas afuera, en la calle desierta, en las tinieblas de la noche y la puerta se cerró.

Todo el mundo cristiano está representado en esta parábola. La novia constituye la iglesia que está esperando la segunda venida de nuestro Señor y Salvador Jesucristo. Algunos que tienen una fe nominal no están preparados para su venida. El aceite de la gracia no ha alimentado sus lámparas, ni están preparados para entrar en la cena de bodas del Cordero... Esta representación debería impulsarnos a estudiar con más fervor, para descubrir cuál debe ser nuestra preparación para estos últimos días, de manera que podamos entrar y participar de la cena de las bodas del Cordero. Debemos aceptar el último mensaje de misericordia que se da a un mundo caído: "¡Dichosos los que guardan sus Mandamientos, para que tengan derecho al árbol de la vida, y entren por las puertas en la ciudad!" (Apocalipsis 22:14).

El esposo se tarda en venir, para que todos podamos tener la oportunidad de escuchar el último mensaje de misericordia dado a un mundo caído. Los mensajes del primer ángel y del segundo, están ligados con el mensaje del tercer ángel. El poder de la proclamación del mensaje del primer ángel y del segundo, se concentra en la del tercero: "Y el tercer ángel los siguió, diciendo a gran voz: „Si alguno adora a la bestia y a su imagen, y recibe la marca en su frente o en su mano, él también beberá del vino de la ira de Dios, que ha sido vaciado puro en el cáliz de su ira; y será atormentado con fuego y azufre delante de los santos ángeles y del Cordero"".

Juan vio estas cosas en visión. Vio la compañía simbolizada por las cinco vírgenes prudentes, con sus lámparas aderezadas y encendidas, y exclamó con ímpetu: "¡Aquí está la paciencia de los santos, los que guardan los Mandamientos de Dios y la fe de Jesús! Y oí una voz del cielo que dijo: „Escribe: ¡Dichosos los que de aquí en adelante mueren en el Señor! Cierto, dice el Espíritu, descansarán de sus fatigas, porque sus obras los acompañan"" (Apocalipsis 14: 12, 13).

Muchos de los que oyeron los mensajes del primero y segundo ángel pensaron que vivirían para ver a Cristo venir en las nubes de los cielos. Si todos los que decían creer la verdad, hubieran hecho su parte como las vírgenes prudentes, el mensaje habría sido proclamado a toda nación, tribu, lengua y pueblo. Pero cinco fueron sabias y cinco fatuas. La verdad debía ser proclamada por las diez vírgenes, pero sólo cinco hicieron la preparación esencial para unirse a esa compañía que andaba en la luz que había recibido. Muchos de los que al oír los mensajes del primer y segundo ángel fueron a encontrarse con el esposo, rechazaron el mensaje del tercer ángel, el último mensaje de prueba que debe ser dado al mundo.

Una obra similar se llevará a cabo cuando el otro ángel, representado en Apocalipsis 18, proclame su mensaje. Se deben repetir los mensajes del primer, segundo y tercer ángel. La iglesia recibirá el llamado: "Salid de ella, pueblo mío, para que no participéis de sus pecados". "Y clamó con potente voz: „¡Ha caído, ha caído la gran Babilonia! Y se ha vuelto habitación de demonios, guarida de todo espíritu impuro, y albergue de toda ave sucia y aborrecible. Porque todas las naciones han bebido del vino del furor de su fornicación. Los reyes de la tierra han fornicado con ella, y los mercaderes de la tierra se han enriquecido con su excesiva lujuria". Y oí otra voz del cielo que decía: „¡Salid de ella, pueblo mío, para que no participéis de sus pecados, y no recibáis de sus plagas! Porque sus pecados se han amontonado hasta el cielo, y Dios se acordó de sus maldades"" (Apocalipsis 18:2-5).

Lea cuidadosamente cada versículo de este capítulo, y sobre todo los dos últimos: "Ni luz de antorcha alumbrará más en ti; ni voz de novio o novia se oirá más en ti. Tus mercaderes eran los magnates de la tierra, y tus hechicerías extraviaron a todas las naciones. Y en ella fue hallada la sangre de los profetas, de los santos, y de todos los que han sido sacrificados en la tierra" (Versículos 23-24).

Cristo mismo enseñó la parábola de las diez vírgenes, y es nuestro deber estudiar cuidadosamente todos sus detalles. Vendrá el tiempo en que la puerta se cerrará. Somos representados por las vírgenes prudentes o por las fatuas... Hay quienes acatan la verdad envilecida, y que por fuera aparentan ser prudentes.

Cristo dijo: "Toda planta que no plantó mi Padre celestial, será desarraigada... Pero lo que sale de la boca, viene del corazón, y eso contamina al hombre. Porque del corazón salen los malos pensamientos, los homicidios, los adulterios, las fornicaciones, los robos, los falsos testimonios y las calumnias. Esto contamina al hombre, pero comer con las manos sin lavar no contamina al hombre" (Mateo 15:13, 18-20).

(Mateo 7:15-23 citado). Ésta es la prueba. Aquellos que pertenezcan al grupo de las vírgenes prudentes, por medio de sus buenas obras, permitirán que su luz brille. Hay muchos que no permanecerán a los pies de Jesús para aprender de él. No conocen su voluntad. Que nadie piense que el bautismo lo salva, mientras no da ninguna evidencia de haberse conformado a la imagen de Cristo, mientras permanece aferrado a sus viejas costumbres, mientras ejerce su influencia en el mundo y entreteje su tela con hilos de ideas y costumbres mundanas. Éstos no han guardado en sus vasijas el aceite para sus lámparas. No están listos para recibir al esposo. El aceite es la bendita gracia enviada del cielo, y el interior debe estar adornado con esa gracia para estar en pie cuando él aparezca. La parábola de los talentos representa al reino de los cielos y muestra la necesidad de usar fielmente los dones que Dios nos ha confiado. Es de suma importancia que comprendamos estas parábolas y sepamos cómo se relacionan con nosotros en forma personal. Se representa a las diez vírgenes velando en la noche de la historia de este mundo. Ellas representan la iglesia de los que profesan ser cristianos. Esta lección nos debe hacer reflexionar sobriamente y llevarnos a escudriñar la Biblia, la Palabra del Dios viviente. Debería impulsarnos a suplicar fervientemente para que Dios nos guíe a toda verdad.

Cristo dijo: "En fin, todo el que oye estas palabras, y las practica, será como el hombre prudente, que edificó su casa sobre la roca. Y descendió lluvia, vinieron torrentes, y soplaron vientos, y dieron contra aquella casa. Y no cayó porque estaba fundada sobre la roca. Pero el que oye estas palabras, y no las practica, es como el hombre insensato que edificó su casa sobre la arena. Y descendió lluvia, vinieron torrentes, y soplaron vientos, y dieron con ímpetu contra esa casa. Y cayó, y fue grande su ruina" (Mateo 7:24-27)... Los devotos superficiales pueden llamarse cristianos, pero no cumplen las condiciones establecidas en la Palabra de Dios. Sus caracteres no se adaptan a la Palabra de Dios ni al ejemplo que él nos ha dado. Todos son oidores de la palabra. Comentan sobre lo que escuchan, pero algunos, mientras aprueban el mensaje enviado por Dios, no tienen la fe que los capacitará para asimilar la Palabra de Dios en sus corazones. Dios sabe muy bien que si el yo no muere, será un poder controlador en el alma. Cuando el poder transformador de Dios obre en los corazones de los hombres, entonces ellos serán representados por las vírgenes prudentes...

Las cinco vírgenes prudentes representan a los que han perfeccionado un carácter cristiano, los que han emblanquecido sus túnicas en la sangre del Cordero. El mensaje de Dios para su pueblo es: (Apocalipsis 3:3-5 citado). Se ha pagado un rescate infinito por la redención del hombre, y nadie que sea falso, impuro o injusto podrá entrar en el reino de los cielos. Si los hombres no hacen de Cristo su Salvador personal y llegan a ser fieles, puros y santos, al Señor le queda una sola alternativa. Él debe destruir al pecador, porque la naturaleza pecaminosa no puede heredar el reino de Dios. Así que el pecado no destruido destruirá al pecador, así como Satanás mismo lo ha planeado.

Cuando Dios creó al hombre, él era perfecto y reflejaba la imagen moral de Dios. Tenía libertad de elegir entre lo bueno y lo malo. Si decidía escoger el mal, obtendría el mal. Y el hombre abusó de la gran prerrogativa de su naturaleza. Cristo dio su vida para que todos pudieran ser como las vírgenes prudentes; partícipes de la naturaleza divina, íntegros en Jesucristo y perfectos, sin mancha e intachables. Por medio de Jesucristo, la naturaleza humana fue colocada en terreno ventajoso ante el mundo y ante todo el universo celestial...

Cristo hizo posible que el hombre desarrollara un elevado valor moral con Dios. Al resistir el mal subyugando el mal genio, el egoísmo y el orgullo, él puede lograr la justicia de Cristo. El hombre debe llegar a ser uno con Cristo en Dios. El pecado es degradante y no hay lugar para él en el cielo. Es nuestro privilegio ejercitar el dominio propio o de lo contrario revelamos que el pecado todavía reina en nuestros cuerpos mortales. "Que se refugien en mí, y hagan conmigo paz. Sí, hagan paz conmigo" (Isaías 27:5).

Las diez vírgenes dicen ser cristianas, pero cinco son verdaderas y cinco son falsas. Todas tienen un nombre, un llamado, una lámpara y todas pretenden servir a Dios. Todas aparentemente esperan su venida. Al comienzo todas parecían estar preparadas, pero cinco no lo estaban. A cinco las tomó desprevenidas, consternadas, sin aceite y fuera del banquete nupcial, y la puerta se cerró. Hay muchos que exclaman paz, cuando no hay paz. Es muy peligroso para el alma humana acariciar esta creencia. Cristo invita a todos los que llevan su nombre y afirman ser sus seguidores a comer su carne y beber su sangre, o de lo contrario no podrán tener parte con él. No seamos como las vírgenes fatuas que dan por sentado que las promesas de Dios les pertenecen a ellas, mientras no viven de acuerdo al mandato de Cristo. Cristo nos enseña que la profesión no significa nada... Que nadie presuma que está a salvo...

"¡Jerusalén, Jerusalén", dijo Cristo "que matas a los profetas, y apedreas a los que son enviados a ti! ¡Cuántas veces quise juntar a tus hijos, como la gallina junta sus pollos bajo sus alas! Y no quisiste" (Mateo 23:37).

En esta endecha sobre Jerusalén, se asegura la protección para todos los que vengan a Cristo. Él los aceptará: pobres, indefensos, dependientes y los protegerá, así como la gallina junta a sus polluelos debajo de sus alas.

¡Que imagen tan conmovedora! Nos da una idea del cuidado vigilante de Cristo hacia todos los que confían en él. Cristo anhelaba juntar a Israel bajo sus alas conciliadoras... Pero Cristo no pudo hacer por Israel todo lo que realmente hubiese querido hacer, porque ellos no respondieron a sus invitaciones. Él dijo: "No quisisteis". Eran obstinados y caprichosos. Sus últimas palabras a una nación impenitente fueron: "Vuestra casa os queda desierta. Porque os digo que no me veréis más, hasta que digáis: „¡Bendito el que viene en el Nombre del Señor!‟" (Mateo 23:38, 39). —*Manuscrito 92a, de 1898.*

A menos que aquellos que pueden ayudar sean despertados a su sentido del deber, no reconocerán la obra de Dios cuando se oiga el fuerte clamor del tercer ángel. Cuando brille la luz para iluminar la tierra, en lugar de acudir en ayuda del Señor, ellos querrán detener su obra para que ésta se conforme a sus propias ideas estrechas. El Señor actuará en esta obra final mucho más fuera del orden común de las cosas, y de una manera que será contraria a todos los planes humanos. Habrá entre nosotros personas que siempre querrán controlar la obra de Dios y dictar hasta los movimientos que deban hacerse, cuando la obra progrese bajo la dirección del ángel que se une al tercer mensaje que ha de ser dado al mundo. Dios utilizará formas y medios por los cuales se verá que él está tomando las riendas en sus propias manos. Los obreros se sorprenderán por los medios sencillos que él utilizará para realizar y perfeccionar su obra de justicia. —*Manuscrito 121b, del 1 de Octubre de 1898.*

En la proclamación del mensaje del tercer ángel debe destacarse en forma más prominente la reforma pro-salud... El plan del Señor es que la influencia restauradora de la reforma pro-salud forme parte del último gran esfuerzo para proclamar el mensaje del evangelio. Nuestros médicos deben ser siervos de Dios. Deben ser hombres cuya influencia haya sido santificada y transformada por la gracia de Cristo. Su influencia debe ser entretejida con la verdad que debe ser proclamada al mundo. En perfecta y completa unidad con el ministerio del evangelio, la obra de la reforma pro-salud revelará el poder de Dios. Bajo la influencia del evangelio y a través de la obra médico-misionera se harán grandes reformas...

El mensaje en cuanto a la caída de Babilonia debe ser dado. El pueblo de Dios debe entender lo que se refiere al ángel que iluminará a todo el mundo con su gloria, mientras clama poderosamente a gran voz: "Ha caído, ha caído la gran Babilonia" (Apocalipsis 18:2). Los solemnes acontecimientos que ahora están sucediendo pertenecen a una serie de sucesos de la cadena de la historia, de los cuales el primer eslabón está conectado con el Edén. Que el pueblo de Dios se prepare para lo que está sobreviniendo a la tierra. El mundo está cautivo por el despilfarro en el uso de los recursos, el egoísmo y las herejías. Los instrumentos satánicos han estado en acción durante siglos. ¿Se rendirán ahora sin luchar?

En nuestro mundo hay sólo dos bandos: los que son leales a Dios y los que están bajo la bandera del príncipe de las tinieblas. Satanás y sus ángeles descenderán con poder y señales y falsos prodigios para engañar a los que moran en la tierra y, de ser posible, a los mismos escogidos. La crisis está muy cerca de nosotros. ¿Deben paralizarse las energías de los que tienen un conocimiento de la verdad? ¿Es tan abarcante la influencia de los poderes del engaño, que supera la influencia de la verdad?...

Pronto se peleará la batalla del Armagedón. Aquel sobre cuya vestidura está escrito el nombre "Rey de reyes y Señor de señores", conduce a las huestes celestiales montadas en caballos blancos, vestidos de lino fino, limpio y blanco. Juan escribe: "Entonces vi el cielo abierto y un caballo blanco, y su jinete se llama Fiel y Verdadero, que juzga y pelea con justicia. Sus ojos eran como llama de fuego, y había en su cabeza muchas diademas. Tenía un nombre escrito que ninguno conocía sino él mismo. Vestía una ropa empapada en sangre, y su Nombre es: „El Verbo de Dios". Los ejércitos celestiales, vestidos de lino finísimo, blanco y limpio, lo seguían en caballos blancos. De su boca salía una espada aguda, para herir con ella a las naciones. Él las regirá con vara de hierro, y pisará el lagar del vino del furor de la ira del Dios Todopoderoso. En su vestido y en su muslo tiene escrito este Nombre: „Rey de reyes y Señor de señores".

Y vi un ángel en pie en el sol, que clamó a gran voz, a todas las aves que volaban por el cielo: „Venid, congregaos a la gran cena de Dios, para que comáis carne de reyes, de capitanes y de poderosos; carne de caballos y jinetes; y carne de todos, libres y siervos, pequeños y grandes".

Y vi a la bestia, y a los reyes de la tierra con sus ejércitos, reunidos para combatir al que montaba el caballo y a su ejército. Y la bestia fue apresada, y con ella el falso profeta que había hecho las señales ante ella. Con esas señales había engañado a los que recibieron la marca de la bestia y adoraron su imagen. Los dos fueron lanzados vivos en el lago de fuego que arde con azufre. Y los demás fueron muertos con la espada que salía de la boca del que estaba sentado sobre el caballo" (Apocalipsis 19:11-21). —*Manuscrito 172, de 1899.*

Los agentes de Satanás no han escatimado la sangre de los santos. Los verdaderos seguidores de Cristo son amables, compasivos y sensibles. Comprenderán el significado de la obra del ángel de Apocalipsis 18 que debe alumbrar la tierra con su gloria, mientras clama con una potente voz: "¡Ha caído, ha caído la gran Babilonia!" (Apocalipsis 18:2). Muchos escucharán su llamado.

Necesitamos estudiar el derramamiento de la séptima copa (Apocalipsis 16: 17-21). Los poderes del mal no abandonarán el conflicto sin luchar; pero la Providencia tiene una parte que desempeñar en la batalla del Armagedón. Cuando la tierra esté alumbrada con la gloria del ángel de Apocalipsis 18, los elementos religiosos, buenos y malos, despertarán del sueño y los ejércitos del Dios viviente irán a la batalla. —*Manuscrito 175, de 1899.*

El mensaje del tercer ángel debe ser dado al mundo en forma directa y clara. Algunos han pensado que es mejor preparar el camino lentamente, para presentar el tema del sábado.

El mensaje de la verdad del sábado debe ser proclamado a voz en cuello, como lo dice el capítulo 58 de Isaías. Y en Apocalipsis 14 leemos: "Y el tercer ángel los siguió diciendo a gran voz: „Si alguno adora a la bestia y a su imagen, y recibe su marca en su frente o en su mano, éste también beberá del vino de la ira de Dios, vaciado puro en la copa de su ira. Y será atormentado con fuego y azufre ante los santos ángeles y ante el Cordero"" (versículos 9, 10). Este mensaje abarca los dos mensajes anteriores. Se lo presenta en alta voz, es decir, con el poder del Espíritu Santo. La impresión causada por este mensaje será en proporción al fervor con que se lo proclame.

Contemplando al pueblo fiel de Dios Juan exclama: "¡Aquí está la paciencia de los santos, los que guardan los Mandamientos de Dios y la fe de Jesús!" (Apocalipsis 14:12). Se representa a Babilonia sosteniendo una copa de vino en su mano, de la cual da a beber a todas las naciones. Al separarse de Dios y pisotear sus mandamientos, las naciones cometen fornicación espiritual. Es un tiempo de duras pruebas para los santos que rehusan recibir la marca de la bestia y su imagen. Pero, a través de todo, los santos demuestran su paciencia. Continúan firmes en la fe, aun a costa de sus propias vidas.

Sabemos que ahora todo está en peligro. En este momento, el mensaje del tercer ángel es de suma importancia. Es una cuestión de vida o muerte.

Apocalipsis 18, revela la importancia de presentar la verdad sin subterfugios, pero con intrepidez y poder. No se debe diluir la verdad ni silenciar el mensaje para este tiempo. Satanás ha ideado un plan por medio del cual impedirá la proclamación del mensaje del tercer ángel. Debemos ser conscientes en cuanto a sus planes y métodos. El mensaje del tercer ángel debe ser fortalecido y reafirmado.

Juan escribe en Apocalipsis 18:1-5 (ya citado) que este llamado es semejante al del primer y segundo ángel. Con el mensaje del tercer ángel nuevamente se repite el llamado: "salid de ella, pueblo mío".

Satanás mezclará tanto sus engaños con la verdad, que asuntos sin importancia desviarán la atención de la gente del tema principal que es la prueba que tendrá que afrontar el pueblo de Dios en estos últimos días. Por medio de la luz que Dios me ha dado, sé que se está dejando a un lado el mensaje del evangelio para este tiempo... y que nunca se podrá completar la obra de preparar al pueblo para permanecer firme en medio de los peligros de los últimos días...

Informe al pueblo que el Señor vendrá para hacer juicio, y que ni gobernantes ni reyes, ni riqueza ni ascendiente, podrán contrarrestar o evitar los juicios que pronto caerán. En muchos lugares estos juicios ya están cayendo, sin embargo, por su actitud mundana los miembros de la iglesia dicen abiertamente: "no queremos reproches, no queremos advertencias, no queremos escuchar".

Hay sólo dos grupos en la tierra: aquellos que están de pie bajo el estandarte ensangrentado de Jesucristo y aquellos que están de pie bajo el negro estandarte de la rebelión. Aquellos que están de pie bajo el estandarte de Cristo llevan la señal de obediencia mencionada en Éxodo 31:12-18. Por favor lea estos versículos cuidadosamente.

En Apocalipsis 12 se representa el último gran conflicto entre los que obedecen y los desobedientes. "Entonces el dragón se airó contra la mujer, y fue a combatir al resto de sus hijos, los que guardan los Mandamientos de Dios y tienen el testimonio de Jesús" (Apocalipsis 12:17).

"Después vi otra bestia que subía de la tierra. Tenía dos cuernos semejantes a los de un cordero, pero hablaba como un dragón. Ejercía toda la autoridad de la primera bestia en presencia de ella. Y hacía que la tierra y sus habitantes adorasen a la primera bestia, cuya herida mortal fue sanada.

"Realizaba grandes señales, hasta hacía descender fuego del cielo a la tierra ante los hombres. Con las señales que se le permitió realizar en presencia de la primera bestia, engaña a los habitantes de la tierra, y les manda que hagan una imagen de la bestia que tuvo la herida de espada y vivió. Se le permitió infundir aliento a la imagen de la primera bestia, para que la imagen pudiera hablar y dar muerte a todo el que no adore a la imagen de la bestia. Y ordenaba que a todos, pequeños y grandes, ricos y pobres, libres y siervos, se les ponga una marca en la mano derecha o en la frente. Y que ninguno pueda comprar ni vender, sino el que tenga la marca o el nombre de la bestia, o el número de su nombre" (Apocalipsis 13:11-17).

Satanás obrará milagros para engañar a los moradores de la tierra. El espiritismo hará su obra personificando a los muertos. Los organismos religiosos que se nieguen a oír el mensaje de advertencia de Dios, serán terriblemente engañados y se unirán con el poder civil para perseguir a los justos. Las iglesias protestantes se unirán con el poder papal para perseguir al pueblo que guarda los mandamientos de Dios. Éste es el poder que constituye el gran sistema de persecución que ejercerá tiranía espiritual sobre la conciencia de los hombres.

"Tenía dos cuernos semejantes a los de un cordero, pero hablaba como dragón" (Apocalipsis 13: 11). Aunque profesan ser seguidores del Cordero de Dios, los hombres se llenan del espíritu del dragón. Profesan ser mansos y humildes pero hablan y legislan con el espíritu de Satanás, con sus actos demuestran que son todo lo contrario de lo que afirman ser. Este poder semejante a un cordero se une con el dragón para hacer guerra contra los que guardan los mandamientos de Dios y tienen el testimonio de Jesucristo. Y Satanás se une con los protestantes y los papistas, obrando en armonía con ellos como príncipe de este mundo, e imponiéndose a los hombres como si ellos fueran súbditos de su reino y él estuviera facultado para manejarlos, gobernarlos y controlarlos a su antojo.

Si los hombres se oponen a pisotear los mandamientos de Dios, entonces se revela el espíritu del dragón. Se los encarcela, se los lleva ante los tribunales y se les imponen multas. "Hacía que a todos, pequeños y grandes, ricos y pobres, libres y esclavos, se les pusiese una marca en la mano derecha, o en la frente". "Y se le permitió infundir aliento a la imagen de la bestia, para que la imagen hablase e hiciese matar a todo el que no la adorase". Así usurpa Satanás las prerrogativas de Jehová. El hombre de pecado se instala en el sitial de Dios, proclamándose Dios y obrando por sobre Dios.

Existe un marcado contraste entre los que tienen el sello de Dios y los que adoran a la bestia y a su imagen. Los fieles siervos del Señor, tendrán que soportar la más encarnizada persecución por parte de falsos maestros que no prestarán atención a la Palabra de Dios y pondrán piedras de tropiezo en el camino de los que deseen oírla. Pero el pueblo de Dios no debe temer. Satanás no podrá transponer su límite. El Señor será el amparo de su pueblo. Considera el daño hecho a sus siervos por causa de la verdad, como inferido a él mismo. Cuando se haya tomado la última decisión, cuando todos se hayan puesto de parte de Cristo y sus mandamientos o de parte del gran Apóstata, Dios se levantará en su poder y los labios de quienes han blasfemado contra él serán acallados para siempre. "Todo poder opositor recibirá su castigo" (Jeremías 25:30-33 citado)... Ahora es el momento de proclamar el mensaje del tercer ángel. —*Carta 28, del 17 de Febrero de 1900.*

El día de calamidad de aflicción y destrucción se cierne sobre los obradores de injusticia. La mano del Señor caerá con severidad especial sobre los vigías que hayan dejado de presentar al pueblo en forma clara su obligación hacia Dios, quien es su dueño por creación y redención...

El mensaje del tercer ángel, que incluye los mensajes del primer y segundo ángel, es el mensaje para nuestro tiempo. Debemos levantar el estandarte en el cual están escritos "los Mandamientos de Dios y el testimonio de Jesús" (Apocalipsis 12:17). No es tiempo de poner a un lado los grandes temas que nos incumben. Se debe hacer una obra solemne e importante...

Encontraremos oposición al proclamar el mensaje del tercer ángel. Satanás pondrá por obra todo recurso posible para invalidar la fe que una vez fue dada a los santos. "Muchos seguirán sus disoluciones, y por ellos el camino de la verdad será blasfemado. Por avaricia traficarán con vosotros con palabras fingidas. Hace tiempo que su condenación pende sobre ellos, y su perdición no se duerme" (2 Pedro 2:2, 3). Pero todos deben escuchar las palabras de la verdad a pesar de la oposición. —*Carta 74, 20 de Mayo de 1900.*

El mensaje debe ir de este a oeste, y viceversa. Vendrá un gran zarandeo. Los que profesan creer en la verdad están ahora dormidos. Necesitan despertar porque la luz de la verdad no sólo ha resplandecido sobre ellos, sino que ha hecho su obra como es debido. Dios tendrá representantes en todo lugar y en todas partes del mundo.

Ahora debe darse en todas partes del mundo el mensaje del cuarto ángel, que sigue al tercero. Será el mensaje de la cosecha y toda la tierra será iluminada con la gloria del Señor. El Señor tiene este último llamado de misericordia para el mundo, pero la perversidad de los hombres desvía la obra de su verdadera misión, y la luz tiene que luchar en medio de las tinieblas de los hombres, que se sienten competentes para realizar una tarea que Dios no les ha asignado. —*Carta 86, del 18 de Junio de 1900.*

El último mensaje de misericordia será dado en líneas claras y simples. El mensaje de la verdad que realza al sábado pisoteado, debe ser traducido a diferentes idiomas. En ningún lugar se debe absorber todo el tiempo, recursos y talentos... él (Dios) quiere que sus siervos proclamen los mensajes del primer, segundo y tercer ángeles. De este modo, las iglesias se prepararán para la proclamación del otro ángel que vendrá del cielo y alumbrará la tierra con su gloria. —*Carta 92, del 2 de Julio de 1900.*

Habrá muchas influencias de todo género y de toda índole para distraer al pueblo de Dios de las pruebas que en este tiempo servirían para su salvación. Vendrán muchas pruebas ocasionadas por los hombres que no tienen ni la menor relación con la obra que Dios nos ha dado: la de preparar un pueblo para permanecer en pie con toda la vestimenta de la armadura celestial, sin que le falte ninguna pieza.

La Palabra de Dios y su ley pisoteada deben ser destacadas en forma tan marcada que los miembros de otras iglesias, hombres y mujeres, se enfrenten con la verdad cara a cara, mente a mente y corazón a corazón. Ellos verán su superioridad por encima de los innumerables errores que se presentan, que están en pugna por captar la atención y complementar, si es posible, la verdad para este tiempo. Cada alma está tomando su posición. Todos se están alistando o bajo el estandarte de la verdad y justicia o bajo el estandarte de los poderes apóstatas que están contendiendo por la supremacía...

El mensaje del tercer ángel, la verdad para este tiempo, debe ser proclamado en alta voz, es decir, con creciente poder mientras nos acercamos a la gran prueba final. Las iglesias que están relacionadas con la verdadera obra médico-misionera, una obra presidida por el Gran Médico en todo lo que ella abarca, deberán pasar esta prueba. Bajo el Gran Líder debemos presentar la Palabra de Dios que requiere obediencia al sistema de la verdad de la Biblia, el cual tiene autoridad y poder para convencer y convertir la conciencia. La orden de obedecer la Palabra es una cuestión de vida o muerte.

La verdad presente, que debemos proclamar en este tiempo, abarca el mensaje del tercer ángel que sigue a los mensajes del primero y del segundo. Nuestra tarea es presentar este mensaje con todo lo que éste abarca. Somos el pueblo remanente de estos últimos días para proclamar la verdad y para henchir el clamor maravilloso y ostensible del mensaje del tercer ángel dándole a la trompeta un sonido certero. La verdad eterna a la que nos hemos adherido desde el principio, será mantenida en toda su creciente importancia hasta el cierre del tiempo de gracia. La trompeta debe sonar con certeza... La fe eterna en el pasado y en la verdad presente debe ser presentada; se debe orar por ella y se debe proclamarla con la pluma y la voz.

El mensaje del tercer ángel, en términos claros y definidos, debe ser la advertencia predominante. Todo lo que éste abarca debe ser comprensible para las mentes cultas de hoy. A la vez que reafirmamos el avance de la verdad de los mensajes del primer y segundo ángel, estamos anunciando el mensaje del tercer ángel y del otro ángel que le sigue, que proclama por segunda vez la caída de Babilonia.

Debemos dar el mensaje: "¡Ha caído, ha caído la gran Babilonia! Y se ha vuelto habitación de demonios, guarida de todo espíritu impuro, y albergue de toda ave sucia y aborrecible. „¡Salid de ella, pueblo mío, para que no participéis de sus pecados, y no recibáis de sus plagas!" (Apocalipsis 18:2, 4). Este mensaje debe llegar a las iglesias. Debemos adoptar los mejores planes para lograrlo. El mensaje debe ser presentado de tal forma que cautive la atención de las mentes cultas. No debemos esforzarnos por alcanzar el reconocimiento de los hombres del mundo, para que le den temple y ascendencia a la obra en estos últimos días... Se debe representar la verdad como nunca antes, para mostrar la consistencia de la fe con la práctica. La importancia de nuestra fe será reconocida por sus frutos...

Así como el último conflicto con Satanás será el más decisivo, engañoso y terrible que jamás haya existido, así también será más completa su destitución. Por un lado, la resurrección final en el día del juicio, culminará con el triunfo de Cristo y su iglesia, y por otro, destruirá a Satanás y sus súbditos. —Carta 121, del 13 de Agosto de 1900.

En esta época del mundo, las multitudes han apartado sus oídos de la palabra del Señor, para no ser perturbados por sus requisitos claramente especificados...

El predominio del pecado es alarmante. El mundo está lleno de violencia como en los días de Noé. ¿Estaría el mundo en esta condición si los que dicen ser el pueblo de Dios hubieran reverenciado y obedecido la ley del Señor? Es el rechazo a la verdad, el hacer caso omiso a los mandamientos de Dios, lo que ha producido la condición actual. Los pastores falsos dejan sin efecto a la Palabra de Dios...

Recién ahora se puede ver que los pastores falsos han apartado a los hombres de las leyes del reino de Dios, para exaltar sus propias teorías y suposiciones... Pronto su obra se volverá contra ellos mismos. Entonces, cuando el juicio de Dios caiga sobre la Babilonia mística, se presenciarán las escenas descriptas en Apocalipsis 18.

Entonces se verá el cumplimiento de la palabra del Señor según el profeta Oseas: "Oíd palabra del Eterno, israelitas, porque el Señor pleitea con los moradores del país. No hay fidelidad, ni amor, ni conocimiento de Dios en el país. Perjurar y mentir, matar, hurtar y adulterar, prevalecen, y homicidio tras homicidio se suceden. Por eso, se enlutará la tierra, se extenuarán sus habitantes; y las bestias del campo, las aves del cielo y aun los peces del mar fallecerán. Mi pueblo fue destruido porque le faltó sabiduría. Por cuanto desechaste la sabiduría, yo te echaré del sacerdocio. Porque olvidaste la Ley de tu Dios, también yo me olvidaré de tus hijos. Conforme a su grandeza así pecaron contra mí. Por tanto, cambiaré su honra en afrenta. Comen del pecado de mi pueblo, y desean su maldad. El pueblo es como el sacerdote. Lo castigaré por su conducta, le pagaré conforme a sus obras" (Oseas 4:1-3, 6-9). —*Manuscrito 60, del 20 de Agosto de 1900.*

Al acercarnos al fin de la historia de este mundo, el mensaje del tercer ángel aumenta en su importancia... Dios me ha mostrado los peligros que amenazan a los que han recibido la sagrada obra de proclamar el mensaje del tercer ángel. Deben recordar que este mensaje es de extrema consecuencia para todo el mundo. Necesitan investigar las Escrituras diligentemente para saber cómo cuidarse contra el misterio de iniquidad que representa un papel muy importante en las últimas escenas de la historia de este mundo.

Los poderes mundanos presentarán cada vez más una pompa externa. Por medio de diferentes símbolos, Dios le presentó a Juan el carácter perverso y las influencias seductoras de aquellos que se han destacado por perseguir a su pueblo. Apocalipsis 18 habla de la Babilonia mística, que ha caído de su elevada posición para convertirse en un poder perseguidor. Los que guardan los mandamientos de Dios y tienen la fe de Jesús, son el objeto de la ira de este poder... (Apocalipsis 18:1-8 citado).

Este terrible panorama representado por Juan, que muestra que los poderes de la tierra se entregarán al mal por completo, debería enseñar a los que han recibido la verdad, cuán peligroso es unirse con sociedades secretas o unirse de forma alguna con aquellos que no guardan los mandamientos de Dios. (Apocalipsis 13:11-13 citado).

Los poderes religiosos, profesando estar en alianza con el Cielo y pretendiendo tener el carácter de un cordero, mostrarán por sus hechos que tienen un corazón de dragón y que son inspirados y dominados por Satanás. El tiempo viene cuando el pueblo de Dios será perseguido porque santifica el séptimo día. Satanás ocasionó el cambio del sábado con la esperanza de ejecutar su propósito de derrotar los designios de Dios. Él procura que los mandamientos de Dios tengan menos poder en el mundo que las leyes humanas. El hombre de pecado, que pensó cambiar los tiempos y la ley y que siempre oprimió al pueblo de Dios, hará promulgar leyes que obliguen a observar el primer día de la semana. Pero el pueblo de Dios debe permanecer firme por él. Y el Señor obrará en su favor, mostrando claramente que él es el Dios de dioses.

El mensaje dado al hombre para ser proclamado en estos últimos días, no se amalgamará con opiniones mundanas. En estos días peligrosos nada, sino la obediencia, guardará al hombre de la apostasía. Dios ha derramado sobre los hombres gran luz y muchas bendiciones. Pero a menos que esta luz y estas bendiciones sean aceptadas, no constituirán ninguna salvaguardia contra la apostasía y la desobediencia. Cuando los que han sido elevados por Dios a posiciones de gran responsabilidad se vuelven de él hacia la sabiduría humana, su luz se convierte en tinieblas y ¡qué densas son esas tinieblas! Los talentos que se les han confiado son una trampa para ellos. Se han transformado en una ofensa para Dios. Él no puede ser burlado sin que sobrevengan las consecuencias. Siempre hubo y habrá, hasta que finalice el conflicto, un alejamiento del Señor. —*Manuscrito 135, del 31 de Octubre de 1902.*

Las escenas del cierre de la historia de este mundo están muy cercanas. Pronto se cumplirán las predicciones del libro de Apocalipsis que aún no se han cumplido. Ahora el pueblo de Dios debe estudiar diligentemente y entender claramente esta profecía. Ella no oculta la verdad; nos advierte claramente y nos dice lo que sucederá en el futuro...

El Señor mismo llamará a los hombres, como llamó antaño a los humildes pescadores, y les indicará él mismo su campo de labor y los métodos que deben seguir. Hombres llamados por Dios dejarán el arado y otras ocupaciones, para dar la última nota de advertencia a las almas que perecen. —*Carta 210, del 21 de Septiembre de 1903.*

Las profecías del capítulo 18 de Apocalipsis pronto se cumplirán. Durante la proclamación del mensaje del tercer ángel, "otro ángel" ha de "descender del cielo con gran poder" y la tierra será "alumbrada con su gloria". El Espíritu del Señor bendecirá tan abundantemente a los seres humanos consagrados que hombres, mujeres y niños abrirán sus labios en alabanza y acción de gracias, llenando la tierra del conocimiento de Dios y de su gloria inigualable, como las aguas cubren el mar.

Los que han mantenido el principio de su confianza firme hasta el fin, estarán bien despiertos durante el tiempo cuando se proclame el mensaje del tercer ángel con gran poder. Durante el fuerte clamor, la iglesia, ayudada por las interposiciones providenciales de su exaltado Señor, difundirá el conocimiento de la salvación tan abundantemente que la luz será comunicada a toda ciudad y pueblo. La tierra será llena del conocimiento de la salvación. Tan abundantemente habrá coronado de éxito el Espíritu renovador de Dios a los agentes intensamente activos, que la luz de la verdad presente brillará por todas partes.

El conocimiento redentor de Dios, logrará su obra purificadora en la mente y el corazón de todo creyente. La Palabra declara: "Esparciré sobre vosotros agua limpia, y seréis limpiados de todas vuestras inmundicias y de todos vuestros ídolos. Os daré un corazón nuevo, y pondré un espíritu nuevo dentro de vosotros. Quitaré de vuestra carne el corazón de piedra, y os daré un corazón de carne. Pondré mi Espíritu dentro de vosotros, y haré que andéis en mis Mandamientos, que guardéis mis normas, y las cumpláis" (Ezequiel 36:25-27). Éste es el derramamiento del Espíritu Santo, enviado por Dios para hacer su obra... Todos los que no hayan aceptado la luz serán condenados. Todos los que se vuelvan al Señor con un firme propósito confesarán sus pecados.

Entre los clamores de confusión: "Mirad, aquí está el Cristo, o mirad, allí está", se dará un testimonio especial, un mensaje especial de verdad apropiada para este tiempo. Ese mensaje debe ser recibido, creído y se debe actuar conforme a él. Lo que es eficaz es la verdad, y no las ideas fantásticas. La verdad eterna de la Palabra se presentará libre de todos los errores engañosos y de interpretaciones espirituales, libre de toda descripción fantásticamente trazada y seductora. La atención de los hijos de Dios será acosada con falsedades; pero la verdad debe permanecer cubierta con su atavío hermoso y puro como el Espíritu de verdad...

A medida que hombres, mujeres y niños proclamen el Evangelio, el Señor abrirá los ojos de los ciegos para que vean sus estatutos, y escribirá su ley en el corazón de aquellos que verdaderamente se arrepientan. El Espíritu de Dios que da poder trabajando por medio de los seres humanos, induce a los creyentes a tener un solo pensamiento, una sola alma, a unirse en el amor de Dios y en la observancia de sus mandamientos, a prepararse aquí en la tierra para la traslación...

En el día de aflicción y prueba, que ningún seguidor fiel escuche las invenciones del enemigo. La Palabra del Dios viviente es la espada del Espíritu. La misericordia y el juicio provendrán del cielo. La obra de la Providencia será revelada en misericordia y juicio. Algunas veces los juicios seguirán. —*Manuscrito 122, del 9 de Octubre de 1903.*

Muchas voces tratarán de distraer las mentes del pueblo de Dios de las verdaderas fuerzas en juego y Satanás, disfrazado como un ángel de luz, los está guiando. Pónganse en guardia contra los que introduzcan falsas teorías para engañar, si es posible, aún a los escogidos...

Pronto habrá una tremenda crisis. Está avanzando a pasos agigantados, mientras que los hombres que deberían estar transmitiendo el mensaje viviente de la Palabra de Vida y proclamando la última advertencia a un mundo caído, han abandonado su discernimiento espiritual y se han unido a los engañadores. "Después de eso vi a otro ángel descender del cielo con gran poder, y la tierra fue iluminada con su gloria. Y clamó con potente voz: „¡Ha caído, ha caído la gran Babilonia! Y se ha vuelto habitación de demonios, guarida de todo espíritu impuro, y albergue de toda ave sucia y aborrecible. Porque todas las naciones han bebido del vino del furor de su fornicación. Los reyes de la tierra han fornicado con ella, y los mercaderes de la tierra se han enriquecido con su excesiva lujuria". Y oí otra voz del cielo que decía: „¡Salid de ella, pueblo mío, para que no participéis de sus pecados, y no recibáis de sus plagas!"" (Apocalipsis 18:1-4).

Todo lo que fue profetizado en Apocalipsis 18 y 19 ciertamente se cumplirá. La preciada Biblia ha llegado a ser una fábula para algunos porque Satanás, como un ángel de luz, los está engañando. Hay quienes han resistido las amonestaciones de Dios por tanto tiempo, que el Señor pronto los abandonará a las fábulas por arte compuestas. Ellos proclamarán estas fábulas con toda su influencia fraudulenta.

La verdad que debemos proclamar, es que Dios amó tanto al mundo que dio a su Hijo unigénito para que todo aquel que en él crea, no se pierda, mas tenga vida eterna. Esta verdad debe ser revelada en las escenas del cierre de la historia de este mundo...

Aquellos que reciban a Cristo como su Salvador personal, resistirán las pruebas y el infortunio de estos últimos días. Fortalecido por una fe incondicional en Cristo, aun el discípulo iletrado podrá resistir las dudas y las preguntas que los infieles puedan producir, y reducirá a la vergüenza los sofismas de los burladores. El Señor Jesús dará a los discípulos una lengua y una sabiduría que sus adversarios no podrán contradecir ni resistir. Aquellos que por razonamiento no podrían vencer los engaños satánicos, darán un testimonio positivo que confundirá a hombres supuestamente doctos. De los labios de los iletrados saldrán palabras con tal poder convincente y sabiduría, que se producirán conversiones a la verdad. Miles se convertirán bajo su testimonio.

¿Por qué el hombre iletrado tendrá este poder, del que carece el hombre docto? El iletrado, mediante la fe en Cristo, ha entrado en la atmósfera de la verdad pura y clara, mientras que el docto se ha alejado de la verdad. El hombre pobre es un testigo de Cristo. No puede apelar a datos históricos o a la así llamada ciencia, pero de la Palabra de Dios reúne evidencias poderosas. La verdad que habla bajo la inspiración del Espíritu es tan pura y notable, y lleva consigo un poder tan indisputable, que su testimonio no puede ser contradicho... Su fe en Cristo es el ancla que lo sostiene a la Roca Eterna...

Satanás recurre a todos sus poderes para el ataque en el último cercano conflicto, y la paciencia del seguidor de Cristo es probada al máximo. A veces parece que va a ceder. Pero una palabra de oración al Señor Jesús llega como una flecha hasta el trono de Dios, y ángeles de Dios son enviados al campo de batalla. Cambia la marea...

Dios llama a sus hijos a prepararse para escenas de duro conflicto. Realicen sus deberes con espíritu dócil y humilde. Enfrenten siempre a sus enemigos con la fortaleza de Jesús... En las pruebas de estos últimos días Cristo será para su pueblo sabiduría, justificación, santificación y redención. Cristo debe constituir en su pueblo la esperanza de gloria. Ellos deben desarrollar una experiencia que será un poder convincente en el mundo. —*Manuscrito 53, del 11 de Mayo de 1905.*

El Espíritu de Dios se está retirando de la tierra. La embriaguez, la locura, el libertinaje y el crimen están aumentando rápidamente. Hay una crisis terrible ante nosotros. La vida de muchos se extinguirá en las tinieblas...

Tenemos delante de nosotros el gran conflicto, pero todos los que aman a Dios y obedecen su ley recibirán ayuda, y la tierra, la tierra entera, será alumbrada con la gloria de Dios. "Otro ángel" ha de bajar del cielo. Este ángel representa la proclamación del fuerte clamor, que procederá de los que se están preparando para clamar en forma poderosa, con una voz potente: "Ha caído la gran Babilonia, y se ha hecho habitación de demonios y guarida de todo espíritu inmundo, y albergue de toda ave inmunda y aborrecible" (Apocalipsis 18:2).

Tenemos un mensaje decisivo que dar, y se me ha instruido para que diga a nuestro pueblo: "Uníos, uníos". Pero no debemos unirnos con los que se apartan de la fe, prestando oído a espíritus seductores y a doctrinas de demonios. Con nuestros corazones enternecidos, bondadosos y fieles, tenemos que avanzar para proclamar el mensaje, sin prestar atención a los que se desvían de la verdad. —*Manuscrito 31, del 2 de Abril de 1906.*

La copa de iniquidad se habrá llenado cuando la piedad y la verdad de la Palabra de Dios sean ignoradas, y cuando se apliquen las palabras de

David: "Es tiempo de que actúes, oh Señor, porque han invalidado tu Ley" (Salmos 119:126).

Un pueblo que invalida la ley de Dios, es capaz de aceptar cualquier sofisma. Hay una crisis delante de aquellos que están actuando de acuerdo con una visión miope. Los gobernantes de la tierra se pondrán por encima del gran Creador del mundo. Se demandará la observancia de un falso sábado y los gobernantes y el pueblo decidirán sobre una política ciega. Se aceptará el falso sábado, el primer día de la semana y los gobernantes se unirán con el hombre de pecado para restablecer su autoridad perdida. Las leyes que impongan la observancia del domingo como si fuese el sábado, darán lugar a una apostasía nacional de los principios del republicanismo sobre el cual se había instituido el gobierno. Los gobernantes aceptarán la religión del papado y se invalidará la ley de Dios.

Cuando fue abierto el quinto sello, Juan el Revelador vio en visión debajo del altar, al conjunto de los que habían sido muertos por la Palabra de Dios y por el testimonio de Jesucristo. Después de esto vinieron las escenas descriptas en Apocalipsis 18, cuando los que son fieles y leales son llamados a salir de Babilonia. "Después de eso vi a otro ángel descender del cielo con gran poder, y la tierra fue iluminada con su gloria. Y clamó con potente voz: „¡Ha caído, ha caído la gran Babilonia! Y se ha vuelto habitación de demonios, guarida de todo espíritu impuro, y albergue de toda ave sucia y aborrecible. Porque todas las naciones han bebido del vino del furor de su fornicación. Los reyes de la tierra han fornicado con ella, y los mercaderes de la tierra se han enriquecido con su excesiva lujuria". Y oí otra voz del cielo que decía: „¡Salid de ella, pueblo mío, para que no participéis de sus pecados, y no recibáis de sus plagas! Porque sus pecados se han amontonado hasta el cielo, y Dios se acordó de sus maldades""" (Apocalipsis 18:1-5). — *Manuscrito 39, de 1906.*

Cada aspecto del mensaje del tercer ángel ha de ser proclamado en todas partes del mundo. Esta obra es mucho más importante de lo que muchos creen... "Id por todo el mundo y predicad el evangelio a toda criatura" (Marcos 16:15). Para realizar esta obra hemos de ejercitarnos en la sencillez. Éste es un mensaje de prueba. Admitido en corazones honestos, resultará ser un antídoto para todos los pecados y pesares del mundo. Ninguna condición de clima, de pobreza, de ignorancia o de prejuicio puede impedir su eficiencia, o disminuir su adaptabilidad a las necesidades de la humanidad.

La proclamación del gran mensaje evangélico es tarea de los discípulos de Cristo. Algunos trabajarán por esto de una manera, y otros llevarán a cabo otro aspecto de la obra, según el Señor los llame y dirija individualmente. No todos tienen las mismas líneas de trabajo, pero todos pueden unirse en sus esfuerzos...

Todos han de oír el último mensaje de amonestación. Las profecías que se encuentran en el libro de Apocalipsis, en los capítulos 12 y 18, se están cumpliendo. En el capítulo 18 se registra el último llamado a las iglesias. Éste ha de ser dado ahora. En el capítulo 19 se describe el tiempo cuando la bestia y el falso profeta son tomados y arrojados en el lago de fuego. El dragón, que fue el instigador de la gran rebelión contra el cielo, es atado y lanzado en el profundo abismo durante mil años. Luego sigue la resurrección de los impíos y la destrucción de Satanás junto con ellos, la victoria final y el reinado de Cristo en esta tierra. —*Manuscrito 75, del 20 de Septiembre de 1906.*

El pueblo remanente de Dios debe estar formado por personas convertidas. La presentación de este mensaje debe resultar en la conversión y santificación de las almas. Debemos sentir el poder del Espíritu de Dios en este movimiento. Éste es un mensaje maravilloso y concluyente. Significa todo para el que lo recibe y debe ser proclamado con un fuerte clamor. Debemos tener una verdadera confianza inquebrantable de que este mensaje irá hacia adelante con importancia creciente hasta el fin del tiempo. —*Manuscrito 37, del 30 de Mayo de 1909.*

Capítulo 9: La Línea de Separación

Vi que Dios deseaba que su pueblo se separase del mundo, porque los malos que son la presa legítima del enemigo serían usados en todo sentido para destruir y desorientar a los santos. Y si nos toca estar en compañía de los malvados, debemos velar y orar en todo momento para no participar de su espíritu, porque ellos corrompen la atmósfera que los rodea y su aliento es oscuridad, y serán cada vez peor. Debemos apartarnos de ellos y estar totalmente libres, porque Dios no quiere que su pueblo se mezcle con los malvados más de lo que se sientan obligados a hacerlo. —*Manuscrito 7, del 24 de Agosto de 1850.*

Vi a muchos, muchísimos, que se habían convertido de verdad a través de la influencia de personas que estaban viviendo en violación abierta a los mandamientos de Dios.

Vi que Dios separará lo valioso de lo despreciable. Dios usará la verdad o una cosa u otra para llevarlos a tomar una decisión, y los corruptos no estarán dispuestos a aceptar ese llamado, sino que se separarán de los escogidos que han aceptado la preciosa verdad... Dios obrará de maneras misteriosas para salvar a los que son sinceros y honestos. —*Carta 2, de 1851.*

Vi luego al tercer ángel. Mi ángel guardián dijo: "Su obra es terrible. Su misión es espantosa. Es el ángel que ha de separar el trigo de la cizaña, y sellar o atar el trigo para el granero celestial". Estas cosas deberían absorber completamente la mente y la atención.

Me fueron mostrados aquellos que creen poseer el último mensaje de misericordia y la necesidad que tienen de estar separados de los que están bebiendo diariamente nuevos errores. Vi que ni los jóvenes ni los ancianos debían asistir a las reuniones de aquellos que están en el error y las tinieblas. Dijo el ángel: "Que la mente deje de fijarse en cosas que no tienen ningún provecho". —*Manuscrito 3, del 2 de Julio de 1853.*

El Señor estaba obrando [en Minneapolis], y debo ser fiel en expresar las palabras que Dios me dio. Estaba pasando por una de las pruebas más dolorosas de mi vida porque, desde ese momento, la confianza que había tenido de que Dios estaba guiando y controlando la mente y los corazones de mis hermanos, ya no era como antes. Yo había sentido que cuando recibía un llamado diciendo: "hermana White, queremos que asista a la reunión porque su influencia es necesaria", no debía ver mis opciones o mis sentimientos sino que debía levantarme por fe y hacer mi parte y dejar que el Señor hiciera la obra esencial que debía ser hecha. Ahora una enorme carga pesa sobre mí. Desde ahora en adelante debo mirar solamente a Dios, porque no me atrevo a confiar en la sabiduría de mis hermanos. Veo que ellos no siempre tienen a Dios como consejero, sino más bien dependen en gran medida de los hombres que han puesto delante de ellos, en lugar de Dios... Mencioné que me sentí casi sola en Minneapolis. Estuve sola frente a ellos en la asociación (en Battle Creek), porque de acuerdo a la luz que Dios se había dignado darme, ellos no estaban siguiendo el consejo de Dios...

Entonces sentí que mi espíritu se conmovía dentro de mí, y presenté un testimonio directo a estos hermanos. Les conté un poco de cómo se habían ejecutado las cosas en Minneapolis y les declaré la posición que había tomado; que el fariseísmo había estado obrando para fermentar el campamento aquí, en Battle Creek y que las iglesias adventistas del séptimo día estaban siendo afectadas; pero el Señor me había dado un mensaje y que con la pluma y la voz trabajaría hasta que esta levadura fuera expulsada y se introdujera una nueva, la gracia de Cristo.

Se reconoció todo lo que yo había declarado en Minneapolis, que debía ocurrir una reforma en las iglesias. Se necesita una reforma, porque hay debilidad y ceguera espiritual en el pueblo que ha sido bendecido con gran luz, valiosas oportunidades y privilegios. Habían salido de las iglesias denominacionales como reformadores, pero ahora están actuando igual que esas iglesias. Esperábamos que no hubiera la necesidad de otro "salid de ella"... Muchos cerrarán sus oídos al mensaje que Dios les envía y abrirán sus oídos a falsedades y sofismas...

Trabajé con la pluma y la voz haciendo todo lo que estaba en mi poder para cambiar este tipo de cosas... declaré que el rumbo que habían tomado en Minneapolis era una atrocidad contra el Espíritu de Dios; y que si los que estaban en esa reunión, salían con el mismo espíritu que habían venido a ella y seguían persistiendo en él, a menos que cambiaran su espíritu y reconocieran sus errores, entrarían en peores engaños. Tropezarían y no sabrían en qué habían tropezado. Les rogué que se detuvieran donde estaban. Pero la posición del pastor Butler y del pastor Smith los influyó a no hacer ningún cambio, sino a mantenerse en la misma posición. No hubo ninguna confesión. Se concluyó la bendita reunión. Muchos fueron fortalecidos, pero la duda y la oscuridad envolvieron a algunos más que antes. El rocío y las lluvias de gracia provenientes del cielo que ablandaron muchos corazones, ni siquiera remojaron sus almas...

El primer paso hacia la incredulidad y al rechazo de la luz es peligroso, y la única forma en que aquellos que han tomado este paso pueden recuperarse de las trampas de Satanás, es aceptar lo que el Señor les ha enviado, pero se han negado a recibirlo. Eso sería humillante para el alma, pero sería para su salvación. Con Dios no se juega. Él no eliminará todas los motivos de duda, pero dará suficiente evidencia en qué basar la fe...

Si mis hermanos hubiesen reconocido su propia debilidad e incapacidad y nunca la hubieran perdido de vista, habrían humillado sus corazones ante Dios, reconocido sus errores y entrado en la luz y libertad... ¿Qué nombre le podemos dar a esto? Es rebelión como en los días de Israel, cuando buscaron obstinadamente sus propios caminos y no se sometieron a los caminos de Dios ni a su voluntad...

Se pasará por alto a aquellos que, como los judíos, cierren sus ojos a la evidencia que Dios se ha dignado a dar. Otros recibirán la evidencia que ellos se negaron a recibir, y otros recibirán la bendición que Dios propuso para ellos pero que se negaron a aceptarla porque eran orgullosos, autosuficientes y llenos de justicia propia...

La incredulidad da lugar a todo pecado y es el vínculo de iniquidad. Su obra es corromper lo recto... Se pronuncia un ay sobre toda incredulidad y crítica directa, como la que se manifestó en Minneapolis y Battle Creek. Por sus frutos los conoceréis...

Estamos demasiado atrasados y, sin embargo, los hombres que ocupan posiciones de responsabilidad quieren, en su ceguera, guardar la llave del conocimiento, negándose a entrar ellos mismos e impidiendo que otros entren. El mensaje debe ser pregonado por todos lados para que lo escuchen aquellos que imperceptiblemente han estado jugueteando con el papismo, sin saber lo que hacían. Están fraternizando con el catolicismo por medio de compromisos y concesiones que sorprenden aun a los fieles partidarios del papado... Salid del camino, mis hermanos. No os interpongáis entre Dios y su obra...

En ese gran día se abrirán las páginas más oscuras de la historia de este mundo y será demasiado tarde para corregir los errores. En los libros están registrados los crímenes cometidos a causa de las diferencias religiosas. No ignoramos la historia. Europa fue sacudida como por un terremoto, cuando la iglesia se engrandeció en orgullo y vanidad, altanera y déspota, consagrada a condenar y a matar a todos los que se atrevieran a pensar por sí mismos, y a quienes se aventuraran a tomar la Biblia como el fundamento de su fe...

Se han despreciado las advertencias, resistido la gracia, abusado de los privilegios, apagado la convicción y fortalecido el orgullo del corazón humano. El resultado es semejante al de los judíos: nefasta dureza de corazón. —*Manuscrito 30, de Junio, de 1889.*

Ansiábamos presentar y dejar por sentado en cada alma, (la verdad) que el sentimiento no es ninguna norma de evaluación para nuestro avance espiritual. Debemos estudiar y poner en práctica la Palabra de Dios porque ésta será una piedra sólida bajo nuestros pies...

Ellos (nuestro pueblo) no deben ponerse en contacto con nadie que haya seguido el derrotero (del mal) que él ha tomado, no importa cual fuera su profesión o éxito aparente; porque al hacerlo se vuelven partícipes de sus pecados y al Señor no le agrada su proceder. El Espíritu del Señor ha sido contristado por el modo de obrar inestable de algunos que profesan creer la verdad. ¿Está fulano de tal de parte del Señor o de parte del enemigo? ¿Está trabajando en armonía con las inteligencias celestiales? ¿Está trabajando con Dios? ¡No! ¡No!

Cuando nuestro pueblo tiene tan poco discernimiento, que fortalece las manos de los que mienten y continúan haciendo el mal, se hace responsable por su mal proceder. Dios no está con él. En el juicio se verán algunas cosas que ahora los hombres no disciernen; entonces se avergonzarán de haberse asociado a tales influencias. Cuando alguien siente que Dios ha puesto sobre él una carga pesada, y que por amor al alma que ha caído en el error debe tratar de recuperarla de los lazos de Satanás, debe hacerlo y Dios le dará gracia para no poner en peligro su propia alma. Pero el Señor no guardará a los hombres y las mujeres que se ponen de parte de aquellos que están obrando contra la verdad.

Aquellos que andan por el mundo pisoteando la ley de Dios y la justicia y aquellos que se vinculan y asocian con ellos, serán partícipes de sus malas obras. Algunos, propensos a cubrir su comportamiento, inventarán argumentos para defenderlo; pero ésta no es una condición creada por Dios. "Por lo cual, salid de en medio de ellos y apartaos, dice el Señor. No toquéis lo impuro, y os recibiré. Y seré vuestro Padre, y ustedes seréis mis hijos e hijas, dice el Señor Todopoderoso" (2 Corintios 6:17, 18). Debemos ser precavidos. No podemos asociarnos y relacionarnos tranquilamente con los obradores del mal sin que nos contagiemos de su espíritu. Pueden aparecer como un ángel de luz y engañar aún a los escogidos; pero nadie necesita ser engañado al respecto. Las palabras de Pablo son apropiadas en este caso: "No participéis de las obras infructuosas de las tinieblas, antes denunciadlas" (Efesios 5:11). — *Manuscrito 25, de 1891.*

Mi mente se estremece día y noche con respecto a nuestra obra misionera hacer esfuerzos misioneros aquí. Hay que trabajar en tierras lejanas. ¿Por qué no hay cientos que se dediquen a hacer la obra, dónde hay sólo uno? La verdad que profesan creer, debe santificar el alma incitando todo las energías que Dios les ha dado, los motivos de piedad más recónditos, para colaborar con las inteligencias celestiales. Es el Espíritu Santo quien concluye la obra. Jesús dijo: "sin mí nada podéis hacer" (Juan 15:5). Preséntese esto ante cada congregación. Dios aceptará el fervor y la integridad de propósito.

¿Pero qué pasa que la iglesia no se levanta y busca con oración solemne y esfuerzo determinado, para disponer a los miembros de la iglesia a trabajar? ¿Están los pastores de estas iglesias cumpliendo con su responsabilidad? ¿Sienten ellos amor por el rebaño de Dios? ¿Humillan sus corazones ante Dios y se aferran por fe de la gracia de Cristo y abandonan sus pecados, creyendo que Dios acepta su arrepentimiento? ¿Son fieles? ¿Tienen devoción a Dios? ¿Se acercarán a Dios los pastores y oficiales de estas iglesias? ¿Aprenderán ellos ahora, en el tiempo de gracia, las lecciones de Jesucristo y las pondrán en práctica, hasta ascender a las alturas de la fe y dominar una visión más clara y subjetiva de la situación?

Se ha realizado mucho trabajo en forma descuidada. La única conclusión que el mundo puede tener, es que aquellos que profesan creer que el fin de todas las cosas está cerca, en realidad no creen la tremenda verdad de que Cristo está a las puertas. ¿Creen ellos que la misión de Cristo fue salvar a los perdidos y dolientes? ¿Creen ellos que Cristo es el único remedio para el pecado, que el Redentor del mundo vino a esta tierra toda estropeada y arruinada por la maldición, para revelar a los perdidos el amor del Padre e impulsarlos a mirar y vivir y de esta forma traer a muchos hijos e hijas a la gloria? Todos deben esforzarse en estricto apego a la ley para ganar la corona de la vida eterna. Ellos deben creer que el único nombre "dado a los hombres, en que podamos ser salvos"

(Hechos 4:12) es Jesucristo. Y ésta no debe ser una fe presuntuosa, sino esa fe que hace de Cristo un Salvador personal.

Ha habido muy poca devoción y lealtad a Dios. Siempre que el espíritu de Cristo se posesiona del corazón, surge un misionero para Dios. En la iglesia prevalece el pecado más degradante: la idolatría. Y aquello que se interpone entre el profeso cristiano y su servicio fervoroso a Dios, se convierte en un ídolo. El pecado más vergonzoso de la idolatría es la idolatría misma.

Los testimonios de la Palabra de Dios con respecto a las trampas del diablo, son evidentes y ciertos. Sin embargo, no son sólo los miembros de la iglesia los que están en el terreno del diablo, sino que aquellos que están presentando las Escrituras a otros, practican lo malo y contaminan el alma y el cuerpo. Son culpables ante Dios porque son depravados. Si la iglesia estuviese viviendo por fe, si tuviera el aceite de la fe en sus vasijas con sus lámparas, su condenada tranquilidad desaparecería. Los que creen en las verdades sagradas y elevadoras para este tiempo, no se pueden dormir en ellas. Tienen la responsabilidad de reiterar las palabras de Cristo: "El Espíritu y la esposa dicen: „¡Ven!" Y el que oiga, también diga: „¡Ven!" Y el que tenga sed y quiera, venga y tome del agua de la vida de balde" (Apocalipsis 22:17).

"Vosotros sois la luz del mundo" (Mateo 5:14). ¿Se dirige esto exclusivamente a unos pocos hombres que han sido ordenados al ministerio? ¡No! Pero sí a todo cristiano, joven o anciano, rico o pobre. Si Cristo les ha perdonado sus pecados, si la verdad los ha hecho libres ¿no tienen que hacer una obra para el Señor? Si son cristianos, presentarán la verdad a otros; no creerán que todo lo que tienen que hacer es servirse, agradarse y glorificarse a sí mismos, sentirán que son de Cristo, comprados por precio, y concentrarán sus energías en la obra de edificar el reino de Dios elevando a las almas que están listas a perecer, tratando de salvar a los perdidos. Cuando los creyentes se regocijan en Dios porque ven la hermosura que hay en Jesús, que él es el Señalado entre diez mil, el todo codiciable ¿se dan cuenta de que hay muchos que no conocen nada de la gracia salvadora de Cristo? Muchos no tienen la alegría y la felicidad de anticipar el cielo de dicha que le espera al creyente. Mientras la iglesia está en la indolencia y no hace la obra que Dios le ha encomendado, los hombres se enferman y mueren sin un rayo de luz salvadora, sin el perdón de sus pecados.

¿Qué estamos haciendo como pueblo, ya que Cristo nos ha confiado la preciosa luz y el conocimiento de la verdad? Jesús nos ha hecho los depositarios de la sagrada verdad, pero muchos entierran sus talentos en la tierra y no señalan el antídoto para el pecado. Si así descuidan su deber, Dios los denunciará como siervos infieles y no podrá ni querrá elogiarlos. No recibirán la aprobación: "¡bien, siervo bueno y fiel!" (Mateo 25:23).

Pastor Haskell, nuestro testimonio debe ser claro, no debe recubrir el error con una capa de mezcla quebradiza. Se acarician pecados graves en nuestras filas, y a menos que haya un despertar, como no se ha visto por mucho tiempo, que condene y convierta a los profesos observadores del sábado, ellos morirán en sus pecados. El castigo de Sodoma y Gomorra será leve comparado con el de aquellos que habiendo tenido gran luz y oportunidades preciosas, han estado preocupados por cosas terrenales, han corrompido sus pensamientos y prácticas y no han purificado sus almas obedeciendo la verdad.

En los campos que se abren ante nosotros vemos ahora la necesidad de obreros, pero ¿dónde están los hombres a quienes se les puede confiar la tarea? ¿Dónde están los hombres que año tras año han estado creciendo en un mejor conocimiento de Dios, de su voluntad y el accionar de su providencia? Quiero hacer sonar en los oídos de estas almas somnolientas y medio-paralizadas, las palabras dichas a Nicodemo: "El que no nace de agua y del Espíritu, no puede entrar en el reino de Dios" (Juan 3:5). Es necesario buscar a Dios con todo el corazón. Eleven las normas. La vulgaridad y las conversaciones baratas señalan la espiritualidad de los miembros de la iglesia.

Ahora bien, aquellos que han pasado años en esta misma experiencia y que no conocen ni a Dios ni a Jesucristo, a quien él ha enviado ¿deberían continuar siendo representantes de Jesucristo? Estos hombres nunca podrán educar correctamente a otros. Porque no han alcanzado la estatura completa de los hombres y mujeres en Cristo. Simplemente tienen el nombre de cristianos pero no están capacitados para la obra de Dios y nunca lo estarán, a menos que se conviertan y aprendan los principios de la verdadera religión de Jesucristo. Hay poca esperanza en ese sentido: tomen a los jóvenes y colóquenlos en donde tengan el menor contacto posible con nuestras iglesias, para que la falta de piedad, tan corriente en estos días, no contamine sus ideas de lo que significa ser un cristiano.

Los que adoran a Dios, necesitan la gracia transformadora para someter al mundo a la religión. En lugar de poner primero los intereses pasajeros que agotan el alma, el cuerpo y el espíritu para asegurar ventajas temporales, Jesús nos señala el tesoro celestial, y nos dice que no acumulemos tesoros en este mundo que perece, "sino acumulad tesoros en el cielo" que no perecerá "porque donde esté vuestro tesoro, allí estará también vuestro corazón" (Mateo 6:20-21).

Jesús desea que todos los que profesan creer en él, administren los tesoros del cielo; las cosas en las que Dios ha estampado su imagen y distintivo, las cuales él nos presenta como de infinito valor. Vemos la necesidad de un trabajo profundo y completo en nuestras iglesias, pero el Señor, por medio del Espíritu Santo, puede hacer que los corazones de acero sean suaves, compasivos y fieles al servicio de Cristo. Estamos muy atrasados, porque las iglesias se han cruzado de brazos en una actitud de paz y seguridad y están a gusto en Sión sin hacer casi nada.

Cuando en sus corazones debería existir un celo viviente; hoy, como en el pasado, Satanás está incitando los poderes infernales en su último esfuerzo desesperado para convertir al mundo a sus principios. Con sutileza satánica traza sus planes y de buenas a primeras llega la destrucción, mientras que los que poseen la luz y saben que se avecina una crisis tal, permanecen casi inmutables.

Estoy profundamente dolida por la indiferencia de aquellos que dicen ser los depositarios de la verdad sagrada. Ven el pecado como si estuviesen ciegos. No pueden ver más allá de sus narices, se olvidan que han sido librados de sus pecados pasados. ¿Por qué? Porque no avanzaron en el conocimiento de la verdad, no practicaron la verdad ni fueron santificados por ella. El modelo estaba ante sus ojos pero no lo imitaron. El ejemplo y la vida de Cristo fueron tan perfectos que no hubo ni la menor incongruencia entre sus enseñanzas y su vida. ¡Qué marcado contraste existe entre la verdad que como pueblo profesamos creer, y nuestra vida y carácter!

No hay una supervisión consciente sobre el yo. No se siente la necesidad de ponerlo bajo el control del Espíritu de Dios y de evitar toda influencia y tentación hacia el mal, como evitaríamos a una serpiente. Sólo el Espíritu Santo puede ser el agente terapéutico eficaz. No podemos confiar en la humanidad. Sin Cristo, en los seres humanos no existe la perfección. Si se observa, se verá la degeneración. Las agencias están obrando activamente para contaminar y mancillar el alma. La cruz, la cruz del Calvario, presentada en cada sermón una y otra vez y en forma simple, será el bálsamo restaurador: revelará la belleza y la excelencia de la virtud.

Aquellos que refutan la autenticidad de las Escrituras y cuestionan la autoridad del espíritu de profecía, no recibirán su influencia. No son íntegros de corazón. No están en enemistad con Satanás. El corazón es la cámara del pecado. Al no ser expulsado, el pecado permanece oculto hasta el momento oportuno en que se revela y actúa. La primera obra debe hacerse en el corazón. La Verdad y el amor a Jesús deben llenar el vacío. Cristo dijo: "Cultivad bien un árbol, y su fruto será bueno" (vea Mateo 12:33).

Pastor Haskell, el Señor anhela hacer grandes cosas por su pueblo. Pero deben ser puros de corazón, antes de que puedan ver o conocer a Dios como un Dios santo y puro. Jesús llevó a sus discípulos a la cámara de audiencia del Altísimo; impresionó en sus mentes cuál debía ser el motivo de sus oraciones. Debían orar por el don del

Espíritu Santo para que supliera todas las necesidades del alma, pues obraría por amor y la purificaría. El Espíritu que mora en el corazón transformará al ser entero y lo conformará a la semejanza de Cristo. Humillemos nuestros corazones ante Dios y creamos que él ha perdonado todas nuestras transgresiones y nuestros pecados. No podemos honrar a Dios a menos que creamos en esto, y que Jesús sea nuestro Salvador personal. Como pueblo debemos dejar de lado nuestra formalidad. Debemos entrar por la puerta estrecha.

Satanás ha puesto agentes diligentes a lo largo del camino para disputar por cada alma. Cristo anima a sus seguidores a no dejarse intimidar, a seguir adelante e instar a otros: "Esforzaos a entrar por la puerta angosta, porque os digo que muchos procurarán entrar, y no podrán" (Lucas 13:24). Los ídolos adorados y los pecados acariciados deben ser abandonados, aunque sea al precio de extirpar el ojo derecho o cortar el brazo derecho. ¡Agonice! Ábrase paso a través de los ejércitos del infierno que estorban su camino.

¡Oh! Debemos impresionar solemnemente en cada alma de que hay un cielo que ganar y un infierno del cual huir. Se deben despertar todas las energías del alma para que se abran paso y se aferren del reino de Dios por la fuerza. Satanás está activo y nosotros también debemos estarlo. Satanás es incansable y perseverante y también debemos serlo nosotros. No hay tiempo para excusarnos y culpar a otros por nuestra apostasía; no hay tiempo ahora para halagar el alma pensando cuán fácil hubiese sido para nosotros hacer la obra de Dios, si tan sólo las circunstancias hubieran sido más favorables. Debemos decirle aun a aquellos que profesan creer en Cristo, que deben dejar de ofender a Dios con excusas viles.

Jesús ha hecho provisión para cada emergencia. Si lo siguen adonde él los guía, él allanará los lugares escabrosos. Con su experiencia creará un ambiente propicio para el alma. Cerrará la puerta y pondrá el alma en reclusión con Dios; y lo que ésta necesita es olvidarse de todos y de todo, menos de Dios. Satanás le hablará, pero hable usted en voz alta con Dios y él ahuyentará su sombra infernal. Con corazones humildes, subyugados, agradecidos vendrán diciendo: "tu benignidad me engrandece" (Salmos 18:35). El que busca con sinceridad, saldrá de la comunión con Dios enriquecido por la convicción de su amor y elevará una oración al trono celestial dondequiera que vaya. Podrá conversar de la justicia de Cristo; podrá hablar del amor de Dios con confianza. Ha confiado y sabe que el Señor es bueno.

Así se debe hacer la obra en todas nuestras iglesias. Cristo: su amor, su perdón, su pureza debe ser el tema en el que debemos meditar.

Constantemente debemos mantener los encantos de Cristo en nuestra mente. Colmados del carácter elevado del verdadero modelo que cada alma debe reproducir, quitemos nuestros ojos de todo lo que podría desalentarnos o desanimarnos.

Satanás obrará para distorsionar nuestra visión y transformar una colina en una montaña. Nuestros ojos deben estar fijos firmemente en Jesús. El Señor Jesús es nuestro líder; debemos seguirlo a donde él nos guíe. No debemos empezar a hacer los planes para tomar el siguiente paso. No debemos decir: "Señor, después de tomar este paso ¿qué haré, me encontraré con dificultades?", sino por fe debemos tomar ese primer paso no importa lo que venga, debemos confiar en Jesús.

Pastor Haskell, la razón por la que nuestros ministros son tan ineficientes es porque, si han tenido éxito, van y vienen de su trabajo cargados de suficiencia propia. Esa fue la experiencia de los discípulos de Cristo cuando dijeron: "¡hasta los demonios se nos sujetan en tu Nombre!" (Lucas 10:17). Jesús podía discernir su peligro, y les dijo, "Venid aparte, a un lugar tranquilo y descansad un poco" (Marcos 6:31). Salga del fragor de la batalla, lejos del conflicto y tenga comunión con Dios. Así pasa con muchos obreros. Son demasiado fuertes, demasiado llenos de suficiencia propia. El Señor no puede guiarlos, enseñarles ni usarlos para su gloria, porque son sabios en su propia opinión, y en vano imaginan que el Señor no puede hacer nada sin ellos. El yo debe ser enterrado. Debemos educar a las personas a que busquen al Señor. Debemos ser francos con los ministros que avanzan a la luz de las chispas del fuego que ellos mismos han encendido.

La alabanza y la lisonja de los hombres, hacen que los ministros estén ávidos por más, hasta que, como el pastor Daniells, piensan que la alabanza del hombre es de más valor que la aprobación de Dios. Si hemos de ser salvos, debemos ser imbuidos del Espíritu y poder de Cristo. El yo debe esconderse en Cristo, y sólo Cristo debe ser elevado. Nuestro trabajo es elevar a otros, no alabándolos, sino ensalzando a Jesús. Eleve la mente hacia Cristo, ensalce al hombre de la cruz ante el pueblo, él puede hacer todo a favor del creyente humilde que confía en él. —*Carta 16F, del 9 de Mayo de 1892.*

Cuando el carácter se desarrolle, los hombres y mujeres ocuparán su lugar; las diferentes circunstancias por las que tendrán que pasar, revelarán el espíritu que los incita a la acción. Todos revelaremos el carácter de la entidad a la que estamos ligados. Se está juntando el trigo para el granero celestial... el verdadero pueblo de Dios se está separando ahora y la cizaña está siendo atada en manojos para ser quemada. Se tomarán posiciones bien definidas. —*Carta 12, del 22 de Agosto de 1892.*

Muchos están fuertemente convencidos de la verdad, pero o el esposo o la esposa les impide hacer una decisión. ¿Cómo puede uno que está identificado con los sufrimientos de Cristo negarse a obedecer su voluntad y hacer su obra?... Es siguiendo el camino de la obediencia por medio de una fe sencilla, que el carácter logra la perfección...

¿Rechazaré la luz, la evidencia de la verdad que lleva a la obediencia, porque mis parientes y amigos escogen seguir en el camino de la desobediencia que aparta de Dios?... No podemos sobrestimar el valor de una fe simple y de una obediencia incuestionable. —*Carta 119, de 1895.*

Los que ocultan su luz, pronto perderán todo su poder para difundir la luz. Son los representados por las cinco vírgenes necias y cuando venga la crisis, cuando se escuche la llamada: "¡Aquí viene el esposo: salid a recibirle!" (Mat. 25: 6), se levantarán para encontrar que sus lámparas están apagadas, que se han mezclado con los elementos del mundo y no se han provisto del aceite de la gracia. Fueron adormecidos por las exclamaciones de paz y seguridad y descuidaron su luz.

Aquellos que están velando y esperando la venida de Cristo en las nubes de los cielos, no estarán relacionándose con el mundo de las diversiones por medio de centros de recreo ni trabando amistades sólo por esparcimiento. Como centinelas fieles estarán proclamando: "viene la mañana, y también la noche"... Pronto será demasiado tarde para aprovechar la luz que hayamos tenido porque saldrá el decreto: "El que es injusto siga siendo injusto, y el sucio siga ensuciándose. El justo siga siendo justo y el santo siga santificándose. Vengo pronto, y mi galardón conmigo, para dar a cada uno según su obra. Soy el Alfa y la Omega, el Principio y el Fin, el Primero y el Último ¡Dichosos los que guardan sus Mandamientos, para que tengan derecho al árbol de la vida, y entren por las puertas en la ciudad!" (Apocalipsis 22:11-14). —*Manuscrito 4, del 9 de Enero de 1898.*

Él (Cristo) nos ordena: "alza tu voz como trompeta, y anuncia a mi pueblo su rebelión, y a la casa de Jacob sus pecados". Pronto vendrá el momento en que la obra de los juicios de Dios empezará en su santuario. Dios mismo está trazando ahora la línea de separación. Él dice, "Así, no los miraré con lástima, ni los perdonaré. Volveré el camino de ellos sobre sus cabezas" (Ezequiel 9:10). —*Carta 3, del 1 de Enero de 1900.*

El hombre que haya tomado las riendas en sus propias manos para guiar y manejar a otros, recibirá su retribución, porque la obra de Dios revelará tremendos errores. A menos que ese instrumento esté bajo el yugo de Cristo, su razonamiento será enceguecido incluso ante la mayor luz. Todos los días se inventará algún plan mediante el cual Satanás cree que puede dar una mano para sembrar la cizaña entre el trigo. No se puede mezclar el vicio con la virtud. Tendremos que alzar la voz, no en tono incierto, y más ahora, cuando se está haciendo la obra misionera, "Por lo cual, salid de en medio de ellos y apartaos, dice el Señor. No toquéis lo impuro, y yo os recibiré" (2

Corintios 6:17). Dios está trabajando ahora por su pueblo, pero cuántos no distinguen la diferencia entre la obra de Dios y un trabajo extraño. —*Carta 171, del 9 de Enero de 1900.*

Las potencias infernales están conmovidas por una profunda intensidad. El resultado es guerra y derramamiento de sangre. La atmósfera moral está envenenada por actos de una crueldad espantosa. El espíritu de lucha se extiende y abunda en todas partes. Muchas almas caen bajo el poder de un espíritu de fraude y engaño. Muchos se alejarán de la fe para seguir a espíritus seductores y a doctrinas de demonios. No disciernen el espíritu que se ha apoderado de ellos...

¿Qué engaño más grave puede seducir la mente que el que los hace creer que están construyendo sobre un buen fundamento; que Dios acepta su trabajo, cuando en realidad están haciendo muchas cosas conforme a las ideas del mundo y pecando contra la ley de Jehová, que protege los intereses de todos los seres por quienes Cristo dio su vida? Es grande el extravío y fascinante la alucinación que se apoderan de las mentes, cuando los hombres que han conocido la verdad adoptan la forma de la piedad, en vez de su espíritu y potencia; cuando suponen que son ricos y que no necesitan nada y en realidad lo necesitan todo.

Dios no ha cambiado para con sus siervos fieles, quienes mantienen sus vestiduras sin mancha. Pero mientras muchos claman: "Paz y seguridad", se acerca la destrucción repentina. A menos que haya un arrepentimiento cabal, a menos que los hombres por medio de la confesión humillen sus corazones y reciban la verdad tal como está revelada en Jesús, nunca podrán entrar en el cielo. Cuando empiece la depuración en nuestras filas, ya no podremos seguir descansando tranquilamente, ni jactarnos diciendo: Yo soy rico, estoy enriquecido y nada necesito. —*Manuscrito 32, del 21 de Abril de 1903.*

Aquellos que permanecen inflexibles, inmutables ante las advertencias que Dios envía, serán atados en manojos, listos para ser quemados... Pedro, Santiago y Juan dejaron sus redes para seguir a Cristo. Y hoy, habrá hombres y mujeres que dejarán sus empleos para proclamar el mensaje del evangelio. Las multitudes serán congregadas en el redil. Muchos que han conocido la verdad han contaminado su conducta ante Dios y se han apartado de la fe. Las filas raleadas serán llenadas por aquellos a quienes Cristo representó como viniendo a la undécima hora. Hay muchos con quienes el Espíritu de Dios está contendiendo. El tiempo de los juicios destructores de Dios, es el tiempo de la misericordia para aquellos que [hasta el momento] no han tenido oportunidad de aprender qué es la verdad. El Señor los mira con ternura. Su corazón misericordioso se conmueve, su mano todavía se extiende para salvar, mientras la puerta se cierra para aquellos que no quisieron entrar. Será admitido un gran número de los que en los últimos días oirán la verdad por primera vez. —*Carta 103, del 3 de Junio de 1903.*

Ante nosotros hay peligros que debemos evitar. Cristo ha establecido grandes principios para su iglesia, y ésta, por medio de sus buenas obras, debe darlos a conocer al mundo. Su instrucción en este punto es categórica. Los principios que se deben mantener, son válidos para todos los tiempos, ya que derraman por las edades una luz clara, definida y firme que debe ser apreciada por cada iglesia que esté violentamente asediada por la tempestad que existe en nuestro mundo. No se debe confundir estos principios con los planes del mundo, sino que deben permanecer con el pueblo de Dios, libres de toda atadura.

El Señor me ha presentado los peligros que están amenazando a su pueblo, que tiene el sagrado cometido de proclamar el mensaje del tercer ángel con claridad y distinción. El pueblo de Dios debe tomar precauciones para no ser atrapado con sugerencias no santificadas... La verdad no debe ser encubierta. El mensaje para estos últimos días no debe ser enunciado de manera confusa...

De las iglesias representadas por Babilonia, se dice que han caído de su estado espiritual para volverse un poder perseguidor contra los que guardan los mandamientos de Dios y tienen el testimonio de Jesucristo. A Juan se le mostró este poder perseguidor que tiene cuernos, como los de un cordero, pero que habla como un dragón. Apocalipsis 13:11-17 citado.

Por medio de una serie de imágenes, el Señor Jesús le presentó a Juan el carácter malvado y la influencia seductora de aquellos que se han distinguido por perseguir al pueblo de Dios. Todos necesitamos sabiduría para investigar cuidadosamente el misterio de iniquidad que sobre todo se destaca en el cierre de la historia de este mundo... Cada vez más los fanáticos religiosos del mundo manifestarán sus obras maléficas; pero hay solamente dos grupos: aquellos que guardan los mandamientos de Dios y aquellos que hacen guerra contra la santa ley de Dios.

Una de las marcadas características de estos falsos poderes religiosos es que mientras profesan tener el carácter y rasgos de un cordero, mientras profesan ser aliados del cielo, por medio de sus acciones revelan que tienen el corazón de un dragón y que están unidos con el poder Satánico, instigados por el mismo poder que hizo guerra en el cielo cuando Satanás buscó la supremacía y fue arrojado del paraíso...

Satanás está tratando de introducir sus propias ideas en los hijos de Dios, a través de los métodos humanos. Él está buscando ser aceptado como Dios, mejor aún, ser exaltado por encima de Dios... A través de preceptos humanos, él conduce a los hombres a considerar que los mandamientos de Dios son menos importantes que la tradición humana, y a considerar como algo pequeño el apartarse de esa ley, que siempre es santa, justa y buena. Él ve que al impedir que las agencias humanas avancen como hijos obedientes en armonía con la voluntad de Dios, él puede estorbar la culminación de la obra de Dios en nuestro mundo...

Se me ha instruido a decir que los hombres que ocupan puestos de responsabilidad en la obra de Dios, han sobrestimado su derecho de controlar a otros... Una y otra vez los hombres de influencia insisten en hacer su propia voluntad, en lugar de estar firmes en el fundamento sólido que Dios mismo ha establecido. Si se niegan a andar en las sendas rectas que Dios ha indicado, caerán en la confusión y no enseñarán sabiduría a otros que tienen las mismas luchas y pruebas. ¿Cuándo aprenderá el hombre que Dios es Dios, y no un hombre para que cambie?...

No hay un punto medio hacia el Paraíso restaurado. El mensaje que se debe dar en estos últimos días no debe ser mezclado con invenciones humanas. No debemos apoyarnos en el plan de acción de abogados frívolos. Debemos ser hombres humildes de oración y no debemos actuar como aquellos que están cegados por las agencias satánicas...

La mayor luz y bendición que Dios nos ha concedido no es ninguna seguridad contra la transgresión y la apostasía de estos últimos días. Es posible que aquellos a quienes Dios ha exaltado a posiciones encumbradas en la verdad, se vuelvan de la luz del cielo a la sabiduría humana. Entonces su luz se transformará en oscuridad, las capacidades que Dios les ha confiado en una trampa y sus caracteres en una ofensa para Dios. Dios no puede ser burlado. Un alejamiento de él siempre ha sido y será seguido por resultados innegables. Cometer actos que desagradan a Dios, llevará al impenitente a seguir paso a paso hacia el engaño, hasta cometer muchos pecados impunemente, a menos que se arrepienta decididamente y los abandone en vez de tratar de justificarlos. Todos los que tengan un carácter que los haga colaboradores con Dios y acreedores de su alabanza, deberán separarse de los enemigos de Dios, y exaltar la verdad que Cristo le entregó a Juan para el mundo...

Los que pretenden ser discípulos de Cristo, a menudo manifiestan dureza de corazón y ceguera mental porque no escogen ni ponen en práctica la voluntad de Dios, sino la suya propia. Los móviles egoístas se introducen y toman posesión de la mente y el carácter y, en su confianza propia, creen que su camino es sabio. No son cuidadosos en seguir los caminos y las palabras de Dios. Las circunstancias, según dicen, alteran los casos. Las prácticas mundanas se introducen y así son tentados y apartados. Se mueven en conformidad con sus propios deseos no santificados, haciendo senderos engañosos para sus propios pies y para los pies de los demás. El cojo y el débil suponen que los tales son guiados por Dios, y, por consiguiente, piensan que su juicio debe ser correcto. De esa manera muchos siguen sendas falsas que no han sido formadas para que los redimidos del Señor anden por ellas. —*Manuscrito 139, del 23 de Octubre de 1903.*

Es posible que sea necesario hacer el mismo trabajo que en el pasado el Señor inspiró a sus mensajeros, de manera que se salve el mayor número de almas de las influencias satánicas que los llevarían por el mal camino. La opinión del mundo se opondrá al mismo trabajo que se debe hacer, para no poner en peligro la seguridad del rebaño de Dios. —*Manuscrito 5, del 20 de Enero de 1904.*

Habrá vueltas y revueltas, pero nuestro trabajo no debe detenerse allí. Debemos instruir y despertar a los que no han oído la verdad para este tiempo... En esta crisis se nos llama a tomar una posición. Debemos apartarnos de aquellos que están decididos a hacer naufragar nuestra fe. No debemos vender a nuestro Señor a ningún precio. Debemos negarnos a escuchar los engaños que se han introducido para abolir la verdad para este tiempo. No se debe remover ninguna piedra, ni un pilar del fundamento de la verdad. —*Carta 237, del 14 de Julio de 1904.*

Estoy cansada de tratar de oponerme a los esfuerzos realizados para violar la verdad que se debe proclamar ahora. Si algunos toman mis palabras para sostener el error, no entraré en controversia, pero continuaré poniendo ante el pueblo la verdad que Dios desea que entienda. Debo esforzarme para hacer que mis palabras sean tan claras que no puedan ser malinterpretadas. La verdad será vindicada y cumplirá el propósito trazado por Dios. La mente sólo puede librarse del error, cuando se corta todo lazo que la amarra a las falsedades del enemigo.

Se necesita una gran reforma entre el pueblo de Dios. Muchas ramas estériles y sin sabia serán cortadas de la vid. Todo lo que puede ser sacudido, será sacudido y lo que no se pueda sacudir, permanecerá.

El enemigo ha estado trabajando en la mente de algunos, y los ha llevado a violar nuestra experiencia del pasado mezclando la verdad con teorías erróneas y falsas. Él ha llevado a los ministros y maestros a entrelazar en sus doctrinas algunos esquemas atrayentes de su propia invención. Cada extravío de la verdad que hemos defendido en el pasado, es una desviación de la verdad atestiguada por el Espíritu Santo y sobre la cual Dios ha puesto su sello.

La verdad debe permanecer por sí misma, sólo unida a la verdad. La incredulidad perturba la confianza en el proceso de la verdad y tiende a destruir el todo. La mente que acaricia sentimientos que tienden a destruir el fundamento de la fe que nos hizo lo que somos, se confunde y no puede discernir entre la verdad y el error.

Deben mantenerse en alto las verdades que han sido sustentadas por la obra palpable de Dios. Que nadie presuma mover una marca o una piedra del fundamento de la estructura. Aquellos que intentan minar los pilares de nuestra fe están entre aquellos de los cuales dice la Biblia: "El Espíritu dice claramente que en el último tiempo algunos se apartarán de la fe, escuchando a espíritus engañadores y a doctrinas de demonios" (1 Timoteo 4:1)... Los que siguen el camino del error pierden la paz genuina de Cristo en sus corazones y se convierten en un mar tempestuoso que arroja cieno y lodo. —*Carta 87, del 25 de Febrero de 1905.*

El mismo agente engañador que sedujo a los ángeles en el cielo, está trabajando de manera similar en las mentes humanas hoy. Por medio de sus afirmaciones seductoras, ganó la confianza de muchos de los ángeles y hubo una gran guerra en el cielo. Miguel y sus ángeles pelearon contra Satanás y sus seguidores engañados...

Hay algunos que habiendo recibido advertencias e instrucción de parte de Dios, deliberadamente se apartaron de los mensajes que les envió. Caminaron como a ciegas hacia las trampas preparadas por Satanás. Él está jugando el juego de la vida para ganar sus almas. Y algunos que podrían estar en condición de ayudar a estas almas enlazadas, han sido ellos mismos tomados cautivos por el archiengañador.

Se me ha instruido a decir que debemos hacer todo lo que está a nuestro alcance por estas almas engañadas. Sus mentes deben ser libradas de los engaños del enemigo y, si fallamos en nuestros esfuerzos de salvar a los perdidos, debemos "salir de en medio de ellos" y apartarnos... Por años, la tendencia regresiva de muchos ha obstaculizado grandemente la obra de Dios.

Ahora, en este momento, el pueblo del Señor debe demostrar su lealtad. El tiempo ha llegado cuando el Señor quiere que todos los que lo honran tomen una posición firme del lado de la verdad y la justicia. Ya no debemos continuar siendo una multitud mixta. —*Manuscrito 106, del 20 de Noviembre de 1905.*

Vemos la necesidad de que hombres piadosos y consagrados se hagan cargo de la obra que se debe hacer en el futuro... No se debe considerar a ningún ser humano como digno de confianza, a menos que sea evidente que está firme en la verdad de la Palabra de Dios. Algunos que han sido líderes en la causa de Dios, están procurando obstruir el efecto de la obra que Dios estableció en el mundo para educar a su pueblo y prepararlo para resistir la prueba de los poderes obradores de milagros que anularían los hechos preciosos de la fe, los cuales durante los últimos sesenta años han sido promovidos bajo el poder del Espíritu Santo...

Cristo pronuncia ayes contra todos los que infringen la ley de Dios. Él pronunció un ay sobre los escribas de sus días porque ejercían su poder para afligir a los que esperaban justicia y juicio de ellos. Aquellos que, siendo miembros nominales de la iglesia, consideren sin importancia el poner de lado la ley de Jehová, y no hagan ninguna distinción entre lo bueno y lo malo, sufrirán todas las consecuencias terribles del pecado.

En las visiones que el Señor me ha dado, he visto a muchos que siguiendo sus propios deseos pervierten la verdad, oprimen a sus hermanos y colocan dificultades ante ellos. Ahora se están desarrollando los caracteres de los hombres, y ellos están tomando su posición, algunos del lado del Señor Jesucristo, otros del lado de Satanás y sus ángeles. El Señor llama a todos los que son fieles y leales a su ley a que se aparten de toda conexión con aquellos que se han puesto en el bando del enemigo. —*Carta 256, del 1 de Agosto de 1906.*

El Señor me ha instruido a decirle a nuestras iglesias: no hay seguridad para los que confían en la sabiduría o fuerza humana. "¿A quién se le dará conocimiento, o a quién se hará entender doctrina? ¿A los destetados? ¿A los recién retirados de los pechos? Porque ha de ser precepto tras precepto, mandato sobre mandato, renglón tras renglón, línea sobre línea, un poquito allí, otro poquito allá. Porque con labios extranjeros, en extraña lengua, Dios hablará a este pueblo, a quien dijo: „Este es el reposo, dad reposo al cansado; este es el refrigerio". Pero no quisieron escuchar. Así, la Palabra del Eterno les será precepto tras precepto, mandato sobre mandato, renglón tras renglón, línea sobre línea, un poquito allí, otro poquito allá; hasta que vayan y caigan de espaldas y sean quebrantados, enlazados y presos. Por tanto, ustedes burladores, que gobiernan al pueblo de Jerusalén, oigan la Palabra del Eterno. Ustedes se jactan, diciendo: „Concierto hemos hecho con la muerte, y acuerdo con la sepultura. Cuando pase el turbión del azote, no llegará, porque nos hemos refugiado en la mentira y en la falsedad nos escondimos". Por eso, así dice el Señor, el Eterno: „fundo en Sión una Piedra, piedra probada, angular, preciosa, de cimiento seguro; el que confíe en ella nunca desmayará. Pondré la justicia por cordel, y la justicia como plomada. Granizo barrerá el refugio de la mentira, y las aguas arrollarán el escondrijo"" (Isaías 28:9-17).

"¿Quién habitará con el fuego consumidor? ¿Quién habitará con las llamas eternas? El que anda en justicia y habla lo recto, el que rehúsa la ganancia de violencias, el que sacude sus manos para no recibir cohecho, el que tapa su oreja para no oír propuestas sanguinarias, el que cierra sus ojos para no ver cosa mala; éste habitará en las alturas, la fortaleza de las montañas será su refugio; se le dará su pan, y sus aguas serán seguras. Tus ojos verán al Rey en su hermosura, verán la tierra dilatada" (Isaías 33:14-17).

El gobierno del reino de Cristo no se asemeja a ningún gobierno terreno. Es un reflejo de los caracteres de quienes componen el reino... "Decía: „¿A qué es semejante el reino de Dios? ¿Con qué parábola lo describiremos?"" (Marcos 4:30). Él no podía encontrar nada en la tierra que sirviera como una comparación perfecta. En su corte preside el amor santo, y sus cargos y oficios están adornados por el ejercicio de la caridad. Pide a sus siervos que incorporen compasión y benevolencia, sus propios atributos, en todas sus tareas para que encuentren felicidad y satisfacción reflejando el amor y la tierna compasión de la naturaleza divina sobre todos los que se asocian con ellos.

El profeta continúa: "Mira a Sión, ciudad de nuestras fiestas solemnes. Tus ojos verán a Jerusalén, morada de quietud, tienda que no será desarmada, ni serán arrancadas sus estacas, ni ninguna de sus cuerdas será rota. Allí el Eterno será fuerte, nuestro lugar de anchos ríos, anchas corrientes, donde no andarán galeras, ni poderosas naves. Porque el Eterno es nuestro Juez, el Señor es nuestro Legislador, el Eterno es nuestro Rey; él mismo nos salvará. Tus cuerdas se aflojaron, no aseguraron el mástil, ni entesaron la vela. Entonces se repartirá presa de muchos despojos. Hasta los lisiados arrebatarán presa" (Isaías 33:20-23).
—*Manuscrito 9, del 10 de Febrero de 1908.*

Capítulo 10—La Cuestión del Sábado vs Domingo

Nuestros hermanos no pueden esperar la aprobación de Dios, mientras exponen a sus hijos a lugares donde les sea imposible obedecer el cuarto mandamiento. Deben esforzarse para hacer algún tipo de arreglo con las autoridades, para que sus hijos sean eximidos de asistir a la escuela en el séptimo día. Si eso falla, su deber es obvio: deben obedecer los requisitos de Dios a toda costa...

Si los padres permiten que sus hijos reciban educación en el mundo y hagan del sábado un día común, entonces no podrá ser puesto sobre ellos el sello de Dios. Serán destruidos con el mundo; y ¿no recaerá su sangre sobre los padres? Pero si enseñamos fielmente a nuestros hijos los mandamientos de Dios, sometiéndolos a la autoridad paternal y luego por la fe y la oración los confiamos a Dios, él cooperará con nuestros esfuerzos porque lo ha prometido. Y cuando el azote abrumador recorra la tierra, ellos estarán con nosotros escondidos en el pabellón secreto del Señor. —*Manuscrito 3, del 8 de Octubre de 1885.*

Hay muchos que están muy cómodos, como si estuviesen dormidos. Dicen: "Si la profecía predijo que la observancia del día domingo sería obligatoria, ciertamente se promulgará esa ley", y habiendo llegado a esa conclusión, se sientan tranquilamente a esperar el evento y se tranquilizan con la idea de que Dios protegerá a su pueblo en aquel día. Pero, Dios no nos salvará si no hacemos ningún esfuerzo para hacer la obra que él nos ha encomendado. Debemos ser centinelas fieles, para que Satanás no obtenga ventajas, que es nuestro deber prevenir.

Debemos estudiar la Palabra de Dios diligentemente y orar fervientemente para que Dios contenga los poderes de la oscuridad, porque comparativamente, el mensaje ha ido a unos pocos y el mundo debe ser iluminado con su gloria. La verdad presente; los mandamientos de Dios y la fe de Jesús, aún no han sido proclamados como es debido. Hay muchos que están casi a la sombra de nuestras puertas, para cuya salvación no se ha hecho ningún esfuerzo personal.

No estamos preparados para el tiempo en que nuestra obra deba cerrarse. Debemos tomar una decisión firme de no reverenciar el primer día de la semana como el sábado, porque no es el día que fue bendito y santificado por Jehová, y al hacerlo nos pondríamos del lado del gran engañador. La controversia en lo tocante al sábado sacará a relucir el tema ante las personas, y les dará la oportunidad para poner de manifiesto el verdadero sábado. La terquedad y deslealtad a Dios prevalecen al punto que invalidan su ley, pero el Salmista menciona dicha condición: "Es tiempo de que actúes, oh Señor, porque han invalidado tu Ley" (Salmos 119:126).

Debido a que la maldad sigue en aumento, es tiempo que el pueblo de Dios trabaje como nunca antes. Los que temen a Dios y guardan sus mandamientos, deben ser diligentes no sólo en oración, sino en acción, y esto traerá la verdad ante aquellos que nunca la han oído. El mundo está dominado por la falsedad y la iniquidad, y aquellos a quienes Dios ha hecho depositarios de su ley y de la religión pura de Jesús, deben permitir que su luz brille. Si no hacen nada para mostrar la verdad a las personas, y a través de su ignorancia nuestros legisladores abjuran a los principios del protestantismo, disponiéndose a apoyar la falacia romana (el sábado espurio), Dios tendrá por responsable a su pueblo, que ha tenido gran luz, por su falta de diligencia y fidelidad. Pero, si el asunto de la legislación religiosa, es juiciosa e inteligentemente expuesto ante las personas y éstas ven que a través de la imposición del domingo, la apostasía romana se volvería a promulgar, entonces, no importa lo que venga, habremos cumplido con nuestra parte.

El hombre de pecado piensa cambiar los tiempos y la ley. Él se exalta por encima de Dios tratando de violar la conciencia. Pero el pueblo de Dios debe trabajar con energía perseverante para permitir que la luz de la ley brille sobre otros y así puedan resistir a los enemigos de Dios y de su verdad. Cuando se anule la ley de Dios y la apostasía se vuelva un pecado nacional, el Señor obrará en nombre de su pueblo. La necesidad extrema de su pueblo será su oportunidad para actuar y él manifestará su poder en favor de su iglesia...

Como centinelas fieles, cuando vemos que viene la espada debemos dar la advertencia para que los hombres y mujeres no sigan, por ignorancia, un curso que evitarían si supieran la verdad. El Señor nos ha iluminado con respecto a lo que ocurrirá en el mundo, para que podamos iluminar a otros y no seremos inocentes si nos quedamos tranquilos, con los brazos cruzados y deteniéndonos en nimiedades...

La luz llegará al pueblo a través de los agentes escogidos por Dios, quienes darán la voz de advertencia para que nadie ignore los propósitos de Dios o las artimañas de Satanás. En el corazón de la obra, Satanás usará al máximo sus artes diabólicas. A toda costa tratará de interponerse entre el pueblo y Dios, para disipar la luz que Dios ha dado a sus hijos. Es su propósito mantenerlos en la ignorancia de lo que ocurrirá en la tierra...

No se debe dejar que las personas tropiecen en la oscuridad, sin saber lo que está delante de ellos y estar así desarmados para el gran conflicto que se acerca. Ahora se debe trabajar ayudando a las personas a estar en pie en el gran día del juicio, y todos deben hacer su parte en esta obra. Deben vestirse con la justicia de Cristo y así ser fortificados por la verdad, para que los engaños de Satanás no sean aceptados como manifestaciones genuinas del poder de Dios...

Es un tiempo solemne para el pueblo de Dios, pero si está en pie por la sangre de Cristo, él será su defensa. Él abrirá maneras en que el mensaje de luz pueda llegar a los grandes hombres, a los escritores y a los legisladores. Ellos tendrán oportunidades con las que usted ni siquiera sueña ahora, y algunos de ellos audazmente defenderán las demandas de la ley de Dios que ha sido pisoteada...

Ahora se necesitan hombres y mujeres piadosos que busquen la salvación de las almas, porque Satanás, como un general poderoso, se ha apoderado del terreno y en este último tiempo está trabajando a través de todos los métodos concebibles para ocultar la luz que Dios ha dado a su pueblo. Él está incorporando rápidamente a todo el mundo en sus filas y los pocos que sean fieles a los requisitos de Dios, serán los únicos que podrán resistirlo y aún a éstos él está tratando de vencer...

Vaya a Dios por sí mismo; ore por iluminación divina para conocer la verdad. Para que cuando sucedan los milagros prodigiosos, y el enemigo aparezca como un ángel de luz, usted pueda distinguir la obra genuina de Dios de la obra falsa de los poderes de las tinieblas...

El mundo debe ser amonestado, y cuando el mensaje del tercer ángel sea proclamado con un fuerte clamor, las mentes estarán completamente preparadas para tomar una decisión a favor o en contra de la verdad. Satanás y sus ángeles malos arremeterán y junto con los injustos, fijarán su destino al invalidar la ley de Dios ante la evidencia convincente de su Palabra que es invariable y eterna.

El tiempo descripto por el profeta vendrá tal cual fue profetizado y la proclamación del fuerte clamor del tercer ángel, se oirá en toda la tierra. Su gloria alumbrará al mundo y el mensaje triunfará, pero aquellos que no andan en su luz no triunfarán con él...

Cuando llegue la crisis ocasionada por los prodigios Satánicos, muchos se prepararán para tomar decisiones correctas gracias a la obra realizada de casa en casa. Se estudiará la Biblia en cada hogar y los hombres y mujeres encontrarán acceso a los hogares; las mentes estarán dispuestas para recibir la Palabra de Dios y, cuando venga la crisis, muchos estarán preparados para tomar decisiones correctas, incluso ante las tremendas dificultades y los grandes escollos provocados por los milagros engañosos de Satanás... Habrá un ejército de creyentes imperturbables que permanecerán firmes como una roca hasta el fin de la última prueba...

Una luz creciente resplandecerá sobre las grandes verdades de la profecía, y se la verá en toda su frescura y fulgor, porque los rayos luminosos del Sol de Justicia lo alumbrarán todo...

Cuando el ángel (Gabriel) estuvo a punto de aclararle a Daniel las profecías extremadamente interesantes que fueron registradas para los que tenemos que dar testimonio de su cumplimiento, el ángel le dijo: "Ten buen ánimo, y aliéntate" (Daniel 10:19). Debemos recibir la misma gloria que fue revelada a Daniel, para que como pueblo de Dios, podamos dar un sonido certero a la trompeta en estos últimos días. —*Manuscrito 18, de 1888.*

En nuestra asociación se han hecho preguntas que necesitan una cuidadosa atención. Los observadores del sábado que viven en los Estados del sur [de los Estados Unidos], donde están sujetos a sentir el poder opresivo de las leyes de sus Estados, si trabajan en domingo ¿deben descansar el domingo para evitar la persecución que vendría sobre ellos si se ocupan en cualquier trabajo en este día? Algunos de nuestros hermanos parecen tener muchos deseos de que la Asociación General tome una resolución para aconsejar a nuestros hermanos observadores del sábado sujetos a prisión y a multas, que se abstengan de trabajar ese día...

Algunas mentes están constituidas de una manera tal, que no pueden tratar con sabiduría estas cuestiones. Cuando se imponga la ley dominical, el mayor peligro será tomar medidas que no estén sancionadas por el cielo, aun cuando hayan sido sancionadas por la Asociación General, porque el Señor nos da luz y conocimiento justo cuando más lo necesitamos.

Me da miedo que se tomen tantos acuerdos. Hace un año, en la Asociación se trató de adoptar ciertas resoluciones que, si hubiesen sido aceptadas, habrían limitado en gran manera la obra de Dios... Las tradiciones humanas y el aceptar y rechazar acuerdos que están en contra de lo que Dios ordena, los hubieran atado con restricciones completamente innecesarias, perjudicando el avance de la obra.

En la Asociación General se toman decisiones apresuradas y sin su debida reflexión... hacen planes y los ejecutan sin buscar el consejo de Dios... Se ha vuelto una costumbre aprobar leyes que no siempre llevan la aprobación del cielo... Sería absurdo lanzar estas cuestiones en la Asociación, sin haber considerado el asunto con oración.

Éste es el mensaje del tercer ángel a nuestro mundo y más vale que los hombres no se atrevan a tocar el arca. Existe la disposición de especular sobre algunas cuestiones que están reveladas claramente en la Palabra de Dios...

Si debido a la opresión, se hace la decisión de que nuestro pueblo no trabaje en domingo y de que nuestros hermanos en los Estados del sur parezcan armonizar con la ley dominical ¿cuánto tiempo pasará antes de que [nuestro pueblo] en todo el mundo esté en similares circunstancias que los hermanos del sur? La decisión debe ser universal. Si esto llega a ser público, como lo será en diversos grados, y se hacen concesiones serviles a un dios ídolo por parte de los que aseveran ser observadores del sábado, se hará una transigencia en los principios, hasta que por fin todo resulte perdido para ellos.

El consejo que debemos dar es: "Por lo demás, hermanos míos, fortaleceos en el Señor y en el poder de su fuerza. Vestíos de toda la armadura de Dios, para que podáis estar firmes" ¿en armonía con la apariencia externa? No, sino "contra las artimañas del diablo" (Efesios 6:10, 11).

Hay ciertas declaraciones duras, que los observadores del sábado tendrán que transmitir valientemente y que finalmente los hará enfrentar una amarga persecución, porque Cristo dice: "Vosotros sois mis testigos" (vea Isaías 43:10-12). Sí, testigos por Dios y firmes en la defensa de su santa ley. Somos la luz que revela las tinieblas morales y el que venciere recibirá la recompensa.

No se adopte aquí ninguna resolución que fomente un servicio a medias o a esconder cobardemente nuestra luz bajo un almud o bajo la cama, porque ciertamente seremos probados... Los héroes bíblicos de la fe deben ser nuestro ejemplo.

Los que escudriñan la Biblia y los instructores bíblicos, si de verdad están de parte del Señor, serán fervientes, obedientes, mansos y humildes de corazón, y Dios les enseñará. Si debido a las pruebas e inconvenientes que se levantan a causa de nuestra fe, se aprobaran resoluciones que impusieran suspender toda labor en domingo y se adorara al sábado ídolo ¿les daría esto fortaleza y energía espiritual a los que lo hicieran o se volverían cobardes y serían barridos con los engaños de estos últimos días? Deje estas preciosas almas al dictado de Dios. Tengan la certeza de que el sábado es un asunto que constituirá nuestra prueba, y la forma en que traten esta cuestión los colocará, o al lado de Dios o al lado de Satanás. De alguna manera la marca de la bestia será presentada a cada institución y a cada persona...

La posición que algunos toman, es que este decreto civil no tiene ninguna relación con la presente observancia del sábado. Nuevamente se ve que están totalmente ciegos. En esto no están en lo correcto. Cada movimiento que Satanás ha hecho, aun desde el primero, fue el comienzo de esta obra, la cual continuará hasta el fin exaltando el falso descanso en lugar del sábado genuino de Jehová. Él está muy decidido ahora y está más determinado a hacer esto ahora que nunca antes. Ha descendido con gran poder para engañar a los que moran en la tierra con sus sofismas satánicos. Su obra tiene una relación directa con el sábado del cuarto mandamiento. Si para evitar inconvenientes como pérdida de propiedades, encarcelamiento y multas que surgen de la promulgación de las leyes estatales que imponen la observancia del domingo, se tomaran resoluciones para que se obedezcan esas leyes, ciertamente Dios sería deshonrado. El ejemplo dado a los que necesitan más amonestación sería de un carácter tal, que abriría un camino en el cual las almas serían fácilmente arrastradas por las temerarias y rápidas corrientes del mal. Serán tentados duramente, debido al desprecio universal que ven sobre la ley de Dios, a pensar ligeramente en él y a poner las leyes de los hombres en igualdad con las leyes de Dios y reverenciar cada vez menos las leyes de Jehová. ¿Trabajarán los pastores del rebaño con el gran engañador para hacer que la apostasía hacia Dios sea más fácil?

Desde hace tiempo hemos sabido que esta batalla debe ocurrir y que los dos grandes poderes, el Príncipe de las Tinieblas y el Príncipe de Luz, tendrían una batalla reñida. Si el pueblo de Dios que entiende la verdad, avanza en la luz que Dios le ha dado, ni por precepto ni por ejemplo enseñará a otras almas a esquivarla. Dele una dieta fortalecida por la Biblia y preséntele su deber de cumplir con lo que ésta demanda para fortificar y robustecer el alma para el próximo conflicto. Pero en este momento se necesitarán hombres que hayan sido líderes en seguir las pisadas de Jesús. Si no avanzan en la luz de Cristo y con la creciente luz del mensaje del tercer ángel, ciertamente serán guías ciegos. (Éxodo 31:12-17 citado).

Es ahora el momento cuando Dios quiere que haya hombres valientes, que tengan la armadura de Dios y que presenten al enemigo un frente unido. Al hacer frente a las emergencias, la ley de Dios será más preciosa y más sagrada para nosotros; y en la misma proporción en que innegablemente sea invalidada y puesta a un lado, se despertará nuestro respeto y reverencia por ella... David dijo: "Es tiempo de que actúes, oh Señor, porque han invalidado tu Ley. Por eso he amado tus Mandamientos más que el oro, más que el oro muy puro" (Salmos 119:126, 127).

Si su pueblo le pide ayuda a Dios, el Señor constantemente estará conduciéndolo y guiándolo al enfrentar esta crisis. Y éste, su pueblo, alcanzará un elevado nivel espiritual en la medida que el amor a los mandamientos de Dios, crezca en proporción al desprecio que manifiesten por esa ley, aquellos que los rodean. Hay grandes principios en la reforma pro-salud que no se deben desatender ni ignorar. Que Dios nos libre de hacernos los inválidos en esta gran crisis. Pablo oró para que fuese quitada la espina de su carne, pero el Señor viendo que no era lo mejor, le envió la bendita promesa: "Bástate mi gracia" (2 Corintios 12: 9). El Señor no quita los problemas, pero da la gracia para soportar la prueba.

En el ejercicio de su longanimidad, Dios da a las naciones un cierto período de gracia, pero hay un punto que, si es sobrepasado por ellas, hará que reciban la visitación de Dios con su indignación. Él castigará. El mundo ha estado avanzando de un nivel a otro en el desprecio de la ley de Dios, y puede ser apropiada en este tiempo la oración: "Es tiempo de que actúes, oh Señor, porque han invalidado tu Ley" (Salmos 119:126). Pronto, en respuesta a esta oración, la ira de Dios será derramada sin mezcla de misericordia.

Entonces, cuando nos acerquemos a este tiempo, debemos ser muy cuidadosos con el consejo que le demos a las personas que necesitan ser fortalecidas en su experiencia cristiana, para que no seamos como Aarón que consintió en hacer el becerro de oro.

Él hizo algo terrible porque todo el pueblo de Israel lo admiraba como su líder, era un hombre bueno. Si él hubiese levantado su voz en forma cierta y decidida en contra, este culto vil a un ídolo no habría mancillado al pueblo de Dios. No queremos repetir la cobardía de Aarón o el pecado de Israel. Permita que el Señor trabaje por su pueblo y cuídese de dar un sonido certero a la trompeta ahora. Debemos ser sabios como serpientes y sencillos como palomas.

Todos deben tener cuidado con lo que dicen y hacen; cuidándose de avanzar de acuerdo con el mandato de Dios. Mantenga el paso con el Capitán del Señor de los ejércitos. Nadie se jacte orgullosamente, ya sea por precepto o ejemplo, para manifestar que está desafiando las leyes del país. No tomen ninguna resolución en cuanto a lo que las personas, en diferentes Estados, pueden o no pueden hacer. No se haga nada para disminuir la responsabilidad individual. Cada uno debe quedar firme o caer ante su Dios. No sienta nadie que es su deber hacer discursos en presencia de nuestro propio pueblo o de nuestros enemigos, que despierten la combatividad de éstos, de manera que ellos tomen las palabras y las interpreten de tal manera que sean acusados de ser rebeldes al gobierno, pues esto cerrará la puerta de acceso al pueblo...

Que vean a Cristo en todo lo que haga. Que vean que usted es una epístola viviente de Jesucristo. Que en su vida aparezcan rasgos suaves de carácter. Sea amable. Que su vida gane los corazones de todos los que se pongan en contacto con usted. Se hace demasiado poco en la actualidad para dar la verdad a otros en una forma atractiva. Ha habido quienes al hablar a las personas, sienten que están haciendo una embestida en las iglesias y amargan a otros por su censura. Queremos que, por amor a Jesús, nuestros corazones sean enternecidos. Esto Dios aprueba. Si no se la presenta en la forma más agradable y aceptable, la verdad será repulsiva al gusto de muchos. Mientras debemos presentar la verdad en contraste con el error, debemos presentarla de una manera que genere el menor prejuicio posible.

Aunque no podemos postrarnos ante un poder despótico ensalzando el domingo, ni violar el sábado que el poder tirano tratará de imponernos, nosotros seremos sabios en Cristo; su sabiduría y no la nuestra. Un cristiano consecuente y de buena disposición de ánimo, es un argumento poderoso a favor de la verdad. No debemos decir ninguna palabra que nos haga daño, porque esto sería malo en sí, pero cuando usted dice y hace cosas presuntuosas que arriesgan la causa de Dios, usted está haciendo una obra cruel porque le da ventaja a Satanás. No debemos ser arrebatados e impetuosos, pero siempre debemos aprender de Cristo para actuar con su Espíritu, al presentar la verdad tal como ha sido revelada por Jesús.

En este tiempo crítico no trace planes para el pueblo de Dios, porque ¿cómo sabe cuáles son los planes de Dios para su pueblo? Él quiere manifestar su poder ante nuestros enemigos. La salvación de los justos es del Señor, y su sabiduría y su fuerza son ayuda presente y suficiente para cada necesidad. Él puede trabajar por cualquiera que parezca bueno a su vista, y nadie podrá hacer nada a favor de ellos o en su contra, sin que su providencia lo permita. Los hijos de Luz son sabios y poderosos, según sea su confianza en Dios, y la sabiduría y ayuda de los hombres pueden arruinar el mismo propósito de Dios...

En todas las edades, Dios ha ayudado a los justos. Los enemigos de su pueblo jamás han podido poner por el suelo a aquellos a quienes Dios ha elevado... Entonces que no se tome en esta Asociación ninguna decisión que impida la obra del Señor... Cuidado de no salirse del terreno en el que se encuentra Dios, para ir al de Satanás.

Muchos entre los reformadores, hicieron esto en el pasado. Lutero tuvo muchos conflictos en este aspecto. Las personas precipitadas se apresuraron innecesariamente cuando Dios no las había enviado a hacer esa obra inaceptable e impulsiva. Se adelantaron sin la orden de Cristo y provocaron la ira del diablo. En su celo inoportuno y errado, cerraron la puerta al gran servicio que muchas almas podrían haber hecho por su Maestro.

Tenemos que tratar con todo tipo de personas. Habrá personas que debido a movimientos apresurados e inadecuados, traicionarán la causa de Dios poniéndola en manos del enemigo. Habrá hombres que tratarán de vengarse, que apostatarán y traicionarán a Cristo en la persona de sus santos. Todos necesitan aprender discreción. También hay peligro, por otra parte, en ser conservadores, en hacerle muchas concesiones al enemigo... Por honor a Dios, nuestros hermanos deben ser muy cautelosos en este asunto. Dios debe ser su temor y pavor. ¿Debería esta Asociación, aprobar resoluciones afirmando que sería razonable que los adventistas del séptimo día descansaran en el primer día de la semana, para evitar arrestos y lo que probablemente vendría si no obedecieran las leyes? ¿Demostraría esto que representamos correctamente la santa ley de Dios? (Vea Éxodo 31:12-17).

Se me ha mostrado que desde su primera rebelión, Satanás ha estado trabajando con el fin de exaltar su propio poder en contradicción a la ley y al poder de Dios. Satanás lo hace exaltando la observancia del domingo, y ¿no deshonraría a Dios todo lo que este pueblo dijera para adorar el sábado espurio? ¿No confundiría las mentes y las pondría donde podrían ser engañadas por las artimañas de Satanás? Todo lo que hagamos que ensalce lo espurio en lugar del verdadero y genuino sábado, es desleal para con Dios y debemos obrar muy cuidadosamente para no ensalzar la decisión del hombre de pecado. No debemos estar en una posición neutra con relación a este punto de tanta trascendencia. Por convicción al deber, los mandamientos de Dios y la fe de Jesús deben estar inscriptos en nuestro estandarte.

Si actuáramos en simpatía con nuestros hermanos del sur, como algunos nos han instado ¿dónde estaría el pueblo de Dios? ¿Qué distinción habría con los observadores del domingo? ¿Seríamos reconocidos como el pueblo que guarda el sábado de Dios? ¿Cómo demostraríamos que el sábado es una señal?

Los dos ejércitos serán diferentes y estarán separados, y esa diferencia será tan marcada que muchos de los que se convenzan de la verdad, se pondrán de parte del pueblo de Dios que observa sus mandamientos. Cuando esté por producirse esta obra grandiosa en la batalla, antes del último gran conflicto, muchos serán encarcelados, muchos huirán de las ciudades y los pueblos para salvar su vida y muchos otros soportarán el martirio por amor de Cristo, al levantarse en defensa de la verdad. Serán traídos ante los legisladores y gobernantes, y ante los concilios para enfrentar falsas y absurdas acusaciones mentirosas contra ellos, pero deben permanecer firmes como una roca a los principios, y la promesa es: "como tus días dure tu fuerza" (Deuteronomio 33:25). Dios es fiel, y no dejará que sean tentados más de lo que puedan resistir. Jesús cargó todo esto y mucho más. Debemos obedecer la orden expresa de Dios porque él ha estado obrando. (Lucas 21:8-19 citado).

Se ha dado un conocimiento profundo de su palabra para preparar a los hombres y a las mujeres a contender celosamente por la ley de Jehová, para reestablecer la santa ley y reparar la brecha que fue abierta en la ley y restaurar las tablas de piedra a su antigua, exaltada y honorable posición. Y cuando los siervos fieles de Dios sean traídos a cara descubierta, no deberán consultar con carne y sangre.

Habrá, aun entre nosotros, mercenarios y lobos con vestidos de ovejas, que persuadirán al [a algunos del] rebaño de Dios a presentar sacrificios a otros dioses delante del Señor...Podemos deducir cómo actuaría Pablo ante cualquier emergencia. "Porque el amor de Cristo nos apremia" (2 Corintios 5:13). Jóvenes que no están establecidos, arraigados y afirmados en la verdad, serán corrompidos y arrastrados por ciegos que guían a otros ciegos; y los impíos, los despreciadores que dudan y perecen, que desprecian la soberanía del Anciano de días y colocan en el trono un falso dios, un ser de su propia definición, un ser totalmente semejante a ellos mismos, serán agentes en las manos de Satanás para corromper la fe de los incautos. Los que han sido indulgentes consigo mismos y han estado listos para ceder al orgullo, la moda y la ostentación, despreciarán a los concienzudos, a los que aman la verdad, a los que temen a Dios y en esta obra [aquellos] menospreciarán al mismo Dios del cielo. La sabiduría de este mundo menosprecia la Biblia, exalta la sabiduría de los hombres, y adora a Satanás y al hombre de pecado, mientras que el ángel vuela por el medio del cielo clamando a gran voz: "¡Ay, ay, ay de los habitantes de la tierra!" (Apocalipsis 8:13).

Se me ha mostrado que la mano del Señor ya se ha extendido para castigar a aquellos que se volverán monumentos de la desaprobación divina y de la venganza santa, porque ha llegado el día de la recompensa. Cuando los hombres que exaltaron al hombre de pecado en lugar de Jehová, adorando un sábado falso en lugar del sábado del Señor Jehová, encontrarán que ¡Horrenda cosa es caer en las manos del Dios vivo! Porque nuestro Dios es un fuego consumidor.

Les decimos a nuestros hermanos que por amor a Cristo no usurpen ante el pueblo el lugar que le pertenece a Dios. Ya se ha hecho demasiado este tipo de trabajo. Permitan que Dios dirija las mentes humanas. No pongan obstáculos en la labor que Dios tiene para su pueblo en este importante período de tiempo, cuando tremendas atracciones absorben el interés del pueblo de Dios. No arreglen tanto las cosas con la sabiduría de los hombres, que se destaque la impronta humana. Dejen que Dios haga algo. Dejen que sea la mano de Dios la que impresione y modele la mente y el carácter de los hombres, y que el hombre avance humildemente a Dios. No le quiten al pueblo las cargas que Dios desea que sobrelleven. Jesús llevó la cruz cruel al Calvario. No impongan cargas sobre quienes Dios desearía liberar.

La obra constante de Satanás es dejarlos perplejos, perturbados, confundidos y enredar las cosas para que sea difícil enderezarlas. No se comprometan en la obra indeseable de quitar de las manos de Dios la obra, y ponerla en sus propios brazos finitos. Es mejor que todos los grupos involucrados dejen al pueblo de Dios en las manos del Señor para que él impresione, enseñe y guíe sus conciencias. El que pretende ser conciencia para el pueblo de Dios, no está libre de riesgos. Si los siervos de Dios los instruyeran amorosamente por precepto y ejemplo a ser pacientes, a tener fe, a mirar a Dios por sí mismos, a entender su propio deber frente a la voluntad de Dios, entonces muchos, en circunstancias de prueba, obtendrían una rica experiencia en las cosas de Dios. Enséñele al hombre a pedirle a Dios sabiduría. Por precepto y por ejemplo se debe enseñar que Dios es nuestra única esperanza, y que debemos orar sin cesar para obtener luz y conocimiento.

Muchos no han tenido la experiencia religiosa que es esencial para estar libres de culpa ante el trono de Dios. Él permite el horno de fuego de las aflicciones para consumir la escoria, refinar, purificar y limpiarlos de la humillación del pecado, del amor a sí mismos y para traerlos al conocimiento de Dios y para que traben una amistad con Jesucristo y avancen con él, como lo hizo Enoc...

El Señor conducirá y guiará a su pueblo. Dios enviará refuerzo como en el caso de Daniel, para ayudar a los que están intercediendo ante el trono de su gracia en su momento de necesidad. Cristo dijo: "Os aseguro: El que cree en mí, las obras que yo hago, él también las hará, y mayores que éstas las hará, porque yo voy al Padre. Y todo lo que pidáis al Padre en mi Nombre, eso haré, para que el Padre sea glorificado en el Hijo" (Juan 14:12-13).

En el nombre del Señor amonesto a su pueblo a que tenga confianza en Dios y que no empiece ahora a prepararse para pasarla bien frente a cualquier emergencia en el futuro, sino que permita que Dios haga la preparación para esa emergencia. En general tenemos muy poca fe...

Para el pueblo de Dios que esté pasando por dificultades, le será de ayuda si estudia minuciosa y fervorosamente esta historia (la experiencia de Elías después de sacrificar a los sacerdotes de Baal). Que el hombre se cuide de no asumir responsabilidades que Dios no espera de él, y se interponga entre el Señor y su pueblo tentado y probado, impidiendo así que se lleven a cabo los propósitos de Dios, en la experiencia de estas personas. El pueblo de Dios tendrá que enfrentar dificultades, pero cada alma no debe poner su confianza en la sabiduría de los hombres, sino en el Señor Dios de Israel, él será su defensa... Si confiamos implícitamente en Dios, si esperamos pacientemente en oración y tenemos confianza en él, veremos el despliegue maravilloso de su poder.

Al realizar sus maravillas, Dios obra de una manera misteriosa... Los conflictos y pruebas son los medios ordenados o permitidos por Dios a fin de perfeccionar el carácter cristiano y alcanzar la vida eterna.

Se debe enseñar a cada alma a apoyarse firmemente en el brazo del poder infinito. Cada agente humano debe preservar su individualidad en su experiencia cristiana, y ninguna alma puede ser eximida de esa responsabilidad. Cada uno tiene sus propias luchas, una experiencia cristiana que ganar, independiente en algunos aspectos de otras almas, y Dios quiere que cada uno aprenda lecciones que ningún otro puede aprender por él...

No todos son probados de la misma manera. Algunos encontrarán pruebas más severas que otros, pero, a todos debemos estimularlos a que se aferren de Dios. No tenemos que pasar por ninguna experiencia nueva en la que otros no hayan experimentado algo similar.

Los caminos del Señor son inmutables. Él hará en nuestros días lo que ha hecho en el pasado... Podemos sentirnos alentados porque la Palabra de Dios es veraz y afirma que Cristo, nuestro seguro Líder, jamás le fallará a sus hijos en la hora de la prueba; porque tenemos la constancia de aquellos que han estado bajo el poder opresivo de Satanás, que su gracia fortalece día a día. Dios es fiel, y no los dejará ser tentados más de lo que puedan resistir.

Nuestro Padre celestial mide y pesa cada prueba antes de permitir que ésta le sobrevenga al creyente. Considera las circunstancias y la fortaleza de aquel que va a soportar la prueba de Dios, y nunca permite que las tentaciones sean mayores que su capacidad de resistencia. Si el alma se ve sobrepasada y la persona es vencida, nunca debe ponerse esto a la cuenta de Dios, como que no proporcionó la fortaleza de su gracia, sino que ello va a la cuenta del tentado; que no fue vigilante ni se dedicó a la oración, ni se apropió por la fe de las provisiones que Dios había atesorado en abundancia para él. Cristo nunca le ha fallado a un creyente en su hora de conflicto. El creyente debe reclamar la promesa y hacer frente al enemigo en el nombre del Señor, y no conocerá nada que se parezca al fracaso.

Puede haber grandes montañas de dificultades en cuanto a cómo cumplir con las demandas de Dios y, sin embargo, no aparecer como que se desafían las leyes del país. El creyente no debe estar haciendo grandes preparativos para protegerse de las pruebas, porque es sólo un instrumento de Dios, y debe avanzar con un sólo gran propósito, con su mente y su alma fortalecidas día tras día, para no sacrificar un sólo principio de su integridad; sin embargo, no se jactará, no expresará ninguna amenaza, ni dirá lo que hará o no hará, pues no sabrá lo que va a hacer hasta que sea probado. Simplemente seguirá adelante con un espíritu contrito deseando sinceramente la gloria de Dios, dependiendo de la Palabra de Dios y de la gracia prometida a través de Cristo, y las montañas se convertirán en montículos.

A toda alma que enfrenta dificultades con el poder de Jesús y no se deja vencer; que enfrenta a sus enemigos y opositores y en la fuerza de Cristo se mantiene firme; que emprende y hace sus deberes con sabia mansedumbre sin calcular los resultados sabiendo que nada puede lograrse por medio de la fuerza humana, su experiencia le da la seguridad de que Cristo es fiel a su promesa... Él se aferra a la Seguridad: Jesucristo el Poderoso, y reposa en la abundancia y fortaleza de Cristo, y por su experiencia sabe que Cristo es su justicia y que simpatiza con sus debilidades. Aunque sea cercado por las paredes de una prisión, puede confiar que es por la verdad y que Jesús está a su lado. No debemos ser precipitados, ni audaces, ni presuntuosos ni desafiantes. Si confiamos en Jesús y tenemos fe en su poder salvador, seremos vencedores.

Debe haber un constante andar en toda humildad. No debe haber ninguna ocasión para que nuestros enemigos nos acusen con razón de ser desobedientes a la ley, ni debemos desafiar las leyes debido a alguna imprudencia de nuestra parte. No debemos sentirnos obligados a irritar a nuestros vecinos que idolatran el domingo, haciendo decididos esfuerzos de trabajar delante de ellos en ese día, con el expreso propósito de exhibir nuestra independencia. Nuestras hermanas no deben escoger el domingo como día para lavar. No debe haber ninguna demostración ruidosa. Consideremos cuán terriblemente lamentable es el engaño que ha tomado cautivo al mundo, y por todos los medios que estén a nuestro alcance, tratemos de iluminar a los que son nuestros más crueles enemigos. Si el cristiano acepta los principios en virtud de los cuales obra el Espíritu Santo, Espíritu que él debe tener para estar preparado para el cielo, no hará nada desafiante o presuntuoso para despertar la ira y la blasfemia contra Dios. El proceso de la santificación está obrando constantemente en el corazón, y su vivencia será, "Cristo... quien nos fue hecho por Dios sabiduría, justificación, santificación y redención" (1 Corintios 1:30). Él sabe por fe que Cristo, por su Espíritu, está morando en su corazón.

¡Oh, el pueblo de Dios debe hacer una gran obra, antes de estar preparado para ser trasladado al cielo! En algunos, el calor del horno depurador debe ser severo para revelar la escoria. El yo debe ser crucificado. Cuando cada creyente, de acuerdo a todo su conocimiento, obedece al Señor y a pesar de eso trata de no buscar ninguna ocasión para que sus enemigos lo acusen o lo opriman con razón, él no debe temer los resultados aunque sean encarcelamiento y muerte.

Después que Jesús se levante del trono como mediador, todo caso habrá sido decidido, y la opresión y la muerte de los hijos de Dios, no serán entonces un testimonio en favor de la verdad.

Nuestra posición debe ser la de salvar a las almas que nos rodean y por las cuales Cristo murió. La mayoría nunca ha oído hablar de que el séptimo día es el verdadero sábado de Jehová. No conocen las Escrituras, y la posición y obra de los adventistas del séptimo día al aferrarse a su fe, provoca una terrible resistencia. Sin darse cuenta, el mundo cristiano está postrándose ante un ídolo. Todos, tanto ministros como laicos, deberían considerar al mundo como su campo misionero y deberían presentar sus argumentos en el Espíritu y poder de Dios. Sólo por medio de Dios podrán alcanzar los corazones de las personas.

No debemos perder tiempo, debemos estar perfectamente versados en las Sagradas Escrituras. No debemos presentar ante las personas argumentos endebles, ni siquiera una lógica bien fundada para convencerlas de que lo que sus padres les han enseñado como verdad y lo que se les ha predicado desde los púlpitos es falso, porque la oposición que usted genere con este tipo de labor, será esparcir semillas de tinieblas. Usted será llamado apóstata, por publicar aquello que causa confusión, pero si usted tiene el atractivo de Cristo, si mediante la sabiduría de Cristo es equilibrado en todo lo que hace, su propio corazón será imbuido por el Espíritu de Cristo y hará una buena obra para él.

Los instamos a considerar este peligro: lo que más debemos temer es el cristianismo nominal. Tenemos muchos que profesan la verdad, que serán vencidos porque no conocen al Señor Jesucristo. No pueden establecer diferencia entre su voz [de Jesús] y la de un extraño. No debemos temer en nada por una persona, aun en medio de una apostasía general, con tal que ella tenga una experiencia viva en el conocimiento de nuestro Señor y Salvador Jesucristo. Si Cristo está formado dentro de alguien (Cristo, la esperanza de gloria), tanto el ignorante como el educado pueden presentar el testimonio de nuestra fe al decir: "Yo sé a quién he creído" (2 Timoteo 1:12). Algunos no podrán señalar en donde está equivocado su adversario en sus argumentos, pues no tuvieron ninguna de las ventajas que otros han tenido; sin embargo, no serán subyugados por la apostasía, porque tienen la evidencia, en su propio corazón, de que poseen la verdad; y los razonamientos más sutiles y los asaltos de Satanás no pueden moverlos de su conocimiento de la verdad y no tienen ninguna duda o temor de estar en el error...

Que cada alma considere su responsabilidad, porque tendrá que dar cuenta ante Dios por la influencia ejercida sobre las almas de aquellos que entran en la esfera de su influencia. Cuando el amor infinito por salvar las almas tome posesión de los corazones y de las mentes, no se hará ningún movimiento precipitado.

Se debe enseñar la fe, la fe salvadora. La definición de esta fe en Jesucristo se puede hacer con pocas palabras: es el acto del alma por medio del cual todo el hombre se entrega al cuidado y control de Jesucristo. Por la fe él mora en Cristo y Cristo mora supremamente en su alma. El creyente que encomienda su alma y su cuerpo a Dios, con seguridad puede decir: Cristo es capaz de guardar lo que le he encomendado hasta aquel día. Todos los que hagan esto serán salvos para vida eterna...

Cuando el libertinaje, la herejía y la incredulidad llenen la nación, habrá muchos hogares humildes, donde personas que nunca han escuchado la verdad elevarán oraciones, oraciones contritas y sinceras, y habrá muchos corazones que sentirán el peso de la opresión por la deshonra que se le infiere a Dios. Somos demasiado estrechos en nuestras ideas, somos jueces pobres, porque muchos de éstos serán aceptados por Dios, debido a que reciben todo rayo de luz que brilla en su camino. Hay miles que como Natanael, están orando por la luz de la verdad. Los portadores de la luz de Cristo no deben ser infieles. Hay que hacer una obra por muchos en nuestro mundo y Dios nos llama a trabajar por las almas que están en las tinieblas del error, pero que están orando por la luz, para que se revele el Espíritu Santo.

No permita que temas secundarios ocupen su mente y sus afectos. Debemos aprovechar al máximo nuestras oportunidades presentes. Ahora es el tiempo de trabajar mientras el día dura, porque la noche viene cuando nadie puede obrar. Hay muchos hombres de influencia que deben conocer la verdad, y debemos estar seguros de no poner vallas en el camino. El conocimiento de la verdad sigue aumentando constantemente. No se abre a la mente una nueva verdad ni es un nuevo principio, sino que es un nuevo descubrimiento, una aplicación convincente o un reavivamiento de lo que ya existía. El Señor está preparado para presentar su luz a nuestras mentes tan rápido como la podamos recibir. Abra la puerta y deje entrar a Jesús. — *Manuscrito 6, de 1889.*

La formalidad, la sabiduría, la precaución y la política mundanas parecerán para muchos como equivalente al poder de Dios, pero, cuando se las aceptan, componen un obstáculo que impide que llegue al mundo la luz de las advertencias, los reproches y consejos de Dios.

Él está trabajando con todo su poder insinuante y engañoso para apartar a los hombres del mensaje del tercer ángel que debe ser proclamado con potente poder. Siempre que Satanás ve que el Señor está bendiciendo a su pueblo y los está preparando para discernir sus engaños, él obra con todo su poder para introducir, por un lado el fanatismo, y por otro un formalismo frío, para atrapar a las almas. Ahora es el tiempo de velar sin cesar. Deben vigilar y clausurar la entrada al menor movimiento de avance que Satanás haga entre ustedes...

Se me ha advertido que de aquí en adelante tendremos un conflicto constante. La así llamada ciencia y la religión, serán colocadas en mutua oposición debido a que los hombres finitos no comprenden el poder y la grandeza de Dios. Se me presentaron las siguientes palabras de las Escrituras: "Y de vosotros mismos se levantarán hombres que hablen cosas perversas para arrastrar tras sí a los discípulos" (Hechos 20: 30). Esto se verá ciertamente entre el pueblo de Dios, y habrá quienes serán incapaces de percibir las verdades más admirables e importantes para este tiempo; verdades que son esenciales para su propia seguridad y salvación, en tanto que los asuntos que comparados con ellas son como meros átomos, las cuestiones que escasamente tienen un grano de verdad, serán consideradas intensamente y serán magnificadas por el poder de Satanás, para que parezcan tener la mayor importancia.

El discernimiento moral de estos hombres está enfermo, no sienten su necesidad del ungimiento celestial necesario para poder discernir las cosas espirituales... Caerán en engaños y errores que Satanás ha preparado como redes ocultas, para enredar los pies de los que piensan que pueden andar guiados por su sabiduría humana, sin la gracia esencial de Cristo...

La verdadera luz debe ser destacada de todas las otras luces. El sistema de la verdad debe distinguirse de todos los otros sistemas, ya sean religiosos o morales. Es la luz que emana de Cristo. Nuestra gran obra es revelar a Cristo al mundo, y así revelar al Padre.

Hay hombres que en el mundo se ofrecen para ser nuestros guías. Ellos consideran que su curso de acción es sabio, pero sus tendencias y acciones son malas. Tipifican a los que profesando ser sabios, necesitan hacerse necios para ser sabios con la sabiduría de Dios. Apartan a otros de la senda en la cual se puede oír la voz de Jesús diciendo: "Este es el camino, andad por él" (Isaías 30:21). Son falsos maestros, ciegos que guían a otros ciegos. Desvían la atención de la misma obra que debe hacerse en este período de la historia de este mundo. Pero aquellos que siguen al verdadero Líder, oirán y reconocerán la voz del verdadero Pastor...

n el desenlace de la gran controversia, Dios nos ha llamado a dar la última advertencia al mundo. Al mismo tiempo que el mundo cristiano está honrando un sábado falso, nosotros debemos mostrarles su verdadera naturaleza. Debe ser claro que ellos están honrando una institución establecida por el hombre, en lugar de lo que Dios santificó. Se debe revelar que todo rival es un ídolo. Solemne es nuestra responsabilidad.

El mundo procurará inducirnos a suavizar nuestro mensaje y suprimir uno de sus rasgos más distintivos, diciendo: "¿Por qué le dan tanta prominencia al séptimo día, sábado, en sus enseñanzas? Parece que siempre nos dijeran lo mismo: Armonizaríamos con ustedes, si no hablaran tanto sobre este punto"... Y algunos obreros han tenido la disposición de adoptar esta estrategia. Se me insta a advertirles que se albergan sentimientos engañosos, una falsa modestia y cautela, una disposición de rechazar la profesión de nuestra fe. En visión nocturna se me han presentado temas que me agobiaron grandemente: me hallaba en una asamblea donde se trataban los mismos temas y se presentaron documentos escritos defendiendo estas concesiones. Hermanos ¿permitiremos que el mundo forje el mensaje que Dios nos ha dado para ellos?... ¿Por causa de los dirigentes traicionaremos nuestro sagrado cometido?

Si el mundo está en error y engaño y transgrede la ley de Dios, es nuestro deber mostrarles su pecado y peligro. Debemos proclamar el mensaje del tercer ángel... No debemos apocarnos y pedirle perdón al mundo por tener que decirle la verdad: debemos despreciar toda ocultación. Desplieguen sus colores para hacer frente a la causa de los hombres y los ángeles. Entiéndase que los adventistas del séptimo día no pueden aceptar transigencias. En sus opiniones y fe no debe haber la menor apariencia de incertidumbre: el mundo tiene derecho a saber qué esperar de ustedes. Y considerará que somos deshonestos si, por conveniencia, escondemos nuestros verdaderos sentimientos y principios y damos la apariencia de no comprometernos hasta que la voz popular haya señalado el camino seguro. El Confortador, el Espíritu Santo que Cristo dijo que enviaría al mundo, debe llevar un testimonio inconmovible...

De ninguna manera un verdadero creyente de la verdad permanecerá en aparente neutralidad ante una crisis importante, o ante las cuestiones que tienen que ver con la salvación de las almas. No debemos expresar los sentimientos del mundo... Todo el éxito y amparo que se puedan asegurar por medio de la política, serán una trampa para cada alma que trabaje en torno a este principio.

Algunos se lisonjean pensando que vendrá un tiempo más favorable cuando Dios, que siempre está de parte del bien, vindicará su honor ennobleciendo su santa ley, y entonces obedecerán la verdad y triunfarán con ella. Se me ha mostrado que en defensa de la verdad, no es seguro ceder un solo principio a causa de las circunstancias, ni enseñar a otros que se puede hacerlo con comparativa seguridad...

Al mismo tiempo que debemos permanecer firmes como una roca a los principios, en nuestro trato con todos los hombres, debemos actuar con cortesía y ser semejantes a Cristo. Simplemente debemos decirles a las personas que no podemos aceptar el sábado papal, porque es una marca especial de deshonra a Dios, a quien amamos y rendimos culto. Pero aunque nosotros reverenciamos el sábado del Señor, no es nuestra obra forzar a otros a observarlo. Dios nunca fuerza la conciencia; ésa es la obra de Satanás. Puesto que Dios es el Autor del sábado, éste se debe presentar ante los hombres en contraste con el sábado falso para que todos puedan escoger entre ellos...

Aquellos que viven en abierta transgresión a la ley de Dios, expresarán su inconformidad cuando se les enseñe que el sábado espurio está fundado en el poder del hombre de pecado, porque tal conocimiento no les resulta agradable. Dirán en un lenguaje demasiado claro para ser mal entendido, "no queremos conocer tus caminos" (vea Job 21:14). Otros Dirán como Faraón: "¿Quién es el Eterno para que obedezca su voz?" (Éxodo 5:2). Pero debemos enarbolar en alto el estandarte de los mandamientos de Dios y la fe de Jesús... Al mismo tiempo que Satanás hace esfuerzos estupendos para suprimir la verdad, debemos mantenernos firmes reflejando imperturbablemente la luz al mundo. No permita que el temor al hombre y el deseo de supremacía, oscurezca ni un solo rayo de la luz del cielo...

"Deberíamos estar alarmados ante la menor manifestación de una disposición de acallar las voces que proclaman el mensaje del tercer ángel. Ese ángel representa al pueblo de Dios, que da la última advertencia al mundo. No puede demostrarse un desprecio mayor hacia el Creador que despreciar visiblemente el día que él ha santificado. Y, mientras Satanás con sus agencias humanas hace guerra contra Dios, llevando a los hombres a pisotear el sábado, los pocos que honran a Dios deben levantarse con mayor celo y ahínco en su defensa...

Todo el mundo cristiano estará involucrado en el gran conflicto entre la fe y la incredulidad. Todos tomarán partido. Aparentemente algunos no participarán en el conflicto en ninguno de los dos lados. Parecerá que no toman partido contra la verdad, pero no se adelantarán osadamente por Cristo, por temor a perder propiedades o a sufrir reproches. Los tales serán contados con los enemigos de Cristo. —*Manuscrito 16, del 1 de Octubre de 1890.*

La opinión popular de los antepasados no me ayudará en mi caso. Dios me da la tarea de conocer y entender su voluntad por mí misma. Por medio de un estudio reflexivo y piadoso, debo tratar de conocer por mí misma el verdadero significado de las Escrituras. Diariamente deberíamos dar gracias a Dios que no nos abandona a las tradiciones humanas y a las aseveraciones de los hombres. No podemos estar seguros confiando en cualquier palabra excepto en un: "escrito está". No podemos ir con la corriente; no podemos edificar nuestra fe sobre ninguna teoría humana, para no caer bajo la misma condenación de los judíos a quienes Cristo les dijo: "Enseñáis como doctrina mandamientos de hombres" (Marcos 7:7), y esta declaración resulta decididamente evidente en estos últimos días.

Al observar el domingo, se da supremacía a los mandamientos de los hombres. Se aceptan la autoridad humana y las pretensiones de la iglesia como si fueran la Palabra de Dios, ante las cuales todos deberían inclinarse. Si hiciéramos eso seríamos colaboradores del hombre de pecado, que se exaltó sobre Dios y pensó mudar los tiempos y la ley, y todo lo que está escrito en la Palabra de Dios. —*Carta 8, de 1895.*

Cuando las inteligencias celestiales vean que los hombres no presentan más la verdad en su sencillez, como lo hizo Jesús, los mismos niños serán movidos por el Espíritu de Dios y saldrán a proclamar la verdad para este tiempo...

Todos tendremos que arrostrar una terrible crisis, y sobre todo se la sentirá en Battle Creek. Mi mente ha estado muy turbada por las decisiones que podrían tomar algunos de nuestros hermanos, con respecto a la obra que se debe realizar entre la gente de color en los estados del sur. Hay un asunto que deseo poner delante de aquellos que trabajan en el territorio del sur. Entre la gente de color, habrá que hacer la obra en una forma diferente de la que se sigue en el norte. No pueden ir al sur y presentar la verdad de que el domingo es la marca de la bestia y animar a la gente de color a que trabaje en domingo, porque el mismo espíritu que mantuvo a la gente de color en la esclavitud, no ha muerto sino que vive hoy y está listo para entrar en acción. El mismo espíritu de opresión todavía existe en la mente de muchas de las personas blancas del sur, y se revelará en hechos crueles que manifestarán su celo religioso. Algunos se opondrán de cualquier forma posible a toda acción que tenga una tendencia a elevar la raza de color y les enseñe a ser autosuficientes. Cuando los blancos muestran la inclinación de ayudar a la gente de color enseñándoles a valerse por sí mismos, una cierta clase de personas blancas se sienten terriblemente contrariadas. No quieren que la gente de color se gane la vida en forma independiente. Quieren que trabajen en sus plantaciones.

Cuando los obreros blancos quieran educar a la gente de color en la verdad, se despertará el celo. Tanto los predicadores de color como los blancos, se opondrán amargamente a la verdad. Los ministros de color piensan que ellos saben predicar mejor a los de su propia raza que los ministros blancos, y sienten que los blancos les están quitando la obra de sus manos. Por medio de la falsedad crearán la más decidida oposición, y los que entre los blancos se opongan a la verdad, los ayudarán y harán que sea sumamente difícil que avance el mensaje.

Cuando se proclame la verdad en el sur, se verá una marcada diferencia porque aquellos que se oponen a la verdad demostrarán una mayor consideración por el domingo y debemos tener mucho cuidado de no hacer nada que despierte el prejuicio. En caso contrario, sería mejor que se abandone el campo por completo, pues los obreros tendrían a todas las personas blancas contra ellos. Aquellos que se oponen a la verdad no obrarán abiertamente, sino que a través de las organizaciones secretas, lucharán para impedir la obra a toda costa. Nuestros obreros deben entrar de una manera callada y deben esforzarse por hacer todo lo posible por presentar la verdad a la gente, recordando que el amor de Cristo disipará toda oposición...

Nada debemos decir para crear prejuicio, porque si creamos prejuicio hablando palabras descuidadas o impulsivas a la gente de color con respecto a los blancos, si creamos prejuicio en la mente de las personas blancas contra ellos, el espíritu del enemigo obrará en los hijos de desobediencia. Así se despertará una oposición qué impedirá la obra del mensaje, y pondrá en peligro la vida de los obreros y de los creyentes.

No debemos hacer esfuerzos para impulsar a las personas del sur a trabajar en domingo. Lo que algunos de nuestros hermanos han escrito sobre este punto no está basado en principios correctos. Cuando la manera de proceder de la gente no entra en conflicto con la ley de Dios, pueden conformarse a ella. Si los obreros dejan de hacerlo, no sólo estorbarán su propia obra, sino que pondrán obstáculos en el sendero de aquellos por quienes trabajan y les impedirán aceptar la verdad. El domingo es la mejor oportunidad para los que tienen espíritu misionero de llevar a cabo escuelas dominicales y presentarse a la gente en la forma más sencilla posible, para hablarles del amor de Jesús por los pecadores y enseñarles las Escrituras... Hay muchas maneras de llegar a los blancos y negros. Debemos interesarlos en la vida de Cristo, desde su niñez hasta la virilidad, y a través de su vida y ministerio, hasta la cruz. No podemos trabajar de la misma manera en todas las situaciones. Debemos permitir que el Espíritu Santo nos guíe, porque los hombres y las mujeres no pueden convencer a otros de sus rasgos malos de carácter. Mientras trabajamos para introducir la verdad, debemos acomodarnos tanto como sea posible, al campo y a las circunstancias de aquellos por quienes nos afanamos...

Existe el peligro de que tan pronto como se les dé la menor oportunidad a las fuerzas opositoras, incitarán a unos contra otros para perseguir a aquellos que lo hacen (trabajan en domingo)..., y así desprenderse de aquellos a quienes odian. En la actualidad, la observancia del domingo no es la prueba. Vendrá el tiempo cuando los hombres no sólo prohibirán trabajar en domingo, sino que tratarán de obligar a trabajar en sábado y apoyar la observancia del domingo, o perder su libertad y su vida. Pero ese tiempo todavía no ha llegado, pues la verdad debe ser presentada más plenamente a la gente como testimonio...

La esclavitud volverá otra vez a los estados del sur, porque todavía existe el espíritu de opresión. Por consiguiente, aquellos que trabajan entre la gente de color no les será de mucho beneficio predicar la verdad tan osada y abiertamente como lo harían en otros lugares. Aun Cristo disfrazó sus lecciones en figuras y parábolas, para evitar la oposición de los Fariseos. Cuando la gente de color siente que tiene la Palabra de Dios (de su lado) con respecto al sábado y el visto bueno de aquellos que les han traído la verdad, algunos que son impulsivos aprovecharán la oportunidad para resistir las leyes del domingo, y por desafiar engreídamente a sus opresores se traerán sobre sí mucho dolor. Se debe instruir fielmente a la gente de color a ser como Cristo, a sufrir pacientemente males que puedan ayudar a que sus semejantes vean la luz de la verdad.

Ciertamente se está presentando ante nosotros una condición terrible. Según la luz que se me ha dado, se debe hacer la obra en el territorio del sur como Cristo la haría. No necesitan abreviar su obra trabajando en domingo. Sería mejor tomar el día libre para instruir a otros con respecto al amor de Jesús y la verdadera conversión...

La luz que tengo es que los siervos de Dios deberían trabajar quedamente, para predicar las grandes y preciosas verdades de la Biblia: Cristo y Cristo crucificado, su amor e infinito sacrificio, mostrando que Cristo murió porque la ley de Dios es inmutable, invariable, eterna... El Espíritu del Señor despertará la conciencia y el entendimiento de aquellos por quienes trabajan, trayendo a la memoria de ellos los mandamientos de Dios... Al predicar la verdad, no siempre es mejor presentar los puntos fuertes de la verdad que despiertan prejuicios, sobre todo donde existen sentimientos impetuosos como en los estados del sur. El sábado debe ser enseñado decididamente, pero tengan cuidado cómo tratan con el ídolo llamado domingo. Una palabra es suficiente para los sabios...

Después de haber observado fielmente el sábado... si nuestros hermanos deben trabajar el domingo, hagan de ese día una ocasión para hacer una obra misionera genuina. Si visitan a los enfermos y a los pobres, atendiendo a sus necesidades, encontrarán oportunidades favorables para abrir las Escrituras a los individuos y a las familias. De esta manera, se puede hacer una obra más provechosa para el Maestro.

Cuando los que oigan y vean la luz acerca del sábado, se decidan por la verdad para guardar el día santo de Dios, surgirán dificultades, porque se harán esfuerzos en contra de ellos para obligar a hombres y mujeres a violar la ley de Dios. Entonces deben permanecer firmes para no violar esa ley, y si la oposición y la persecución continúan decididamente, escuchen las palabras de Cristo: "Cuando os persigan en esta ciudad, huid a la otra" (Mat. 10: 23).

Todavía no ha llegado el momento del desenlace final con relación al sábado, pero con nuestras acciones imprudentes podemos atraer una crisis antes de tiempo. Podemos tener toda la verdad, pero no debemos permitir que brille directamente en las mentes, para que no se vuelva tinieblas para ellos...

Cuando empecemos a trabajar con el parlamento y con hombres de elevada posición en el gobierno, el enemigo se levantará para ejercer toda su fuerza contra nosotros y hará que la obra sea muy difícil. No permita que su labor sea conocida más allá de lo necesario...

No debemos revelar a los hombres todos nuestros planes y propósitos. Si somos indiscretos en este asunto, Satanás tomará ventaja. Él no trabaja en forma abierta ni sincera. Él trabaja de una manera clandestina y lo seguirá haciendo. Antes de que los hombres se hayan preparado, él obrará en sus mentes para llevarlos a formar movimientos poderosos...

Es muy importante que seamos sabios como serpientes e inofensivos como palomas. Somos tan resueltos que a menudo hacemos cosas imprudentemente y sin cautela.

Debemos demostrar a los hombres que estamos tratando de ayudar a otros trabajando en esta obra de ayuda cristiana. Esto en cierta medida eliminará el prejuicio, cuando vean la obra que hacemos en estas líneas y sus corazones se abrirán a la verdad. No presente el sábado en forma precipitada; presente a Cristo...

No tenemos nada que ver con los asuntos del gobierno. Nuestro deber es obedecer a Dios. Y cuando nos entreguen, no debemos preocuparnos por cómo o qué hablar, porque en aquella hora nos será dado lo que debemos hablar. Debemos seguir a Cristo paso a paso. No necesitamos empezar a examinar la cuestión con semanas de anticipación y hacer planes con respecto a lo que haremos cuando las autoridades hagan esto o aquello; tampoco necesitamos pensar en lo que diremos. Debemos estudiar la verdad y el Espíritu del Señor traerá a nuestra memoria lo que debemos decir. Nuestras mentes deben estar llenas del tesoro de la Palabra de Dios.

Cuando tengamos que comparecer ante las cortes, debemos dejar de lado nuestros derechos, a menos que al hacerlo nos pongamos en contra de Dios. No estamos defendiendo nuestros derechos, sino el derecho de Dios a nuestro servicio. En lugar de resistirnos a los castigos impuestos injustamente sobre nosotros, sería mejor recordar las palabras del Salvador: "Cuando os persigan en una ciudad, huid a otra. Os aseguro que no acabaréis de recorrer las ciudades de Israel, sin que venga el Hijo del Hombre" (Mateo 10:23). —*Manuscrito 22a, del 20 de Noviembre de 1895.*

En el Apocalipsis Juan escribe acerca de la unión de los que están obrando en la tierra para invalidar la ley de Dios: "Estos tienen un mismo propósito, y darán su poder y autoridad a la bestia. Pelearán contra el Cordero, pero el Cordero los vencerá, porque es Señor de señores, Rey de reyes; y los que están con él son llamados, elegidos y fieles" (Apocalipsis 17:13-14). "Y vi salir de la boca del dragón, de la boca de la bestia, y de la boca del falso profeta, tres espíritus impuros como ranas" (Apocalipsis 16:13). Todos los que exaltan y adoran el falso día de reposo, convertido en ídolo, un día que Dios no bendijo, ayudan al diablo y a sus ángeles con todo el poder de la habilidad que Dios les dio, el cual han pervertido para usarlo mal. Inspirados por otro espíritu, que cegará su discernimiento, no pueden ver que la exaltación del domingo es totalmente una institución de la Iglesia Católica...

Se ha formado una unión corrupta para derribar el monumento recordativo de la creación de Dios; el séptimo día que él santificó, bendijo, y dio a los hombres como una señal entre Dios y su pueblo, para que sea observado a lo largo de sus generaciones para siempre. Está llegando el momento cuando todos tendremos que decidir entre el sábado del cuarto mandamiento que el Señor santificó y bendijo, y el sábado espurio instituido por el hombre de pecado.

Así como en la llanura de Dura se levantó la imagen de oro, un sábado falso ha sido establecido. Así como Nabucodonosor, el rey de Babilonia, emitió un decreto por el cual todos los que no se postrasen y adorasen su imagen serían muertos, de la misma manera se proclamará que todos los que no reverencien la institución del domingo serán castigados con prisión y muerte... Así el sábado del Señor es pisoteado. Pero el Señor ha declarado, "Ay de los que dictan leyes injustas, e imponen tiranía" (Isaías 10:1). "Cerca está el día grande del Eterno, cerca y muy presuroso. Es amargo el día del Eterno. Allí gritará el valiente"

"¡Reuníos, congregaos, nación desvergonzada!, antes que salga el decreto, y el día se pase como el tamo; antes que venga sobre vosotros el furor de la ira del Eterno, antes que el día de la ira del Eterno caiga sobre vosotros. Buscad al Señor todos los humildes de la tierra, que obedecéis sus mandatos. Buscad justicia, buscad mansedumbre. Quizá seáis protegidos en el día del enojo del Eterno" (Sofonías 1:14, 2:1-3).

El Señor del cielo permite que el mundo elija a quién quiere tener como su gobernante. Lean todos cuidadosamente el capítulo 13 del Apocalipsis, porque concierne a todo ser humano, grande o pequeño. Todo ser humano debe decidirse: ora por el Dios verdadero y viviente, quien ha dado al mundo el monumento recordativo de la creación, el sábado o séptimo día; ora por un falso día de reposo, instituido por los hombres que se han exaltado por encima de todo lo que se llama Dios o que se adore, que han tomado sobre sí mismos los atributos de Satanás para oprimir a los leales y fieles que observan los mandamientos de Dios. Este poder perseguidor hará obligatorio el culto de la bestia, insistiendo en la observancia del día de reposo que él ha instituido. Así blasfema contra Dios, sentándose "en el templo de Dios como Dios, haciéndose pasar por Dios" (2 Tesalonicenses 2:4).

La adoración de un falso sábado es una cuña que separa a las iglesias protestantes de Dios y las desenmascara porque no existe ningún texto bíblico que sostenga su dios falso, sino sólo un fraude. Aunque sea muy antiguo, sigue siendo un engaño que se empezó a reverenciar y a exaltar mientras se pisoteaba el sábado del cuarto mandamiento y se deshonraba a Dios. La Biblia estaba frente a ellos con un claro: "Así dice el Señor", detallando el castigo que sería la suerte del transgresor. Pero como Adán y Eva escucharon las falsedades de Satanás en el Edén, así el mundo religioso sigue su ejemplo.

Satanás, quien fue expulsado del cielo, por medio de su argucia está guiando al mundo con los ojos vendados de la misma manera que él guió a los ángeles que aceptaron su teología en vez de un: "Así dice el Señor". Ya las iglesias están desprovistas y sin protección. Igual que el archiengañador, no tienen excusa porque tienen la Palabra de Dios, simple, clara y directa. Mientras ponen freno a los súbditos fieles y leales del reino de Dios, privándolos de su libertad de conciencia, trayéndolos ante los magistrados y jueces, sentenciándolos y entregándolos a la prisión, exponiéndolos a la chusma e incluso condenándolos a la muerte; ellos mismos, ante el universo están mostrando un determinado y obstinado desprecio a las leyes de Jehová el Eterno.

"Miré, y vi al Cordero en pie sobre el monte Sión, y con él 144.000 que tenían el Nombre del Cordero y el nombre de su Padre escrito en sus frentes.

"Y oí una voz del cielo como el estruendo de muchas aguas, como el estampido de un gran trueno. Sin embargo, era el sonido de arpistas que tañían sus arpas. Cantaban un canto nuevo ante el trono, ante los cuatro seres vivientes y ante los ancianos. Y ninguno podía aprender ese canto sino los 144.000 que fueron redimidos de entre los de la tierra. Estos son los que no se contaminaron con mujeres, porque son vírgenes. Estos son los que siguen al Cordero por dondequiera que va. Estos fueron comprados de entre los hombres por primicias para Dios y para el Cordero" (Apocalipsis 14:1-4).

Una de las marcadas características de los ciento cuarenta y cuatro mil es que en sus bocas no fue hallado engaño. El Señor ha dicho: "¡Dichoso el hombre a quien el Señor no culpa de pecado, y en cuyo espíritu no hay engaño!" (Salmos 32:2). Profesan ser hijos de Dios y se los describe como siguiendo al Cordero por dondequiera que va. Se presentan ante nosotros frente al Monte de Sión, ceñidos para un servicio santo, vestidos de lino blanco, que "representa las obras justas de los santos" (Apocalipsis 19:8). Pero todo el que siga al Cordero en el cielo, primeramente tiene que seguirle en la tierra, no con inquietud o caprichosamente, sino con confianza, amor y obediencia voluntaria; como la oveja sigue al pastor.

¿Son éstos los que están golpeando y encarcelando a sus semejantes, humillándolos a una asociación depravada con aquellos que componen la turba? ¿Es ésta (acción o espíritu) la señal de aquellos que siguen al Cordero? No, no. Todos los que hacen esta obra dan evidencia de que han escogido unirse al que fue expulsado del cielo, que ha falsificado a Dios y quien, a través de la opresión, intenta forzar a los escogidos de Dios a que adoren un sábado ficticio que no tiene autoridad en las Escrituras.

¿Ha dado Cristo tal lección o ejemplo a sus seguidores? No, él no vino para derrumbar la fibra moral de los hombres, sino para restaurarla. Él vino a destruir el poder de la opresión. Su obra fue la de liberar a los que eran esclavos de Satanás. Aquellos que dicen ser "hijos de Dios", pero que con acciones crueles afligen y oprimen a sus semejantes, no siguen al Cordero dondequiera que él va, sino que siguen a otro líder. Desarrollan los atributos de Satanás y manifiestan que son participes y colaboradores suyos para forzar, encarcelar, condenar y causar al cuerpo y a la mente todo el sufrimiento posible, ya que no pueden comprometer a los hombres a ser desleales a Dios ni deshonrar su obra ni transgredir su santa ley.

Éstos son los que tienen engaño en sus bocas. Éstos son los que profesan seguir a Cristo, mientras siguen al líder que fue expulsado de las cortes celestiales. Estos hombres, que están trayendo la injusticia con un celo tal, demuestran ante todo el mundo y el universo que, si Cristo estuviera aquí en la tierra como en su primer advenimiento, harían lo mismo que hicieron los judíos incrédulos. Lo seguirían como espías tentándolo a decir algo que pudiese ser usado en su contra para condenarlo a muerte. Si se les presentara la oportunidad y tuviesen autoridad, harían lo que hizo Nabucodonosor cuando levantó su imagen de oro en la llanura de Dura.

Es el espíritu que mora en los hijos de desobediencia el que decide su destino eterno. Los hombres que ocultan sus convicciones al deber, porque tienen temor de sufrir persecución, no están siguiendo al verdadero pastor, sino al falso. Mantener los principios a toda costa es el camino más elevado que uno puede transitar, porque al hacerlo seguimos a Jesús. Un „Así dice el Señor" es correcto y conveniente. Dios dijo: "El que camina en integridad anda confiado" (Proverbios 10: 9). Si usted sufre por causa de la verdad, usted es copartícipe con Cristo en su sufrimiento, y será copartícipe con él en su gloria.

Dios está cansado de la falsedad profesional y de la vana hipocresía. "Y en sus bocas no se halló engaño, porque son sin mancha" (Apocalipsis 14:5). ¡Qué palabras grandiosas, cuán animadoras y elevadoras! "¿Quién subirá al monte del Eterno? ¿Quién estará en su Santuario? El limpio de manos y puro de corazón, el que no eleva su alma a la vanidad, ni jura con engaño" (Salmos 24:3-5).

El mensaje del tercer ángel, después del primero y del segundo que han proclamado la hora del juicio de Dios y la caída de la Babilonia mística, se proclama con más fuerza y en tonos más explícitos, advirtiendo a todos los colaboradores de la gran apostasía anticristiana. "Después de eso vi a otro ángel descender del cielo con gran poder, y la tierra fue iluminada con su gloria. Y clamó con potente voz: „¡Ha caído, ha caído la gran Babilonia! Y se ha vuelto habitación de demonios, guarida de todo espíritu impuro, y albergue de toda ave sucia y aborrecible. Porque todas las naciones han bebido del vino del furor de su fornicación. Los reyes de la tierra han fornicado con ella, y los mercaderes de la tierra se han enriquecido con su excesiva lujuria". Y oí otra voz del cielo que decía: „¡Salid de ella, pueblo mío, para que no participéis de sus pecados, y no recibáis de sus plagas!"" (Apocalipsis 18:1-4).

Todo el capítulo tiene mucha trascendencia y es de mayor consecuencia para cada ser humano. Considere este asunto; requiere una investigación minuciosa. Los hombres que niegan el sábado instituido por Dios mismo y que están pisoteando los mandamientos de Dios, son los espías del diablo tratando de encontrar una acusación contra aquellos que no reverencian una institución hecha por el hombre al adorar un sábado espurio. El hecho de que otros observan el séptimo día de acuerdo al mandamiento, les revela que han sido negligentes en cuanto a su obligación para con Dios. Si no hubiese un pueblo proclamando el mensaje del tercer ángel, no tendrían ningún escrúpulo en observar el domingo, pero es la verdad la que no desean recibir. Los judíos no querían que se perturbaran sus prácticas y costumbres, y sucede lo mismo con el profeso mundo cristiano de hoy. Rechazan el mensaje de verdad que Dios en su misericordia les ha enviado para despertar su susceptibilidad moral. Los judíos trataron a Cristo, como los profesos cristianos de hoy lo tratarían si apareciera como en su primer advenimiento.

El mundo está asociado con las llamadas iglesias cristianas para invalidar la ley de Jehová. La ley de Dios es puesta a un lado, es pisoteada, y de parte de todos los que componen el pueblo leal de Dios asciende al cielo la oración: "Tiempo es de actuar, oh Jehová, porque han invalidado tu ley" (Sal. 119:126). Satanás está haciendo su último y más poderoso esfuerzo para conquistar la supremacía; está haciendo su último gran ataque contra los principios de la ley de Dios. Abunda una incredulidad desafiante.

Después de que Juan describe en Apocalipsis 16 ese poder obrador de milagros que ha de reunir al mundo para el gran conflicto, los símbolos son dejados y la trompeta produce una vez más un sonido certero. "He aquí, yo vengo como ladrón. Bienaventurado el que vela, y guarda sus ropas, para que no ande desnudo, y vean su vergüenza" (Apocalipsis 16:15). Después de la transgresión de Adán y Eva, ellos quedaron desnudos, porque el manto de luz y seguridad se había retirado de ellos. El mundo se ha olvidado la admonición y las advertencias de Dios, como pasó con los habitantes del mundo del tiempo de Noé y con los moradores de Sodoma. Despertaron con todos sus planes e invenciones de iniquidad, pero repentinamente la lluvia de fuego cayó del cielo y consumió a los impíos habitantes. Así será el día en que el Hijo del Hombre se manifieste.

El mundo está lleno de bullicio, lleno de placer mundano; está dormido, dormido en una seguridad carnal, creyendo que falta mucho para la venida del Señor, burlándose de las advertencias, llamando locos fanáticos y desequilibrados a aquellos que procuran captar su atención. Los que aman el placer más de lo que aman a Dios, serán tomados de improviso. Presumen orgullosamente: "Venid dicen, tomemos vino, embriaguémonos de bebidas fuertes, y el día de mañana será como éste, o mucho más excelente" (vea Isaías 56:12). Pero Cristo dijo: "Mirad que yo vengo como ladrón" (Apocalipsis 16:15).

Cuando el altivo que rechaza la verdad se vuelva presuntuoso; cuando se continúe la rutina de trabajo en diversos ámbitos lucrativos sin tener en cuenta los principios; cuando el estudiante se comprometa totalmente en sus objetivos ambiciosos para obtener conocimiento de todo, menos de la Biblia, Cristo vendrá como un ladrón. Se ha dado la advertencia: "Velad, pues, porque no sabéis a qué hora ha de venir vuestro Señor. Sin embargo, sabed esto, si el padre de la familia supiera a qué hora el ladrón había de venir, velaría y no dejaría asaltar su casa" (Mateo 24:42, 43). Cada hora que pasa es una menos para preparar el carácter para este gran acontecimiento. —*Manuscrito 7a, de Febrero de 1896.*

El sábado constituye el monumento de Dios que conmemora su obra creadora, y es una señal que debe mantenerse delante del mundo.

No debe haber contemporización con los que adoran un día de reposo idolátrico. No debemos emplear nuestro tiempo en discusiones con los que conocen la verdad y sobre quienes la luz de la verdad ha estado brillando, cuando apartan sus oídos de la verdad para escuchar fábulas. Se me dijo que los hombres utilizarán toda clase de subterfugios para tornar menos prominente la diferencia que existe entre la fe de los adventistas del séptimo día y la de quienes observan el primer día de la semana. Todo el mundo participará en esta controversia; y hay que tener en cuenta que el tiempo es corto. No es éste el momento de arriar nuestros colores.

Me fue presentada una compañía que, a pesar de llevar el nombre de adventistas del séptimo día, aconsejaba que el estandarte que nos hace un pueblo singular no se destacase tanto, pues alegaban que no era el mejor proceder para dar éxito a nuestras instituciones. Pero éste no es el momento de arriar nuestra bandera o avergonzarnos de nuestra fe. El estandarte distintivo debe flamear sobre el mundo hasta el fin del tiempo de gracia. Describiendo al pueblo remanente de Dios, Juan dice, "¡Aquí está la paciencia de los santos, los que guardan los Mandamientos de Dios y la fe de Jesús!" (Apocalipsis 14:12). Esto comprende la ley y el Evangelio. El mundo y las iglesias se están uniendo para transgredir la ley de Dios, para derribar el monumento conmemorativo de Dios y para exaltar un día de reposo que lleva la rúbrica del hombre de pecado. Pero el sábado de Jehová tu Dios, ha de ser una señal para mostrar la diferencia que existe entre los obedientes y los desobedientes. Vi que algunos extendían sus manos para quitar el estandarte y oscurecer su significado...

Cuando la gente acepte y enaltezca un día de reposo espurio, y cuando aleje las almas de la obediencia y la lealtad a Dios, alcanzará el punto al que llegó el pueblo en los días de Cristo. Ellos están poniendo atributos divinos sobre un falso sábado, y cuando en todas partes suceda esto, se desatará una persecución contra aquellos que observen el sábado que Dios instituyó en el Edén, como un monumento recordativo de su poder creador. Entonces los mandamientos de Dios serán cubiertos con un manto sagrado y se los proclamará santos.

En aquel momento ¿esconderá alguien su estandarte para disimular su devoción? ¿Debe el pueblo que ha sido honrado, bendecido y prosperado por Dios, negarse a dar testimonio en favor del monumento conmemorativo de Dios, en el momento justo cuando dicho testimonio debe ser proclamado? ¿Acaso no serán más valiosos los mandamientos de Dios cuando los hombres más los menosprecien?...

¿Dejaremos de ser leales a Dios cuando se invalide la ley de Dios y se deshonre su santo nombre; cuando el guardar el séptimo día, sábado, sea considerado como deslealtad a las leyes de la tierra; cuando los lobos vestidos de ovejas, a través de la ceguera de la mente y dureza del corazón, traten de forzar la conciencia? No, no. El infractor de la ley está lleno de una ira satánica contra los que guardan los mandamientos de Dios, pero se debe manifestar la importancia de la ley de Dios como una regla de conducta. Cuando el mundo y la iglesia se unan para invalidar la ley, más aumentará el celo de aquellos que obedecen al Señor. Dirán con el salmista: "Por eso he amado tus Mandamientos más que el oro, más que el oro muy puro" (Salmos 119:127).

Esto indisputablemente ocurrirá cuando por medio de un decreto nacional se anule la ley de Dios. Cuando el domingo sea exaltado y ratificado por la ley, entonces se pondrán de manifiesto los principios que operan en el pueblo de Dios, como se manifestaron los principios de los tres hebreos cuando Nabucodonosor les ordenó a que adorasen la imagen de oro en la llanura de Dura. Cuando la verdad sea subyugada por la falsedad, comprenderemos cuál es nuestro deber.

La ley de Dios no puede ser anulada por el decreto de una nación. Cuando la ley sea pisoteada en el polvo, aquellos que son fieles vindicarán la santidad de los Diez Mandamientos. No debemos hacer ninguna acusación ofensiva contra las naciones, porque esto cerraría las puertas para dar la luz al pueblo. Toda objeción contra los mandamientos de Dios impulsará el avance de la verdad, y permitirá a sus defensores presentarse con valor ante los hombres. Hay tal belleza y fuerza en la verdad, que nada puede hacerla tan evidente como la oposición y la persecución. Cuando esto suceda, muchos se convertirán a la verdad.

Todos los que defienden la verdad en contraste con el error, tienen que hacer una obra especial para vindicar la ley de Dios. Hombres inspirados por un poder maligno, han considerado que su deber era exaltar el primer día de la semana como el sábado del Señor. Repudiando así las demandas de Dios, los ministros que dicen predicar el evangelio están repitiendo las palabras que Satanás les dijo a Adán y Eva, que ellos no morirían si transgredían la ley, sino que serían como dioses sabiendo el bien y el mal.

Por su influencia y ejemplo, estos pastores falsos han obrado para que se acepte una mentira como si fuera verdad. Han trabajado con energía perseverante para establecer un sábado espurio, y esta institución establecida por los hombres ha recibido el homenaje de la mayoría en el mundo.

Pero esto no hace que un día santificado por Dios sea un día de labor común. Aunque este error sea muy antiguo, aunque la tendencia del mundo sea reverenciarlo, todavía sigue siendo un error y un engaño, porque Dios dice: "¡A la Ley y al Testimonio! Si no hablan conforme a esto, es porque no les ha amanecido" (Isaías 8:20).

En líneas generales, se manifiesta un desprecio universal hacia los Diez Mandamientos, y hacia todos los fieles que tienen el sagrado y solemne cometido de magnificarlos y honrarlos. Dios santificó el séptimo día y se lo dio al hombre para que lo guardara y él dice: "No violaré mi pacto, ni cambiaré lo que ha salido de mis labios" (Salmos 89:34). Al obedecer sus mandamientos exaltamos el honor de Dios en la tierra.

Satanás lucha contra la ley con una energía incansable, y Dios llama a su pueblo a dar testimonio resistiendo la batalla. Esta obra debe avanzar, o irá hacia atrás. Nadie está exento en esta guerra. Aquellos que toman parte en ella deben ponerse toda la armadura de Dios, para luchar con valentía la guerra contra el mal. —*Manuscrito 15, del 27 de Marzo de 1896.*

La observancia del séptimo día, sábado, es la señal o sello de Dios; es el monumento recordativo de la creación del Señor. "Además, el Eterno dijo a Moisés: Di a los israelitas: „Guardad mis sábados, porque el sábado es señal entre mí y vosotros por vuestras generaciones, para que sepáis que Soy el Eterno que os santifico"" (Éxodo 31:12-13). Aquí el sábado se define claramente como una señal entre Dios y su pueblo.

La observancia del primer día de la semana es la marca de la bestia. Esta marca distingue a los que reconocen la supremacía de la autoridad papal [el hombre de pecado] que piensa cambiar los tiempos y la ley, y aquellos que reconocen la autoridad de Dios...

La desobediencia a los mandamientos de Dios y la determinación de abrigar el odio hacia aquellos que proclaman los mandamientos es la guerra más resuelta por parte del dragón que usa todas sus energías contra el pueblo que guarda los mandamientos de Dios. "Y ordenaba que a todos, pequeños y grandes, ricos y pobres, libres y siervos, se les ponga una marca en la mano derecha o en la frente" (Apocalipsis 13:16). Los hombres no sólo deben abstenerse de trabajar en domingo, sino que deben reconocer al domingo como sábado. "Y que ninguno pueda comprar ni vender, sino el que tenga la marca o el nombre de la bestia, o el número de su nombre" (versículo 17)...

¿De qué lado nos identificamos? ¿Estamos del lado del dragón que se airó con la mujer y se fue a hacer guerra contra el remanente de su simiente, que guarda los mandamientos de Dios y tiene el testimonio de Jesucristo? "Y vi salir de la boca del dragón, de la boca de la bestia, y de la boca del falso profeta, tres espíritus impuros como ranas", escribió Juan, "que son espíritus de demonios, que hacen señales, y van a los reyes de todo el mundo, para reunirlos para la batalla de aquel gran día del Dios Todopoderoso" (Apocalipsis 16:13, 14). ¿De qué lado se encuentra usted? ¿Del lado de los que adoran a la bestia y a su imagen? —*Manuscrito 1, del 11 de Enero de 1897.*

Si se descorriera el velo del futuro, se produciría una gran reforma en el mundo porque todos verían y entenderían que muy pronto Dios invertirá su postura respecto a la perversidad del hombre...

Hay diligentes estudiosos de la Palabra profética en todas partes del mundo, que están logrando más y más luz a raíz de sus investigaciones de las Escrituras. Esto ocurre en verdad en toda nación, tribu y pueblo. Vendrán abandonando los más crasos errores, y ocuparán el lugar de aquellos que han tenido oportunidades y privilegios y que no los han apreciado. Éstos han obrado su propia salvación con temor y temblor, para no... ser deficientes en cumplir la voluntad de Dios, mientras que aquellos que han tenido gran luz, por la perversidad de sus propios corazones, necios por naturaleza, se apartaron de Cristo, porque (ellos) estaban descontentos con sus exigencias.

Pero Dios no quedará sin testigos. En la hora undécima se traerán obreros que consagrarán sus recursos para adelantar la obra. Éstos serán recompensados por su fidelidad, porque serán fieles a los principios y no huirán de su deber de proclamar el mensaje de Dios. Cuando los hombres que han tenido gran luz abandonan las restricciones que la Palabra de Dios impone, e invalidan la ley de Dios, otros ocuparán sus puestos y tomarán sus coronas...

Mientras que muchos han reducido la Palabra, la Verdad y la Santa Ley de Jehová a una carta muerta, por su ejemplo testifican que la Ley de Jehová es en carga difícil y dura, mientras dicen: "abandonaremos este yugo; seremos libres; ya no permaneceremos en una relación de pacto con Dios; haremos lo que nos agrada", habrá hombres que han tenido exiguas oportunidades, que han andado en el error porque no conocían algo mejor ni otro camino por el cual pudiesen recibir los rayos de la luz divina... y se verá que el que parecía ser un pecador endurecido, tiene un corazón tierno como un niño, porque Cristo se ha dignado a fijarse en él.

Grande es la obra del Señor. Los hombres se están decidiendo. Hasta aquellos que consideramos paganos decidirán ponerse del lado de Cristo, mientras que los que se ofenden, como los discípulos, se apartarán y no andarán más con él, y otros vendrán a ocupar los lugares que han quedado vacantes. Está muy cerca el tiempo en que el hombre habrá alcanzado los límites establecidos. Él ya ha excedido los límites de la tolerancia, de la gracia y de la misericordia de Dios. En los libros del cielo se registra: "Has sido pesado en la balanza y has sido hallado falto". El Señor intervendrá para vindicar su propio honor, para reprimir la injusticia y la transgresión predominante.

¿Qué efecto tendrá sobre los justos el esfuerzo de los hombres para invalidar la ley de Dios? ¿Se dejarán intimidar por el desdén universal contra la ley santa de Dios? ¿Vacilarán y se avergonzarán los verdaderos creyentes frente a un: "Así dice el Señor", porque el mundo entero parece despreciar su ley justa? ¿Se dejarán arrastrar por el mal predominante? ¡No! Para los que se hayan consagrado en servicio a Dios, la ley de Dios será más preciosa cuanto más se vea el contraste entre los obedientes y los transgresores.

En la misma proporción en que aumenten los atributos de Satanás en los burladores y transgresores de la ley de Dios, el precepto sagrado será de más estima y valor para los seguidores fieles. Dirán, "Han invalidado tu Ley. Por eso he amado tus Mandamientos más que el oro, más que el oro muy puro" (Salmos 119:126, 127)... El amor por los mandamientos de Dios de los que han sido mayordomos fieles de la gracia de Dios, crece ante el patente desprecio de los que están a su alrededor.

Cuando los hombres crueles y la iglesia armonicen en su odio contra la ley de Dios, entonces vendrá la crisis. Entonces veremos el tipo de personas descritas en Malaquías 3:13-15: "Vuestras palabras han sido duras contra mí, dice el Señor. Y dijisteis: ¿Qué hemos hablado contra ti? Habéis dicho: Por demás es servir a Dios. ¿Qué aprovecha que guardemos su Ley, y andemos afligidos ante el Eterno Todopoderoso? Decimos: Dichosos los soberbios, porque hacen impiedad, y prosperan. Hasta desafían a Dios y quedan sin castigo". Aquí está un conjunto de profesos cristianos descontentos cuyo principal propósito es murmurar, quejarse e incriminar a Dios acusando a los hijos de Dios. No ven nada defectuoso en sí mismos, pero sí muchísimo que les desagrada en los demás.

Pero mientras ellos están murmurando, quejándose, acusando falsamente y celosamente haciendo la obra de Satanás, se observa otro grupo: "Entonces los que veneran al Eterno hablaron cada uno a su compañero. Y el Señor oyó con atención. Y fue escrito un libro de memoria ante él en favor de los que reverencian al Eterno, y piensan en su Nombre. "Y serán míos, dice el Eterno Todopoderoso, en el día en que recupere mi especial tesoro. Y los perdonaré, como el hombre perdona a su hijo que le sirve. Entonces volveréis, y veréis que hay diferencia entre el justo y el malo, entre el que sirve a Dios, y el que no le sirve" (versículos 16-18).

Este asunto me estimula. Quiero que lo consideren porque es un asunto de suma importancia

¿con cuál de estas dos clases debemos identificar nuestros intereses? Ahora estamos haciendo nuestra elección, y pronto se verá la diferencia entre los que sirven a Dios y los que no lo sirven. Lean el cuarto capítulo de Malaquías, y recapaciten seriamente sobre eso. El día del Señor está cercano. La iglesia se ha convertido al mundo. Ambos se avienen actuando con poca visión. Los protestantes influirán en los gobernantes de la tierra para que promulguen leyes que restauren el predominio perdido del hombre de pecado, que se sienta en el templo de Dios haciéndose pasar por Dios. El Estado pondrá bajo su cuidado y protección los principios católicos romanos. A esta apostasía nacional le seguirá rápidamente la ruina nacional. Aquellos que no han hecho de la ley de Dios su norma de acción, ya no tolerarán ninguna protesta en favor de la verdad de la Biblia. Entonces se oirá la voz desde las tumbas de los mártires, representados por las almas que Juan vio muertas por la Palabra de Dios y por el testimonio de Jesucristo que sostuvieron; entonces ascenderá la oración de cada verdadero hijo de Dios: "Es tiempo de que actúes, oh Señor, porque han invalidado tu Ley" (Salmos 119:126)...

Ocasionalmente, el Señor ha dado a conocer su manera de obrar [entre los hombres]. Le interesa lo que pasa en la tierra. Y cuando ha llegado una crisis, se ha manifestado y ha intervenido para obstaculizar el avance de los planes de Satanás. A menudo ha permitido que diferentes problemas de las naciones, las familias y los individuos lleguen a un punto crítico, para que su intervención sea llamativa. Entonces ha hecho saber que había un Dios en Israel que sostendría y vindicaría a su pueblo.

Cuando el desafío a la ley de Jehová sea casi universal, cuando su pueblo sea afligido por sus semejantes, Dios intervendrá. Las oraciones fervientes de su pueblo serán contestadas, porque a él le deleita que su pueblo lo busque con todo su corazón y dependa de él como su Libertador. Lo buscarán para que intervenga por los suyos, y él se levantará como su protector y vengador. La promesa es: El Señor hará justicia a sus escogidos, que claman a él día y noche. (Vea Lucas 18:7). — *Carta 123, del 8 de Marzo de 1897.*

Mirando constantemente a Jesús con el ojo de la fe, seremos fortalecidos. Dios hará las revelaciones más preciosas a sus hijos hambrientos y sedientos. Hallarán que Cristo es un Salvador personal. A medida que se alimenten de su Palabra, hallarán que es espíritu y vida. La Palabra destruye la naturaleza terrenal y necia e imparte nueva vida en Cristo Jesús. El Espíritu Santo viene al alma como Consolador. Por el factor transformador de su gracia, la imagen de Dios se reproduce en el discípulo; viene a ser una nueva criatura. El amor reemplaza al odio y el corazón recibe la semejanza divina. La imagen de Cristo se reproduce en el ser humano, y por la transformadora eficacia de la gracia de Cristo, él se vuelve una nueva criatura. Éste es el nuevo nacimiento. (Vea a Juan 1:14, 16).

La disposición a permitir que nuestra voluntad entre en conformidad perfecta con la de Dios, su santidad y paz, abre el entendimiento para ver las doctrinas de la Palabra. Así se fortalecen y se establecen los hijos de Dios: "firmes y constantes, abundando en la obra del Señor siempre" (1 Corintios 15:58).

El Señor pronto vendrá en las nubes de los cielos con poder y gran gloria, para llevar a los que lo han recibido, a las mansiones que fue a preparar para ellos. Estamos esperando ansiosamente su venida. Debemos vestirnos de toda la armadura de Dios. Debemos ser todo lo que el ser cristiano significa. Debemos vivir en una constante comunión con Dios nuestro Salvador y permanecer en él.

Cristo no nos ha dado la seguridad de que sea asunto fácil lograr la perfección del carácter. Día tras día es un conflicto, una batalla y una marcha. Todos los que hayan alcanzado el modelo ideal, habrán aprendido que el cristiano entra en el reino de los cielos por medio de mucha tribulación. Si nos hemos de sentar con Cristo en su trono, debemos ser partícipes con él de sus sufrimientos. "Porque convenía que Dios... habiendo de llevar a la gloria a muchos hijos, perfeccionara mediante aflicciones al autor de la salvación de ellos" (Hebreos 2:10). ¿Seremos entonces tímidos y pusilánimes porque tenemos que enfrentar pruebas en nuestro camino? ¿No las enfrentaremos sin quejas y querellas?...

Por momentos he tenido que enfrentar a casi toda la iglesia en defensa y vindicación de la luz enviada del cielo... Sin embargo, Dios me ha sostenido, y por muchos años he llevado el mismo testimonio... que el brazo endeble del hombre ha sido impotente para impedir.

Aunque mi corazón sufre cuando veo cuán poco se comprende la obra que Dios me ha dado, no me amedrento ni estoy dispuesta a renunciar a la obra que Dios me ha dado. Sé que Dios me ha dado esta obra. Ningún curso que mis hermanos puedan tomar, alterará mi misión o mi trabajo...

Con cada desviación de nuestras instituciones de las líneas rectas, con cada nuevo alejamiento de los principios correctos, se traen métodos y principios extraños...

Pero junto a ellos comienzan los abusos y siguen uno tras otro en una sucesión interminable...

Dios busca voluntarios, hombres que no rechazarán la verdad que han defendido poderosamente durante años para abrazar doctrinas erróneas. No habrá menos poder ni menos obreros porque algunos no hayan estudiado diligentemente, porque no han entendido la verdadera razón de una fe genuina. Otros que serán receptivos, y que apreciarán el sagrado carácter de la verdad, ocuparán su lugar en las líneas vacantes.

A la hora undécima, cuando el trabajo sea más difícil y la gente se endurezca más, aparecerá un sinnúmero de talentos. Estos obreros serán fieles y recibirán su denario. Hombres abnegados ocuparán los lugares vacantes de aquellos que no están capacitados para tener un lugar en el templo celestial. Los talentos seguirán apareciendo y el Señor proporcionará las oportunidades y los medios. Él (Dios) llamará a la juventud para llenar los lugares vacantes por muertes y apostasía. Él dará a los jóvenes y a los mayores, la ayuda de las inteligencias celestiales. Ellos tendrán caracteres convertidos, mentes convertidas, manos convertidas, pies convertidos, lenguas convertidas y labios tocados con un carbón encendido del altar divino. Aprenderán a avanzar humildemente delante de Dios si no tratan de inventar nuevos planes, y si cumplen con la tarea que el Señor les ha encomendado, serán capacitados para llevar hacia adelante y hacia arriba el plan de Dios sin reserva...

Todos los que se unen a los observadores del sábado, deben ser estudiantes diligentes de la Biblia, para poder conocer el fundamento y los pilares de la verdad. Deben estudiar la historia profética que nos ha traído punto por punto a donde estamos en la actualidad... uniendo eslabón tras eslabón en la cadena profética, desde el Génesis hasta el Apocalipsis. Cristo es el Alfa, el primer eslabón, y la Omega, el último eslabón de la cadena del evangelio que se une en el Apocalipsis...

¡Con cuánto cuidado se debería estudiar las Escrituras! Con cuánta determinación se debería conocer todo lo posible para presentar argumentos en favor de cada punto de fe. Sobre todo se debe estudiar la cuestión del Santuario, y el mensaje del primero, segundo y tercer ángeles...

Hay almas que salvar, almas que deben tener la verdad de la Palabra de Dios para este tiempo, con el fin de estar preparadas para lo que se aproxima ante nosotros. Satanás está trabajando con energía infernal, y está usando todas sus fuerzas para perturbar a aquellos que una vez han estado firmes en la verdad. Éstos mismos, al abandonar la verdad que una vez habían defendido, tienen el poder de hacer el mayor daño a la causa de Dios. Muchos lo harán, porque no pusieron en práctica en su vida la verdad que una vez creyeron. Pero aquellos que se apartan de la fe y se niegan a dar el último mensaje de advertencia al mundo, irán por sendas adonde el Señor no los guía. Satanás, vestido como un ángel de luz, va delante de ellos. Seguirán hacia adelante por sendas falsas hasta que experimenten en carne propia lo que encierra la ira del Cordero. —*Carta 98a, del 9 de Abril de 1897.*

A los ángeles que están sosteniendo los cuatro vientos, se los representa como un caballo desbocado que trata de soltarse y precipitarse sobre la faz de toda la tierra, esparciendo destrucción y muerte a su paso... Les digo en el nombre del Señor Dios de Israel: toda influencia ofensiva y desalentadora está mantenida bajo control por las manos de un ángel invisible, hasta que todos los que trabajan impulsados por el temor y amor de Dios estén sellados en su frente. —*Carta 138, de 1897.*

¿Cómo pueden los padres trabajar en armonía con el mandato (de santificar el sábado), mientras acompañan a sus hijos a la escuela o a la academia en el día sábado, el día que Dios ha santificado y bendecido?... ¿Cómo pueden consentir los padres a que sus hijos asistan a la escuela en sábado, no importa la hora, lo mismo que en cualquier otro día de la semana? En esto se debe levantar la cruz, aquí se trazará la línea de separación entre los fieles y los infieles. Ésta será la indicación de que habrá personas que no invalidarán la ley de Dios aunque sea un sacrificio para ellos. Así podemos testificar al mundo de nuestra lealtad al Creador y Soberano del mundo. Así se da el testimonio al mundo de la veracidad del sábado.

Un maestro adventista declaró ante la iglesia que él creía que era correcto enviar a los niños a la escuela en sábado y citó las palabras de Cristo: "Así, es permisible hacer bien en sábado" (vea Mateo 12:12). La pregunta es: ¿traspasaremos la letra simple y clara de la ley para que nuestros hijos puedan educarse en las escuelas? Por el mismo hecho de darles lecciones seculares, que no tienen en ellas ninguna santidad; el sábado, que debe ser una prueba para el mundo, una señal entre Dios y su pueblo, se rebaja a un nivel común con los otros días de labor. Cuando vemos que se invalida la ley de Dios en nuestro mundo, entonces es el deber de cada hijo fiel a Dios elevar la norma y mostrar que está escuchando diligentemente la voz de Dios y que les están enseñando a sus hijos sus estatutos.

¿Ha hecho Dios una distinción entre el sábado y los seis días de trabajo? Si es así, el hombre debe obedecer su decisión. La cuestión no puede ser resuelta por cada uno, según lo dicte su sabiduría humana. Dios no ha dado su ley para que los hombres la santifiquen o profanen según el caso. El hombre no puede suprimirla ni esculpirla por el Omnipotente. Debe obedecer las leyes que Dios instituyó en el Edén y promulgó desde el monte Sinaí... los escogidos del Señor deben tomar su ley así como se la ha dado y obedecerla concienzudamente, sin tratar de cambiar o alterar ni una jota ni una tilde.

El sábado es la prueba definitiva. Es la línea de demarcación entre los fieles y auténticos, entre los transgresores y desleales. Dios creó el sábado y aquellos que dicen guardar los mandamientos, que creen estar bajo la proclamación del mensaje del tercer ángel, verán cuán importante es el sábado del cuarto mandamiento en ese mensaje. Es el sello del Dios vivo, y no disminuirán las demandas del sábado para satisfacer sus propios negocios o conveniencia. —*Manuscrito 34, del 16 de Abril de 1897.*

En su mayor parte, el mundo religioso está siguiendo las huellas de los judíos. Los Fariseos enseñaban como doctrina los mandamientos de hombres y por sus tradiciones invalidaban la Palabra de Dios, y los maestros religiosos hacen lo mismo hoy, sancionando el primer día de la semana, un día que no lleva las credenciales divinas. Visten al falso sábado con un manto de santidad, y muchos tratarán de imponer su observancia por medio de encarcelamiento y multas. Entrenados por el enemigo aumentarán su celo hasta que, como los judíos, creerán que están haciendo la voluntad de Dios al censurar a aquellos que guardan sus mandamientos...

Así como Nabucodonosor se exaltó a sí mismo erigiendo la estatua de oro en la llanura de Dura, Satanás se exalta a sí mismo en el sábado falso para el cual usurpó la librea del cielo.

Dios no le da permiso al hombre para invalidar ningún mandamiento del decálogo y dejarlo sin efecto. No le da permiso para controlar la mente de otros, para que se postren ante un ídolo o para promulgar leyes obligándolos a rendirle culto. De los que hacen esto, Dios dice: "Este pueblo de labios me honra, pero su corazón está lejos de mí" (Marcos 7:6). Ellos ponen los mandamientos de los hombres al mismo nivel de los requisitos divinos. Sí, exaltan un sábado espurio sobre el sábado del cuarto mandamiento. Su obediencia a los requisitos establecidos por los hombres anula e invalida su adoración a Dios. Pero Dios tolera su ignorancia hasta que reciben la luz...

El sábado es el recordativo de la obra de la creación y del reposo de Dios, y el cuarto mandamiento empieza con una palabra de exhortación: "Acuérdate del día sábado para santificarlo" (Éxodo 20:8). —*Manuscrito 65, del 6 de Junio de 1897.*

El movimiento que exige que todos santifiquen un sábado ficticio, se asemeja al acto de Nabucodonosor al levantar la estatua de oro para que todos le rindieran culto... El ídolo del domingo se erige como esa estatua. Las leyes humanas demandan que se lo adore y santifique, poniéndolo así en lugar del sábado santo de Dios. Los hombres hablan palabras jactanciosas y exaltan su poder y se ponen en el lugar de Dios y se sientan en el templo de Dios. Cuando Pilato refiriéndose a Cristo dijo: "no encuentro falta en él" los sacerdotes y ancianos respondieron: "tenemos Ley. Según nuestra Ley debe morir" (Juan 19:7).

Así como los consejeros de Nabucodonosor idearon el complot para entrampar a los hebreos cautivos haciendo que el rey proclamara que toda rodilla debía postrarse ante la estatua, así también hoy los hombres se esfuerzan para que el pueblo de Dios se aparte de su fidelidad. Pero los hombres que procuraron destruir a Sadrac, Mesac y Abednego fueron destruidos.

Cuando el poder se compromete con la maldad, se une con las agencias satánicas y actúa para destruir a aquellos que son propiedad del Señor. Al establecer un sábado ídolo para ocupar el lugar del sábado de Dios, el mundo protestante está siguiendo los pasos del papado. Por eso veo la necesidad de que el pueblo de Dios se vaya de las ciudades a lugares rurales apartados, en donde puedan cultivar la tierra y cosechar sus propios productos. De manera que encaminen a sus hijos con hábitos simples y saludables. Veo la apremiante necesidad de preparar todo para la crisis...

Todas las religiones falsas van en contra de los mandamientos de Dios. Aquellos que aceptan estas religiones no tienen pureza ni belleza interior. Ellos dependen de su posición de autoridad para forzar a aquellos que reconocen a Dios como su Creador y Soberano, a postrarse sin vacilar ante decretos humanos. Dependen de una apariencia externa, de una belleza exterior, y confían en su influencia sutil sobre los sentidos.

Cuando una iglesia depende de pompa, ceremonias y ostentaciones, de seguro falta la santidad interior. Se muestra un exterior atractivo para compensar por la ausencia del Espíritu Santo, para ocultar su pobreza espiritual y apostasía. —*Carta 90, del 18 de Agosto de 1897.*

A Juan (el Revelador) "el Alfa y Omega" le mostró un pueblo que en los últimos días estaba invalidando la ley de Dios. Pero estas iglesias que han estado bebiendo del vino de Babilonia, deben oír el mensaje sorprendente de la verdad que les revelará su verdadera posición. El fuerte clamor: "Ha caído, ha caído la gran Babilonia, porque ha dado a beber a todas las naciones del vino del furor de su fornicación" (Apocalipsis 14:8), ha sido proclamado y se volverá a proclamar.

Éste es el juicio destinado para ese gran día que se ejecutará contra todos los que han engañado a los habitantes de la tierra y les han hecho creer mentiras fatales, como si fuesen la verdad. Esto se ve claramente en Apocalipsis 13, todos los que deseen pueden leer esta explicación precisa del poder apóstata contra la ley de Dios: "Y abrió su boca en blasfemias contra Dios, para blasfemar su Nombre y su Santuario, a saber, los que viven en el cielo. Y se le permitió combatir a los santos, y vencerlos. También se le dio autoridad sobre toda tribu y pueblo, lengua y nación. Y la adorarán todos los habitantes de la tierra, cuyos nombres no están escritos en el Libro de la Vida del Cordero, que fue muerto desde la creación del mundo. El que tenga oído, oiga. Si alguno ha de ir a la cárcel, a la cárcel irá. Si alguno ha de morir a espada, a espada morirá. Aquí está la paciente perseverancia y la fe de los santos" (Apocalipsis 13:6-10). Lea hasta el fin del capítulo.

En Apocalipsis 14 Juan ve otra escena. Él ve a un pueblo cuya fidelidad y lealtad a las leyes del reino de Dios crece en proporción a la crisis. El desprecio que se manifiesta por la ley de Dios, sólo hace que ellos revelen más decididamente su amor por esa ley que aumenta en proporción al desprecio que se manifiesta contra ella...

Por disposición del Señor, todo el mal apoyado y vindicado por una nación, toda injusticia y opresión practicada, todas las negociaciones realizadas para impedir y oprimir al pueblo de Dios por causa de la verdad, se volverán sobre ella. Tome nota del pacto de Dios con las naciones, como lo registra en su Palabra. El egoísmo y la opresión practicadas por una nación contra otra, siempre trajeron sus consecuencias. La opresión que ha hecho sufrir a otros, vuelve a los opresores. Una parte de una nación se levanta contra la otra parte, y Dios permite que esa nación se destruya a sí misma...

Aquellos que han permitido que los dirigentes rijan y gobiernen con un poder despótico, han creado un espíritu de hostilidad que se manifestará contra aquellos que han causado dolor y sufrimiento a sus semejantes que por muchos años reposaron en el séptimo día y que santificaron y exaltaron el santo día de reposo.

El mundo protestante ha tomado a este hijo del papado y lo ha defendido, lo ha llamado el día de Cristo, el sábado cristiano. Pero es un sábado espurio, un ídolo, que ocupa el lugar del día del Señor... Y, como Caín el transgresor, (el mundo protestante) está sumamente indignado, porque el mundo entero no lo considera con la santidad del sábado del Señor... El evangelio eterno será proclamado: "Entonces vi a otro ángel que volaba por el cielo, con el evangelio eterno para predicarlo a los que habitan en la tierra, a toda nación y tribu, lengua y pueblo. Decía a gran voz: „¡Reverenciad a Dios y dadle honra, porque ha llegado la hora de su juicio! Y adorad al que hizo el cielo y la tierra, el mar y las fuentes de las aguas""" (Apocalipsis 14:6, 7). Se debe llamar la atención del pueblo a los oráculos de Dios, que por mucho tiempo han sido abandonados. Todas las razas, naciones y pueblos deben despertar y sus mentes deben ser motivadas para llamar la atención a la Palabra de Dios. Los hombres deben oír el mensaje que proclama la pronta venida de Cristo. Deben abrir los ojos y escuchar el mensaje del primer ángel, "Temed a Dios, y dadle honra; porque la hora de su juicio es venida; y adorad a Aquel que ha hecho el cielo y la tierra y el mar y las fuentes de las aguas" (Apocalipsis 14:7).

El Dios que hizo el mundo es el único ante quien se deben postrar los seres humanos. Dios no les ha dado a los seres humanos el poder para exigir homenaje para sí mismos. A ninguno le ha dado el poder para volverse un objeto de adoración... Se adora al hombre de pecado en la persona del Papa y su representante, el cardenal. Pero Dios no ha concedido este poder a ningún Papa o prelado. Dios considera al Papa como nada más que un hombre que está representando el carácter del hombre de pecado en nuestro mundo, representando en sus demandas el poder y autoridad que Satanás reclamó en las cortes celestiales.

Satanás inspira a estos hombres que dicen ser los corregentes de Cristo en la tierra. Se elevan súplicas a distintos santos en el cielo para pedirles favores. Pero estos hombres no están en el cielo; descansan en sus tumbas hasta que el Hijo del Hombre venga en las nubes de los cielos. María, la madre de nuestro Señor, no ha resucitado. Ella está esperando el sonido de la trompeta de Dios que llamará a los muertos de su prisión. Todas las oraciones elevadas a María caen a la tierra. María no ha escuchado todavía el sonido de la trompeta de Dios.

Se ha hecho la pregunta: ¿no cree usted que debemos orar a los apóstoles y a los santos muertos? No; porque esto enseñaría por doctrina, no un "Así dice el Señor", sino "Así dice el hombre de pecado, el hijo de perdición", "Que se opondrá y exaltará contra todo lo que se llama Dios, o que se adora; hasta sentarse en el templo de Dios, como Dios, haciéndose pasar por Dios" (2 Tesalonicenses 2:4).

"Porque el misterio de iniquidad ya está obrando, sólo espera que sea quitado de en medio el que ahora lo detiene. Entonces se manifestará aquel inicuo, a quien el Señor matará con el aliento de su boca, y destruirá con el resplandor de su venida. La aparición de ese inicuo es obra de Satanás, con gran poder, señales y prodigios mentirosos, y con todo tipo de maldad, que engaña a los que se pierden. Se pierden porque rehusaron amar la verdad, para ser salvos. Por eso, Dios les envía un poderoso engaño, para que crean a la mentira; para que sean condenados todos los que no quisieron creer a la verdad, antes se complacieron en la maldad" (Versículos 7-12)...

Aquellos que pisotean la ley de Dios, promulgan leyes humanas para intimar a la gente a aceptarlas. Los hombres inventarán, se asesorarán y trazarán planes para el futuro. "El mundo entero guarda el domingo", dicen, "y ¿por qué este pueblo que es tan pequeño no debería obedecer las leyes de la tierra?" Debido a que ellos están cegados por el error, y aceptan las palabras de labios de los sacerdotes y legisladores, suponen que no tiene importancia si no guardan la ley de Dios instituida en el Edén: cuando se estableció el fundamento de la tierra, cuando cantaron juntas las estrellas de la mañana, y clamaron de gozo todos los hijos de Dios, en ese momento Dios le dio al hombre el monumento conmemorativo de la creación para que éste pudiera honrar el nombre del Dios viviente, que formó el mundo en seis días y santificó y bendijo el día en que reposó. —*Manuscrito 163, del 17 de Diciembre de 1897.*

Nos estamos acercando al fin de la historia de este mundo. Satanás está haciendo los últimos esfuerzos desesperados para hacerse pasar por Dios, para hablar y obrar como Dios y aparecer como quien tiene derecho de controlar la conciencia de los hombres. Él se esfuerza con todo su poder para instituir una invención humana en lugar del día de reposo santo de Dios. Bajo la jurisdicción del hombre de pecado, los hombres, en completa oposición a los preceptos de Dios, han exaltado una norma falsa. Pero Dios ha puesto su sello sobre los requisitos de su soberanía. Cada sábado que se ha instituido lleva el nombre de su autor, una marca imborrable que muestra la autoridad de cada uno. El primer día de la semana no tiene ni una partícula de santidad. Es producto del hombre de pecado, que se esfuerza de esta manera por contrarrestar los propósitos de Dios.

Dios ha designado el séptimo día como su sábado, como el recordativo de la creación... Ésta es la distinción marcada entre los fieles y los infieles. Aquellos que tienen el sello de Dios en sus frentes, deben guardar el sábado del cuarto mandamiento. Esto es lo que los distingue de los infieles, que han aceptado una institución establecida por el hombre en lugar del verdadero sábado. La observancia del día de reposo que Dios estableció, es la marca de distinción entre los que sirven a Dios y los que no le sirven...

La suplantación de lo falso por lo verdadero es el último acto en este drama. Cuando esta sustitución sea universal, Dios se revelará. Cuando las leyes de los hombres sean exaltadas por encima de las leyes de Dios, cuando el primer día de la semana sea exaltado por encima del séptimo, sepan que ha llegado el tiempo en que Dios actuará. Él se levantará en su majestad y hará temblar la tierra. Porque el Eterno vendrá de su morada, para castigar por sus pecados a los habitantes de la tierra. Y la tierra descubrirá la sangre derramada sobre ella, y no encubrirá más sus muertos...

Los profesos cristianos piensan que cuanto más desprecian la ley, más meritorios son a la vista de Dios... Aquellos que están dispuestos a ser arrastrados por falsas teorías y doctrinas erróneas, que estructuran sus esperanzas de una eternidad en la arena movediza, encontrarán que cuando vengan la prueba, la tormenta y la tempestad, barrerán su refugio de mentiras. Su estructura se desmoronará y perecerán; estarán perdidos, perdidos por la eternidad...

"En aquel día muchos me dirán: „Señor, Señor, ¿no profetizamos en tu nombre, y en tu nombre echamos demonios, y en tu nombre hicimos muchos milagros?" Entonces les diré: „¡Nunca os conocí! ¡Apartaos de mí, obradores de maldad!"" (Mateo 7:22, 23). Muchas obras portentosas serán inspiradas por Satanás, y éstas serán más evidentes en estos últimos días...

Existen sólo dos clases en el mundo hoy y en el juicio se identificarán sólo dos clases: aquellos que violan la ley de Dios, y aquellos que la guardan. Dos grandes poderes antagonistas se revelarán en el último gran día de la batalla. A un lado estará el Creador del cielo y de la tierra, y todos los que estén de su parte llevarán su sello, siendo obedientes a todos sus mandamientos. Del otro lado estará el príncipe de las tinieblas, con aquellos que han escogido la apostasía y la rebelión.

Cuando comience el juicio y todos sean juzgados por las cosas escritas en los libros, la autoridad de la ley de Dios será considerada en una luz completamente diferente de la que ahora existe en el mundo cristiano... En el juicio será reconocida como santa, justa y buena en todos sus requerimientos. —*Manuscrito 27, del 19 de Marzo de 1899.*

Los israelitas colocaron sobre sus puertas una señal de sangre para mostrar que eran propiedad de Dios. Así también los hijos de Dios de esta época, deberán llevar la señal que Dios ha provisto. Estarán en armonía con la ley de Dios. Sobre cada uno de los hijos de Dios se coloca una señal tan ciertamente, como se colocó una señal en las puertas de las moradas hebreas para preservar de la ruina a sus miembros. Dios declara: "Les di también mis sábados, para que fuese una señal entre mí y ellos, para que supiesen que yo Soy el Eterno que los santifico" (Ezequiel 20:12)...

Habrá un serio conflicto entre los que son leales a Dios y los que se burlan de su ley. La iglesia ha unido sus manos con las del mundo. La reverencia hacia la ley de Dios ha sido trastornada. Los dirigentes religiosos están enseñando como doctrina, los mandamientos de los hombres. Como era en los días de Noé, así es en esta época. Pero la difusión de la deslealtad y la transgresión, ¿hará que los que respetan la ley de Dios la respeten menos y se unan con los poderes mundanos que procuran invalidarla? Los que son verdaderamente leales no serán arrastrados por la corriente del mal. No arrojarán burla y desprecio sobre lo que Dios ha apartado como santo. Cada uno es sometido a prueba. Hay solamente dos bandos. ¿En cuál se encuentra usted? —*Manuscrito 39, del 23 de Marzo de 1899.*

La iglesia romana no ha renunciado a sus pretensiones a la infalibilidad; y cuando el mundo y las iglesias protestantes aceptan un día de descanso creado por ella, mientras rechazan el día de descanso de la Biblia, acatan en la práctica las tales pretensiones. Pueden apelar a la autoridad de la tradición y de los padres para apoyar el cambio, pero se puede discernir fácilmente la falacia de su razonamiento. Los papistas pueden ver que los protestantes se están engañando a sí mismos, al cerrar voluntariamente los ojos ante los hechos del caso. A medida que gana terreno el movimiento en pro de la observancia obligatoria del domingo, ellos se alegran en la seguridad de que ha de concluir por poner a todo el mundo protestante bajo el estandarte de Roma... El cambio del sábado es una señal o marca de la autoridad de la Iglesia Romana. Aquellos que, comprendiendo las aseveraciones del cuarto mandamiento, escogen observar el falso día de descanso en lugar del verdadero, están con ello rindiendo homenaje al único poder que lo ordena. La marca de la bestia es el día de descanso papal, que ha sido aceptado por el mundo en lugar del día señalado por Dios...

Nadie hasta ahora ha recibido la marca de la bestia. El tiempo de prueba no ha llegado aún. Hay cristianos verdaderos en todas las iglesias, sin exceptuar la comunidad católica romana. Nadie es condenado hasta que haya tenido la luz y haya visto su deber hacia el cuarto mandamiento. Pero cuando se ponga en vigencia el decreto que ordena falsificar el sábado, y el fuerte clamor del tercer ángel amoneste a los hombres contra la adoración de la bestia y su imagen, se trazará claramente la línea entre lo falso y lo verdadero. Entonces los que continúen aún en transgresión, recibirán la marca de la bestia.

Con pasos rápidos nos aproximamos a este período. Cuando las iglesias protestantes se unan con el poder secular para sostener una falsa religión, a la cual se opusieron sus antepasados soportando la más terrible persecución, entonces el día de descanso papal será hecho obligatorio por la autoridad combinada de la iglesia y el estado. Habrá una apostasía nacional, que determinará tan solo la ruina nacional...

El papado es todavía el mismo. Puede vestirse con un manto semejante al de Cristo para realizar mejor sus fines, pero aún oculta el mismo veneno de la serpiente. Sus doctrinas están ejerciendo su influencia en las cámaras legislativas, en las iglesias y en los corazones de los hombres, pero es el mismo que en los días de la Reforma, cuando los hombres de Dios se mantuvieron firmes a costa de sus vidas para exponer su iniquidad. El romanismo sostiene las mismas orgullosas pretensiones con que supo dominar sobre reyes y príncipes y arrogarse las prerrogativas de Dios. Su espíritu no es hoy menos cruel ni despótico que cuando destruía la libertad humana y mataba a los santos del Altísimo.

Los protestantes se han entremetido con el papado y lo han patrocinado; han hecho transigencias y concesiones que sorprenden a los mismos papistas y les resultan incomprensibles. Los hombres cierran los ojos ante el verdadero carácter del romanismo, ante los peligros que hay que temer de su supremacía. Hay necesidad de despertar al pueblo, para hacerle rechazar los avances de este enemigo peligrosísimo de la libertad civil y religiosa.

Cuando el estado imponga los decretos y favorezca a las instituciones de la iglesia, entonces la América protestante habrá formado una imagen al papado. Entonces la verdadera iglesia será objeto de persecución, como lo fue el antiguo pueblo de Dios...

Satanás excitará indignación contra la humilde minoría que fielmente se niega a aceptar las costumbres y tradiciones populares. Cegados por el príncipe de las tinieblas, los destacados religiosos sólo verán lo que él ve y sentirán lo que él siente. Impondrán como él impone y oprimirán como él oprime. Ya no se respetará la libertad de conciencia que tanto sacrificio le ha costado a esta nación. La iglesia y el mundo se unirán y el mundo le otorgará su poder a la iglesia, para pisotear el derecho de las personas para rendir culto a Dios según su Palabra.

El decreto que ha de proclamarse contra el pueblo de Dios, será muy similar al que promulgó Asuero contra los judíos en el tiempo de Ester. El edicto persa brotó de la malicia de Amán hacia Mardoqueo... La misma mente magistral que maquinó contra los fieles en siglos pasados, sigue procurando controlar a las iglesias caídas para poder, a través de ellas, condenar y dar muerte a todos los que no adoren el sábado falso. Nuestra batalla no es contra los hombres, como puede parecer; no guerreamos contra carne y sangre, sino contra los principados, contra los poderes, contra los gobernantes de las tinieblas de este mundo, contra los espíritus malos en lugares altos. Si el pueblo de Dios pone su confianza en él [el Señor] y por fe depende de su poder, los ardides de Satanás serán derrotados en nuestro tiempo, tan notablemente como en los días de Mardoqueo.

Se promulgará el decreto de que todos los que no reciban la marca de la bestia, no podrán comprar ni vender y finalmente, serán condenados de muerte. Pero los santos de Dios no recibirán esa marca. El profeta de Patmos contempló "a los que habían alcanzado la victoria sobre la bestia y su imagen, y su marca y el número de su nombre, en pie sobre el mar de vidrio, con las arpas de Dios" (Apocalipsis 15: 2), y cantando el cántico de Moisés y del Cordero...

Pablo escribe a los romanos: "En lo posible, en cuanto dependa de vosotros, tened paz con todos" (Romanos 12:18). Pero hay un punto más allá del cual es imposible mantener la unidad y armonía sin sacrificar los principios. En ese caso la separación se vuelve un deber absoluto. Deben respetarse las leyes de las naciones cuando no están en conflicto con las leyes de Dios. Pero cuando hay pugna, cada verdadero discípulo de Cristo dirá como el apóstol Pedro, cuando se le ordenó a que no hablara más en el nombre de Jesús: "Es preciso obedecer a Dios antes que a los hombres" (Hechos 5:29). —*Manuscrito 51, del 2 de Abril de 1899.*

Es posible que el hombre, al asociarse con el mundo y sometiéndose a Satanás, pierda el poder de la voluntad para resistir la tentación. Las supercherías del enemigo están presionando constantemente la mente y el alma, para apresar al hombre en el impulso de los hábitos.

Cada alma de nuestro mundo es propiedad del Señor por creación y por redención. Cada alma está individualmente a prueba por su vida. ¿Le ha dado a Dios lo que le corresponde? ¿Ha rendido delante de Dios todo lo que es de él porque fue comprada por él? Todos los que creen que el Señor es su porción en esta vida, estarán dirigidos por él y recibirán la señal, la marca de Dios, que muestra que ellos son la posesión especial de Dios. La justicia de Cristo los precederá, y la gloria del Señor será su retaguardia. El Señor protege a cada ser humano que lleva la señal de Dios.

"Además, el Eterno dijo a Moisés: Di a los israelitas: Guardad mis sábados, porque el sábado es señal entre mí y vosotros por vuestras generaciones, para que sepáis que Yo Soy el Eterno que os santifico. Por eso guardad el sábado, porque es santo para vosotros. El que lo profane, morirá. Todo el que haga alguna obra en él, debe ser exterminado de su pueblo. Seis días se trabajará, pero el séptimo día es sábado de completo reposo, consagrado al Eterno. Todo el que haga alguna obra en sábado, morirá. Guardarán, pues, el sábado los israelitas, celebrándolo de generación en generación, por pacto perpetuo. Es señal para siempre entre mí y los israelitas, porque en seis días el Señor hizo los cielos y la tierra, y en el séptimo día cesó y reposó" (Éxodo 31:12-17).

Este reconocimiento de Dios es del más alto valor para cada ser humano. Todos los que aman al Señor y le sirven, son muy preciosos a su vista. Él quiere que estén donde sean dignos representantes de la verdad, tal como es en Jesús. —*Carta 77, del 1 de Mayo de 1899.*

El enemigo sabe que si la iglesia puede ser controlada por decretos estatales, ella, como Adán y Eva, perderá su manto de luz. Si puede llevar a la iglesia a unirse con el mundo y aceptar los preceptos mundanos, él tácitamente será reconocido como su adalid. A la larga el poder de las leyes establecidas por los hombres, obrará para oponerse a la potestad del gobierno del cielo. Bajo la dirección de Satanás, el conocimiento del bien y del mal obrará para hacer caso omiso de los justos y santos mandatos de Dios en lo referente al sábado, cuya observancia debe ser una señal entre Dios y su pueblo para siempre.

El plan de Satanás ha sido afianzado por el mundo religioso. Ha creado su propia estratagema para invalidar la ley de Dios y sentarse en el templo de Dios. Por medio de sus esfuerzos engañosos, él logró en el mundo cristiano profeso lo que quiso hacer en el cielo, la abrogación de la ley de Jehová. Por medio del poder romano, él se ha esforzado para quitar el conmemorativo de Dios y establecer su propio conmemorativo para separar a Dios de su pueblo; y hoy el mundo protestante se aleja de Dios porque adora un sábado espurio. No pueden encontrar ningún mandato divino para hacerlo, sin embargo, llenos de celo, afirman que el conmemorativo que el Señor estableció en la creación debe ser ignorado, despreciado y pisoteado, y que el primer día de la semana debe tomar su lugar...

Por su decisión con respecto a la ley de Jehová, todo hombre decidirá su propio caso y entonces el mundo estará maduro para la cosecha. Se desarrollarán ambas clases y se revelará el sentimiento de todos los corazones. Cada grupo se unirá bajo su líder escogido; ya sea como fieles a Dios y a sus mandamientos o como transgresores de la ley, con el primer gran rebelde como cabecilla.

Todos deben esperar el tiempo asignado, hasta que la amonestación haya ido a todas partes del mundo, hasta que se haya dado suficiente luz y evidencia a cada alma. Algunos tendrán menos luz que otros, pero cada uno será juzgado de acuerdo con la luz recibida. No será sino hasta que llegue el tiempo asignado que nuestro Salvador crucificado y resucitado, asumirá su igualdad con Dios. Pacientemente él ha esperado en las cortes celestiales en bien de su pueblo que ha sufrido por su lealtad a él. Pacientemente él espera que el evangelio del reino sea predicado a todo el mundo hasta que todas las naciones, pueblos, tribus y lenguas, hayan recibido la luz de la Palabra de Dios. —*Manuscrito 77, del 14 de Mayo de 1899.*

Él, que trata de cambiar la ley de Dios instituyendo un sábado falso, usa todas sus artimañas para inducir a los hombres y a las mujeres a unirse con él en su apostasía...

Dios ha declarado que el séptimo día es el sábado del Señor... Pero el gran apóstata dice: "Actuaré en contra de Dios. Daré poder a mi delegado, el hombre de pecado, para que derribe el monumento conmemorativo de Dios: el reposo del séptimo día. Así mostraré al mundo que el día santificado y bendecido por Dios ha sido cambiado. Ese día no perdurará en la mente de los hombres. Borraré su recuerdo. Colocaré en su lugar un día que no tenga las credenciales del cielo, un día que no pueda ser una señal entre Dios y su pueblo.

Haré que la gente que acepta este día, le atribuya la santidad que Dios puso sobre el séptimo día. Me ensalzaré por medio de mi representante. Será ensalzado el primer día y el mundo protestante recibirá como genuino este falso día de reposo. Mediante la violación del día de reposo instituido por Dios, haré que se desprecie su ley. Haré que a mi día de reposo se le apliquen las palabras „señal entre mí y vuestras generaciones" (Éxodo 31:13). Así el mundo llegará a ser mío. Seré gobernante de la tierra, príncipe del mundo. Controlaré de tal modo las mentes con mi poder, que el sábado de Dios será objeto de menosprecio. ¿Señal? Haré que la observancia del séptimo día sea una señal de deslealtad a las autoridades de la tierra. Las leyes humanas serán tan restrictivas, que los hombres y las mujeres no se atreverán a observar el día de reposo, el séptimo día. Por temor de que les falten alimentos y vestidos, se unirán con el mundo en la transgresión de la ley de Dios, y la tierra estará completamente bajo mi dominio"... En el juicio, este pacto (los Diez Mandamientos) se destacará, escrito claramente por el dedo de Dios; y el mundo será emplazado ante el tribunal de la justicia infinita para recibir su sentencia. Obediencia significa vida; desobediencia significa muerte. —*Manuscrito 82, del 21 de Mayo de 1899.*

Tenemos que hacer una gran obra. El último mensaje de misericordia se está proclamando en el mundo. Todo en nuestro mundo está en agitación. Hay guerras y rumores de guerras. Las naciones están airadas, y ha llegado el tiempo en que deben ser juzgados los muertos.

El pueblo de Dios debe hacer una obra muy solemne e importante en nuestro mundo. Esta obra está representada por el tercer ángel que está volando en medio del cielo. El mensaje del tercer ángel está precedido por los mensajes del primero y segundo. El mensaje del primer ángel proclama la hora del juicio de Dios. El segundo declara la caída de Babilonia. "Entonces vi a otro ángel que volaba por el cielo, con el evangelio eterno para predicarlo a los que habitan en la tierra, a toda nación y tribu, lengua y pueblo. Decía a gran voz: „¡Reverenciad a Dios y dadle honra, porque ha llegado la hora de su juicio! Y adorad al que hizo el cielo y la tierra, el mar y las fuentes de las aguas". Un segundo ángel lo siguió, diciendo: „Ha caído, ha caído la gran Babilonia, porque ha dado a beber a todas las naciones del vino del furor de su fornicación". Y el tercer ángel los siguió diciendo a gran voz: „Si alguno adora a la bestia y a su imagen, y recibe su marca en su frente o en su mano, éste también beberá del vino de la ira de Dios, vaciado puro en la copa de su ira. Y será atormentado con fuego y azufre ante los santos ángeles y ante el Cordero"" (Apocalipsis 14:6-10).

Estos mensajes deben llegar a todos los habitantes del mundo. El Señor viene pronto e invita a quienes les ha confiado su capital a que lo inviertan en su obra de acuerdo a las demandas. No deben invertir el dinero que le pertenece a él en los bancos, en edificios y tierras, cuando se debe finalizar una gran obra. El Señor no enviará sus juicios sobre el mundo por la desobediencia y transgresión, hasta que haya enviado a sus centinelas para darles el mensaje de advertencia...

Juan observa a un pueblo distinto y separado del mundo que se niega a rendir culto a la bestia o a su imagen, que lleva la señal de Dios y guarda su santo sábado. El apóstol escribe, "¡Aquí está la paciencia de los santos, los que guardan los Mandamientos de Dios y la fe de Jesús!" (Apocalipsis 14:12).

"Después de eso vi a otro ángel descender del cielo con gran poder, y la tierra fue iluminada con su gloria. Y clamó con potente voz: „¡Ha caído, ha caído la gran Babilonia! Y se ha vuelto habitación de demonios, guarida de todo espíritu impuro, y albergue de toda ave sucia y aborrecible. Porque todas las naciones han bebido del vino del furor de su fornicación. Los reyes de la tierra han fornicado con ella, y los mercaderes de la tierra se han enriquecido con su excesiva lujuria". Y oí otra voz del cielo que decía: „¡Salid de ella, pueblo mío, para que no participéis de sus pecados, y no recibáis de sus plagas! Porque sus pecados se han amontonado hasta el cielo, y Dios se acordó de sus maldades"" (Apocalipsis 18:1-5).

¿Qué es pecado? "Es la transgresión de la Ley" (1 Juan 3:4). Dios denuncia a Babilonia, "porque ha dado a beber a todas las naciones del vino del furor de su fornicación" (Apocalipsis 14:8). Esto significa que ella ha dejado de lado el único mandamiento que señala al verdadero Dios, y ha violado el sábado que Dios estableció como recordativo de la creación.

Dios hizo el mundo en seis días y descansó en el séptimo. Así santificó ese día y lo puso aparte de todos los otros como santo para él, para ser observado por su pueblo a través de todas sus generaciones. Pero el hombre de pecado, ensalzándose por encima de Dios, sentándose en el templo de Dios y haciéndose pasar por Dios, pensó en cambiar tiempos y leyes. Este poder, pensando demostrar que no sólo era igual a Dios, sino superior a Dios, cambió el día de reposo colocando el primer día de la semana donde debería estar el séptimo. El mundo protestante ha tomado a este hijo del papado para que se lo considere como sagrado. En la Palabra de Dios, esto es llamado la fornicación de la mujer.

Hoy Dios tiene una controversia con las iglesias. Ellas están cumpliendo la profecía de Juan. "Todas las naciones han bebido del vino del furor de su fornicación". Se divorciaron de Dios cuando se negaron a recibir su señal. No tienen el espíritu de los que verdaderamente guardan los mandamientos de Dios. Y el mundo, al sancionar un sábado falso y al pisotear bajo sus pies el sábado del Señor, ha bebido del vino de la ira de su fornicación.

Dios apartó el séptimo día como el día en que él reposó. Pero el hombre de pecado instituyó un sábado falso que los reyes y comerciantes de la tierra han aceptado y exaltado sobre el sábado de la Biblia. Al hacerlo, han escogido una religión como la de Caín que mató a su hermano Abel. Ambos, Caín y Abel ofrecieron sacrificio a Dios. La ofrenda de Abel fue aceptada porque cumplió con los requisitos de Dios. La de Caín fue rechazada porque siguió su propia invención. Debido a esto se enojó tanto que mató a su hermano, en vez de escuchar las súplicas de Abel o las amonestaciones y reproches de Dios.

Al aceptar un día de reposo falso las iglesias han deshonrado a Dios. El mundo ha aceptado la falsedad, y está disgustado porque el pueblo que guarda los mandamientos de Dios, no respeta ni reverencia el domingo. Dios dice: "Porque sus pecados se han amontonado hasta el cielo, y Dios se acordó de sus maldades. Dadle como ella os dio, pagadle el doble de lo que ha hecho. En la copa que ella os dio a beber, dadle a beber el doble. Cuanto se glorificó y vivió en deleites, tanto dadle de tormento y llanto. Porque dice en su corazón: „Estoy sentada como reina. No soy viuda, ni veré llanto". „Por eso, en un solo día vendrán sus plagas: muerte, llanto y hambre. Y será consumida por el fuego, porque el Señor Dios que la juzgará es poderoso"" (Apocalipsis 18:5-8).

Dios declara: "Y el tercer ángel los siguió diciendo a gran voz: „Si alguno adora a la bestia y a su imagen, y recibe su marca en su frente o en su mano, éste también beberá del vino de la ira de Dios, vaciado puro en la copa de su ira. Y será atormentado con fuego y azufre ante los santos ángeles y ante el Cordero"" (Apocalipsis 14:9-10). Dios castigará a los que tratan de forzar a sus semejantes a guardar el primer día de la semana, a los que tientan a otros a negar su fidelidad a Dios. Aceptan la fruta del árbol prohibido y quieren obligar a otros a comer de él y tratan de forzar a sus semejantes a trabajar en el séptimo día de la semana y a descansar en el primero. Dios dice: "éste también beberá del vino de la ira de Dios, vaciado puro en la copa de su ira. Y será atormentado con fuego y azufre ante los santos ángeles y ante el Cordero" (Versículo 10).

"Mis sábados guardaréis" dice el Señor, "Di a los israelitas: Guardad mis sábados, porque el sábado es señal entre mí y vosotros por vuestras generaciones, para que sepáis que Yo Soy el Eterno que os santifico" (Éxodo 31:13). Algunos tratarán de obstaculizar la observancia del sábado diciendo: "Usted no sabe qué día es el sábado"; pero parecen entender cuando llega el domingo, y han manifestado un gran celo en crear leyes para su observancia, como si ellos pudieran controlar la conciencia de los hombres.

Dios ha dado a los hombres el sábado como una señal entre él y ellos, como una prueba de su lealtad. Aquellos que, después de recibir la luz concerniente a la ley de Dios continúen desobedeciendo y exaltando las leyes humanas por encima de la ley de Dios, en la gran crisis que está delante de nosotros, recibirán la marca de la bestia. La prosperidad del pueblo de Dios depende de su obediencia. El Señor declara: "Si obedecéis diligentemente a mis mandamientos que os prescribo hoy, amando al Eterno vuestro Dios, y sirviéndolo con todo vuestro corazón y con toda vuestra alma, enviaré a vuestra tierra la lluvia a su tiempo, la temprana y la tardía; y cosecharás tu trigo, tu vino y tu aceite. Daré también hierba en tu campo para tu ganado. Y comerás hasta saciarte. Cuidad de no dejaros seducir, ni os desviéis para servir a otros dioses, ni os postréis ante ellos; porque se encendería el enojo del Eterno, cerraría los cielos, no habría lluvia, la tierra no daría su fruto, y pereceríais enseguida en la buena tierra que el Eterno os da" (Deuteronomio 11:13-17).

En sus tratos con el antiguo Israel, Dios ilustra el resultado de seguir un curso injusto y desobediente. Él castigará a todos los que causan reproche a su gloria, así como castigó a los hijos de Israel. Los que se exaltan serán humillados así como Jerusalén fue humillada y menospreciada por su propio comportamiento. Su pueblo escogió a Barrabás, y Dios los abandonó a su elección. No se sometieron a la voluntad de Dios, y él les permitió seguir su propio camino y llevar a cabo el propósito de sus corazones impenitentes.

Cristo les advirtió a los judíos de su peligro y les suplicó que volvieran a Dios, pero ellos, demasiado orgullosos para aceptar su propuesta de misericordia, persistieron en su rebelión y como resultado, la protección de las inteligencias celestiales de Dios se apartó de ellos...

Aquellos que creen que están agradando a Dios al obedecer cualquier otra ley y al realizar cualquier otra obra que la que demanda el evangelio, se están burlando de Dios. Están insultando al Santo de Israel. Se ha dado una advertencia tras otra...

Cuando Cristo vio en el pueblo judío una nación divorciada de Dios, también vio una profesa iglesia cristiana unida al mundo y al papado. Así como se detuvo sobre la cresta del monte de los Olivos y lloró por Jerusalén mientras el sol se hundía detrás de las colinas occidentales, él está velando por y suplicando con los pecadores en estos últimos momentos de la historia. Pronto le dirá a los ángeles que están sosteniendo los cuatro vientos, "dejad caer las plagas. Que las tinieblas, la destrucción y la muerte caigan sobre los transgresores de mi ley". Se verá obligado a decirles a aquellos que han tenido gran luz y conocimiento como les dijo a los judíos: "¡Oh, si al menos conocieras en este día, lo que toca a tu paz! Pero ahora está encubierto de tus ojos" (vea Lucas 19:42). —*Carta 98, del 10 de Julio de 1900.*

Escribiendo acerca de los últimos días, Juan dice, "Se han airado las naciones, y ha llegado tu ira: el tiempo de juzgar a los muertos, de dar el galardón a tus siervos los profetas, a los santos y a los que veneran tu Nombre, pequeños y grandes, y de destruir a los que destruyen la tierra. Entonces fue abierto el Santuario de Dios que está en el cielo y quedó a la vista del Arca de su Pacto en su Santuario. Y hubo relámpagos, voces y truenos, y un terremoto y una fuerte granizada" (Apocalipsis 11:18, 19).

Cuando se abra el templo de Dios en el cielo ¡qué ocasión de triunfo será para los fieles y leales! En el templo se verá el arca del pacto en la cual fueron puestas las dos tablas de piedra sobre las cuales está escrita la ley de Dios. Esas tablas de piedra serán sacadas de su escondedero, y en ellas se verán los Diez Mandamientos esculpidos por el dedo de Dios. Esas tablas de piedra que ahora están en el arca del pacto, serán un testimonio convincente de la verdad y de la vigencia de la ley de Dios.

De toda nación, tribu, lengua y pueblo se convocará a los que guardan los mandamientos de Dios y tienen el testimonio de Jesús. Ésta es la obra que se debe realizar en estos últimos días. Desde su rebelión en el cielo contra los mandamientos de Dios, Satanás ha mantenido una guerra incesante contra ellos y continuará su obra implacablemente hasta el fin. —*Carta 47, del 5 de Febrero de 1902.*

Juan el Revelador representó los poderes del mundo como cuatro vientos sostenidos por ángeles delegados para hacer este trabajo. Él declara: "Después de esto vi a cuatro ángeles en pie en los cuatro ángulos de la tierra, que detenían los cuatro vientos de la tierra, para que no soplase viento alguno sobre la tierra, ni sobre el mar, ni sobre ningún árbol. Entonces vi a otro ángel que subía del este, y tenía el sello del Dios vivo. Clamó a gran voz a los cuatro ángeles, que habían recibido poder de dañar la tierra y el mar, y les dijo: "No dañéis la tierra, ni el mar, ni los árboles, hasta que sellemos en sus frentes a los siervos de nuestro Dios" (Apocalipsis 7:1-3).

De esta visión podemos saber por qué tantos han sido preservados de la calamidad. Si a estos vientos se les permitiera soplar en la tierra, crearían estrago y desolación. Pero la maquinaria intrincada del mundo está funcionando bajo el control del Señor. Los huracanes que amenazan con la destrucción, están controlados por las leyes de aquel que es el Protector de los que temblorosos temen a Dios y guardan sus mandamientos. El Señor sostiene los vientos tempestuosos. Él no les permitirá seguir su misión de muerte y venganza hasta que sus siervos sean sellados en sus frentes.

Frecuentemente oímos de terremotos, de tempestades y tornados, acompañados por truenos y relámpagos. Aparentemente éstas son erupciones caprichosas y desorganizadas de la naturaleza, como quien dice de fuerzas desordenadas. Pero Dios tiene un propósito al permitir que ocurran estas calamidades. Son uno de los medios que él usa para llamar a los hombres y mujeres a la reflexión. Mediante condiciones inusitadas en la naturaleza, Dios anunciará a las agencias incrédulas lo que claramente revela en su Palabra...

Permitirá que haya disturbios específicos en la naturaleza, como símbolo de lo que se podrá esperar en el mundo, cuando los ángeles suelten los cuatro vientos de la tierra. Las fuerzas de la naturaleza están bajo la dirección de una agencia eterna.

En su orgullo, la ciencia puede tratar de explicar los acontecimientos extraños que ocurren en la tierra y en el mar, pero yerra al no reconocerlos como obras de la Providencia. La ciencia no se da cuenta que la intemperancia es la causa de la mayoría de los habituales accidentes con consecuencias tan terribles. Hombres a quienes les incumbe la gran responsabilidad de salvaguardar a sus semejantes de accidentes y daños, a menudo son infieles a su cometido. Debido a la indulgencia del tabaco y del licor, no mantienen la mente despejada y clara...

La misma mano que impidió que las serpientes ardientes del desierto entraran en el campamento de los israelitas, hasta que el pueblo escogido por Dios lo provocó con sus constantes murmuraciones y quejas, está guardando hoy a los honestos de corazón. Si se retirara esta mano, inmediatamente el enemigo de nuestras almas empezaría la obra de destrucción que ha deseado realizar por mucho tiempo. Y porque ahora no se reconocen la paciencia y longanimidad de Dios, hasta cierto grado, a las fuerzas del mal ya se les permite destruir. ¡Cuán pronto verán los agentes humanos la destrucción de sus edificios magníficos que son su orgullo!...

Todos estas representaciones simbólicas (Apocalipsis 7:1-3; Proverbios 8:29; 30:4; Salmos 29:10; 104:32; 135:7) tienen un doble propósito. El pueblo de Dios debe aprender que no sólo las fuerzas físicas de la tierra están bajo el mandato del Creador, sino que también los movimientos religiosos de las naciones están bajo su dominio. Esto es verdad, especialmente en lo referente a la imposición de la observancia del domingo. Él, que por medio de su siervo Moisés, le dio a su pueblo las instrucciones con respecto a la santidad del sábado... en la hora de la prueba preservará a aquellos que guardan este día como una señal de lealtad a él...

En los últimos días Satanás aparecerá como un ángel de luz, con gran poder y gloria celestial pretendiendo ser el Señor de toda la tierra. Él declarará que el sábado se ha cambiado del séptimo al primer día de la semana y, como señor del primer día de la semana, él presentará este sábado falso como una prueba de lealtad a él. Entonces finalmente se cumplirá la profecía de Apocalipsis. (Apocalipsis 13:4-8, 11-18 citado).

El pueblo de Dios debería estudiar mucho todo el capítulo 14 de Apocalipsis. Los versículos 9 al 11 traen un mensaje especial de advertencia contra los que adoran a la bestia y a su imagen y reciben su marca en la frente o en la mano. Esta advertencia será hecha por aquellos que según el versículo 12: "guardan los Mandamientos de Dios y la fe de Jesús". —*Manuscrito 153, del 5 de Noviembre de 1902.*

Un día, el personal dirigente de nuestra escuela de Avondale, me interrogó en esta forma: "¿Qué debemos hacer? Los agentes de policía han recibido orden de arrestar a las personas que trabajan en domingo". Yo contesté: "Será muy fácil eludir esta dificultad. Consagren el domingo al Señor para la obra misionera. Lleven los alumnos afuera, para celebrar reuniones en diferentes lugares y hacer un trabajo médico-misionero. Encontrarán la gente en casa y tendrán así una magnífica ocasión de presentar la verdad. Esta manera de emplear el domingo es siempre agradable al Señor.

Durante el tiempo del fin, la actividad de los súbditos de Satanás aumentará grandemente. La actividad de los siervos de Dios debe aumentar proporcionalmente. Los cristianos deben unirse con los cristianos, iglesia con iglesia, todos guiados por el Espíritu Santo deben culminar la obra de Dios. Los ángeles están ascendiendo y descendiendo de la escalera de reluciente brillo dispuestos para defender al pueblo de Dios. Se les ordena acercarse más y más a los que están luchando en defensa de su fe...

Aquellos que se ponen bajo el control de Dios, para ser guiados y controlados por él, seguirán con paso firme los eventos dispuestos por él. Un deseo de superación santo y apasionante se posesionará de ellos. Que la iglesia tenga más fe, que se contagie con el celo de sus invisibles aliados celestiales, del conocimiento de sus recursos insondables, de la grandeza de la misión en la cual están comprometidos, y del poder de su Líder. Que reciba fuerza de Dios para terminar la gran obra que se debe hacer en favor de las personas más necesitadas en esta nación cristiana (los negros). — *Manuscrito 38, del 9 de Abril de 1903.*

Sólo el poder de Dios puede sostener los cuatro vientos para que no soplen hasta que los siervos de Dios sean sellados en sus frentes. Una obra muy importante debe hacerse en Washington (D. C.)... Tarde o temprano las leyes dominicales serán promulgadas. Pero los siervos de Dios deben hacer mucho para advertir a la gente. Esta obra ha sido grandemente estorbada porque han tenido que esperar y luchar contra las artimañas de Satanás, que han estado luchando por encontrar un lugar en nuestra obra...

Debemos humillarnos ante el Señor y al mismo tiempo ser tan firmes a los principios como una roca. La ley de Dios debe ser vindicada por medio de la obediencia del corazón y la mente y por medio de argumentos contundentes. —*Carta 21, del 16 de Enero de 1905.*

Todos debemos dejar de mirar al hombre finito y fijarnos en el Dios Omnipotente, poseedor de todos aquellos a quienes él ha dado vida. Están bajo su gobierno, y cuando los gobernantes finitos hacen leyes que están en conflicto con un claro: "Así dice el Señor", debemos obedecer la ley de Dios. ¿Acaso osará el hombre ocupar el lugar de Dios, dejando a un lado las leyes de la Potestad del universo, poniendo en su lugar estatutos humanos? ¿Se atreverá a exigir obediencia a estas leyes humanas?

Aquí es donde el hombre de pecado encuentra su lugar en la profecía. ¿Qué es pecado? El Señor lo define como "la transgresión de la ley", la ley de Aquel que sostiene la vida de cada ser humano en sus manos, y por quien todos serán juzgados según sus obras. De aquí en adelante, cuando el Señor venga en las nubes de los cielos con gran poder y gloria, cada hombre sabrá quién es Dios. Entonces aquellos que han pisoteado su ley, comprenderán la perversidad del pecado.

Dios exaltó el séptimo día al poner en él su sello, pero el hombre al ensalzarse sobre Dios, quita el sábado del Señor y exalta un día que no tiene ninguna santidad sino la conferida por el poder papal. En esto el hombre de pecado "se exaltará contra todo lo que se llama Dios, o que se adora; hasta sentarse en el templo de Dios, como Dios, haciéndose pasar por Dios" (2 Tesalonicenses 2:4). —*Carta 38, del 23 de Enero de 1906.*

El capítulo 24 de Ezequiel registra el castigo que sobrevendrá sobre todos los que rechacen la palabra del Señor. (Ezequiel 24:6-24 citado).

Se me instruyó presentar estas palabras ante aquellos que han tenido luz y evidencia, pero que han obrado directamente en contra de la luz. El Señor hará que el castigo de aquellos que no han recibido sus advertencias y amonestaciones, sea tan amplio como el mal que han cometido. Los propósitos de aquellos que han tratado de encubrir su error, mientras trabajaban en secreto contra los propósitos de Dios, serán revelados totalmente. La verdad será vindicada. Dios pondrá de manifiesto que él es Dios.

En la iglesia hay un espíritu de maldad que se esfuerza constantemente por abolir la ley de Dios. Aunque el Señor no les quita la vida a aquellos que han llevado su rebelión hasta tal extremo, la luz nunca volverá a brillar con ese poder convincente sobre el obstinado opositor de la verdad. Dios proporciona suficiente luz y evidencias para capacitar al hombre a fin de distinguir entre la verdad y el error; pero, el poder del mal es tan fuerte para algunos, que no aceptarán la evidencia ni responderán por medio del arrepentimiento. Una resistencia incesante a la verdad, endurecerá el corazón más sensible. Aquellos que rechazan el espíritu de verdad, se ponen bajo el control de un espíritu que se opone a la palabra y obra de Dios. Por un tiempo podrán continuar enseñando algunos aspectos de la verdad, pero al negarse a aceptar toda la luz que Dios les envía, después de un tiempo los llevará a hacer la obra de un centinela falso. —*Manuscrito 125, del 4 de Julio de 1906.*

No falta mucho para que se exalte un falso sábado y se ordene a los hombres a honrarlo como un día santo aunque no tenga nada de sagrado en él. Este sábado espurio será una cuestión de prueba para todos.

Juan escribe, "Entonces vi a otro ángel que volaba por el cielo, con el evangelio eterno para predicarlo a los que habitan en la tierra, a toda nación y tribu, lengua y pueblo. Decía a gran voz: „Reverenciad a Dios y dadle honra, porque ha llegado la hora de su juicio! Y adorad al que hizo el cielo y la tierra, el mar y las fuentes de las aguas". Un segundo ángel lo siguió, diciendo: „Ha caído, ha caído la gran Babilonia, porque ha dado a beber a todas las naciones del vino del furor de su fornicación" (Apocalipsis 14:6-8). ¿Cómo ha podido hacerlo? Obligando a los hombres a aceptar un sábado falso. —*Carta 38, del 11 de Febrero de 1909.*

Los planes frívolos y el retraso que éstos han causado han alentado la observancia del domingo y esta falsa teoría ha sido celosamente estimulada. Nuestro pueblo no ha cumplido con su cometido. Todavía tendrá que enfrentar la verdadera cuestión en controversia. Cuando esto suceda, Satanás aparecerá con el dragón. Mucho tiempo antes de esto debemos mostrar decididamente ante el mundo y ante las otras iglesias, que somos el pueblo que observa el verdadero sábado... La cuestión del domingo está entrando en vigencia. No debemos actuar como una iglesia somnolienta. Aquellos que encabezan el movimiento a favor del domingo, lucharán para obtener la victoria...

Se me ha instruido a hacer un llamado a nuestro pueblo en todas partes para que se despierte y se preparare para el juicio, uniéndose totalmente a Cristo. No se deben sentar pasivamente a esperar la tormenta que se avecina, provocada por el poder de las tinieblas y consolándose con la idea de que serán resguardados y estarán seguros. Deben trabajar con todo ahínco de acuerdo a la capacidad que Dios les ha dado, para salvar a un mundo que está pereciendo y presentar la Palabra a tiempo a aquellos que necesitan luz e instrucción. Satanás no está ocioso. Él ha estado atrayendo a sus filas a los ministros y a cualquier otro a quien él pueda inducir para aceptar sus teorías erróneas. Ministros que estaban una vez con nosotros, se han apartado por su propio deseo de encontrar algo nuevo y extraño.

Aquellos que por medio de la Palabra de Dios han recibido evidencia concerniente a la verdad del día santo del Señor, deben tener presente que la línea de demarcación entre los observadores del sábado y los que observan el día en el cual el Señor no ha puesto ninguna santidad, jamás será eliminada. Debemos hacer una obra especial, y debemos hacerla con toda fidelidad. —*Manuscrito 29, del 14 de Noviembre de 1910.*

Capítulo 11—La Persecución

En Mateo 27:26 se representa un cuadro ante nosotros. Aquí la Luz del Mundo, el Camino, la Verdad y la Vida, contra quien no se ha podido probar acusación alguna y sin que haya sido hallado culpable de un solo crimen, fue entregado por el gobernante (Pilato) a una muerte vergonzosa. ¿Pero quién fue responsable? En el día de Dios, en presencia de todo el universo congregado ¿quién sufrirá el castigo por este acto? Aquellos que pretendieron ser el pueblo más piadoso de la tierra...

Las escenas de la traición y el rechazo a Cristo, perpetradas en Jerusalén, representan la escena que tendrá lugar en los días finales de la historia de este mundo, cuando Cristo sea finalmente rechazado. El mundo religioso se agrupará con el primer gran rebelde y rechazará el mensaje de misericordia, en lo que se refiere a los diez mandamientos y la fe de Jesús...

Sólo puede haber dos clases. Cada grupo está marcado claramente, ya sea con el sello del Dios viviente o con la marca de la bestia o de su imagen. Cada hijo e hija de Adán elige como su general a Cristo o a Barrabás. Y todos los que se colocan al lado del desleal, están bajo la negra bandera de Satanás y se los acusa de rechazar a Cristo y de proceder malignamente con él. Se los acusa de crucificar deliberadamente al Señor de la vida y de la gloria.

Dios tiene una controversia con el mundo y con los profesos cristianos que aceptan las invenciones del gran apóstata, que están preparadas para complacer a cada congregación en el mundo cristiano que desecha la ley de Dios, que según la revelación del Espíritu de Dios es: "santa, justa y buena" (Romanos 7:12)...

La escena del recinto del tribunal de Jerusalén es un símbolo de lo que sucederá en las escenas finales de la historia de la tierra. El mundo aceptará a Cristo, la Verdad, o aceptará a Satanás, el primer gran rebelde, ladrón, apóstata y asesino. Si acepta a Satanás y sus falsedades, se identificará con el padre de todos los mentirosos y con todos los que son desleales; mientras tanto, se alejará de un personaje que es nada menos que el Hijo del Dios infinito.

¡Cuán solemne será esa escena, cuando el mundo sea finalmente llamado a juicio ante el gran trono blanco para rendir cuentas por haber rechazado a Jesucristo, el mensajero de Dios para nuestro mundo! ¡Qué ajuste de cuentas tendrá que hacerse por haber clavado en la cruz a Aquel que vino a nuestro mundo como una carta viviente de la ley! Él vivió la ley gubernamental de Dios, él fue la expresión de su carácter. Y los hombres que ahora rechazan la ley de Dios, crucifican una vez más al Hijo de Dios. Se identifican con aquellos que, entre dos ladrones, lo crucificaron en la cruz del Calvario.

El mundo no está mejorando. "Pero los malos hombres y los engañadores, irán de mal en peor, engañando y siendo engañados" (2 Timoteo 3:13). El mundo no se regenerará hasta que Dios salga para castigar al mundo por su iniquidad. La tierra descubrirá la sangre derramada sobre ella y no encubrirá más sus muertos... Las escenas de la traición, el rechazo y la crucifixión de Cristo han sido reproducidas y lo volverán a ser en una escala inmensa. Algunos se llenarán de las características de Satanás. Los engaños del archienemigo de Dios y del hombre, tendrán gran poder. Los que hayan dado sus afectos a cualquier líder que no sea Cristo, se hallarán dominados en cuerpo, alma y espíritu, por una infatuación tan fascinadora que, bajo su poder, las almas se apartan para no escuchar la verdad y creer una mentira. Quedan entrampados y cautivos, y mediante cada una de sus acciones claman: "Soltadnos a Barrabás, y crucificad a Cristo".

Ahora mismo se está haciendo esta decisión. Se están repitiendo las escenas que se desarrollaron cerca de la cruz. En las iglesias que se han apartado de la verdad y de la rectitud, se está revelando lo que la naturaleza humana puede hacer y hará, cuando el amor de Dios no es un principio estable en el alma. No debemos sorprendernos de cosa alguna que suceda ahora. No debemos maravillarnos del desarrollo que pueda alcanzar el horror. Los que pisotean con sus profanos pies la ley de Dios, tienen el mismo espíritu de los que insultaron y traicionaron a Jesús. Sin ningún remordimiento de conciencia ejecutarán los actos de su padre, el diablo. Harán la misma pregunta que salió de los traidores labios de Judas: "¿Qué me queréis dar si os entrego a Jesús, el Cristo?"

Aquellos que escogen la soberanía de Satanás, revelarán el espíritu del amo que han escogido, del que causó la caída de nuestros primeros padres. Rechazaron al divino Hijo de Dios, la personificación del único Dios verdadero que poseía la bondad, la misericordia y el amor incansable, cuyo corazón estaba siempre enternecido por los pesares humanos. Y aceptaron un asesino en su lugar. Al hacerlo, las personas revelaron lo que la naturaleza humana puede hacer y hará, cuando el Espíritu de Dios ya no se interponga y se aleje, y los hombres estén bajo el gran apóstata. En la misma proporción con que se niega y se rechaza la luz, serán el concepto erróneo y los malos entendidos. Aquellos que rechazan a Cristo y escogen a Barrabás, obrarán bajo un engaño ruin. Las declaraciones erróneas y falsas aumentarán bajo una rebelión ostensible...

De aquellos que audazmente testifiquen por Cristo, los hombres oirán verdades sagradas que nunca antes oyeron. La semilla de la verdad se arraigará en algunos corazones. El poder transformador de Dios, atraerá a las almas de las tinieblas a la luz. Algunos de los mismos hombres en los jurados, abogados y jueces, abrazarán la verdad y a su vez, por su lealtad a todos los mandamientos de Dios, sobre todo el mandamiento del sábado, que siempre ha sido y será la cuestión de prueba, confesarán a Cristo ante reyes y gobernantes...

Cristo muestra que sin el poder controlador del Espíritu de Dios, la humanidad es un poder terrible para el mal. La incredulidad, el odio del reproche, suscitarán influencias satánicas. Los principados y potestades, los gobernantes de las tinieblas de este mundo y las huestes espirituales de maldad en las regiones celestes, se unirán en un temerario compañerismo. Se aliarán contra Dios en la persona de sus santos. Mediante falsedades y engaños desmoralizarán a hombres y mujeres que, según todas las apariencias, parecen creer en la verdad. No faltarán falsos testigos en esta obra terrible...

"Seréis entregados aun por vuestros padres y hermanos, parientes y amigos. Y matarán a algunos de vosotros. Y seréis aborrecidos de todos por causa de mi Nombre. Pero ni un cabello de vuestra cabeza perecerá. Perseverando firmes salvaréis vuestra vida" (Lucas 21:16-19). Cristo restaurará la vida, porque él es el dador de la vida y engalanará a los justos con la salvación y la vida eterna. Después de hablar del fin del mundo, Jesús vuelve [se refiere] a Jerusalén, la ciudad entonces sentada con orgullo y arrogancia, y que dice: "Yo estoy sentada como reina... y no veré llanto" (Apocalipsis 18:7). Cuando el ojo profético de Jesús se detiene sobre Jerusalén, él ve que así como ella fue entregada a la destrucción, el mundo será entregado a la ruina. Las escenas que ocurrieron en la destrucción de Jerusalén, se repetirán en el día grande y terrible del Señor, pero de una manera más tremenda...

Cuando los hombres abandonan toda restricción e invalidan la ley de Dios, cuando establecen su propia ley pervertida y tratan de forzar las conciencias de los que honran a Dios y guardan sus mandamientos, para que pisoteen la ley divina, hallarán que la bondad de la cual se han burlado se agotará...

El ojo de Cristo ve la retribución que recibirán todos los adversarios de Dios...

La destrucción de Jerusalén representa lo que sucederá al mundo, y la advertencia que entonces dio Cristo continúa resonando a través de los siglos hasta nuestros días: "Entonces habrá señales en el sol, en la luna y en las estrellas, y en la tierra angustia de las gentes, confundidas a causa del bramido del mar y de las olas" (Lucas 21:25). Sí, ellos traspasarán sus límites, y habrá destrucción en su camino. Harán naufragar a los barcos que navegan sobre sus aguas tranquilas, y con el peso de su propia carga irán rápidamente a la eternidad sin tiempo de arrepentirse.

Habrá calamidades en tierra y mar, "desfalleciendo los hombres por el temor y la expectación de las cosas que sobrevendrán en la tierra; porque las potencias de los cielos serán conmovidas. Entonces verán al Hijo del Hombre, que vendrá en una nube, con poder y gran gloria" (versículos 26, 27). De la misma manera en que él ascendió, volverá por segunda vez a nuestro mundo. "Cuando estas cosas comiencen a suceder, erguíos y levantad vuestra cabeza, porque vuestra redención está cerca" (versículo 28). —*Manuscrito 40, de 1897.*

Con Satanás a la cabeza para imbuirlos de su espíritu, los hombres pueden afligir al pueblo de Dios, causarle dolor y quitarle su vida temporal; pero no pueden tocar la vida que está escondida con Cristo. No nos pertenecemos. En cuerpo y alma hemos sido comprados mediante el precio que se pagó en la cruz del Calvario, y debemos recordar que estamos en las manos de Aquel que nos creó. No importa qué hagan los hombres impíos inspirados por Satanás: debemos descansar en la seguridad de que estamos bajo la protección de Dios y de que él nos va a fortalecer mediante su Espíritu para que podamos persistir...

No hay mayor evidencia de que Satanás está obrando, que cuando los que profesan haber sido santificados para servir a Dios, persiguen a sus semejantes porque no creen las mismas doctrinas que ellos sostienen. Estos mismos se lanzarán con furia contra el pueblo de Dios, para declarar que es verdad lo que saben, que no lo es. De ese modo pondrán de manifiesto que quien los inspira es el acusador de los hermanos y asesino de los santos de Dios. Pero si Dios permite que los tiranos nos traten como los sacerdotes trataron a su Hijo ¿abandonaremos nuestra fe y nos lanzaremos a la perdición? Dios permite que estas cosas nos ocurran, no porque no se preocupe por nosotros, puesto que afirma: "Estimada es a los ojos de Jehová la muerte de sus santos" (Sal. 116: 15).

"Porque él librará al menesteroso que clame, al afligido que no tenga socorro. Tendrá misericordia del pobre y del menesteroso, salvará la vida de los pobres. De engaño y violencia los redimirá y la sangre de ellos será preciosa a sus ojos" (Salmos 72:12-14).

Se acerca el tiempo en que él dirá: "Anda, pueblo mío, éntrate en tus aposentos, cierra tras ti tus puertas; escóndete un poquito, por un momento, en tanto que pasa la ira. Porque he aquí que Jehová sale de su lugar para visitar la maldad del morador de la tierra contra él; y la tierra descubrirá la sangre derramada sobre ella, y no más encubrirá sus muertos". Puede ser que hombres que pretenden ser cristianos, defrauden y opriman ahora al pobre; roben a las viudas y a los huérfanos; se inspiren de ira satánica porque no pueden dominar las conciencias de los hijos de Dios; pero por todo esto Dios los llamará a juicio. "Juicio sin misericordia será hecho con aquel que no hiciere misericordia". No pasará mucho tiempo antes que ellos estén ante el Juez de toda la tierra para rendir cuenta del dolor que han causado a los cuerpos y las almas de los que forman la herencia divina. Pueden ahora permitirse falsas acusaciones, pueden ridiculizar a aquellos que Dios ha señalado para hacer su obra. Pueden enviar a los creyentes en Dios a la cárcel, a los trabajos forzados, al destierro, a la muerte; pero por toda angustia ocasionada, por toda lágrima vertida, tendrán que dar cuenta.

Recibirán su merecido castigo por cada gota de sangre derramada bajo tortura, por todos los que quemaron en la hoguera. Dios les compensará el doble por todos sus pecados. Han bebido la sangre de los santos, y se han intoxicado de alegría. En el juicio, Dios le dice a sus agentes: "Dadle como ella os dio, pagadle el doble de lo que ha hecho. En la copa que ella os dio a beber, dadle a beber el doble. Cuanto se glorificó y vivió en deleites, tanto dadle de tormento y llanto. Porque dice en su corazón: „Estoy sentada como reina. No soy viuda, ni veré llanto". Por eso, en un solo día vendrán sus plagas: muerte, llanto y hambre. Y será consumida por el fuego, porque el Señor Dios que la juzgará es poderoso" (Apocalipsis 18:6-8). —*Manuscrito 45, del 14 de Mayo de 1897.*

Los estatutos humanos; las leyes elaboradas por los agentes satánicos con el pretexto de fomentar el bien y restringir el mal, serán exaltadas en tanto que se despreciarán y pisotearán los sagrados mandamientos de Dios. Y todos los que por su obediencia demuestren ser fieles a la ley de

Jehová, deberán estar preparados para afrontar arrestos y ser llevados ante asambleas, cuya norma no será precisamente la elevada y santa ley de Dios, sino que han decretado leyes rigurosas inspiradas por aquél cuyos rasgos se manifestaron en el juicio de Cristo. "Tenemos Ley. Según nuestra Ley debe morir, porque se hizo Hijo de Dios" (Juan 19:7)...

En estos extremistas religiosos, tenemos una demostración de lo que puede hacer la humanidad cuando teniendo la palabra que ilumina a todo hombre que viene al mundo, trabaja directamente en oposición a ella, independiente de las consecuencias o del justo castigo que caerá sobre sus inmediatos o sobre ellos mismos...

El reino de las tinieblas se está extendiendo por todo el mundo, y está abarcando toda la esfera de acción de los hombres. Los espíritus malignos están trabajando eficazmente en las mentes para llevarlas a la apostasía, no importa el método que tengan que usar. El espíritu del mal impulsa a los hijos de rebelión... Un espíritu demoníaco toma posesión de los hombres en nuestro mundo. Combinan la propensión animal depravada con la inteligencia humana desnaturalizada y las convierten en demonios humanos, tan detestables a la vista de Dios, como los atributos incuestionables de las inteligencias satánicas educadas para destrozar y destruir a los hombres creados según la similitud divina, porque no pueden controlar la conciencia de sus hermanos ni forzarlos a ser desleales a la santa ley de Dios...

Satanás no fue un prototipo austero de la humanidad. Había sido uno de los ángeles más encumbrados al lado de Cristo. Toda su belleza, su inteligencia y su excelencia derivaban de Dios. Pero él usó mal su poder... Y emplea con una energía creciente ese conocimiento adquirido. Al envenenar la mente, impulsar la maldad y abusar de su poder para herir y destruir la herencia de Dios, comprueba la osadía de la humanidad y el trato satánico y cruel de los hombres contra sus semejantes. Cuanto más dolor ocasionen, más completa será su obra de destruir a la herencia de Dios, y mayor será el gozo que le proporcionarán al apóstata caído.

El mundo está representado en las iglesias apóstatas que están hollando la Palabra de Dios, transgrediendo su santa ley. No saben de qué espíritu son, ni tampoco el fin del oscuro túnel por el que avanzan. Están apresurando el paso, engañados, alucinados, ciegos, hacia la primera y segunda muerte. La inmensa marea de la voluntad y la pasión humanas, los está conduciendo a cosas con las que ni soñaron cuando desecharon la ley de Jehová por las invenciones del hombre, para causar opresión y sufrimiento a los seres humanos...

Los gobernantes malvados y las iglesias apóstatas se han convertido al mundo. Y simplemente muestran lo que harían en la actualidad si tan sólo se atrevieran. Si Cristo estuviera en esta tierra hoy, no lo desearían más que la nación judía en su primer advenimiento... Los gobernantes y maestros que por sus enseñanzas corruptas han hecho tambalear a las almas; los políticos, senadores, gobernadores, todos aquellos que podrían haber comprendido las profecías, pero que no estudiaron ni investigaron para ver si se adaptaban a este tiempo y se aplicaban a ellos mismos, caerán en la trampa. Estarán perdidos para siempre, serán repentinamente destruidos, y eso sin remedio...

"Le vendaron los ojos, le golpeaban el rostro, y le decían: „Adivina quién te pegó". Y decían muchas otras cosas, y lo insultaban" (Lucas 22:64, 65). Aquí vemos como por medio de la envidia, los celos y el fanatismo religioso, los profesos hombres rectos pueden participar del espíritu de Satanás, para llevar a cabo sus propósitos malvados. "Enemistad pondré entre ti y la mujer, y entre tu descendencia y su Descendiente. Tú le herirás el talón, pero él te aplastará la cabeza" (Génesis 3:15). Esta enemistad se reveló tan pronto como el hombre transgredió la Santa ley de Dios. Su naturaleza cambió y se volvió perversa. Se puso en armonía con el príncipe de las tinieblas y formó una alianza.

No hay guerra entre Satanás y el pecador ni entre los ángeles caídos y el hombre caído. Ambos poseen los mismos rasgos, ambos son perversos por la apostasía y el pecado. Siendo éste el caso, que todos los que lean estas palabras comprendan por cierto que donde existe transgresión contra la santa ley de Dios, siempre habrá alianza contra el bien. Los ángeles caídos y los hombres malos se unirán en desesperada solidaridad. Satanás inspira a los infieles a trabajar en armonía con su espíritu.

Cristo ha prometido acometer de lleno en el conflicto contra el príncipe de la potestad de las tinieblas y aplastar la cabeza de la serpiente. Todos los hijos de Dios son sus escogidos, sus soldados, que luchan contra principados y potestades, contra los gobernantes de las tinieblas de este mundo, contra maldades espirituales en el aire. Es un conflicto persistente que no tendrá fin, hasta que Cristo aparezca la segunda vez, sin pecado, para salvarnos y derrotar totalmente a quien ha destruido tantas almas por medio de su magistral poder engañoso. —*Manuscrito 104, del 28 de Septiembre de 1897.*

Jesús se abstuvo de seguir una conducta que provocara una crisis innecesaria en su vida y acortara su obra. La oposición de los sacerdotes y gobernantes en Jerusalén había apartado de en medio de ellos al poderoso Sanador. Durante un tiempo, él se limitó a llevar a cabo su obra en Galilea. Con frecuencia, él mismo dejaba un campo de labor por otro, a fin de escapar a los que estaban buscando su vida. Cuando fue rechazado en Nazaret y sus mismos compatriotas quisieron matarlo, él bajó a Capernaúm, donde: "Se admiraban de su doctrina, porque hablaba con autoridad" (Lucas 4:32). Pero no había de ser presuntuoso, ni precipitarse al peligro, ni tampoco apresurar una crisis... Sabía que iba a ser blanco del odio del mundo, sabía que su obra le conduciría a la muerte; pero exponerse prematuramente no habría sido obrar según la voluntad de su Padre.

Debemos aprender la lección. Con el correr del tiempo enfrentaremos una oposición que se hará más y más intensa. A medida que en diferentes lugares se suscite enemistad contra los que observan el día de reposo del Señor, podría resultar necesario para el pueblo de Dios que se traslade de esos lugares a otros, donde no enfrenten una oposición acérrima. Dios no les pide a sus hijos que permanezcan en un lugar donde, a causa de hombres impíos, su influencia se anule y sus vidas corran peligro. Cuando la libertad y la vida estén en peligro, no sólo tenemos el privilegio, sino el absoluto deber de ir a lugares donde la gente esté dispuesta a oír la Palabra de vida y donde las oportunidades para predicar la Palabra sean más favorables...

Había un amplio campo en el cual trabajar por la salvación de las almas, y a menos que la lealtad a él lo requiriera, los siervos del Señor no debían poner en peligro su vida. La persecución no debe desanimarlos, sino que cuando su obra sea limitada en un lugar, deben buscar otro lugar donde puedan continuar trabajando por la salvación de las almas; donde haya personas cuyos corazones no se hayan endurecido, por su incredulidad, contra la verdad.

Cristo sigilosamente se trasladaba a pie de un lugar a otro. Sabía que algunos de aquellos que escuchaban sus palabras, recibirían con alegría las verdades que él enseñaba. Después de su ascensión, muchos que durante su ministerio habían escuchado sus palabras, confesaron abiertamente que creían en él como el Hijo de Dios. —*Manuscrito 26, del 11 de Marzo de 1904.*

Capítulo 12—La Lucha Final

Luego se me mostró que los mandamientos de Dios y el testimonio de Jesucristo acerca de la puerta cerrada, no pueden separarse, y el tiempo en que los mandamientos de Dios habían de resplandecer en toda su importancia para el pueblo de Dios, era cuando se abriese la puerta en el lugar santísimo del santuario celestial en 1844. Entonces Jesús se levantó, cerró la puerta del lugar santo, abrió la que da al santísimo y pasó detrás del segundo velo, donde está ahora al lado del arca.

Vi que Jesús había cerrado la puerta del lugar santo y nadie podía abrirla; y que había abierto la puerta que da acceso al lugar santísimo, y nadie puede cerrarla; y que desde que Jesús abrió la puerta que da al lugar santísimo, los mandamientos han estado brillando hacia los hijos de Dios, y éstos son probados acerca de la cuestión del sábado. Vi que la prueba actual acerca del sábado, no podía producirse antes de que terminase la mediación de Cristo en el lugar santo y él hubiese pasado al interior del segundo velo. Por lo tanto, los cristianos que durmieron antes del séptimo mes, en 1844, sin haber guardado el verdadero día de reposo, descansan ahora en esperanza; porque no tuvieron la luz ni la prueba acerca del sábado que tenemos ahora, desde que la puerta se abrió.

Vi que nuestros enemigos han estado tratando de abrir la puerta del lugar santo y de cerrar la puerta del lugar santísimo, donde está el arca que contiene las dos tablas de piedra, en las cuales fueron escritos por el dedo de Jehová, los diez mandamientos. Vi que en este tiempo de sellamiento, Satanás está valiéndose de todo artificio para desviar de la verdad presente, el pensamiento del pueblo de Dios y para hacerlo vacilar.

Vi que Satanás obraba de unas cuantas maneras mediante sus agentes. Actuaba por intermedio de ministros que habían rechazado la verdad, y cedido a graves engaños para creer la mentira y ser condenados. Mientras predicaban y oraban, algunos caían postrados y desvalidos, no por el poder del Espíritu Santo, sino por el de Satanás infundido en esos agentes, y por su intermedio en la gente. Mientras predicaban, oraban y conversaban, algunos adventistas profesos que habían rechazado la verdad presente, se valían del mesmerismo para ganar adherentes y la gente se regocijaba en esta influencia, porque pensaba que era la del Espíritu Santo. Hasta hubo algunos que empleaban el mesmerismo y estaban tan sumidos en las tinieblas y el engaño del diablo, que creían ejercer un poder que Dios les había dado. Tanto habían igualado a Dios consigo mismos, que consideraban su poder como cosa sin valor.

Algunos de estos agentes de Satanás afectaban los cuerpos de algunos de los santos, a quienes no podían engañar ni apartar de la verdad presente. Hasta trataban de enfermarlos de muerte. ¡Ojalá que todos pudiesen ver esto como Dios me lo reveló, a fin de que conocieran mejor las astucias de Satanás y se mantuvieran en guardia!

Vi que Satanás obraba así para enajenar, engañar y desviar a los hijos de Dios precisamente ahora en el tiempo del sellamiento. Vi a algunos que no se erguían rígidamente por la verdad presente. Las rodillas les temblaban, y sus pies resbalaban porque no estaban firmemente asentados en la verdad; y mientras estaban así temblando, la cubierta del Dios Omnipotente no podía extenderse sobre ellos. Satanás probaba cada una de sus artes para sujetarlos donde estaban hasta que hubiese pasado el sellamiento, hasta que la cubierta se hubiese corrido sobre el pueblo de Dios, y ellos hubiesen quedado sin refugio en el tiempo de la matanza.

Dios ha comenzado a correr esta cubierta sobre su pueblo, y ella será extendida sobre todos los que han de tener refugio en el día de la matanza o el día del Señor.

Dios obrará con poder en favor de su pueblo. A Satanás también se le permitirá obrar. Los golpecitos misteriosos, las señales y prodigios de Satanás y las falsas reformas, aumentarían y se extenderían. Las reformas que me fueron mostradas no eran del error a la verdad. No, no, sino de mal en peor, porque aquellos que profesaban tener un cambio de corazón, sólo se habían envuelto con un manto religioso que ocultaba la iniquidad de un corazón vil para engañar al pueblo de Dios. Pero si se pudiera ver sus corazones, estarían tan negros como de costumbre. —*Manuscrito 1, de 1849*.

En esta época se necesitan hombres que no traicionen la verdad, que no se sometan a ningún líder, sino a Dios. La trompeta debe dar un sonido certero, claro y penetrante. Se debe dar un sonido de alarma y advertencia. Dios tiene un mensaje para despertar a su pueblo y estas palabras de importancia solemne, no deben ser pronunciadas en forma incierta. El tiempo de tinieblas debe ser anunciado por todos lados. La verdad debe llegar al pueblo en el espíritu y poder de Dios, en forma clara e inconfundible para que la iglesia y el mundo puedan despertar de su letargo sensual. Se debe inspirar a los hombres a indagar con interés solemne: "¿qué debo hacer para ser salvo?" (Vea Hechos 16:30). Los falsos pastores en su infidelidad están clamando: "Paz y seguridad", para aplacar la conciencia de aquellos que por el bien de sus almas necesitan ser alarmados. Los siervos fieles de Dios, deben emplear la voz y la pluma para que aquellos que están muy cómodos, puedan despertarse con la advertencia. "Cuando digan: „¡Paz y seguridad!", entonces vendrá sobre ellos repentina destrucción, como los dolores a la mujer encinta, y no escaparán" (1 Tesalonicenses 5:3). Ninguno escapará, salvo aquellos que cuidan y preservan sus vestiduras blancas.

Usted no sólo debe estar velando y esperando, sino [también] orando y trabajando. Póngase el vestido de bodas. El mensaje del tercer ángel abarca más de lo que la mente finita del hombre comprende. Considere que la tierra será iluminada con su gloria. La verdad debe publicarse mucho más extensamente de lo que ha sido hasta ahora. Debe ser puntualizada ante las personas, en líneas claras e incuestionables...

Comparado con el número de los que rechazan la verdad, aquellos que la reciben será muy pequeño. Pero un alma es de más valor que el mundo entero. No debemos sentirnos descorazonados porque nuestra obra no parezca dar grandes resultados... Aunque el mayor porcentaje del mundo rechace la verdad, algunos la aceptarán y responderán al poder atractivo de Cristo. Aquellos que desprecian el material de lectura, pueden apartarse de la luz y negarse a obedecer las convicciones de su conciencia, pero por medio del poder de Dios, el mensaje que ellos desprecian puede llegar a manos de otros y puede ser como comida a su tiempo. Se despertarán para investigar las Escrituras, orarán para entender la verdad y no lo harán en vano. Los ángeles de Dios atenderán a sus necesidades. Muchos que están en armonía con la verdad, cuyos corazones están llenos de paz y alegría debido a la luz que han recibido en estos últimos días, la conocieron por las páginas que otros rechazaron...

Se me ha mostrado que Satanás está irrumpiendo la marcha. A través de la intervención de Satanás, la ley de Dios será invalidada. En nuestra tierra, que se jacta de la libertad, se acabará la libertad religiosa. La contienda será resuelta por la cuestión del sábado que agitará al mundo entero. Nuestro tiempo para actuar es limitado, y Dios llama a sus siervos para que sean miembros de su ejército. Maestros sabios como serpientes y mansos como palomas vendrán a la ayuda del Señor, a la ayuda del Señor contra los fuertes. Hay muchos que no entienden las profecías relacionadas con estos días y deben ser iluminados al respecto...

Debemos aguardar, velar y trabajar diligentemente, para que Satanás no precipite las cosas antes de que nuestra obra se haya terminado. Satanás ya ha preparado su obra para engañar al mundo con sus prodigios mentirosos. Él juntará a los hombres en manojos y afirmará que el mundo está a su favor. Existirá una unión corrupta entre los inicuos de la tierra y los hombres se agruparán para pisotear la norma de justicia, para así agradar a Satanás y a sus ángeles perversos y para satisfacer a un mundo que está enemistado con Dios y su ley.

Dios requiere que cada hombre cumpla con su deber y muestre su lealtad. Satanás está inventando todo tipo de estratagema posible, para que las personas que conocen la verdad se adormezcan en una seguridad fatal, mientras él convoca a hombres y ángeles malos para llevar a cabo su conspiración secreta. Pero todos los que busquen a Dios de todo corazón se despertarán. Aquellos que aman a Dios con toda su alma, guardarán los mandamientos de Dios y tendrán la fe de Jesús.

Algunos están predispuestos a pensar que se está haciendo demasiado alboroto. Por su posición cómoda le dicen a la gente: "Paz y seguridad", mientras que el cielo declara que una rápida destrucción está por sobrecoger al mundo. Tiemblo cuando pienso en lo que se me ha dicho de aquellos que no actúan de acuerdo con la verdad para este tiempo. Dijo mi guía: "Aquellos que no despierten serán pasados por alto y Dios traerá a hombres que responderán a su llamado y llevarán su obra hacia adelante y hacia arriba"...

Hará una obra mayor que la que se ha hecho hasta ahora y no glorificará a los hombres, porque los ángeles que ministran a los que serán herederos de salvación, están trabajando día y noche. Todos los que serán salvados deben cooperar con las huestes celestiales, para despertar a los habitantes de la tierra a las verdades solemnes de este tiempo...

El mensaje del tercer ángel significa mucho más de lo que nos imaginamos. Debemos investigar cuidadosamente todo lo que involucra este mensaje solemne. La tierra será iluminada con su gloria. Los ángeles de Dios, irían ahora mismo por nuestra tierra, para despertar la mente de las personas, si cooperáramos con ellos. Pero ciertamente es triste el hecho de que estamos muy alejados de las providencias de Dios, ni estamos haciendo la obra que debíamos haber hecho para enviar los rayos de verdad a aquellos que están en tinieblas... Las huestes celestiales irán delante de aquellos que salgan a trabajar para Dios... Deben emitirse publicaciones, escritas en el idioma más claro y simple, explicando el asunto de interés vital y haciendo conocer lo que sobrevendrá al mundo...

Satanás tiene sus agentes por todas partes. Están ocupados como agentes, colportores y así llamados misioneros. Satanás está tratando constantemente de ocupar la mente de las personas, para que no presten atención a las cosas de interés eterno. Prepara todo artilugio y engaño para controlar la mente de los hombres, y si un plan fracasa, presenta otro e inventa todo lo que está a su alcance para ocultar la verdad y desviar de ella la atención de los hombres, por medio de sofismas y falsedades.

Aquellos que acepten la verdad, tendrán que enfrentar toda clase de oposición. Hombres que se dicen ser maestros de la verdad bíblica, atacarán a los que abrazan la verdad y que no tienen ninguna experiencia para hacer frente a sus objeciones y tratarán de agobiarlos con declaraciones falsas y razonamientos astutos. Por esto y por otras razones, es necesario tener publicaciones que expliquen las doctrinas y enseñen cómo enfrentar los argumentos de los oponentes. Si los que se convierten a la fe tuviesen un testimonio claro de las verdades que están siendo atacadas, estarían listos para defenderse y hacer frente a las objeciones de sus opositores. Al defenderse, inconscientemente estarán sembrando las semillas de la verdad.

Habrá hombres que harán una falsa representación de las doctrinas que creemos y enseñamos como verdad bíblica, y es necesario que se efectúen planes sabios para lograr la oportunidad de insertar artículos en los periódicos del mundo; porque esto será un medio de despertar a las almas para ver la verdad. Dios levantará hombres que estarán calificados para sembrar junto a todas las aguas. Dios ha dado gran luz respecto de verdades importantes, y esta luz debe llegar al mundo... Se debe hacer todo lo posible para educar la mente del público con respecto a nuestra verdadera posición, para que no aparezcamos como una luz falsa ante el pueblo...

Lo mismo que existe hoy, existió antes del diluvio y antes de la destrucción de Sodoma. La disipación aumenta en nuestro mundo. Se imprimen carteles con cuadros indecentes que se exhiben a lo largo de nuestras calles, para tentar los ojos y depravar la moral. Estas presentaciones incitan las bajas pasiones del corazón humano, a través de una imaginación corrupta. A esta imaginación corrupta le siguen prácticas denigrantes, como las costumbres en las cuales se complacían los Sodomitas. Pero la parte más terrible de este mal, es que se lo practica bajo un manto de santidad. A menos que se levanten barricadas con la verdad, nuestra juventud será deshonrada, sus pensamientos degradados y sus almas contaminadas. — *Carta 1, del 12 de Octubre de 1875.*

Pronto se levantará gran angustia entre las naciones, que no cesará hasta la venida de Jesús. El mundo está rechazando la ley cada vez más. Las iglesias están unidas en sus esfuerzos de restringir la libertad religiosa. Como pueblo, ¿qué estamos haciendo frente a esta crisis? ¿Estamos purificando nuestras almas por medio de la obediencia a las palabras de Cristo? ¿Estamos humillando nuestros corazones ante Dios y confesando nuestros pecados? ¿Estamos buscando con seriedad y contrición de alma a aquel que es la fuente de nuestra fuerza? ¿Estamos reclamando las promesas, creyendo que Jesús perdona nuestras transgresiones y pecados? ¿Estamos tratando de superar toda tentación de murmuración y queja?...

A todos se les da la misma oportunidad que se le concedió al primer gran rebelde, para demostrar qué espíritu les impulsa a la acción. Es el propósito de Dios que todos sean examinados y puestos a prueba, para ver si serán fieles o desleales a las leyes que gobiernan el reino de los cielos. Al fin, Dios permitirá que Satanás revele su carácter mentiroso, acusador y asesino. Así el triunfo final de su pueblo será más marcado, más glorioso, más pleno y completo. Entonces se cumplirán las palabras del profeta, (Isaías 63:7 citado) y la canción del pueblo de Dios será: ¡El Eterno reina! (Salmos 99:1-2 citado).

De ahora en adelante, hasta el fin del tiempo, el pueblo de Dios debe estar totalmente despierto, no confiando en su propia sabiduría, sino solamente en la sabiduría de su Líder. Ellos necesitan días de ayuno y oración. No necesariamente una total abstinencia de alimentos, pero sí deberían negarse la comida que normalmente disfrutan y compartir una dieta natural y simple. Nadie debe elevar su alma a la vanidad, a la autoindulgencia y al orgullo, porque éste es un tiempo que demanda humillación genuina y oración ferviente. Estamos acercándonos a la crisis más importante que jamás haya sobrevenido al mundo. Si no estamos bien despiertos y alertas, pasará desapercibido como un ladrón. Satanás se está preparando para trabajar en secreto a través de sus agentes humanos.

En nuestra iglesia, hay una necesidad imperiosa de amor por Cristo y por los unos a los otros. Se piensa que la sencillez de Cristo es debilidad. Hay poco discernimiento espiritual. No se confiesa el mal. La transgresión que la ley de Dios condena, aumenta en nuestro medio. Se acaricia el pecado que resulta en dureza de corazón.

Cuando aquellos que manejan las cosas sagradas no andan en la luz, esa luz se vuelve tinieblas para ellos. Y ¡cuán grandes son esas tinieblas!... Se exalta a quienes no poseen valor moral, mientras que se desprecia a aquellos que se empeñan por buscar al Señor y seguir en sus pasos. Este peligro llegará a ser cada vez más evidente. Debemos despertar a los peligros que se ciernen sobre nosotros.

En nuestras asociaciones es evidente que, en cuanto a la comprensión de la Palabra de Dios, los hermanos no tienen la misma opinión. En cuanto a la investigación de las Escrituras, hay entre nosotros una palpable deficiencia. Debemos conocer las razones de nuestra fe. La importancia y solemnidad de las escenas que se abren ante nosotros demanda esto, y en ninguna circunstancia debe animarse el espíritu de queja...

Puede ser que tengamos que abogar fervorosamente ante los concilios legislativos por el derecho de adorar a Dios, de acuerdo con los dictados de nuestra conciencia. Así es como Dios, en su providencia, ha determinado que los derechos de su ley sean presentados a la atención de los hombres que ocupan los cargos de mayor autoridad. Pero mientras hacemos todo lo que podemos, como hombres y mujeres que no ignoramos las artimañas de Satanás, cuando estemos delante de esos hombres, no debemos manifestar resentimientos. Debemos orar constantemente en procura de la ayuda divina. Sólo Dios puede retener los cuatro vientos, hasta que sus siervos hayan sido sellados en sus frentes.

El Señor hará una gran obra en la tierra. Satanás hace un esfuerzo denodado para dividir y esparcir a su pueblo. Él plantea problemas sin importancia, para apartar las mentes de los asuntos importantes que deben comprometer nuestra atención... Con una misma mente y corazón debemos prepararnos para el conflicto, presentando con fe nuestras peticiones ante el trono de la gracia. El trono de Dios está circundado con el arco de la promesa, y las oraciones ofrecidas con humildad y fe serán oídas. Dios se regocija en responder las súplicas de su pueblo...

Muchos sostienen la verdad con la punta de los dedos. Han tenido gran luz y muchos privilegios. En este aspecto han sido exaltados hasta el cielo como Capernaúm. Pero a menos que abandonen su orgullo y confianza propia, a menos que su carácter sea totalmente transformado, apostatarán ante las pruebas y dificultades que se acercan. —*Carta 5, de Noviembre de 1883.*

A estos grupos fanáticos les declaré claramente que estaban en tinieblas, que estaban haciendo la obra del adversario de las almas. Decían tener gran luz y que el tiempo de gracia terminaría en octubre de 1884.

Declaré en público que el Señor se agradó en mostrarme que no habría un tiempo determinado en el mensaje dado por Dios desde 1884; sabía que el mensaje, que cuatro o cinco sostenían con gran celo, era una herejía. —*Folleto, de 1885.*

Hombres que están descontentos con el poder de la realeza y la imposición de tributos exorbitantes, están emigrando a América y están presentando sus discursos irreflexivos para impulsar a la clase obrera a saquear a los ricos y robar y despojar a aquellos que tienen propiedades. Estos sujetos, descontentos e intranquilos, están aumentando su poder. Todos los años aumentan en Europa los arrebatos de ira, tumultos y disturbios crueles.

Ciertamente las señales de los tiempos nos dicen que estamos en los últimos días. "Esto ten en cuenta, que en los últimos días vendrán tiempos peligrosos" (2 Timoteo 3:1). En Europa podemos ver estos peligros más claramente. Todo se está desarrollando rápidamente. Todos se están organizando bajo sus respectivos estandartes. Todos se están preparando para algún gran evento. Todos esperan la mañana. Una clase está vigilando y esperando a su Señor, mientras que la otra clase está esperando que Lucifer desarrolle su poder milagroso.

Las naciones están en la incertidumbre, una acecha celosamente a la otra. Constantemente se entrena a los soldados para la guerra. Las naciones se hacen pedazos. La piedra que fue cortada del monte sin mano alguna, ciertamente herirá la estatua en sus pies... (Vea Daniel 2:35). Todo lo terrenal será disuelto y el apóstol pregunta: "Siendo que todo será destruido, ¿qué clase de personas debéis ser en santa y piadosa conducta esperando y acelerando la venida del día de Dios? En ese día los cielos serán encendidos y deshechos, y los elementos se fundirán abrasados por el fuego" (2 Pedro 3:11, 12).

Las fuerzas de los poderes de las tinieblas se están adiestrando para la obra del fin de la historia de este mundo... En la crisis futura que se aproxima ¿cuál será nuestra posición? ¿Estaremos a la mano derecha de Dios como sus hijos, o como los impíos, desobedientes y desagradecidos, estaremos a su mano izquierda? —*Carta 102, del 25 de Julio de 1886.*

"El Señor me mostró al sumo sacerdote Josué que estaba en pie ante el Ángel del Eterno. Y Satanás estaba a su derecha para acusarlo. Dijo el Eterno a Satanás: „El Señor te reprenda, oh Satanás; el Señor que ha elegido a Jerusalén, te reprenda. ¿No es éste un tizón arrebatado del incendio? "Josué estaba ante el Ángel, vestido de ropa sucia" (Zacarías 3:1-3).

Aquí Josué representa al pueblo de Dios, y Satanás señala sus vestiduras sucias y los reclama como suyos, sobre quienes él tiene derecho de ejercer su poder cruel. Pero éstos han usado las horas de su tiempo de prueba, confesando sus pecados con contrición de alma y apartándose de ellos, y Jesús ha escrito "perdonado" frente a sus nombres.

Aquellos que no han desistido del pecado ni se han arrepentido ni buscado perdón para sus transgresiones, no están representados en esta compañía, porque este grupo aflige sus almas a causa de la corrupción e iniquidad que abundan a su alrededor, y Dios reconocerá a aquellos que están suspirando y clamando por las abominaciones que se cometen en el mundo. No se han corrompido delante de Dios; llevan el manto inmaculado del carácter, lavado y emblanquecido en la sangre del Cordero.

Satanás les señala sus pecados, los que todavía no han sido borrados y que él mismo los tentó a cometer, y entonces los afrenta porque son pecadores vestidos con ropas inmundas. Pero Jesús les cambia su apariencia. Él dice, "„Quitadle esa ropa sucia"... „Mira que he quitado tu pecado de ti, y te vestí de ropa de gala". Después dijo: „Pongan mitra limpia sobre su cabeza". Y pusieron una mitra limpia sobre su cabeza, y lo vistieron de ropa limpia, mientras el Ángel del Eterno estaba presente. Y el Ángel del Señor aseguró a Josué: Así dice el Eterno Todopoderoso: Si andas por mis caminos, y guardas mi ordenanza, también tú juzgarás mi casa, también tú guardarás mis atrios, y te daré lugar entre éstos que están aquí" (Zacarías 3:4-7).

Después de haberle quitado las ropas inmundas, cambia de tema y muestra que esto se aplica en el futuro. —*Carta 51, del 6 de Septiembre de 1886.*

Podemos hablar con Jesús así como Enoc habló con Dios. Él podía contarle a su Señor todos sus problemas. Así caminó Enoc con Dios, y cuando la luz iluminó su senda, no se detuvo a preguntar: "¿qué dirán de mí mis amigos y parientes?" No, él hizo lo recto sin importarle las consecuencias.

Enoc deseaba tener una conexión con Dios. Los que no tienen una conexión con Dios, están conectados con algún otro poder que los alejará de todo lo bueno. Todos tenemos que forjar nuestro carácter.

Enoc forjó un carácter virtuoso, y como resultado fue trasladado sin ver la muerte. Cuando el Señor vuelva por segunda vez, habrá algunos que serán trasladados sin ver la muerte, y queremos estar entre ese número. Queremos saber si estamos totalmente del lado del Señor, si somos partícipes de la naturaleza divina, habiendo escapado de la corrupción que está en el mundo debido a la concupiscencia, no tratando de encontrar un sendero libre de obstáculos para nuestros pies donde no tengamos que encontrar pruebas o dificultades, sino situándonos en una relación correcta con Dios, y permitiendo que él se haga cargo de las consecuencias...

Los valientes que se negaron a postrarse ante la imagen de oro, fueron lanzados a un horno de fuego ardiente; pero Cristo estaba allí con ellos, y el fuego no los consumió... Es posible que algunos de nosotros seamos sometidos a una prueba tan severa como esa: ¿obedeceremos los mandamientos de los hombres o los mandamientos de Dios? Ésta es la pregunta que se le hará a muchos. Lo mejor para nosotros es tener una conexión íntima con Dios y, si Dios permite que seamos mártires por la causa de la verdad, es posible que sea el medio para atraer a otros a la verdad...

Muchos a quienes tratamos de alcanzar con la verdad de Dios, no la aceptarán. ¿Por qué? Porque involucra una cruz... Hemos estado acumulando escoria delante de la puerta de nuestro corazón, y todo esto debe ser limpiado. Cristo no puede entrar allí hasta que lo hagamos. "Yo estoy a la puerta y llamo", él dice: toda la escoria debe ser quitada de la puerta del corazón. Él quiere que quite los estorbos para poder entrar. —*Manuscrito 83, de Septiembre de 1886.*

Cómo fue copiada del testimonio original no editado.

Estimados Hermanos Butler y Haskell:

Durante semanas no he podido dormir después de las tres y media de la madrugada. He tenido una profunda intranquilidad mental a causa de la condición de nuestro pueblo.

Éste debería estar muy a la cabeza de cualquier otro pueblo del mundo, porque tenemos una mayor luz y un mayor conocimiento de la verdad, lo cual nos hace más responsables de promover esa luz, y no solamente profesar creer la verdad, pero sin practicarla. Cuando practicamos la verdad estamos siguiendo a Jesús, quien es la luz del mundo; y si nosotros como pueblo no nos elevamos constantemente y si no nos hacemos cada vez más espirituales, entonces estamos llegando a ser como los fariseos, llenos de justicia propia, mientras no hacemos la voluntad de Dios.

Debemos acercarnos mucho más a Dios. Nuestra vida diaria debe tener menos del yo y más de Jesucristo y su gracia. Vivimos en un período importante de la historia del mundo. El fin de todas las cosas está cercano; las arenas del tiempo se están escurriendo rápidamente; pronto se dirá en el cielo: "Hecho está" (Apocalipsis 21: 6). "El que es injusto, sea injusto todavía; y el que es inmundo, sea inmundo todavía" (Apocalipsis 22: 11).

Nuestros testimonios deben cobrar mayor intensidad y debemos aferrarnos con más firmeza a Dios. No puedo dejar de orar a la una, a las dos y a las tres de la madrugada para que el Señor obre en los corazones de su pueblo. Pienso en todos los seres celestiales que están interesados en la obra que se lleva a cabo en la tierra. Los ángeles ministradores esperan junto al trono, para obedecer instantáneamente el mandato de Jesucristo de contestar cada oración ofrecida con fe viva y fervorosa. Pienso en cuántas personas habrá que profesan la verdad y que, sin embargo, la mantienen fuera de sus vidas. No llevan a sus corazones su poder espiritual, santificador y refinador. Pienso ¡cuánto entristece esto a Jesús!

Pienso en el gran dolor que sintió cuando lloró sobre Jerusalén exclamando: "Jerusalén, Jerusalén, que matas a los profetas y apedreas a los que son enviados a ti. ¡Cuántas veces quise juntar a tus hijos, como la gallina junta a sus pollos debajo de sus alas! Y no quisiste" (Lucas 13:34). Quiera Dios que estas palabras no se apliquen a aquellos que tienen gran luz y bendiciones. En Jerusalén, rechazada porque hizo mal uso de sus grandes privilegios, hay una advertencia para todos los que consideren livianamente las grandes oportunidades y la luz preciosa que nos fue encomendada. (Los privilegios no nos encomiendan a Dios, sino que ensalzan a Dios ante nosotros). Nadie se salva porque haya tenido gran luz y ventajas especiales, porque estos grandes privilegios celestiales sólo aumentan su responsabilidad.

Cuanto más aumenta la luz que Dios ha dado, más responsabilidad tendrá quien la recibe. Ella no lo coloca al receptor en una posición más aventajada, a menos que los privilegios sean sabiamente incrementados, apreciados y usados para poner de manifiesto la gloria de Dios. Cristo dijo, "¡Ay de ti, Corazín! ¡Ay de ti, Betsaida! Porque si en Tiro y Sidón se hubieran hecho los milagros que fueron hechos en vosotras, hace tiempo que se hubieran arrepentido en saco y en cilicio" (Mateo 11:21).

Jerusalén se apartó de Dios por causa de sus pecados. Ella cayó de una posición exaltada, que Tiro y Sidón nunca habían alcanzado. Y cuando un ángel cae, se vuelve un espíritu maligno. La profundidad de nuestra ruina se mide por la luz exaltada que Dios, por medio de su gran bondad y misericordia inefable, nos ha dado. ¡Oh, qué privilegios se nos conceden! Y si Dios no perdonó a su pueblo a quien amaba, porque se negó a avanzar en la luz, ¿cómo puede perdonar a un pueblo a quien él ha bendecido con la luz del cielo, al presentarles la verdad más exaltada que jamás se haya confiado a los mortales?

Distamos mucho de ser el pueblo que Dios desearía que fuésemos, porque no elevamos el alma ni refinamos el carácter en armonía con las maravillosas revelaciones de la verdad de Dios y con sus propósitos. "La justicia engrandece a la nación; mas el pecado es afrenta de las naciones" (Prov. 14: 34). El pecado es desorganizador. Dondequiera que se lo fomente: en el corazón del individuo, en la familia, en la iglesia, habrá desorden, luchas, desacuerdos, enemistad, envidia y celos, porque el enemigo del hombre y de Dios ejerce su dominio sobre la mente. Pero cuando la verdad es amada e introducida en la vida, y no solamente predicada, entonces el hombre o la mujer odiarán al pecado y serán representantes vivientes de Jesucristo en el mundo.

La gente que pretende creer en la verdad no será condenada porque no tenía la luz, sino porque tenía mucha luz, pero no sometió su corazón a la prueba de la gran norma moral de justicia de Dios. La gente que pretende creer la verdad, debe elevarse viviéndola. La verdadera religión bíblica debe compenetrar toda la vida, refinar y ennoblecer el carácter y asemejarlo cada vez más al modelo divino. Entonces resonarán en el hogar las oraciones, los agradecimientos y las alabanzas a Dios. Los ángeles ministrarán en el hogar y acompañarán a los adoradores a la casa de oración.

Que las iglesias que pretenden creer la verdad y predican la ley de Dios, observen esa ley y se aparten de toda iniquidad. Que cada miembro de la iglesia, resista las tentaciones que lo invitan a practicar el mal y a complacerse en el pecado. Que la iglesia comience la obra de purificación delante de Dios mediante el arrepentimiento, la humillación y la investigación profunda del corazón, porque nos encontramos en el verdadero día de la expiación, en una hora solemne cargada de consecuencias eternas.

Que los que predican la verdad la presenten tal como ha sido revelada por Jesús. Llegan a ser vasos limpios debido a la influencia subyugadora, santificadora y refinadora de la verdad de Dios. Cuando sean imbuidos de la religión de la Biblia ¡cuánta influencia podrán ejercer sobre el mundo! Que los miembros de la iglesia sean puros, firmes, inconmovibles y que manifiesten abundantemente el amor de Jesús, y entonces iluminarán al mundo. Que los hombres que están como centinelas y pastores de la grey, proclamen la verdad solemne y hagan resonar las notas de amonestación a toda tribu, nación y lengua. Que sean representantes vivientes de la verdad que predican y que honren la ley de Dios, cumpliendo sus requerimientos en forma estricta y piadosa, y andando delante del Señor con pureza y santidad, y entonces el poder asistirá la proclamación de la verdad y ésta hará que la luz se refleje en todas partes.

Dios nunca abandona a los pueblos ni a los individuos, hasta que éstos lo abandonan a él. La oposición exterior no disminuirá la fe del pueblo de Dios, que guarda sus mandamientos.

El descuido de practicar la pureza y la verdad, contristará el Espíritu de Dios y debilitará a la grey, porque Dios no está en su medio para bendecirla. La corrupción interna atraerá las acusaciones de Dios sobre su pueblo, tal como ocurrió en el caso de Jerusalén. Escúchense voces de ruego y oraciones fervorosas para que aquellos que predican a otros, no sean reprobados ellos mismos. Hermanos, no sabemos qué nos espera, y nuestra única seguridad está en seguir la Luz del mundo. Dios obrará con nosotros y por nosotros, si los pecados que atrajeron su ira sobre el mundo antiguo, sobre Sodoma y Gomorra y sobre la antigua Jerusalén, no llegan a ser nuestros delitos.

La menor transgresión de la ley de Dios, acarrea culpa sobre el transgresor y sin un sincero arrepentimiento y un abandono del pecado, éste ciertamente se convertirá en un apóstata.

Preguntan con respecto a la conducta que debe seguirse, para asegurar los derechos de nuestro pueblo a adorar de acuerdo con los dictados de su conciencia.

Ésta ha sido una carga que he tenido sobre mi alma por algún tiempo, [pues me preguntaba] si se produciría una negación de nuestra fe, y habría evidencias de que nuestra confianza no estaba plenamente en Dios. Pero recuerdo muchas cosas que Dios me ha mostrado en lo pasado, en cuanto a situaciones de una naturaleza similar, como la conscripción [durante la guerra civil norteamericana] y otras cosas. Puedo hablar en el temor de Dios: es correcto que utilicemos todo el poder que esté a nuestro alcance para aliviar la presión que ha de ponerse sobre nuestro pueblo. Sé que si, debido a la verdad, nuestro pueblo fuera más espiritual, existiría mayor amor.

No debemos provocar a aquellos que han aceptado el falso día de descanso, una institución del papado, en lugar del santo sábado de Dios. Su falta de argumentos bíblicos a su favor los encoleriza más, y los hace más determinados a suplir, con el poder de su fuerza, los argumentos que faltan en la Palabra de Dios. La fuerza de la persecución sigue los pasos del dragón; por lo tanto, debe ejercerse gran cuidado para no causar ninguna provocación. Y de nuevo: limpiemos como pueblo el campamento de toda contaminación moral y pecados agravantes. Si el pecado hace avances sobre el pueblo que pretende elevar la norma moral de la justicia, ¿cómo podemos esperar que Dios manifieste su poder en nuestro favor y nos salve como si practicáramos la justicia?

Toda la sagacidad del mundo no podrá librarnos del terrible zarandeo, ni los esfuerzos que se hagan con máximas autoridades quitarán de nosotros el castigo de Dios, precisamente porque hay pecados acariciados. Si como pueblo no nos mantenemos en la fe, si sólo abogamos con la pluma y con la voz en favor de los mandamientos de Dios pero no los guardamos, violando premeditadamente algunos de ellos, la debilidad y la ruina vendrán sobre nosotros. Ésta es una obra que debemos realizar en todas nuestras iglesias. Cada hombre debe ser un cristiano.

Deséchese el pecado del orgullo, abandónese toda superfluidad en el modo de vestir y haya arrepentimiento delante de Dios, por haberle robado descaradamente el dinero que debería fluir a su tesorería, para sostener la obra de Dios en los campos misioneros. Preséntense ante nuestro pueblo una obra de reforma y de conversión verdadera, e ínsteselo a participar en ella. Que nuestras obras y nuestro comportamiento correspondan con la obra para este tiempo a fin de poder decir: "Sígueme a mí, así como yo sigo a Cristo". Humillémonos delante de Dios, ayunemos y oremos, arrepintámonos de los pecados y desechémoslos.

La voz del centinela verdadero debe escucharse a lo largo de todo el frente: "La mañana viene, y después la noche" (Isa. 21: 12). La trompeta debe hacerse resonar con notas certeras, porque estamos en el gran día de la preparación del Señor. Todo el esfuerzo empeñado para apelar ante las más máximas autoridades de nuestro país, por fervientes, fuertes y elocuentes que sean los alegatos en nuestro favor, no producirá lo que deseamos, a menos que el Señor obre por medio de su Espíritu Santo en los corazones de los que afirman que creen en la verdad. Podemos luchar como un hombre fuerte al nadar contra la corriente del Niágara, pero fracasaremos a menos que el Señor intervenga en nuestro favor. Dios será honrado entre su pueblo. Sus hijos deben ser puros, deben estar despojados del yo, y mantenerse firmes, inconmovibles, siempre abundando en la obra del Señor. El Señor encumbrará a los más humildes que confían en él. Él unirá su poder con el esfuerzo humano, si los hombres lo honran como Daniel. Pero como pueblo, nosotros necesitamos la belleza de la justicia, la santidad y la verdad. La teoría más equilibrada no nos salvará. El Dios que ejerció el mando en Babilonia es el mismo Dios que gobierna ahora.

Muchas doctrinas están en boga en nuestro mundo. Hay muchas orientaciones religiosas que cuentan con miles y decenas de miles de adherentes, pero hay una sola que cuenta con la aprobación de Dios. Hay una religión del hombre y una religión de Dios. Debemos tener nuestras almas afianzadas en la Roca eterna. Todas las cosas que hay en el mundo, tanto los hombres como las doctrinas y la naturaleza misma, están cumpliendo la segura palabra profética y realizando su obra grandiosa y final en la historia de este mundo.

Debemos estar listos y a la espera de las órdenes de Dios. Las naciones serán conmovidas en toda su extensión. Se quitará el apoyo a los que proclaman la única norma de justicia de Dios y la única prueba segura del carácter. Y todos los que no se sometan a los decretos de los concilios nacionales y obedezcan las leyes nacionales que ordenan exaltar el día de reposo instituido por el hombre de pecado, por encima del día santo de Dios, sentirán, no solamente el poder opresivo del papado, sino también el del mundo protestante que es la imagen de la bestia.

Satanás llevará a cabo sus milagros para engañar y establecerá su poder por encima de todo lo demás. Puede parecer que la iglesia está por caer, pero no caerá. Ella permanece en pie, mientras los pecadores que hay en Sión son tamizados, mientras la paja es separada del trigo precioso. Es una prueba terrible y, sin embargo, tiene que ocurrir. Nadie fuera de aquellos que han estado venciendo mediante la sangre del Cordero y la Palabra de su testimonio, serán contado con los leales y los fieles, con los que no tienen mancha ni arruga de pecado, con los que no tienen engaño en sus bocas. Los del remanente que purifican sus almas obedeciendo la verdad, obtienen vigor del proceso de la prueba, exhiben la belleza de la santidad en medio de la apostasía circundante. Debemos despojarnos de nuestra justicia propia y vestirnos con la justicia de Cristo. A todos ellos se les dice: "He aquí que en las palmas de las manos te tengo esculpida" (Isa. 49: 16). Se tiene de ellos un recuerdo eterno e imperecedero. Nos falta fe ahora, una fe viviente. Nos hace falta un testimonio viviente que penetre hasta el corazón del pecador. Se sermonea demasiado pero se ministra muy poco. Nos hace falta la unción celestial. Necesitamos el espíritu y el fervor de la verdad. Muchos de los ministros casi están paralizados por sus propios defectos de carácter. Necesitan el poder de Dios que convierte.

Dios requirió de Adán antes de su caída, una obediencia perfecta a su ley. Dios requiere ahora lo mismo que requirió de Adán: una obediencia perfecta, una rectitud sin defectos y sin fallas ante su vista. Que Dios nos ayude a darle todo lo que su ley requiere. Pero no podemos hacer esto sin esa fe que lleva la justicia de Cristo a la práctica diaria.

Estimados hermanos, el Señor está por venir. Eleven sus pensamientos y levanten sus cabezas y regocíjense. Queremos pensar que los que oyen las gozosas nuevas, los que pretenden amar a Jesús, estarán llenos de un gozo inenarrable y glorioso. Éstas son las buenas nuevas llenas de gozo que deberían galvanizar a cada alma, y que deberían repetirse en nuestros hogares y comunicarse a las personas con quienes nos encontramos en la calle. ¡Qué otras nuevas más gozosas podrían comunicarse! Las querellas y las contiendas con los creyentes o los incrédulos, no constituyen el trabajo que Dios nos ha encomendado.

Si Cristo es mi Salvador, mi sacrificio y mi expiación, entonces no pereceré jamás. Creyendo en él tendré vida para siempre. Ojalá que todos los que creen la verdad, crean también en Jesús como su Salvador personal. No me refiero a esa fe de poco valor que no está sostenida por las obras, sino a esa fe fervorosa, vivaz, constante y permanente que come la carne y bebe la sangre del Hijo de Dios. No sólo quiero ser perdonada por la transgresión de la santa ley de Dios, sino que también deseo ser elevada hacia la luz del rostro de Dios. No quiero ser meramente admitida al cielo, sino que deseo que las puertas se abran ampliamente para mí...

¿Somos tan insensibles, como pueblo peculiar y nación santa, al amor inenarrable que Dios ha manifestado por nosotros? La salvación no consiste en ser bautizados, ni en tener nuestros nombres registrados en los libros de la iglesia, ni en predicar la verdad, sino que consiste en una unión viviente con Jesucristo, en ser renovados en el corazón, en hacer las obras de Cristo con fe y en trabajar con amor, paciencia, humildad y esperanza. Cada persona que está unida con Cristo, llegará a ser un misionero viviente para todos los que viven a su alrededor. Trabajará por los que están cerca y lejos de él. No tendrá sentimientos localistas, no se interesará en promover solamente la rama de la obra sobre la cual preside, ni dejará que allí termine su celo. Todos deben trabajar con interés para hacer progresar cada rama de la obra. No debe haber amor propio ni intereses egoístas. La causa es una y la verdad constituye un gran todo.

Podría formularse esta pregunta con una actitud de fervor y ansiedad: "¿He alentado la envidia en mí, y he permitido que los celos anidasen en mi corazón?" Si es así, Cristo no se encuentra allí. "¿Amo la ley de Dios, y está el amor de Cristo en mi corazón?" Si nos amamos mutuamente así como Cristo nos amó, entonces nos estamos preparando para el bendito cielo donde reinarán la paz y la tranquilidad. Allí nadie luchará por ocupar el primer lugar ni por tener la supremacía, sino que todos amarán a su prójimo como a sí mismos. Dios quiera abrir el entendimiento y hablar a los corazones de las iglesias al despertar individualmente a cada miembro.

El Señor llama y envía ministros no sólo para predicar: ésta es una parte pequeña de su obra; sino para preparar y educar a las personas a no ser pendencieras, sino a ser ejemplos de piedad. En todos los departamentos hay obreros designados para hacer su trabajo. Cuando Jesús ascendió a lo alto, él mismo constituyó a unos, apóstoles; a otros, profetas; a otros, evangelistas; a otros, pastores y maestros. Algunos han entrado en la obra con un cometido humano en vez del divino. Han aprendido a discutir y las iglesias que están bajo su cuidado demuestran el carácter de su labor. No están listos, no han sido capacitados para su obra. Sus corazones no son rectos delante de Dios. En pocas palabras, tienen una teoría pero no la verdadera conversión y santificación por medio de la verdad. Las grandes tareas al alcance apartarán a aquellos a quienes Dios no ha llamado y él tendrá un ministerio puro, fiel, santificado, preparado para la lluvia tardía.

Nuestra oración debe ascender fervorosamente al trono de la gracia, para que el Señor de la mies envíe más obreros a su viña. Me duele el corazón, cuando echo una mirada al campo misionero y veo esfuerzos tan débiles para presentar la verdad a las personas. No podemos condenar a las personas de influencia. Creo, hermanos, que ustedes están conmigo en corazón, en sentimiento, en lo que respecta a nuestra gran necesidad y en el ardiente deseo y los esfuerzos considerables que debemos hacer, para unirnos al designio del Espíritu de Dios en estas cosas.

Los que se encuentran reposando en Sión, necesitan ser despertados. Grande es la responsabilidad de los que llevan la verdad y, sin embargo, no sienten intensa preocupación por las almas. Ojalá que los hombres y las mujeres que profesan la verdad despertasen, tomasen el yugo de Cristo y levantasen las cargas de él. Se necesitan personas que no tengan solamente un interés nominal, sino un interés como el de Cristo, sin egoísmo, un ardor intenso que no vacile bajo las dificultades ni se enfríe a causa de la abundancia de la iniquidad.

Quiero hablar a nuestro pueblo de todas las iglesias de América. Despertaos de los muertos y Cristo os dará su vida. Las almas están pereciendo por falta de la luz de la verdad, tal como fue dada por Jesús. Estamos en los límites mismos del mundo eterno. En esta obra no se necesitan personas que profesan el cristianismo, únicamente cuando no hay dificultades. La religión basada en las emociones y los gustos, no se necesita en este tiempo. Tiene que haber un reavivamiento de nuestra fe y de la proclamación de la verdad. Os digo que una nueva vida está saliendo de los instrumentos satánicos, para trabajar con un poder que hasta ahora no habíamos comprendido. ¿Y no se posesionará del pueblo de Dios un nuevo poder que proceda de arriba? Hay que presentar con urgencia delante del pueblo aquella verdad que santifica mediante su influencia. Hay que ofrecer a Dios súplicas fervorosas y oraciones angustiosas, para que nuestras esperanzas como pueblo no se funden en suposiciones sino en las realidades eternas. Debemos conocer por nosotros mismos, por la evidencia de la Palabra de Dios, si es que estamos en la fe y vamos hacia el cielo, o no. La ley de Dios constituye la norma moral del carácter. ¿Satisfacemos sus requerimientos? ¿Está el pueblo del Señor haciendo participar en la obra para este tiempo sus propiedades, su tiempo, sus talentos y toda su influencia? Levantémonos del sueño. "Siendo que habéis resucitado con Cristo, buscad las cosas de arriba, donde está Cristo sentado a la diestra de Dios" (Colosenses 3:1). —*Carta 55, del 8 de Diciembre de 1886.*

Nos esperan tiempos turbulentos, y debemos investigar el verdadero fundamento de nuestra fe. Debemos escudriñar el libro de la ley, para ver si nuestra titularidad a la herencia inmortal está sin mácula...

El mundo cristiano está realizando acciones que, inevitablemente, expondrán al pueblo que guarda los mandamientos de Dios. Día a día, falsas teorías y doctrinas de origen humano, anulan y suprimen la verdad de Dios. Se pondrán en marcha planes e ideologías que esclavizarán la conciencia de aquellos que, de otro modo, serían fieles a Dios. Los poderes legislativos estarán contra al pueblo de Dios que guarda los mandamientos. Cada alma será probada. Ojalá que, como pueblo, nosotros mismos seamos sabios, y por precepto y ejemplo impartamos esa sabiduría a nuestros hijos.

Se nos preguntará acerca de cada detalle de nuestra fe y, si no hemos estudiado la Biblia cuidadosamente, y si no estamos establecidos y fortalecidos en ella, la sabiduría de los grandes hombres del mundo será demasiado para nosotros. El mundo está ocupado, impaciente y dedicado. Todos están en pos de algún derrotero, en el cual Dios no tiene parte alguna. Se anda tras el mal ávidamente como si fuera justicia, se sigue el error como si fuera verdad y el pecado como si fuera santidad. Las tinieblas están aumentando y cubren la tierra y densa oscuridad los pueblos y ¿se encontrará durmiendo el pueblo peculiar de Dios en un momento así? Aquellos que sostienen la verdad ¿permanecerán en silencio como si estuvieran paralizados? —*Carta 65, del 31 de Diciembre de 1886.*

Entiendo que el hermano ___ ha fijado fecha, por decirlo así, declarando que el Señor vendrá en un plazo de cinco años. Ahora bien, espero que no se extenderá por todas partes la impresión de que somos de aquellos que fijan fechas. Que no se hagan tales comentarios. No hacen ningún bien. Que no se trate de conseguir un reavivamiento basándose en ninguno de esos argumentos, sino que se use la debida cautela en toda palabra que se expresa, para que los fanáticos no se apoderen de nada que les permita crear una excitación que entristezca al Espíritu Santo

No queremos agitar las pasiones de la gente, para desatar una conmoción en la que se excitan los sentimientos y los principios pierden el control. Siento que necesitamos estar en guardia por todos lados, porque Satanás está activo para hacer todo lo posible a fin de insinuar sus estratagemas y ardides, que serán un poder para hacer daño. Debe temerse cualquier cosa que suscite una conmoción, que cree una excitación sobre una base equivocada, porque la reacción seguramente vendrá. —*Carta 34, del 5 de Febrero de 1887.*

Habrá un zarandeo. A su tiempo la paja debe ser separada del trigo. Debido a que la iniquidad abunda, la caridad de muchos se enfría. Es precisamente el tiempo cuando lo genuino será más firme. Se separarán de nosotros aquellos que no apreciaron la luz ni la siguieron. —*Carta 46, del 22 de Abril de 1887.*

"No hurtéis, no engañéis, ni mintáis unos a otros" (Levítico 19:11). Esto se hace en casi todo tipo de transacción de compra y venta de bienes materiales, y muchos de los que están involucrados en este tipo de negocios, deben abandonarlos antes de que puedan ser considerados como miembros íntegros en la iglesia...

El mensaje de Cristo es: "Vended lo que poseéis y dad limosna. Haceos bolsas que no se envejecen, tesoro en el cielo que no se agota, donde no hay ladrón que llega, ni polilla que corroe" (Lucas 12:33). Habrá muchas quiebras y especulaciones en las operaciones bancarias, incluso en la minería y bienes inmuebles.

Cuán contento estaría Satanás, si en el mismo momento en que los hombres debieran vender sus posesiones para sostener la causa de Dios, él pudiera engañarlos a tal punto que todos sus medios disponibles fuesen invertidos en especulaciones en la compra y venta de tierras y en otros proyectos mundanos, apoderándose así de los recursos que deberían pasar por la tesorería para adelantar la causa de Dios en la tierra...

Satanás pone en marcha trampas que producirán en la mente de nuestros hermanos un gran deseo de probar su suerte, como en la lotería. Muchos se sienten halagados con la posibilidad de obtener fuertes ganancias financieras, si tan sólo invirtiesen su dinero en tierras... el engaño de Satanás es certero... se fomenta el espíritu de codicia y el hombre indigente ambiciona cada dólar que se precisa para el avance de la causa de Dios en la tierra. —*Carta 41, del 7 de Julio de 1888.*

Había muchos que proclamaban otra fecha después de ésta (22 de octubre de 1844), pero me fue mostrado que no deberíamos anunciar al pueblo otra fecha definida. Todos aquellos que me conocen a mí y mi obra, podrán ser testigos de que en mis testimonios sólo he fijado una fecha... reiteradamente se me ha instado a aceptar los diferentes períodos de tiempo anunciados para la venida del Señor.

Y siempre he transmitido el mismo testimonio: el Señor no vendrá en ese tiempo, y usted está debilitando aun la fe de los adventistas y afirmando al mundo en su incredulidad...

Los que pronostican fechas para la venida del Señor, me critican porque creen que soy como aquel siervo incrédulo que dijo: " Mi Señor se tarda en venir". Pero les he dicho que eso no está registrado así en los libros de los cielos, porque el Señor sabe que anhelo la venida de Cristo. Pero el mensaje sobre un tiempo definido, que repiten a menudo, era exactamente lo que quería el enemigo. Desde 1844, he dado el testimonio de que estábamos ahora en un período de tiempo en el que debemos prestar oído por nosotros mismos, no sea que nuestros corazones sean entorpecidos con la glotonería, la embriaguez y los cuidados de esta vida, y así nos sobrevenga de improviso aquel día. Nuestra postura ha sido esperar y velar, sin proclamar otra fecha entre el cierre de los períodos proféticos en 1844 y el tiempo de la venida de nuestro Señor. No sabemos ni el día ni la hora ni cuándo será el tiempo exacto, aunque el cálculo profético nos muestra que Cristo está a las puertas. No hemos echado a un lado nuestra confianza ni tenemos un mensaje que depende de un tiempo definido, sino que estamos esperando y velando en oración, buscando y anhelando la venida de nuestro Salvador, y estamos haciendo todo lo que está a nuestro alcance para preparar a nuestros semejantes para ese gran evento. No estamos ansiosos. —*Carta 38, del 11 de Agosto de 1888.*

El fin de todas las cosas está cercano, el Señor está a las puertas. ¿Ha influido esto en nuestras mentes, para despertar en nosotros el fervor necesario para que nos apartemos de todo lo que es ofensivo para Dios?... El día del Señor está cerca, y no es prudente que aplacemos su venida. ¿Cree usted que cuando él venga y seamos llevados ante el gran Juez, afirmaremos que hemos dedicado demasiado tiempo a nuestra preparación? ¿Se nos ocurriría algo así? ¿Pensaremos que hemos sido demasiado compasivos, que hemos consagrado demasiado tiempo para ganar almas para Cristo y aliviar a los de corazón quebrantado? ¡De ninguna manera! Al mirar hacia atrás a los que están delante del Juez, pensaremos: "¿Por qué no los ayudé cuando debí haberlo hecho?" O, "me siento feliz porque me negué a mí mismo y los ayudé a permanecer en la Roca sólida".

Estos serán los pensamientos que nos vendrán a la mente en el juicio, cuando todos sean juzgados según las obras hechas en el cuerpo, y muchos sean pesados en la balanza, y sean hallados faltos. Entonces pondrán de manifiesto sus pecados desde los terrados. No tendrán temor de que se sepan sus pecados, si tan sólo pudieran hacer restitución por ellos para salvar un alma. —*Manuscrito 4, del 14 de Mayo de 1889.*

El enemigo ha trabajado y todavía lo sigue haciendo. Él ha descendido con gran poder y el Espíritu de Dios se está retirando de la tierra. Dios ha retirado su mano. Sólo tenemos que contemplar a Johnstown (Pennsylvania). Él no impidió que el diablo exterminara toda la ciudad. Y estas cosas aumentarán hasta el mismo fin de la historia de este mundo, porque él ha bajado con gran poder, y está trabajando con todo engaño de injusticia en aquellos que perecen. ¿Qué está haciendo? Como un león rugiente anda alrededor buscando a quién devorar. Y cuando vea que Dios no protege a aquellos que resisten la luz, ejercerá su poder cruel sobre ellos. Esto es lo que podemos esperar...

Ahora, y por años, el enemigo se ha empeñado por verter su sombra infernal entre el hombre y su Salvador, justo antes de la venida del Hijo del Hombre. —*Manuscrito 5, del 19 de Junio de 1889.*

Tendremos perplejidades, pero el Señor puede librarnos. El Señor sabe que estamos viviendo en medio de los peligros de los últimos días, cuando tendremos que enfrentar tentaciones, pruebas y conflictos.

Enfrentar las pruebas, perplejidades y persecuciones que sin duda vendrán de diversas maneras con respecto a la ley del sábado, y distinguir claramente el camino del deber, demandará un conocimiento inteligente de las Escrituras, mucha fe y sabiduría divinas, porque la justicia y la verdad serán oscurecidas por el error y las falsas teorías.

Descubriremos que tendremos que desprendernos de todas las manos, excepto de la de Jesucristo. Los amigos demostrarán su perfidia y nos traicionarán. Nuestros familiares, engañados por el enemigo y convencidos de que están sirviendo a Dios, nos harán frente y pondrán su máximo empeño para ponernos en situaciones difíciles, con la esperanza de que reneguemos de nuestra fe. Pero podremos poner confiadamente nuestra mano en la de Cristo, en medio de las tinieblas y el peligro...

Agradezco al Señor que él está despertando a su pueblo, y que les está dando a sus mensajeros un mensaje que fortalecerá su fe. Pero hay espíritus inmundos "que son espíritus de demonios, que hacen señales, y van a los reyes de todo el mundo, para reunirlos a la batalla de aquel gran día del Dios Todopoderoso" (Apocalipsis 16:14).

Los hijos de Dios que tienen luz sobre las verdades de la Biblia, deben estar bien despiertos para avanzar cuando la providencia de Dios se lo indique. "Mirad que vengo como ladrón. ¡Dichoso el que vela y guarda su ropa, para que no ande desnudo y vean su vergüenza!" (Versículo 15). La justicia de Cristo es la única vestimenta que servirá. —*Manuscrito 21, del 7 de Septiembre de 1889.*

Conozco a hombres que habían sido amonestados y reprendidos... pero en lugar de ser hacedores de la palabra, en vez de trabajar con todo ahínco para estar en armonía con el cielo, ellos acariciaron sus pecados, y ¿entonces qué? No pudieron recibir el sello de Dios y cuando enfrentaron calamidades, cuando se encontraron en situaciones peligrosas, se fueron a la tumba y no resucitarán en la primera resurrección. No verán al rey en su hermosura. Estarán perdidos simplemente porque siguieron sus propios caminos. Se separaron del Espíritu de Dios, y se atrevieron poco a poco a examinar y experimentar con las estratagemas de los demonios...

La mente de los hombres está siendo controlada, o bien por los ángeles malos, o por los ángeles de Dios. Nuestra mente está entregada al dominio de Dios, o al dominio de los poderes de las tinieblas; y sería bueno que sepamos dónde nos encontramos hoy: si estamos bajo el estandarte teñido en sangre del Príncipe Emanuel o bajo el negro estandarte de los poderes de las tinieblas...

Estamos entrando directamente en el tiempo cuando Satanás ha de trabajar con toda clase de influencias subyugadoras, y los que ahora se dejen entrampar por ellas, o les presten la menor atención, se expondrán a ser arrastrados inmediatamente a desempeñar una parte con el diablo. Los ángeles malignos están trabajando todo el tiempo sobre los corazones de los seres humanos. Satanás está trabajando con todos aquellos que no están bajo el dominio del Espíritu de Dios. Las maravillas mentirosas del diablo son las que cautivarán al mundo, porque hasta hará descender fuego del cielo ante la vista de los hombres. Realizará milagros y este maravilloso poder obrador de milagros abarcará a todo el mundo. Ahora tan sólo esta comenzando.

Quiero decirles otra cosa. Los vasos de la ira de Dios están llenos y ya caen las primeras gotas que se desbordan... Se oye hablar de calamidades que ocurren en la tierra y en el mar, y éstas aumentan constantemente. ¿Qué ocurre?. El Espíritu de Dios está siendo retirado de aquellos que tienen en sus manos las vidas humanas y Satanás se apresura a controlarlos, porque ellos se entregan a su dominio. Los que profesan ser hijos de Dios, no se colocan bajo la dirección de los ángeles celestiales, y como Satanás es un destructor, obra mediante esos hombres y ellos cometen errores. Con frecuencia se embriagan y debido a la intemperancia, muchas veces traen sobre nosotros estas terribles calamidades.

Consideren las tormentas y las tempestades. Satanás está obrando en la atmósfera. La está envenenando, y nosotros dependemos de Dios para la protección de nuestras vidas: de nuestra vida actual y eterna...

Necesitamos estar bien despiertos, plenamente consagrados, completamente convertidos y cabalmente dedicados a Dios. Pero al parecer permanecemos inactivos como si estuviésemos paralizados. ¡Dios del cielo, despiértanos! —*Manuscrito 1, del 1 de Febrero de 1890.*

Dios nos tiene por responsables de todo lo que llegaríamos a ser por medio del uso debido de nuestros talentos. Seremos juzgados de acuerdo con lo que debiéramos haber hecho, pero no efectuamos, por no haber usado nuestras facultades para glorificar a Dios. Habrá una pérdida eterna por todo el conocimiento y la habilidad que podríamos haber obtenido y no obtuvimos. —*Carta 15, del 12 de Agosto de 1890.*

Quiero que vea que no está en la providencia de Dios que ningún hombre finito sepa en forma definida, ya sea por medio de artificios o cómputos de cifras, o de caracteres, la fecha precisa para la venida del Señor. ¿Qué podemos saber? Debemos estudiar las señales que muestran que él está a las puertas. —*Manuscrito 9, del 22 de Agosto de 1891.*

Dios lleva un registro de las naciones, así como también de los individuos. Él les permite un cierto período de gracia, y les da las evidencias de sus condiciones, de su supremacía y les da a conocer su ley, que es la regla de su reino en el gobierno de las naciones. Lo hace para no abandonar a las naciones paganas a su destrucción sin haberlas advertido, y sin luz. Pero, si después de haberles dado luz y evidencias, todavía persisten en su insolencia contra él, entonces, cuando hayan llenado la copa de su iniquidad... Dios tomará el asunto en sus manos y ya no retendrá sus juicios. —*Carta 13, de 1893.*

Satanás es un enemigo artero y muchos de los que menos esperamos, realizarán su obra... En estos últimos días lo falso ocupará un lugar con lo verdadero, lo espurio con lo genuino... A los hombres a quienes Satanás desea engañar y destruir no les aparece como un paria, como un espíritu apóstata, sino personificando a un ángel de luz y de verdad...

Satanás hará el mejor uso de sus agentes y la apostasía se unirá en un compañerismo desesperado para oponerse a la ley de Dios... Satanás ha hurtado la librea del cielo para engañar a los mismos escogidos. Así como sedujo a Adán, está seduciendo a los hombres para que se unan a él, en rebelión contra la ley de Dios...

Nunca estuvo Satanás tan ferozmente enardecido, como ahora. Como nunca antes inspirará a todo el que haya apostatado de la obediencia a la ley de Dios. Él trabajará para incitar a la rebelión, en el preciso momento cuando el mensaje del tercer ángel deba ser proclamado en todo el mundo. Él inspirará a los miembros de su sinagoga para hacer esfuerzos desesperados para vestir a todos los que tomen una parte activa en este mensaje, con ropa contaminada. No dejará una piedra sin remover, no pondrá en funcionamiento ningún tipo de plan o elemento que no sea para engañar, para mantener en el error y el engaño a toda mente que él pueda controlar...

Él incitará la mente de los desobedientes y rebeldes, y todos los apóstatas se unirán en una firme y desesperada complicidad contra la ley de Dios, para hacer guerra contra el gobierno de Dios. Cuando pregonemos que la ley de Dios es obligatoria sobre cada ser humano, aquellos que no se quieren convencer, que cierran sus oídos para no oír la verdad, que se vuelven hacia las fábulas y escogen alimentarse con un plato de máximas, costumbres y mandamientos de hombres, usarán sus mejores armas para luchar contra la verdad. Darán falso testimonio, inventando mentiras para manchar la reputación de aquellos que han proclamado el mensaje de verdad... Todos los que salgan y se aparten del mundo, serán ridiculizados, avergonzados y ofendidos. Pueden esperar que su vida y su misión serán malinterpretadas...

Debemos recordar que: "Todos los que quieran vivir piadosamente en Cristo Jesús, serán perseguidos" (2 Timoteo 3:12), y todos los que desprecien la verdad y ridiculicen a aquellos que la proclaman gemirán y clamarán: "¡Señor, señor, ábrenos!" Y él responderá: "Os aseguro que no os conozco".

Alarmado porque su presa se escapa de sus garras, Satanás y los de su sinagoga harán esfuerzos desesperados para retener a las almas de su lado. Él presentará toda objeción y artificio posibles, para apartar a aquellos que marchan por el sendero preparado para los redimidos del Señor. La serpiente, secretamente, pondrá en marcha una serie de circunstancias para engañar y seducir al pecador, para arrebatarle la convicción de que debe reanudar su lealtad a Dios...

El conflicto será largo y penoso. Por momentos parecerá una derrota parcial, pero recuerde que cuando Cristo le mostró el plan de batalla, usted ya conocía el costo. Usted no es el líder en este conflicto, Cristo es; los ejércitos del cielo están alistados en el combate...

Jesús desea que todo individuo comprenda que la confederación del mal es fuerte, artera y organizada y que usará cualquier medida deshonesta para obtener la victoria. Sin embargo, ningún seguidor de Cristo debe examinar su propia debilidad y descorazonarse porque "Fijos los ojos en Jesús" (Hebreos 12:2) recibiremos su inspiración. Sabremos que estamos luchando en la presencia de Dios, de las inteligencias fieles y santas y con todos los hijos de luz como compañeros. En las líneas del conflicto hay más que ángeles. Está a la cabeza el Gran General de los ejércitos que dice: "tened buen ánimo, yo he vencido al mundo" (Juan 16:33). Jesús cercará a sus fieles con una santa atmósfera celestial. Su armadura es invencible, su Líder nunca fue derrotado, y deben avanzar hacia la victoria...

Satanás obrará con todo engaño de injusticia para hacerse pasar por Cristo. Engañará, si fuese posible, a los escogidos. —*Carta 103, del 15 de Junio de 1893.*

Es tiempo de proclamar el mensaje de la longanimidad de Dios para impulsar a los hombres al arrepentimiento; y también es tiempo de advertir a los hombres que aun la longanimidad de Dios tiene sus límites. Como Belsasar, los hombres pueden avanzar en su altanería y desafío, hasta pasar el límite. La blasfemia puede desarrollarse hasta el punto de agotar la paciencia de la longanimidad de Dios...

En medio de la alegría, festejos y olvido de Dios, saldrá la orden de empuñar la espada del Señor, para acabar con la insolencia y desobediencia de los hombres. Las oraciones del pueblo de Dios han ascendido al trono diciendo: "Es tiempo de que actúes, oh Señor, porque han invalidado tu Ley" (Salmos 119:126). Antes de mucho, estas oraciones serán contestadas. Cuando los hombres sobrepasen el límite de la gracia, Dios permitirá que el mundo vea que él es Dios.

Se acerca el tiempo en que ya no se tolerará más la transgresión, cuando Dios intervendrá para contener la desbordante iniquidad...

Dios les da a todos un determinado tiempo de gracia, pero llegará el momento en que los hombres no podrán esperar nada más que la indignación y el castigo de Dios. Todavía no ha llegado el tiempo, pero se está acercando rápidamente. Las naciones pasarán de un grado de maldad a otro. Los hijos, educados y entrenados en la transgresión, añadirán al mal, aparejado por los padres que no temen a Dios en sus corazones.

Los juicios de Dios ya están cayendo sobre la tierra en diversas calamidades, para que los hombres se arrepientan y se conviertan a la verdad y la justicia. Pero el Señor apagará la luz de aquellos que endurecen sus corazones en iniquidad. Sólo han vivido para sí mismos, y ahora deben morir. Cuando el transgresor sobrepasa el límite de la gracia, Dios ordena su destrucción. Él se levantará como Dios Omnipotente sobre todos los dioses, y aquellos que han trabajado contra él en unión con el gran rebelde, serán recompensados de acuerdo con sus obras.

En su visión acerca de los últimos días, Daniel preguntó: "Señor mío, ¿cuál será el fin de estas cosas? Él respondió: Anda, Daniel, estas palabras están cerradas y selladas hasta el tiempo del fin. Muchos serán limpiados, emblanquecidos y purificados. Los impíos obrarán impíamente, y ninguno de los impíos entenderá. Pero los sabios entenderán, bienaventurado el que espere y llegue hasta 1.335 días. Y tú irás hasta el fin, y descansarás. Y en los últimos días te levantarás para recibir tu herencia" (Daniel 12:8-10, 12-13). Daniel cumplió su misión de dar su testimonio, el cual fue sellado hasta el tiempo del fin y la luz de la verdad ha estado brillando a través de sus visiones. Cumplió su misión llevando el testimonio que será entendido al final de los días.

"En aquel tiempo se levantará Miguel, el gran Príncipe que protege a tu pueblo. Y será tiempo de angustia, cual nunca fue desde que hubo gente hasta entonces. Pero en ese tiempo será librado tu pueblo, todos los que se hallen escritos en el libro. Muchos de los que duermen en el polvo de la tierra serán despertados, unos para vida eterna, y otros para vergüenza y confusión eterna. Entonces los sabios resplandecerán como el fulgor del firmamento: y los que enseñan la justicia a la multitud, como las estrellas a perpetua eternidad. Pero tú, Daniel, cierra las palabras y sella el libro hasta el tiempo del fin. Muchos correrán de aquí para allá, y la ciencia se aumentará" (Daniel 12:1-5). —*Manuscrito 50, de Septiembre de 1893.*

Cuando tenemos en cuenta que la historia se cumple tan rápido, podemos estar convencidos de que los peligros se están aglomerando rápidamente sobre nosotros, y no podemos librarnos de lo que debemos enfrentar. Todo lo que podemos hacer es buscar la sabiduría celestial que es nuestra única fuente de ayuda. Si constantemente contemplamos a Jesús, el autor y consumador de la fe, nuestro carácter será transformado a su imagen, nuestra vida estará escondida con Cristo en Dios. No debemos cruzarnos de brazos ociosamente esperando que el Señor venga pronto, sino que debemos seguir contemplando a Jesús, apoyando nuestras almas desvalidas en sus méritos, abriendo nuestros corazones al poder del Espíritu Santo, elevando nuestras peticiones a Dios para que nos transforme.

Nuestras ambiciones impías procurarán afianzarse en todos nuestros propósitos, pero ¡ay!, ahora como nunca antes, tenemos la mayor necesidad de sentarnos humildemente a los pies de Jesús, y aprender las lecciones de vida del mayor Maestro que el mundo haya conocido...

Se harán declaraciones engañosas en mensajes que se asegurará que vienen del cielo y si la influencia de estas cosas se acepta, inducirá a hacer movimientos y a seguir ideas y planes exagerados que introducirán precisamente las cosas que Satanás quiere que existan: un espíritu extraño, un espíritu impuro, ataviado de santidad; un espíritu fuerte para sojuzgar o reprimir todas las cosas. Aparecerá el fanatismo y se mezclará y entretejerá de tal manera con la obra del Espíritu de Dios, que muchos aceptarán todo como si fuera de Dios, y por lo tanto resultarán engañados.

No se exprese una sola palabra para despertar el espíritu de venganza de los opositores de la verdad. No se haga nada para incitar el espíritu del dragón, porque pronto el mismo se revelará con todo su carácter satánico, contra los que guardan los mandamientos de Dios y tienen la fe de Jesús...

Vendrá el tiempo cuando seremos llamados a presentarnos delante de reyes y gobernantes, magistrados y poderes para defender la verdad. Entonces será una sorpresa para esos testigos saber que su posición, sus palabras y expresiones que ellos no creyeron que serían recordadas, sus propias expresiones hechas de una manera descuidada para atacar el error o defender la verdad, serán reproducidas y tendrán que hacerles frente; y sus enemigos tendrán la ventaja, pues pondrán su propia interpretación sobre esas palabras que fueron habladas en forma poco sabia...

Aparecerán muchas cosas con la intención de engañarnos, cosas que tendrán apariencia de verdad. Tan pronto como estas cosas se presenten como el gran poder de Dios, Satanás estará completamente listo para entretejer en ellas lo que ha preparado para desviar a las almas de la verdad para este tiempo.

Algunos aceptarán y divulgarán el error y cuando venga el reproche que coloca los asuntos en su debida luz, los que han tenido poca experiencia e ignoran la forma satánica de obrar, que se repite a menudo, desecharán, junto con la basura del error, lo que ha estado delante de ellos como verdad. De esta manera invalidarán la luz y las advertencias que Dios da para este tiempo...

Aparece toda clase de mensajes concebibles para falsificar la obra de Dios, y siempre llevando la inscripción de verdad sobre su bandera. Y los que están preparados para cualquier cosa nueva y sensacional, manejarán estas cosas de tal manera que nuestros enemigos harán la acusación de que todo lo inconsecuente y exagerado, procede de la Sra. White, la profetisa...

No es una cosa ligera sustituir lo que Dios nos ha revelado por opiniones y aseveraciones, sueños, símbolos y figuras de seres humanos finitos...

Habrá mensajes falsificados que tendrán su origen en personas radicadas en diversos lugares. Se levantará una persona tras otra, pretendiendo ser inspiradas, cuando en realidad no tienen la inspiración del cielo, sino que están bajo el engaño del enemigo. Todos los que reciban sus mensajes serán desviados. Andemos, pues, con cuidado, y no abramos de par en par la puerta al enemigo, para que éste entre mediante impresiones, sueños y visiones. Dios nos ayude a mirar con fe a Jesús, y a ser guiados por las palabras que él ha hablado. —*Carta 66, del 10 de Abril de 1894.*

No son los seres humanos los que están creando un sentimiento tan intenso, como el que existe ahora en el mundo religioso. Un poder de la sinagoga espiritual de Satanás, está imbuyendo los elementos religiosos del mundo, despertando a los hombres a una acción resuelta para agilizar las ventajas que Satanás ha ganado, al impulsar al mundo religioso en una guerra determinada contra aquellos que tienen la Palabra de Dios como su guía y único fundamento de doctrina. Satanás se vale ahora de sus esfuerzos magistrales para acumular todo principio y energía que pueda utilizar, para controvertir la exigencia de la ley de Jehová, sobre todo del cuarto mandamiento que especifica quién es el Creador de los cielos y la tierra...

Éste es el gran dilema. Aquí están los dos grandes poderes que se enfrentan: el Príncipe de Dios, Jesucristo, y el príncipe de las tinieblas, Satanás. Aquí llega el conflicto directo. Hay sólo dos clases en el mundo, y cada ser humano se alistará bajo uno de los dos estandartes: la bandera del príncipe de las tinieblas o la de Jesucristo.

Dios inspirará a sus hijos fieles y sinceros. El Espíritu Santo es el representante de Dios y será el agente poderoso que recogerá a los fieles y veraces para el granero del Señor. Satanás también está intensamente activo reuniendo en manojos la cizaña de entre el trigo... Estamos comprometidos en una guerra que no cesará, hasta que se haga la decisión final para toda la eternidad. —*Carta 38, del 14 de Abril de 1894.*

Que nadie tenga la idea de que ciertas providencias especiales o manifestaciones milagrosas, constituyen una prueba de la autenticidad de su obra o de las ideas que propone. Si mantenemos estas cosas delante de la gente, producirán un efecto perjudicial y suscitarán emociones malsanas. La obra genuina del Espíritu Santo en los corazones humanos, se ha prometido para proporcionar eficiencia mediante la Palabra. Cristo declaró que la Palabra es espíritu y es vida. "Porque la tierra será llena del conocimiento de la gloria de Jehová, como las aguas cubren el mar" (Habacuc 2: 14).

Satanás obrará en forma sutilísima para introducir invenciones humanas revestidas con ropajes angélicos. Pero la luz de la Palabra brilla en medio de las tinieblas morales, y la Biblia nunca será reemplazada por manifestaciones milagrosas. Hay que estudiar la verdad, y hay que buscarla como un tesoro escondido. No se darán inspiraciones maravillosas aparte de la Palabra, ni aquéllas tomarán el lugar de ésta. Aferraos a la Palabra, y recibid la Palabra injertada, la cual hará a los hombres sabios para la salvación.

Éste es el significado de las palabras de Cristo concernientes a comer su carne y beber su sangre. Y él dice: "Y ésta es la vida eterna: que te conozcan a ti, el único Dios verdadero, y a Jesucristo, a quien has enviado" (Juan 17: 3).

Encontraremos falsas pretensiones, surgirán falsos profetas, habrá sueños y visiones falsas; pero prediquen la Palabra y no se dejen alejar de la voz de Dios manifestada mediante su Palabra. No permitan que nada distraiga los pensamientos. Se representará y se presentará lo maravilloso y lo admirable. Mediante engaños satánicos y milagros maravillosos, se procurará forzar la aceptación de las pretensiones de los instrumentos humanos. Cuidado con todo esto.

Cristo ha dado la advertencia para que nadie tenga que aceptar la falsedad como si fuera verdad. El único conducto mediante el que opera el Espíritu es el de la verdad... Nuestra fe y esperanza están fundadas, no en sentimientos, sino en Dios... Debemos avanzar por fe, no por sentimientos, ni por vista. Se avecinan tiempos tormentosos, vendrán pruebas severas y, si no nos hemos educado y entrenado para servir a Dios por fe en Cristo nuestra justicia, empezaremos a observar nuestras vidas imperfectas, y perderemos toda esperanza...

Seremos severamente probados, porque Satanás vendrá con toda táctica concebible para atormentar, molestar y engañar a cada seguidor de Jesús. Debemos vivir por fe, no por sentimientos. Debemos avanzar paso a paso en el conocimiento práctico de Dios y de Jesucristo, a quien él ha enviado. —*Carta 12, del 10 de Mayo de 1894.*

A través de los engaños de Satanás se ha abierto una brecha en la ley de Dios, pero Dios tiene un pueblo fiel, unos pocos en número que no deshonrarán el sábado...

Tengan cuidado de que no sean entrampados. Lean las advertencias que han sido dadas por el Redentor del mundo a sus discípulos, para que ellos a su vez las impartan al mundo. La Palabra de Dios es una sólida roca y podemos afirmar nuestros pies con seguridad sobre ella. Cada alma inevitablemente será probada, cada fe y doctrina necesariamente tendrán que ser probadas por la ley y el testimonio. Miren que nadie los engañe. Las advertencias de Cristo sobre este asunto son necesarias en este tiempo, pues penetrarán entre nosotros errores y engaños, y se multiplicarán a medida que nos aproximemos al fin.

De entre ustedes mismos se levantarán hombres que hablen cosas perversas para arrastrar tras sí a los discípulos. Por tanto, velen, acuérdense, no se olviden que pruebas de este carácter deben sobrevenirnos, no sólo desde afuera sino desde adentro, de nuestras propias filas. Nuestra seguridad individual depende de una entera consagración a Dios. —*Manuscrito 27, del 7 de Junio de 1894.*

Estamos en los umbrales del tiempo de angustia, cual nunca hubo desde que existió nación y se está acercando rápidamente. No estamos libres de riesgos al complacer nuestros propios deseos, haciendo nuestra propia voluntad, siguiendo las ambiciones de nuestros propios corazones. Aquellos que han hecho esto en el pasado, tienen que desaprender muchísimas lecciones y tienen muchas que aprender de Jesús, nuestro modelo. Hay grandes peligros para los creyentes. La incredulidad en el alma pondrá todo su poder, mientras que la fe se esforzará para lograr la supremacía en el combate. En el corazón del creyente se librarán muchas batallas.

Admirable es la lucha y muchos los inconvenientes, aunque los elementos contendientes hacen poco alarde exterior. Todo el Cielo está observando atentamente, interesado en ver cuál será el resultado de estos conflictos. El creyente está luchando contra un ejército imponente.

"Porque no tenemos lucha contra sangre y carne, sino contra principados, contra potestades, contra dominadores de este mundo de tinieblas, contra malos espíritus de los aires. Por tanto, tomad toda la armadura de Dios, para que podáis resistir en el día malo, y habiendo acabado todo, quedar firmes. Estad pues, firmes, ceñida vuestra cintura con la verdad, vestidos con la coraza de justicia, calzados los pies con la prontitud para dar el evangelio de paz. Sobre todo, tomad el escudo de la fe, conque podáis apagar todos los dardos encendidos del maligno. Tomad el yelmo de la salvación y la espada del Espíritu, que es la Palabra de Dios. Y orad en el Espíritu, en todo tiempo, con toda oración y ruego, velando en ello con perseverancia y súplica por todos los santos" (Efesios 6:12-18).

Éstas son las órdenes de marcha que cada soldado fiel de Jesucristo debe seguir. Si obedecemos las órdenes, tendremos fe y confianza sabiendo que hay Uno que está observando cada alma en su lucha feroz contra los poderes de las tinieblas. Satanás pondrá en marcha todas sus invenciones para mantener al alma en sus garras, pero el auxilio viene de Uno que es poderoso, Uno que vendrá a la ayuda de cada alma en peligro y hará retroceder a las fuerzas de las tinieblas y nos hará más que vencedores sobre nuestros enemigos. Nuestra parte en el conflicto es obedecer las órdenes y el que empezó en nosotros la buena obra, la irá perfeccionando hasta el día de Jesucristo. — *Carta 85, del 27 de Julio de 1894.*

Satanás ya está trabajando con señales y prodigios mentirosos, y esto seguirá en aumento hasta el fin. Dios utilizará a sus enemigos como instrumentos para castigar a aquellos que han seguido su propia conducta perniciosa, por medio de la cual la verdad de Dios ha sido tergiversada, mal juzgada, y deshonrada. —*Carta 44, del 3 de Agosto de 1894.*

El implacable conflicto entre la luz y las tinieblas, entre el error y la verdad, se irá profundizando e intensificando. La sinagoga de Satanás está intensamente activa, y el poder engañoso del enemigo está trabajando del modo más sutil en esta época. Toda mente humana que no se haya entregado a Dios y que no esté bajo el control del Espíritu Santo, se pervertirá por medio de las agencias satánicas...

Toda la inmensa y complicada maquinaria de las agencias del mal, se pondrá en movimiento en estos últimos días. A través de las generaciones y de las edades, Satanás ha acumulado agentes humanos por medio de los cuales puede lograr sus propósitos diabólicos, para imponer en la tierra sus planes y artimañas. La gran fuente corrupta del mal, ha estado fluyendo continuamente a través de la sociedad humana. Aunque incapaz de echar a Dios de su trono, Satanás lo acusa de atributos Satánicos y reclama los atributos de Dios para sí mismo. Él es un engañador, y a través de su astucia semejante a la de la serpiente y sus prácticas engañosas, se atrajo para sí el homenaje que le pertenece a Dios y ha puesto su trono satánico entre el creyente y el Padre divino...

El conflicto no ha terminado y cuanto más nos acerquemos al tiempo del fin, la batalla será más intensa. Al acercarse la segunda venida de nuestro Señor Jesucristo, las agencias satánicas serán impulsadas por el infierno. Satanás no sólo aparecerá como un ser humano, sino que se hará pasar por Cristo y el mundo que ha rechazado la verdad lo recibirá como el Señor de señores y Rey de reyes. Él ejercerá su poder y obrará en la mente humana. Corromperá la mente y el cuerpo de los hombres y obrará a través de los hijos de desobediencia, en una forma fascinante y encantadora como la de una serpiente. ¡Qué espectáculo tienen que observar las inteligencias celestiales! ¡Qué espectáculo tiene que contemplar Dios el Creador del mundo!

La forma que tomó Satanás en el Edén cuando indujo a nuestros primeros padres para que desobedecieran, fue de un carácter como para dejar perpleja y confundida la mente. A medida que nos acerquemos al fin de la historia, procederá de una manera igualmente sutil. Empleará todo su poder engañador sobre los seres humanos para completar la obra de engañar a la familia humana. Tan engañoso será en su obra, que los hombres procederán en la misma forma en que lo hicieron en los días de Cristo. Y cuando se les pregunte: "¿A quién queréis que os suelte: a Barrabás o a Jesús?". El clamor casi universal será: "¡A Barrabás! ¡A Barrabás!". Y cuando se les presente la pregunta: "¿Qué, pues, queréis que haga del que llamáis Rey de los judíos?". El clamor de nuevo será: "¡Crucifícale!"

Cristo será representado en la persona de los que acepten la verdad y que identifiquen sus intereses con los de su Señor. El mundo se airará contra ellos en la misma forma en que se airó contra Cristo, y los discípulos de Cristo sabrán que no serán tratados mejor que su Señor. Sin embargo, Cristo ciertamente identificará sus intereses con los de aquellos que lo acepten como su Salvador personal. Cada insulto, cada reproche, cada calumnia hecha contra ellos por los que han apartado sus oídos de la verdad y han hecho caso de fábulas, se cargará contra los culpables como si lo hubieran hecho a Cristo en la persona de sus santos. Aquellos que aman y guardan los mandamientos de Dios, son sumamente perjudiciales para la sinagoga de Satanás y, en lo posible, los poderes del mal manifestarán con mayor intensidad su odio contra ellos. Juan anunció el conflicto de la iglesia remanente y de los poderes del mal, diciendo: "Entonces el dragón se airó contra la mujer, y fue a combatir al resto de sus hijos, los que guardan los Mandamientos de Dios y tienen el testimonio de Jesús" (Apocalipsis 12:17).

Las fuerzas de los poderes de las tinieblas se unirán con los instrumentos humanos que se han entregado al dominio de Satanás y se repetirán las mismas escenas que transcurrieron durante el juicio, el rechazo y la crucifixión de Cristo. Al rendirse a las influencias satánicas, los hombres se identificarán con los demonios y los que fueron creados a la imagen de Dios, que fueron formados para honrar y glorificar a su Creador, se convertirán en la habitación de chacales; y Satanás verá en una raza apóstata su obra maestra de mal. Hombres que reflejan su propia imagen.

Cristo dijo: "si en el árbol verde hacen estas cosas, ¿qué no harán en el seco?" (Lucas 23:31). "Os entregarán a los tribunales, en las sinagogas seréis azotados, y os llevarán ante gobernadores y reyes por mi causa, por testimonio a ellos... El hermano entregará a la muerte al hermano, el padre al hijo; y se levantarán los hijos contra los padres, y los matarán. Seréis aborrecidos de todos por mi Nombre; pero el que persevere hasta el fin, éste será salvo" (Marcos 13:9, 12-13). "Y este evangelio del reino será predicado en todo el mundo, por testimonio a todas las naciones, y entonces vendrá el fin" (Mateo 24:14).

Las agencias satánicas están teniendo su última oportunidad para desarrollar ante el mundo, ante los ángeles y los hombres, los verdaderos principios de sus atributos. El pueblo de Dios debe estar ahora en pie como representante de los atributos del Padre y el Hijo. "Velad, pues, porque no sabéis a qué hora ha de venir vuestro Señor. Sin embargo, sabed esto, si el padre de la familia supiera a qué hora el ladrón había de venir, velaría y no dejaría asaltar su casa. Por tanto, estad preparados también vosotros, porque el Hijo del Hombre vendrá a la hora que no pensáis. Siervo fiel y siervo malo ¿Quién, pues, es el siervo fiel y prudente, a quien su señor puso sobre su familia, para que le dé el alimento a tiempo? Dichoso aquel siervo, a quien, cuando su señor vuelva, lo encuentre haciendo así. Os aseguro que lo pondrá sobre todos sus bienes" (Mateo 24:42-47). —*Manuscrito 39, del 9 de Octubre de 1894.*

"El que os mate, pensará que rinde servicio a Dios" (Juan 16:2). Ése es un engaño terrible que se presenta en las mentes humanas. Pero aquí se presenta el plan de batalla, dice que: "no tenemos lucha contra sangre y carne; sino contra principados, contra potestades, contra dominadores de este mundo de tinieblas, contra malos espíritus de los aires" (Efesios 6:12).

Esto es lo que tenemos que enfrentar. ¿Entonces qué dice él? "Vestíos de toda la armadura de Dios, para que podáis estar firmes... en el día malo, y habiendo acabado todo, quedar firmes" (Versículos 11, 13). Usted debe luchar como si estuviese en la presencia del universo celestial, debe pelear las batallas del Señor. Los ángeles poderosos serán allí los guerreros. Como Capitán de las huestes celestiales, él está allí. Ellos son los contendientes. Usted debe mantenerse en el ejército de Dios y ellos ganarán la victoria. Darán poder a todos los que estén luchando con valentía las batallas del Señor. El poder de Dios estará sobre cada verdadero soldado que soporte las durezas como buen soldado. Pero nosotros no podemos enfrentarnos con los ángeles malos y vencerlos. Es el poder divino; es el ser partícipe de la naturaleza divina... Cuando seamos arrebatados para recibir a Cristo en el aire y entremos por las puertas de perlas en la ciudad de Dios, él nos guiará junto a las aguas vivas, y todo el tiempo nos estará enseñando y hablando sobre las cosas que él nos habría explicado en la tierra, si tan sólo hubiésemos podido comprenderlas. —*Manuscrito 49, del 3 de Noviembre de 1894.*

No debemos aceptar sobornos o postrarnos ante las leyes de los hombres, y poner de lado la ley de Dios, para lograr el favor del mundo. No debemos dejarnos esclavizar por el mundo. Aún así, estaremos viviendo en el mundo mientras Dios lo permita, y el Señor nos ha encomendado una obra especial para la salvación del mundo...

En este período del cierre de la historia de este mundo, no sean los hombres descuidados en sus palabras y hechos, no se entreguen a un espíritu autoritario que provoque el furor de sus enemigos. Que nadie que afirma creer en la verdad, dé motivos para que otros piensen que él no es un cristiano, porque habla y actúa como un pecador.

Hay muchos que jamás han recibido la luz. Están engañados por sus maestros, pero no han recibido la marca de la bestia. El Señor está obrando en ellos. Él no los ha abandonado a su propia suerte. El Señor no apartará su gracia de ellos, hasta que se hayan convencido de la verdad y hayan pisoteado la evidencia que les ha sido dada para iluminarlos...

Que nadie que haya recibido la verdad, acaricie el espíritu de los fariseos y demuestre que no quiere tener nada que ver con las autoridades. Dios no le da a nadie una carga tal. Podemos ocasionarnos serias dificultades y traer reproche a la causa de Dios, si sentimos que debemos ponernos la armadura y luchar para despertar el espíritu combativo de nuestros enemigos y provocarlos a pelear y destruir. Nuestra influencia debe ser tal que no incitemos innecesariamente sentimientos de enojo, ni despertemos el aborrecimiento de los que no creen como nosotros. —*Carta 7, de 1895.*

Es el privilegio y deber de cada ser humano asirse de Dios y de su palabra, creer en Jesús como su Salvador personal y responder inmediatamente y con entusiasmo a la invitación de gracia que él le ofrece. Debe estudiar, creer y obedecer la instrucción divina que se encuentra en las Escrituras. No debe basar su fe en sentimientos, sino en la evidencia de la Palabra de Dios... Aquellos que se sienten libres en cuestionar la Palabra de Dios y de ser vacilantes en todo, cuando se les presente la oportunidad de dar lugar a dudas, se darán cuenta que requiere un gran esfuerzo tener fe cuando surgen los problemas. Sería casi imposible superar la influencia que impulsa la mente que ha sido educada en la incredulidad, porque de esta manera, el alma está ligada a las trampas de Satanás y se vuelve impotente para romper la temible red que ha tejido tan íntimamente alrededor del alma. —*Manuscrito 3, del 1 de Febrero de 1895.*

Pensé en el día en que caigan los juicios de Dios sobre el mundo, cuando las tinieblas y la horrible oscuridad cubran los cielos como un saco de arpillera... Mi imaginación anticipó lo que ocurrirá en ese tiempo, cuando la poderosa voz del Señor le ordene a sus ángeles: "Id y derramad sobre la tierra las siete copas de la ira de Dios" (Apocalipsis 16:1).

"Tu diestra, oh Señor, ha sido magnificada en fortaleza. Tu diestra, oh Señor, ha quebrantado al enemigo" (Éxodo 15:6). Apocalipsis 6 y 7 están llenos de significado. Los juicios que Dios ha revelado son terribles. Los siete ángeles estaban en pie ante Dios para recibir su misión. A ellos se les dieron siete trompetas. He aquí que Jehová sale de su lugar para castigar al morador de la tierra por su maldad, y la tierra descubrirá la sangre derramada sobre ella, y no encubrirá ya más a sus muertos...

Pero con el juicio se mezcla la misericordia... El Señor preservará a su pueblo. Juan contempló: "cuatro ángeles en pie en los cuatro ángulos de la tierra, que detenían los cuatro vientos de la tierra, para que no soplase viento alguno sobre la tierra, ni sobre el mar, ni sobre ningún árbol" (Apocalipsis 7:1) hasta que se ponga el sello del Dios Viviente sobre aquellos que aman a Dios y guardan sus mandamientos. Los elementos de la naturaleza estarán bajo el poder de los ángeles de Dios: "encierra los vientos en sus puños, mide las aguas con el hueco de su mano, pone las nubes por su carroza" (Salmos 29:10; Proverbios 30:4; Isaías 40:12; Salmos 104:3).

El Señor rige las naciones. El ciclo de la naturaleza está bajo la jurisdicción de Dios... Juan vio otra escena: "Entonces vi a otro ángel que subía del este, y tenía el sello del Dios vivo. Clamó a gran voz a los cuatro ángeles, que habían recibido poder de dañar la tierra y el mar" (Apocalipsis 7:2). ¿Quién es? Es el Ángel del pacto. Él viene de la salida del sol. Él es el amanecer de lo sublime. Él es la Luz del Mundo... él alzó la voz como uno que tenía preeminencia sobre las huestes de los ángeles en el cielo, "Entonces vi a otro ángel que subía del este, y tenía el sello del Dios vivo. Clamó a gran voz a los cuatro ángeles, que habían recibido poder de dañar la tierra y el mar, y les dijo: No dañéis la tierra, ni el mar, ni los árboles, hasta que sellemos en sus frentes a los siervos de nuestro Dios" (versículos 2, 3).

En esto se une lo divino con lo humano. Se ordena a los cuatro ángeles que sostengan los cuatro vientos hasta que sean citados... Los juicios y la ira de Dios debían reprimirse por un corto tiempo hasta que se realizara cierta obra. El mensaje, el último mensaje de advertencia y misericordia ha sido retrasado en hacer su obra a causa del amor egoísta de muchos, el amor a la comodidad y la incapacidad del hombre para hacer la obra que se debe hacer. El ángel que alumbrará la tierra con su gloria, espera que los instrumentos humanos, por medio de los cuales la luz de cielo pueda brillar, cooperen así para dar el mensaje con la sagrada y solemne importancia que es necesaria para decidir el destino del mundo.

Pero las iglesias no están despiertas. Una nueva vida debe entrar en las iglesias. Se está dando la última obra de advertencia y misericordia a un mundo caído. Ninguno se engañe pensando que puede delegar su obra individual a otra persona. Cuando se cierre el tiempo de prueba, no habrá más oportunidad para aquellos que, habiendo recibido el mensaje de advertencia, de perdón y salvación, rechazaron la justificación y se apartaron de la luz y la verdad y aceptaron fábulas. No existe otra invitación para el banquete de bodas, no habrá otra oportunidad en que se haga otra invitación para el banquete celestial...

La obra está delante de nosotros en forma individual. Nuestra identidad basada en principios morales no puede estar inmersa en ningún ser humano. Dios nos llamará para hacer nuestra obra de acuerdo con nuestras habilidades... Todo aquel que escuche el mensaje y crea en la verdad, ya no estará confinado ni forzado por otras creencias, sino que hará de la Biblia su guía, su principio de vida y la fuente de su salvación. La misma intensidad de la luz que brilla del cielo, convierte a los hombres en mensajeros de verdad y salvación. No pueden guardar silencio. Han aceptado la verdad y han salido a la luz, la luz que resplandece en estos últimos días.

Se debe dar el mensaje de advertencia con un profundo sentido de responsabilidad individual... ¿Cuál es la condición de aquellos que guardan los mandamientos de Dios y tienen la fe de Jesús? Si dentro de las familias hay quienes se niegan a obedecer al Señor y guardar el sábado, él no puede ponerles el sello. El sello de Dios es una promesa de perfecta seguridad para su pueblo escogido. (Vea Éxodo 31:13-17). El sello indica que Dios lo ha escogido. Ahora le pertenece a él. Como sellados de Dios, somos posesión comprada por Cristo y nadie nos separará de sus manos. El Señor los ha sellado. Su destino está escrito: "DIOS, LA NUEVA JERUSALÉN". "Escribiré sobre él el Nombre de mi Dios, y el nombre de la ciudad de mi Dios" (Apocalipsis 3:12). —*Manuscrito 59, del 9 de Febrero de 1895.*

Usted no puede protegerse ni por un solo momento. Usted está protegido por el poder de Dios, por medio de la fe. Descanse su fe en los méritos de Cristo, dependa de su misericordia, confíe que la suficiencia de su gracia lo preservará a cada momento. Nunca permita que el enemigo obtenga ventaja sobre usted, porque no cree que es suficientemente bueno para ser llamado hijo de Dios. Por fe, debe descansar firmemente en la justicia que Dios le ha provisto por medio de su substituto, Jesucristo el Justo. Él perdona la iniquidad, la transgresión y el pecado. Elimina nuestros pecados y en su lugar imputa su propia justicia. ¡Qué bendición para nosotros! Sólo cuando aceptamos a Dios, a su Palabra y a Jesús como nuestro Redentor, conservamos el honor de Dios y mostramos que "gracias a la fe, sois guardados por el poder de Dios, para alcanzar la salvación que será revelada en el último tiempo" (1 Pedro 1:5).

¿Por qué se revela el poder de la fe en este último tiempo? ¿Por qué debe ser revelado en el mismo cierre de la historia de este mundo? Porque abunda la iniquidad, y el amor de muchos se enfría debido a las obras engañosas de las agencias satánicas que, especialmente en este tiempo, se oponen al pueblo que guarda los mandamientos de Dios, trayéndoles dificultades y aflicción. Uno no se puede proteger a sí mismo en estos días del fin del tiempo de gracia, días en que la fe será grandemente probada. Sólo puede protegerlo el poder de Dios revelado de una manera especial, para contrarrestar la obra de Satanás, efectuada por los hijos de desobediencia. Él trata de afligir y herir el alma de todos aquellos que son fieles y justos, que obedecen la voluntad del Señor y observan sus mandamientos. Todos los que creen en Jesús, serán severamente tentados. Satanás tratará de desanimar a los que manifiestan amor a Dios y guardan sus mandamientos.

La guerra contra la ley de Dios comenzó en el cielo. Satanás estaba determinado a imponerle a Dios sus ideas y su forma de actuar y obligarle a cambiar la ley de su gobierno. Ésta fue la causa de la guerra en el cielo. Satanás manipuló los sentimientos de las huestes angelicales con su actitud engañosa, pero fue expulsado del cielo, y ahora está decidido a realizar en este mundo los planes que originó en el cielo. Si puede persuadir al hombre a ser desleal a las leyes de Dios, sentirá que se está vengando de Dios. Él se esfuerza por inculcar en las mentes de los hombres sus engaños magistrales, así pervierte el juicio y la justicia y pisotea la ley de Dios. En esta obra, el conflicto entre la verdad y el error, yace el fundamento de las pruebas y tribulaciones que experimentarán los hijos de Dios. Es: "la prueba de vuestra fe" (1 Pedro 1:7).

Forzando en el alma la idea de que Dios está disgustado con nosotros, Satanás trató de atormentarnos y llevarnos al escepticismo. Pero "¡Regocijaos en el Señor siempre!" (Filipenses 4:4).

(1 Pedro 1:6-9 citado). El Señor Jesús es nuestra única esperanza... Aunque Dios es exaltado y santo y aunque su gloria y majestad llenan los cielos, él contempla con ternura compasiva a todos los que se estremecen por su Palabra. Los contritos de corazón pueden sentir que seguramente no merecen su misericordia, no obstante, son el objeto especial de su cuidado y amor. (Isaías 57:10 citado). Cuando su conducta se base en un simple: "así dice el Señor", él lo sostendrá. —*Carta 24, del 19 de Mayo de 1895.*

Sabemos que los justos no sufrirán ninguna prueba... sin que sea la providencia de Dios que desea desarrollar en nosotros, individualmente, una valiosa experiencia para que estemos en pie en este tiempo. Es extremadamente importante que nos preparemos para las múltiples tentaciones que sobrevendrán sobre nosotros...

¿Cree usted que Satanás no se opondrá a nuestra marcha? ¿Cree usted que él no nos enfrentará con su ejército infernal? Por supuesto, él obrará con todo su poder infernal. ¿Desistiremos porque vemos que el mundo entero ha elegido estar bajo su estandarte? Claro que no. Es indiscutible que el Capitán de nuestra salvación, que derrumbó las paredes de Jericó sin intervención humana, puede permanecer con su pueblo. Él los revestirá de capacidad, los dotará de poder y les dará gracia para pasar en medio de las pruebas intensas que el enemigo ha preparado, para tentar a cada alma sobre la faz de la tierra...

Vemos un séquito de ángeles a cada lado de la puerta, y al entrar, Jesús dice: "Venid, benditos de mi Padre, heredad el reino preparado para vosotros desde la fundación del mundo". Aquí les dice que sean participantes de su gozo, ¿y qué es eso? Es el gozo de ver el trabajo de su alma, padres, madres, es el gozo de ver que sus esfuerzos son recompensados. Aquí están sus hijos, la corona de vida está sobre su cabeza y los ángeles de Dios, inmortalizan los nombres de las madres cuyos esfuerzos han ganado a sus hijos para Jesucristo. — *Manuscrito 12, del 19 de Mayo de 1895.*

Cuán cuidadosos debemos ser cuando amonestamos, para que nuestro consejo no provoque enemistad y sufrimiento. Sería mucho mejor que las familias se fueran a otras ciudades, a otro país, antes de animar jamás un espíritu de desafío y resistencia, aun cuando fuesen encadenados en la cárcel. El fanatismo que existe, el prejuicio contra la verdad en defensa de errores teológicos es firme, porque los agentes humanos están animados por un poder infernal...

Debemos examinar nuestros discursos para desarraigar de ellos todo lo que tenga sabor a venganza y desafío... porque éste no es el camino ni el método de Cristo. Él no pronunció reproches implacables contra aquellos que no conocían la verdad, sino contra aquellos a quienes Dios había confiado las sagradas responsabilidades, el pueblo escogido y favorecido con todas las ventajas temporales y espirituales y que, sin embargo, no llevaba frutos. —*Carta 35, del 21 de Noviembre de 1895.*

La verdad y el error están en competencia, y ambos se esfuerzan por la supremacía. Los defensores de la verdad tendrán un conflicto muy doloroso. "Porque no tenemos lucha contra sangre y carne; sino contra principados, contra potestades, contra dominadores de este mundo de tinieblas, contra malos espíritus de los aires". Viene la advertencia y se repite el mandato. "Por tanto, tomad toda la armadura de Dios, para que podáis resistir en el día malo, y habiendo acabado todo, quedar firmes" (Efesios 6:12, 13). El Señor le encomienda que haga todo lo que él le ha dicho. Nadie será engañado si estudia la Palabra de Dios. ¡Cuán poco se estudia el libro de Apocalipsis! Es un misterio oculto al mundo religioso; y ¿por qué?. Porque no quieren considerar los eventos desagradables descriptos tan fielmente por la pluma profética; y las personas que de alguna forma tienen incertidumbre sobre este tema, se sienten aliviadas porque sus pastores dicen que el Apocalipsis no se puede entender. Pero sobre todo nos afecta a los que estamos viviendo en estos últimos días. "¡Dichoso el que lee las palabras de esta profecía, y dichosos los que la oyen, y guardan lo que está escrito en ella, porque el tiempo está cerca!" (Apocalipsis 1:3). Lea cuidadosamente y con devoción el último capítulo de Apocalipsis. ¡Cuán importantes son las declaraciones de este capítulo! "Soy el Alfa y la Omega, el Principio y el Fin, el Primero y el Último... ¡Dichosos los que guardan sus Mandamientos, para que tengan derecho al árbol de la vida, y entren por las puertas en la ciudad!... Yo, Jesús, os envié a mi ángel con este testimonio para las iglesias. Soy la Raíz y el Descendiente de David, la radiante Estrella de la mañana" (Apocalipsis 22:13-14, 16).

No debemos ser arrastrados por las corrientes de este mundo. Imagínese cuando Cristo limpió el templo al comienzo de su ministerio. Él encontró a los judíos concentrados en obtener beneficios. Habían hecho del atrio del templo un acontecimiento de tráfico sacrílego, y habían convertido la antigua y sagrada institución de la Pascua en un medio vil de obtener ganancias. Practicaban el trueque en forma libre y convertían el servicio instituido por Cristo mismo, en un culto a Mamón. Pero Cristo entró repentinamente en el atrio del templo, la divinidad fulguró a través de la humanidad, y alzando un látigo de cuerdas pequeñas en su mano y con una voz que se volverá a oír en la culminación del juicio, dijo: "Escrito está: „Mi casa, será llamada casa de oración. Pero vosotros la habéis convertido en cueva de ladrones"". Los sacerdotes y gobernantes vieron como si dijéramos, un ángel vengador, como el que guarda el camino al árbol de la vida.

Hoy se está más que repitiendo esta obra sacrílega. Se transmitirán muchos mensajes y aquellos que han rechazado los mensajes de Dios, oirán las declaraciones más impresionantes. El Espíritu Santo investirá la proclamación con santidad y solemnidad que parecerán terribles en los corazones de aquellos que no quisieron oír la súplica del Amor Infinito y que no han respondido a las ofertas de liberación y perdón. Injuriada e insultada la Deidad, exteriorizará y revelará los pecados que han permanecido ocultos. Como los sacerdotes y gobernantes, en la limpieza del templo, llenos de indignación y terror huyeron en busca de refugio, así será en la obra de estos últimos días. Sentirán los ayes pronunciados sobre los que teniendo la luz del cielo habían rechazado su mensaje, pero no podrán obtener el carácter de las vírgenes prudentes, y no tendrán el aceite de la gracia para discernir la clara luz, ni para aceptarla, a fin de unirse a la procesión que entrará a la cena de las bodas del Cordero... Estudien el Apocalipsis en relación con Daniel, porque la historia se repetirá. —*Carta 56, del 19 de Enero de 1896.*

Dios no ha ocultado a sus seguidores el plan de batalla. Ha presentado el gran conflicto delante de su pueblo y le ha hecho escuchar palabras de ánimo. Les ordena no entrar a la batalla sin contar el costo, mientras que al mismo tiempo les asegura que, si confían en él, no lucharán solos, sino que instrumentos sobrenaturales fortalecerán a los débiles para que lleguen a ser fuertes para enfrentar la vasta confederación del mal dispuesta contra ellos. Los señala ante el universo, y les asegura que seres santos están luchando contra principados, contra potestades, contra los gobernadores de las tinieblas de este mundo, contra huestes espirituales de maldad en las regiones celestes.

Los hijos de Dios deben cooperar con toda la hueste invisible de luz. En sus filas hay más que ángeles, el Espíritu Santo, el representante del Capitán del ejército del Señor, desciende a dirigir la batalla. Nuestras debilidades pueden ser muchas, nuestros errores y pecados numerosos, pero el perdón está a disposición de todos aquellos que, con corazón contrito, confiesen y abandonen sus pecados. Se enviarán ángeles de luz, a fin de otorgarles toda la ayuda que sea necesaria. —*Carta 102a, del 9 de Marzo de 1896.*

El Señor ha determinado un tiempo para terminar la obra. Pero ¿cuándo será ese tiempo? Cuando la verdad que se debe anunciar en estos últimos días, sea predicada en todo el mundo como testimonio a todas las naciones, entonces vendrá el fin. Si el poder de Satanás puede introducirse en el mismo templo de Dios y manipular las cosas a su placer, el tiempo de preparación será alargado. —*Carta 83, del 22 de Mayo de 1896.*

Habrá movimientos falsos y fanáticos en la iglesia, promovidos por individuos que afirman ser guiados por Dios, que corren antes de ser enviados, que asignan día y fecha para el cumplimiento de las profecías que hasta ahora no han sido cumplidas. El enemigo se agrada cuando hacen esto, porque cuando fracasan repetidamente y se dirigen por sendas extraviadas, causan confusión e incredulidad...

Nos estamos acercando al gran día de Dios. Las señales se están cumpliendo, y todavía no tenemos un mensaje que nos diga el día y la hora de la venida de Cristo. El Señor sabiamente nos ha ocultado esto, para que siempre estemos alertas y preparados para la segunda venida de nuestro Señor Jesucristo en las nubes de los cielos.

Debemos investigar las profecías que señalan el comienzo de los eventos que se están cumpliendo rápidamente... y que Cristo nos ha dicho claramente que ocurrirían antes del fin de la historia de este mundo. Debemos vigilar y orar, esperando pacientemente y trabajando fielmente por la salvación de las almas que perecen...

Para que esté más allá de la comprensión del hombre, el día y la hora de la venida de Cristo serán enunciados por labios que dicen la verdad y sólo la verdad. Ni siquiera los ángeles, las inteligencias celestiales, están informados de esto. "Nadie sabe la hora, ni aun los ángeles del cielo, sino sólo mi Padre" (Mateo 24:36). —*Carta 28, del 29 de Julio de 1897.*

En la interpretación del sueño del rey (vea Daniel 2:32-45), Daniel le dijo: "Tú eres esa cabeza de oro". Se le dio el sueño al rey para mostrarle que los reinos terrenales no serán perdurables, sino que sucumbirán y serán seguidos por el reino del Príncipe de los Cielos, que henchirá toda la tierra. —*Carta 90, del 18 de Agosto de 1897.*

Satanás está obrando constantemente para que sea lo más difícil posible establecer el reino de Dios en nuestro mundo. Habrá dificultades que obstruirán la obra de Dios, porque Satanás, a través de su poder ingenioso, usará corazones inconversos para exhibir al mundo el carácter de aquellos que profesan ser el pueblo de Dios, como una piedra de tropiezo. No practican en sus vidas las preciosas verdades que sostienen. Mientras unos avanzan, otros piensan tanto en sí mismos, que no pueden ver lo que se debe hacer en el momento correcto. No hay un espíritu de armonía en sus acciones. Magnifican las dificultades. Pero mientras aquellos que se afanan por llevar a cabo los planes de Dios avanzan, la gran montaña se convierte en una llanura...

Todos los poderes de las tinieblas, representados por la gran montaña, se disiparán cuando el pueblo de Dios avance con la mente de Cristo... La verdad del mensaje del tercer ángel triunfará y aquellos que purifiquen sus almas de toda contaminación, triunfarán con ella. Cuando el agente humano abandone sus propias ideas ambiciosas en cuanto a sí mismo, cuando tenga presente que él está trabajando en la presencia de todo el universo celestial, entonces su piedad será dulce y fragante. No será el tipo de persona que saborea intensamente el placer de sus sentimientos efímeros y atributos propios...

Aquí está la explicación de las ramas de oliva. Ellas reciben el aceite del Espíritu Santo y lo vierten en las almas limpias, puras, santificadas, que están preparadas para recibirlo. Éste es el tipo de aceite que tenían las vírgenes prudentes, un aceite que nadie puede transmitir a otro. Cada individuo debe preparar su alma por sí mismo, por medio de la humildad de corazón, llevando el yugo de Cristo, y aprendiendo de él. —*Carta 108, del 25 de Noviembre de 1898.*

Un gran engaño se apoderará de la mente de los hombres. Estarán de acuerdo con la teoría de la verdad, pero no la aplicarán en su vida. Por consiguiente, no serán uno con Cristo... Nuestro día se caracteriza por la acción intensa de los poderes de las tinieblas, porque el enemigo ve que tiene poco tiempo para trabajar... El Señor desearía que estemos bien despiertos y unidos a Cristo, preparando su verdad para que vaya de nación en nación, hasta que circunde el mundo. La intrepidez de Satanás está poniendo en marcha toda obra maléfica, para neutralizar los esfuerzos del universo celestial. El pueblo de Dios debe cooperar con él y no retardar más la ejecución final de su plan eterno...

Cada alma está individualmente a prueba por su vida. ¿Le ha dado a Dios lo que le corresponde? ¿Ha rendido delante de Dios todo lo que es de él porque fue comprada por él? Todos los que creen que el Señor es su porción en esta vida, estarán dirigidos por él y recibirán la señal, la marca de Dios, que muestra que ellos son la posesión especial de Dios. La justicia de Cristo los precederá, y la gloria del Señor será su retaguardia. El Señor protege a cada ser humano que lleva la señal de Dios. (Éxodo 31:12-17 citado). —*Carta 77, del 1 de Mayo de 1899.*

El mundo pronto ha de ser abandonado por el ángel de la misericordia, y las últimas siete plagas han de ser derramadas... Se aproxima la tormenta. Pronto caerán las saetas de la ira de Dios. Cuando él empiece a castigar a los transgresores, no habrá ningún período de descanso hasta el fin. Él vendrá para castigar a los habitantes del mundo por su iniquidad, y "la tierra descubrirá la sangre derramada sobre ella, y no encubrirá más sus muertos" (Isaías 26:21). Sólo estarán en pie los que estén santificados por medio de la verdad del amor de Dios. Estarán protegidos por Cristo en Dios, hasta que pase la desolación. —*Manuscrito 122, de Agosto, de 1899.*

Se cerca el tiempo cuando se formará una temible *confederación*; una fraternidad establecida por Satanás. Las agencias humanas impías se unirán con fuerzas diabólicas, y todo será imbuido con instigaciones satánicas. Satanás ha descendido con gran poder y trabaja con todo engaño de iniquidad para los que se pierden. Está organizando ahora las huestes que estarán listas para enunciar sus palabras: "¿Quién es como la bestia, y quién podrá luchar contra ella?" (Apocalipsis 13:4). —*Manuscrito 154, del 18 de Noviembre de 1899.*

No se debe permitir que entren en la obra teorías y suposiciones hechas por los hombres... Debemos permitir que los grandes principios del mensaje del tercer ángel, se destaquen en forma clara e inequívoca. Los grandes pilares de nuestra fe soportarán todo el peso que se pueda colocar sobre ellos...

Todos deben tener cuidado de que lo que ellos presentan a la gente sea la verdad. No presenten sus propias fantasías como una verdad bíblica... El enemigo se afana por desviar y trastornar las mentes humanas. Al que lo escuche le presentará ideas extrañas y peculiares que crean una excitación... y lo lleva a exponerlas ante otros con una prueba que él ha deducido. Aquellos que afirman que los ciegos, los sordos, los cojos, los leprosos, no recibirán el sello de Dios, no están siendo impulsados por el Espíritu Santo... Entre sus amados, el Señor tiene muchos afligidos que padecen enfermedades somáticas. A ellos les promete gracia y cuidado especial. Sus pruebas no serán mayores de las que puedan soportar.

Pablo tenía una dolencia física; tenía problemas con la vista. Pensó que por medio de la oración sincera, su impedimento sería quitado. Pero el Señor tenía otro propósito y le dijo a Pablo: "No me hables más sobre este tema. Bástate mi gracia. Yo te capacitaré para que soportes tu enfermedad"...

Hay hombres que viven en este mundo que han pasado los noventa años de edad. En su debilidad se ven los resultados naturales de la vejez. Pero creen en Dios y él los ama. Tienen el sello de Dios y estarán entre aquellos de los cuales el Señor ha dicho: "¡Aquí está la paciencia de los santos, los que guardan los Mandamientos de Dios y la fe de Jesús!" (Apocalipsis 14:12). Podrán decir con Pablo: "He peleado la buena batalla, he acabado la carrera, he guardado la fe. Por lo demás, me está guardada la corona de justicia, que me dará el Señor, Juez justo, en aquel día. Y no sólo a mí, sino también a todos los que aman su venida" (2 Timoteo 4:7-8). Dios honra a muchos ancianos porque han peleado la buena batalla y han guardado la fe.

No hay ninguna necesidad de entrar en controversia con las pobres almas, que piensan que están sirviendo a Dios mientras creen fábulas diabólicas... se me ha mostrado que existen aquellos a quienes se aplican las palabras: "Debiendo ser ya maestros después de tanto tiempo, necesitáis que os enseñen en los primeros rudimentos de la palabra de Dios. Habéis llegado a necesitar leche, y no alimento sólido. Todo el que se nutre de leche, es inexperto en la doctrina de la justificación, porque aún es niño. Por el contrario, el alimento sólido es para los adultos, para los que por la costumbre tienen los sentidos ejercitados para discernir el bien y el mal" (Hebreos 5:12-14).

Si alguna vez alguien tuvo necesidad de dicha instrucción, fueron aquellos que mientras decían trabajar en el ministerio, predicaban el producto de una imaginación pervertida. Hoy, como en los días de Cristo, están surgiendo ideas extrañas y desconocidas...

Hay algunos que necesitan el toque divino del Espíritu Santo en sus corazones. Entonces se sentirán impulsados a dar el mensaje para este tiempo. No irán en busca de indicios humanos para cualquier cosa nueva y extraña. El sábado del cuarto mandamiento es la prueba para este tiempo...

Satanás se complace mucho cuando puede confundir así la mente. No permitan que los ministros prediquen sus propias teorías. Ellos deben escudriñar las Escrituras fervorosamente, comprendiendo con solemnidad que si enseñan por doctrinas cosas que no están escritas en la Palabra de Dios, serán como aquellos que están representados en el último capítulo de Apocalipsis...

Es la túnica blanca de la justicia de Cristo, que permite que el pecador entre ante la presencia de los ángeles celestiales. Su obediencia perfecta a los mandamientos de Dios, le abre las puertas de la Santa Ciudad... En el gran día de Dios, todos los que sean fieles y verdaderos, recibirán el toque sanador del Divino Restaurador. El Dador de la vida quitará toda deformidad y les dará vida eterna.

En la Palabra de Dios, la pregunta no es: "¿Cuál es el color de su cabello o la forma de su cuerpo?" Sino: "¿Su corazón ha sido purificado, limpiado y probado?" —*Carta 207, del 15 de Diciembre de 1899.*

El mundo no hará la obra que Dios le ha encomendado a su pueblo. Él nos pide que estemos bien despiertos, preparando el camino para la segunda venida de Cristo. Esta obra encierra la misión que Cristo les dio a sus discípulos. Él nos ordena: "Clama a voz en cuello, no te detengas. Alza tu voz como trompeta, y anuncia a mi pueblo su rebelión, y a la casa de Jacob su pecado" (Isaías 58:1)...

Pronto viene el tiempo cuando la obra de los juicios de Dios empezará en su santuario. El mismo Dios está trazando ahora la línea de separación. Él dice: "no los miraré con lástima, ni los perdonaré. Volveré el camino de ellos sobre sus cabezas" (Ezequiel 9:10). —*Carta 3, del 1 de Enero de 1900.*

Vístase con toda la armadura de Dios, para que pueda estar en pie contra las acechanzas del maligno. Traiga a la obra un deseo sincero de aprender a sobrellevar sus responsabilidades. Avance con brazos fuertes y corazón valiente hacia el conflicto en el que todos deben entrar; esta batalla se hará más y más dura a medida que nos acerquemos al conflicto final...

El Señor me ha advertido que vendrá el tiempo cuando los hombres, las mujeres y los jóvenes serán imbuidos con el espíritu del último mensaje de misericordia que debe ser dado a nuestro mundo... Recuerde que cuanto más nos acerquemos a la segunda venida de Cristo, más sincera y firmemente se deberá trabajar porque toda la sinagoga de Satanás se nos opondrá a nosotros...

Cuando las denominaciones religiosas se unan con el papado para oprimir a los fieles, los lugares donde existe libertad religiosa serán abiertos por medio de campañas evangélicas. Si en un lugar la opresión se torna severa, haga lo que Cristo le ha dicho: Cuando lo persigan en un lugar, váyase a otro, y si la persecución llega allí, trasládese a otro lugar. Dios conducirá a su pueblo y hará de ellos una bendición en diferentes lugares. Si no fuera por la persecución, el pueblo de Dios no se esparciría para proclamar la verdad. Cristo declara: "Os aseguro que no acabaréis de recorrer las ciudades de Israel, sin que venga el Hijo del Hombre" (Mateo 10:23). —*Manuscrito 18a, de 1901.*

Ahora es demasiado tarde para aferrarse a los tesoros mundanales. Casas y tierras innecesarias pronto no serán de beneficio para nadie, porque la maldición de Dios descansará más y más pesadamente sobre la tierra. Llega la invitación: "Vended lo que poseéis, y dad limosna" (Lucas 12: 33). Este mensaje debería hacerse llegar fielmente a los corazones de la gente, para que la propiedad de Dios les pueda ser devuelta en ofrendas que promuevan su obra en el mundo. —*Carta 177, del 7 de Mayo de 1901.*

No debemos pensar que obtendremos toda la ayuda que necesitamos del mundo conformándonos ligeramente a sus normas, y a pesar de eso continuar siendo adventistas del séptimo día. No puede haber unión entre Dios y Mamón.

A menos que estemos en pie en la elevada plataforma de la verdad eterna, seremos seducidos por la marea de los artificios engañosos que están circundando al mundo. Satanás ha descendido con gran poder para obrar milagros, y a menos que permanezcamos en Cristo, seremos engañados. No solamente el pueblo de Dios tendrá poder para obrar milagros en los últimos días. Satanás y sus emisarios obrarán "con gran poder, señales y prodigios mentirosos, con todo tipo de maldad, que engaña a los que se pierden".

Nuestra fe no está sustentada por el poder de obrar milagros. Debemos confiar en el poder de Dios. Debemos estar en pie en la plataforma de la verdad eterna. Su palabra, la Biblia, es el fundamento de nuestra fe y a menos que sostengamos nuestra fe "por cada palabra que sale de la boca de Dios", seremos engañados por Satanás cuando venga en gloria diciendo ser el Cristo. —*Manuscrito 169A, del 14 de Julio de 1902.*

Los impíos están siendo atados en manojos, atados en consorcios comerciales, en sindicatos o uniones y confederaciones. No tengamos nada que ver con esas organizaciones. Dios es nuestro Soberano, nuestro gobernante, y nos llama a que salgamos del mundo y estemos separados. "Salid de en medio de ellos, y apartaos, dice el Señor. Y no toquéis lo inmundo" (2 Corintios 6: 17). Si rehusamos hacer esto, si continuamos vinculándonos con el mundo y si consideramos cada asunto desde el punto de vista del mundo, llegaremos a ser como el mundo. Cuando los procedimientos del mundo y las ideas del mundo rigen nuestras transacciones, no podemos estar en la elevada y santa plataforma de la verdad eterna.

Dios promete que si nos apartamos del mundo, él nos recibirá y será nuestro Padre y nosotros seremos sus hijos e hijas. ¿No nos apartaremos ahora del mundo, afirmando esta sagrada relación para que cuando nuestro Padre venga pueda reconocernos como sus hijos? —*Manuscrito 71, del 18 de Junio de 1903.*

Los seguidores de Cristo se deben unir en un esfuerzo concentrado, para llamar la atención del mundo a las profecías de la Palabra de Dios que se están cumpliendo rápidamente. La infidelidad se está afianzando fuertemente en las iglesias. Aquellos quienes han recibido gran luz ¿serán ahora fríos y desleales? Un poder infernal está llevando a los hombres a hacer guerra contra la verdad. Los miembros de la iglesia se han confederado con agencias satánicas para invalidar la ley de Dios.

En este momento, tiempo de iniquidad abrumadora, una nueva vida que proviene de la Fuente de vida, debe tomar posesión de aquellos que aman a Dios con todo su corazón y deben salir a proclamar con poder el mensaje de un Salvador crucificado y resucitado.

Los habitantes del mundo se están volviendo rápidamente como los habitantes de Sodoma, que fueron consumidos con fuego del cielo. Los poderes de Satanás están obrando para desviar las mentes de las verdades eternas. El enemigo ha arreglado las cosas para satisfacer sus propósitos. Carreras de caballos, juegos de azar, todo tipo de deportes, la moda. Estas cosas ocupan la mente de los hombres y las mujeres. Una gran procesión marcha en el camino ancho que lleva a la ruina eterna. La iglesia se está convirtiendo al mundo que está lleno de violencia, disturbios y embriaguez. Declara que la ley de Dios, la norma divina de justicia, no es importante...

Satanás ha descendido con gran poder, sabiendo que su tiempo es corto. Se libra la lucha ante la vista plena del universo celestial, y hay ángeles que están listos para levantar un estandarte contra el enemigo, en favor de los acosados soldados de Cristo y de poner en sus labios cantos de victoria y regocijo. —*Manuscrito 38, del 27 de Marzo de 1905.*

El fin de todas las cosas se acerca. Las señales predichas por Cristo se están cumpliendo rápidamente. Las naciones están airadas, y ha llegado el tiempo en que deben ser juzgados los muertos. Nos esperan tiempos tormentosos; no obstante, no pronunciemos ninguna palabra de desaliento o de duda. Recordemos que anunciamos un mensaje de curación, a un mundo lleno de almas enfermas de pecado. —*Carta 191, de 1905.*

El Señor me ha dado luz. En este momento debemos actuar con gran cautela, porque el enemigo está vigilando todos nuestros movimientos. Por momentos he estado lista para tomar decisiones que podrían llamarse agresivas... Pero el Señor ha obrado en favor de su pueblo. Satanás no ha muerto ni está paralítico sino que prepara poco a poco las mentes para que se llenen de su espíritu, para que trabajen de la misma manera como él lo hace contra los que desempeñan responsabilidades en la obra de Dios para estos últimos días. En el futuro las hazañas de Satanás se van a llevar a cabo con más poder que antes. Ha aprendido mucho y está lleno de argucias científicas para anular la obra que está bajo la supervisión de Aquel que fue a la isla de Patmos, con el fin de enseñar a Juan y darle instrucciones para las iglesias.

Los milagros que Cristo realizó, demostraron al mundo la divinidad de su misión. Los judíos no quisieron recibir esta poderosa evidencia, porque las enseñanzas de Cristo no armonizaban con sus ideas preconcebidas, ni exaltaban las entidades humanas que continuamente se estaban ensalzando a sí mismas.

El Señor me ha instruido de que estamos enfrentando la misma incredulidad hoy y que continuaremos enfrentándola, mientras llevemos el último mensaje de misericordia al mundo.

Se empleará toda artimaña ingeniosa; se aprovechará todo método posible con el fin de inducir a los hombres a vivir en el error, para que la verdad no haga la obra que Dios quiere que lleve a cabo, que es a saber preparar a un pueblo, mediante la santificación del Espíritu, para que se mantenga firme como una roca a los principios.

Todos los que creen en la palabra de Dios y la practican, serán una respuesta a la oración de Cristo presentada en Juan 17. Lea todo este capítulo. En él encontrará el plan de redención. Los ángeles de Dios están protegiendo al mundo de la destrucción, porque hay algunos que jamás han oído el mensaje de verdad.

El tema de la falsa ciencia condujo a los judíos a una intensa incredulidad... Cristo vino a este mundo y recibió de manos de los judíos incrédulos aquello que la profecía declaró que recibiría. Los judíos que estaban cumpliendo las profecías del

Antiguo Testamento, no se dieron cuenta que estaban efectuando el plan anunciado...

"Dice, pues, el Señor: Este pueblo se me acerca con su boca, y con sus labios me honra, pero su corazón está lejos de mí, y su temor hacia mí fue enseñado por mandato de hombres. Por tanto, nuevamente excitaré la admiración de este pueblo con un prodigio grande y espantoso; porque perecerá la sabiduría de sus sabios, y se desvanecerá la inteligencia de sus entendidos. Ay de los que se esconden del Eterno, que encubren el consejo y hacen sus obras en tinieblas, y dicen: „¿Quién nos ve, quién nos conoce?" Dais vuelta las cosas al revés. ¿Será la arcilla estimada igual que el alfarero? ¿Dirá la obra a su hacedor: „No me hizo?" ¿Dirá la vasija al alfarero: „No sabe nada?"" (Isaías 29:13-16).

Toda palabra se cumplirá. Hay quienes no humillan sus corazones ante Dios y no obran correctamente. Esconden sus verdaderos propósitos y se relacionan con los ángeles caídos que aman y hacen la mentira. El enemigo pone su espíritu en los hombres a quienes puede usar para engañar a aquellos que están parcialmente en las tinieblas. Algunos se están impregnando con las tinieblas que prevalecen y están cambiando la verdad por el error. Ha llegado el día señalado por la profecía. No comprenden a Jesucristo. Jesucristo es para ellos como una fábula. En esta etapa de la historia de este mundo, muchos actúan como ebrios. "Deteneos y maravillaos; ofuscaos y cegaos; embriagaos, y no de vino; titubead, y no de bebida fuerte. Porque el Eterno derramó sobre vosotros espíritu de sueño, cerró los ojos de vuestros profetas, y cubrió la cabeza de vuestros videntes" (Isaías 29:9, 10). Una embriaguez espiritual está sobre muchos que suponen ser el pueblo que será exaltado. Su fe religiosa es justamente como se representa en esta Escritura. Bajo su influencia, no pueden caminar derecho. Por su modo de obrar, están haciendo senderos torcidos para sus pies. Tambalean de un lado a otro. El Señor los contempla con gran piedad. No han conocido el camino de la verdad. Son maquinadores astutos de la ciencia y aquellos que, debido a su clara visión espiritual, pudieron y debieron ayudar, son engañados y están apoyando una obra maléfica.

Los acontecimientos de estos últimos días, pronto se producirán. Cuando estos engaños espiritistas se manifiesten como lo que realmente son, es a saber, la obra misteriosa de los malos espíritus, los que hayan tomado parte en ellos serán como hombres que han perdido el juicio...

Se me mostró que en nuestra experiencia hemos estado y estamos enfrentando este mismo estado de cosas. Hombres que han tenido gran luz y privilegios extraordinarios, han dado crédito a la palabra de líderes que se creen sabios, que fueron muy favorecidos y bendecidos por el Señor, pero que se han apartado de las manos de Dios y se han ubicado en las filas del enemigo.

El mundo ha de ser abrumado con engaños seductores. La mente humana que acepte estas falacias, influirá sobre otras mentes que han estado cambiando la preciosa evidencia de la verdad de Dios, en mentira. Estos hombres serán engañados por los ángeles caídos, cuando en realidad deberían haber permanecido como fieles guardianes, velando por las almas, como quienes deben rendir cuenta. Han depuesto las armas de su batalla y han seguido a espíritus seductores. Desvirtúan el consejo de Dios y dejan de lado sus advertencias y amonestaciones; y ciertamente están del lado de Satanás, prestando atención a espíritus seductores y doctrinas de demonios.

La embriaguez espiritual, se halla ahora en hombres que no deberían estar tambaleándose, como los que se encuentran bajo el efecto de bebidas alcohólicas. Crímenes y anomalías, fraudes, engaños y negocios deshonestos, saturan al mundo, en conformidad con las enseñanzas del líder que se rebeló en las cortes celestiales.

La historia se repetirá. Podría detallar lo que ocurrirá en un futuro cercano, pero aún no es el tiempo. Por medio de las artimañas, Satanás hará aparecer imitaciones de seres ya muertos, y muchos se asociarán con el que ama y hace mentira. Advierto a nuestro pueblo que incluso entre nosotros, algunos se apartarán de la fe y seguirán a espíritus seductores y doctrinas de demonios, y por ellos la verdad será difamada.

Ocurrirá una obra maravillosa. Los ministros, abogados y médicos, que han permitido que esas falsedades rijan su espíritu de discernimiento, serán ellos mismos engañadores unidos a los engañados. La ebriedad espiritual se apoderará de ellos. A los mayordomos infieles, el Señor dice: Sigan sus deseos y anden ciegos como ebrios pues, después de tener muchas oportunidades y rehusando aprovecharlas, se comportarán finalmente como se comporta el ebrio, desechando su esperanza de vida eterna. Procurando ocultarse profundamente del consejo del Señor y haciendo de las mentiras su refugio, interpretarán erróneamente las amonestaciones y los mensajes que Dios ha enviado, colocando en ellos sus aseveraciones falsas, para anular la Palabra de Dios. Los datos y sugerencias recogidos se guardan en la memoria, para ser usados cuando se crea que pueden causar el mayor efecto. Esto ya ha estado pasando por cierto tiempo. Aquellos que hacen esta obra, tratan de esconder sus ideas de aquellos a quienes dañarían profundamente. Pero el Señor conoce cada movimiento, cada acción. Toda labor secreta de los hombres está abierta a los ojos de Aquél que conoce el corazón.

Algunos que han sido engañados por hombres que ocupan posiciones de responsabilidad, se arrepentirán y se convertirán. Y en nuestro trato con ellos, debemos recordar que nadie que se encuentra en el abismo de las trampas de Satanás, sabe que está allí. (Isaías 29:17-24 citado).

(Isaías 35:1, 2 citado). Se me ha instruido a dirigirle estas palabras de ánimo. Debo amonestar a las almas a estar alegres así como mi corazón se alegra y hablar de esta alegría en la congregación de los santos y que en todo lugar donde sea llevado el precioso evangelio de Jesucristo a aquellos que no conocen la verdad para este tiempo, se cuente de la bondad y el poder de Dios.

Ahora mismo nosotros debemos proclamar la verdad presente con seguridad y poder. No hagan resonar una nota triste, no entonen himnos fúnebres. El mensaje que debe ser proclamado para este tiempo es: "Fortaleced las manos cansadas, afirmad las rodillas débiles. Decid a los de corazón apocado: ¡Ánimo! ¡No temáis! Vuestro Dios viene con venganza, con recompensa. Dios mismo vendrá, y os salvará" (Isaías 35:3, 4).

(Isaías 35:3-10 citado). O ¡qué promesa para todos los que se apartan de las maquinaciones astutas de la ciencia, se aferran del Señor y se identifican con los que creen y se santifican en la verdad! Todas las promesas son para aquellos que han aprendido la verdadera ciencia que se encuentra en la oración de Jesucristo...

La oración de Cristo revela ante la mente inteligente y comprensiva, que ni una mancha de la ciencia satánica puede entrar en la ciudad santa.

Satanás hizo todo lo posible para salir victorioso y ocupar un elevado puesto en las cortes celestiales. ¡Cuán astuta fue su estratagema para ganar la contienda! Él empleó todas sus tretas intrigantes y artificiosas para usar su sapiencia contra Dios y su hijo Jesucristo.

Cuando se me muestran cosas especiales de la ciencia de Satanás y cómo él engañó a los ángeles santos, temo a los hombres que han entrado en el estudio de la ciencia que usó Satanás en la guerra en el cielo. ¡Cuánto agoniza mi corazón cuando veo almas que aceptan los incentivos ofrecidos para unirse con aquellos que batallan contra Dios! Una vez que han aceptado la seducción, parece imposible romper el hechizo que Satanás lanza sobre ellos, porque el enemigo maneja la ciencia del engaño como la manejó en las cortes celestiales. Él ha trabajado tan diligentemente con los hombres en nuestros días, que ha ganado el combate una y otra vez.

Pregunto: ¿Cuál puede ser el desenlace? Una y otra vez hice esta pregunta y siempre he recibido el mismo mandato: "nunca dejes un alma sin advertir". Aquellos que están atados por Satanás, son los más seguros y jactanciosos. Protestarán contra la idea de que están entrampados, empero ésa es la verdad. —*Carta 311, del 30 de Octubre de 1905.*

Satanás está jugando el juego de la vida por las almas de los hombres. Sus ángeles se están mezclando con los hombres y los están instruyendo en los misterios del mal. Estos ángeles caídos atraerán discípulos detrás de sí, hablarán con los hombres y tanto como les sea posible, establecerán principios falsos para guiar a las almas por el sendero del engaño. Estos ángeles se encontrarán en todo el mundo y presentarán cosas maravillosas, que pronto se presentarán con una luz más concluyente. —*Manuscrito 145, del 31 de Octubre de 1905.*

En aquel tiempo se nos presentaba un error tras otro; pastores y maestros introducían nuevas doctrinas. Solíamos escudriñar las Escrituras con mucha oración y el Espíritu Santo revelaba la verdad a nuestra mente. A veces dedicábamos noches enteras a escudriñar las Escrituras y a solicitar fervorosamente la dirección de Dios... El poder de Dios descendía sobre mí y yo recibía capacidad para definir claramente lo que es verdad y lo que es error.

Yo era arrebatada en visión y se me daban explicaciones, y al mostrarme ilustraciones de cosas celestiales y del santuario, fuimos puestos donde la luz brillaba sobre nosotros con rayos claros y definidos.

Todas estas verdades están inmortalizadas en mis escritos. El Señor nunca contradice su Palabra. Los hombres pueden inventar artificio tras artificio, y el enemigo procurará seducir a los creyentes apartándolos de la verdad. Pero todos los que creen que el Señor ha hablado por medio de la hermana White y le ha dado un mensaje, estarán seguros de los muchos engaños que vendrán en estos días finales.

Sé que la cuestión del santuario, tal cual la hemos sostenido durante tantos años, se basa en la justicia y la verdad. Es el enemigo el que desvía las mentes. Él está contento cuando aquellos que conocen la verdad, están absortos seleccionando escrituras para amontonar alrededor de teorías erróneas que no tienen ningún fundamento en la verdad. Así se aplican mal las Escrituras que no fueron transmitidas para respaldar el error, sino para fortalecer la verdad.

Estoy agradecida porque la instrucción contenida en mis libros establece la verdad presente para este tiempo. Estos libros fueron escritos bajo la inspiración del Espíritu Santo. —*Carta 50, del 30 de Enero de 1906.*

Los ángeles malos están esforzándose por nublar la visión de los que guardan los mandamientos, y así oscurecer su comprensión para que no puedan discernir entre la justicia y la injusticia... De alguna manera u otra el enemigo tratará de engañar a todos, aun a los escogidos...

Cuando seamos conducidos por el Señor, tendremos claro discernimiento. No llamaremos justicia a la injusticia, ni pensaremos que es correcto lo que el Señor ha prohibido. Entenderemos el proceder del Señor.

Muchos no han entendido esto. Conozco a algunos que han sido descarriados por el enemigo. Pero Dios desea hacer de vosotros participantes de la naturaleza divina. No quiere que haya un yugo de autoridad humana sobre vuestro cuello, sino que acudáis a Aquel que puede salvar hasta lo sumo, a todos los que se acercan a él en justicia y verdad. No tenemos tiempo para mezclarnos con los asuntos del enemigo, pues estamos muy cerca de la terminación de la historia de esta tierra...

Pronto se promulgarán leyes imponiendo a todos la observancia del primer día de la semana, en lugar del séptimo. Tendremos que enfrentar esta dificultad y hallaremos suficientes problemas, sin despertar antagonismo entre aquellos que profesan guardar los mandamientos de Dios...

Las agencias de Satanás obrarán sobre todas las mentes que estén dispuestas a dejarse influir. Pero hay también agencias celestiales que esperan comunicar los rayos refulgentes de la gloria de Dios, a todos los que estén deseosos de recibirlos. —*Manuscrito 43, del 14 de Marzo de 1908.*

Estimado Hermano Haskell y Señora:

He leído sus cartas y deseo comunicarles lo que he estado meditando anoche cuando leía el capítulo cincuenta y seis de Isaías.

"Así dice el Eterno: „Guardad el derecho, y practicad la justicia; porque mi salvación está a punto de llegar, y mi justicia a punto de manifestarse. Dichoso el hombre que hace esto, el hombre que se aferra a ello, que guarda el sábado sin profanarlo, y se guarda de hacer todo mal"" (Versículos 1, 2). La verdad que se encuentra en la palabra del Señor Dios debe ser nuestra convicción constante.

El Señor declara a través de su profeta: "Reparad, reparad, barred el camino, quitad los tropiezos del camino de mi pueblo" (Isaías 57:14). ¿No es ésta precisamente la obra que el Señor nos ha dado para que hagamos, en relación con los que ven y sienten la importancia de la obra que debe ser hecha en la tierra, a fin de que la verdad triunfe gloriosamente? Todo el que se ocupa en poner obstáculos en la senda de los siervos de Dios, atándolos con restricciones humanas de modo que no puedan seguir la dirección del Espíritu de Dios, está estorbando el avance de la obra de Dios.

El Señor envía el mensaje: "quitad los tropiezos del camino de mi pueblo". Deben hacerse fervientes esfuerzos, para contrarrestar las influencias que han retrasado el mensaje para este tiempo. Debe hacerse una obra solemne en un corto tiempo. "Porque así dice el Excelso y Sublime, el que habita la eternidad, y cuyo nombre es Santo: habito en la altura y en la santidad, y con el quebrantado y humilde de espíritu, para dar vida al espíritu de los humildes, y vivificar el corazón de los quebrantados" (Versículo 15).

Por años, una obra muy extraña ha estado esforzándose por obtener reconocimiento. En todas partes, los hombres se ensalzan a sí mismos y revelan un fuerte deseo de supremacía. Y el Señor ha declarado que, como su mensajera, debo dar mi mensaje y reprender cualquier tarea que consista en poner el yugo de los hombres sobre la cerviz de los discípulos de Cristo.

"Porque no contenderé para siempre, ni para siempre me enojaré, pues decaería ante mí el espíritu y el aliento del hombre que he creado. Por la iniquidad de su codicia me enojé, y lo herí. Escondí mi rostro y me indigné. Pero él siguió por su rebelde camino. Vi sus caminos, y lo sanaré. Lo pastorearé y consolaré, a él y a sus enlutados. Y produciré fruto de labios: Paz, paz al lejano, y paz al cercano, dice el Eterno, y lo sanaré. Pero los impíos son como el mar en tempestad, que no puede estar quieto, y sus aguas arrojan cieno y lodo. No hay paz para los malos, dice mi Dios" (Versículos 16-21).

En Isaías 58-62, se encuentra la verdad presente para el pueblo. Estudie estos capítulos cuidadosamente.

En las visiones de la noche, me encuentro declarando con vehemencia la palabra del Señor a nuestro pueblo. Instando a las iglesias y diciéndoles que el Señor requiere que prestemos atención a todas las advertencias y represiones transmitidas por sus profetas, en el Antiguo y Nuevo Testamentos. Ambos fueron escritos para instruirnos. Deberíamos prestar atención a todas las advertencias.

La vida eterna es lo más valioso y no se la puede pesar ni medir. Se nos ofrece una vida que correrá paralela a la vida de Dios. ¿Por qué, como pueblo de Dios, somos tan faltos de comprensión y tan apáticos? ¿Por qué empleamos mal los grandes tesoros que Dios desea que apreciemos y aceptemos como nuestros? Sería imposible encontrar un lenguaje que pudiera describir el favor que para nuestro bien, se nos ofrece en la Palabra.

Durante la noche me pareció que estaba hablando a diferentes congregaciones con respecto a la aplicación de la verdad y no sin efecto. Repetí estas palabras a la iglesia de Oakland: La iglesia es ahora militante, en un mundo que está en la medianoche de las tinieblas que aumentan más y más. Entonces diferentes personas ofrecieron sus testimonios y surgió la pregunta: ¿Oh Señor, por cuánto tiempo más permanecerá el estupor dentro de la iglesia? Entonces dije: mientras que los elementos humanos dentro de la iglesia no presten atención a los requerimientos de un claro: "así dice el Señor", las voces del fiel pueblo de Dios deben fortalecerse para dar los mensajes solemnes de advertencia. Las obras que deberían caracterizar a la iglesia militante y las obras de la iglesia que ha tenido la luz de la verdad para este tiempo, no concuerdan. El Señor invita a que los miembros de la iglesia se vistan con el hermoso ropaje de la justicia de Cristo. De labios y corazones convertidos, diariamente se deberían escuchar alabanzas, oración y agradecimiento.

Tenemos la responsabilidad de prepararnos para el constante cambio en la población del mundo. Los miembros de la iglesia necesitan orar cada vez más. Debe haber un testimonio vivo que brote de los corazones convertidos. Nuestra suficiencia es de Dios. La iglesia necesita despertar a una comprensión de los sutiles poderes de los agentes satánicos, a los que debe hacer frente. Si se mantienen vestidos con la armadura completa, serán capaces de vencer a todos los adversarios que los enfrenten, algunos de los cuales no se manifiestan todavía.

Las confederaciones aumentan tanto en número como en poder. Estas confederaciones crearán una influencia opositora de la verdad, formarán nuevos grupos de creyentes profesos que obrarán de acuerdo con sus teorías engañosas. La apostasía aumentará. "Algunos apostatarán de la fe, escuchando a espíritus de error y a doctrinas de demonios" (1 Timoteo 4:1). Aquellos que por cuenta propia hayan empezado esta guerra, ejecutarán más y más las obras de Satanás.

Instrumentos satánicos en forma humana, participarán en este último gran conflicto para oponerse al establecimiento del reino de Dios. Y en el campo de lucha habrá también ángeles celestiales con apariencia humana. Los hombres y las mujeres se han unido para oponerse al Señor Dios del cielo; y la iglesia se encuentra despierta a medias solamente a la comprensión de esta situación. Los cristianos profesos deben orar más y realizar un esfuerzo más fervoroso.

Los dos grupos opositores continuarán existiendo hasta que se cierre el gran capítulo final de la historia de este mundo. Los instrumentos satánicos están en cada ciudad. No podemos permitirnos el lujo de estar desprevenidos ni por un solo momento. Los cristianos verdaderos y firmes orarán cada vez más y hablarán menos de asuntos de poca importancia. De sus labios saldrán más y más testimonios definidos, para animar a los débiles y los necesitados. Éste no es un tiempo cuando el pueblo de Dios ha de mostrarse débil. Que todos sean estudiantes diligentes de la Palabra. Debemos ser fuertes en el Señor y en el poder de su fortaleza. No podemos vivir vidas descuidadas y ser al mismo tiempo cristianos genuinos. —*Carta 42, del 21 de Febrero de 1909.*

El Señor me ha dado notables revelaciones con respecto al sufrimiento que su pueblo tendrá que experimentar... Se me ha mostrado que ángeles satánicos en forma de creyentes, trabajarán en nuestras filas

para introducir un fuerte espíritu de incredulidad. No permitan que ni siquiera esto los desanime, antes presenten un corazón fiel para ayudar al Señor contra los poderes de las agencias satánicas.

Estos poderes del mal se reunirán en nuestras asambleas, no para recibir una bendición, sino para contraatacar las influencias del Espíritu de Dios. No acepten ninguna declaración que ellos hagan, antes repitan las ricas promesas de Dios, que son Sí y Amén en Cristo Jesús.

Nunca debemos aceptar palabras que hablen labios humanos para confirmar a los malos ángeles en su obra, sino que debemos repetir las palabras de Cristo. Cristo era el instructor en las asambleas de estos ángeles, antes de que cayeran de su alto estado. —*Carta 46, del 26 de Febrero de 1909.*

Muy pronto la lucha y la opresión de las naciones extranjeras, se producirá con una intensidad que ahora no anticipan... Sus oponentes harán declaraciones acerca de su trabajo, que son falsas. No repitan sus declaraciones, antes bien mantengan sus afirmaciones respecto de la verdad viviente, y los ángeles de Dios abrirán el camino delante de ustedes. Tenemos una gran obra que llevar adelante, y debemos hacerla avanzar de una manera razonable. Nunca nos excitemos ni permitamos que surjan malos sentimientos...

Aquellos que se han apartado de la fe, vendrán a nuestras congregaciones para desviar nuestra atención de la obra que Dios quisiera que se hiciese. No pueden permitirse apartar sus oídos de la verdad a las fábulas. No dejen de tratar de convertir a quien esté hablando palabras de reproche contra su obra, pero que se vea que ustedes están inspirados por el Espíritu de Jesucristo y los ángeles de Dios pondrán en sus labios palabras que llegarán a los corazones de los opositores. Si estos hombres persisten en imponer sus ideas, aquellos de la congregación que tienen una mente sensible comprenderán que su norma es superior. Por lo tanto, hablen de manera que se sepa que Jesucristo está hablando por intermedio de ustedes. —*Manuscrito 21, del 17 de Mayo de 1909.*

El tiempo está pasando rápidamente. Satanás se jacta ante sus agentes malvados que tomará posesión del mundo y los alienta a que trabajen usando todos los medios posibles para lograr su propósito... No pensemos que podemos pasar por este mundo haciendo lo que nos place y no obstante ser aceptados por Dios como seguidores de su Hijo. Las puertas de la ciudad de Dios no se abrirán para los que no han levantado la cruz y seguido a Cristo en renunciamiento y abnegación...

Hay un mundo que salvar. ¿Qué está haciendo usted para cooperar con Cristo?... ¿Está usando sus oportunidades, ventajas y medios para ganar almas para Cristo? Tal vez diga: "Yo no soy pastor. No puedo predicar a la gente". Es posible que a usted no se lo reconozca como un ministro en todo el sentido de la palabra, quizá nunca sea llamado para predicar desde un púlpito, pero puede ser un ministro para Cristo...

Muchos de nosotros hemos descuidado el estudio de las Escrituras. No hemos logrado desarrollar caracteres que Cristo pueda usar... Él nos llama a cumplir individualmente nuestra obra señalada dondequiera que estemos... Deje de lado la lectura irreflexiva y estudie la Palabra de Dios. Memorice sus preciosas promesas, para que cuando seamos despojados de nuestras Biblias todavía poseamos la Palabra de Dios. —*Manuscrito 85, del 21 de Agosto de 1909.*

Los peligros de los últimos días se ciernen sobre nosotros y ahora estamos determinando cuál será nuestro destino eterno. Individualmente debemos forjar caracteres que soporten el juicio y ofrecer en la iglesia a la que asistimos, un ejemplo de fidelidad y consagración.

El ministerio de la Palabra debe preparar a un pueblo para que se mantenga firme en los tiempos de tentación en que vivimos. Los miembros de la iglesia han de colaborar con la obra del ministerio, revelando en sus vidas los principios de la verdad, para que no se pronuncie ninguna palabra, ni se realice acción alguna que conduzca a falsos senderos o cree un estado de cosas que Dios no pueda aprobar.

Me han sido revelados los serios riesgos, de peligro y tentación, que enfrentaremos en estos últimos días. Nuestra única luz y guía en la que podemos confiar en este tiempo, se halla en la Palabra de Dios. Debemos considerarla nuestra consejera y seguir sus instrucciones fielmente, o descubriremos que nos gobiernan nuestros rasgos de carácter; nuestra vida pondrá de manifiesto una obra egoísta que será un obstáculo y no una bendición para nuestros semejantes. Recurramos a la Palabra de Dios en busca de consejos a cada paso, puesto que el yo está siempre dispuesto a luchar por la supremacía.

Los que son guías y maestros del pueblo, deben instruir a los miembros de iglesia en cuanto a cómo trabajar en actividades misioneras, y luego ver cómo avanza la importante obra de proclamar este mensaje, que debe despertar a toda ciudad que no ha recibido la advertencia antes de que venga la crisis cuando, por medio de las artimañas de los agentes satánicos, las puertas ahora abiertas al mensaje del tercer ángel sean cerradas...

Los juicios de Dios están siendo detenidos para que la voz de la verdad pueda ser oída en su sencillez. Que los que toman parte en esta obra sagrada, estén bien despiertos y se empeñen por trabajar en el camino que Dios les ha señalado. Que ninguno establezca inventos humanos, en lugar de los caminos del Señor...

Los justos juicios del Señor y su decisión final, están descendiendo a la tierra. No revoloteen sobre las iglesias para repetir las mismas verdades al pueblo, mientras se abandonan las ciudades en la ignorancia y el pecado, sin que se realice obra en ellas. Pronto el camino será cerrado y estas poblaciones no tendrán ya acceso al mensaje evangélico...

Debemos invertir menos recursos en unos pocos lugares donde ya se ha predicado bastante el mensaje, para que podamos ir a otros lugares donde no se ha dado la advertencia y donde los hombres y mujeres ignoran la gran crisis que se aproxima sobre todos los habitantes de la tierra...

El mensaje de amonestación para este tiempo no se está dando fervientemente en el gran mundo de los negocios. Día tras día los centros de comercio están atestados de hombres y mujeres que necesitan la verdad para este tiempo, pero que no obtienen un conocimiento salvador de sus preciosos principios, porque no se realizan esfuerzos fervientes y perseverantes para llegar a esta clase de gente donde ellos se encuentran...

El mundo se está preparando para la obra final del mensaje del tercer ángel. La verdad se ha de manifestar ahora, con un poder que no se ha conocido durante años. El mensaje de la verdad presente ha de proclamarse en todas partes. Debemos despertarnos para presentar este mensaje a voz en cuello, como está representado en Apocalipsis 14. Corremos el peligro de aceptar la teoría de la verdad, sin aceptar la gran responsabilidad que yace sobre todo aquel que la recibe. Mis hermanos, demuestren su fe por medio de sus obras. El mundo se debe preparar para el fuerte clamor del mensaje del tercer ángel, un mensaje que Dios declara que será abreviado en justicia. —*Manuscrito 61, del 17 de Septiembre de 1909.*

Capítulo 13—El Tiempo Final

Vi que nos espera un tiempo de angustia, cuando una severa necesidad obligará al pueblo de Dios a vivir de pan y agua, pero vi que Dios no requiere que su pueblo viva así ahora. Dios ordena que todos aquellos a quienes él no ha llamado para trabajar especialmente en palabra y doctrina, deberían trabajar con sus manos en cosas buenas para así suplir sus propias necesidades y tener lo necesario para dar a otros... Pero en el tiempo de angustia, nadie trabajará con sus manos. Sus sufrimientos serán mentales y Dios les proveerá de alimento. —*Manuscrito 2, de 1858.*

Juan vio en visión (en Apocalipsis 7), cuatro ángeles poderosos que retenían los cuatro vientos para que no soplasen sobre la tierra, hasta que los siervos de Dios fuesen sellados en sus frentes. Una vez terminada esta obra, se llamará a los ministros de venganza y se les ordenará derramar tempestades, truenos, pestes y calamidades sobre la tierra. —*Carta 38, del 28 de Marzo de 1886.*

La crisis está precisamente frente a nosotros, cuando todos desearán la fortaleza y el poder de Dios, para estar en pie contra las asechanzas del diablo que se introducirán de cualquier forma imaginable. Aquellos que se han permitido ser presa de las tentaciones de Satanás, no estarán preparados para adoptar una postura correcta... Necesitamos vivir muy cerca de Jesús, para discernir lo auténtico de lo espurio...

Cristo viene pronto. ¿Lo encontrará preparado y esperándolo? Las lámparas nupciales deben mantenerse adornadas y ardiendo. Las ruedas de su carroza se han demorado por su gran longanimidad hacia nosotros, pues no desea que nadie perezca sino que todos procedan al arrepentimiento y tengan vida eterna. Cuando estemos con los redimidos, en pie sobre el mar de vidrio, con las arpas de Dios y las coronas de gloria y estemos frente a una eternidad inconmensurable, veremos entonces cuán corto fue el tiempo de angustia y de espera. —*Carta 21, del 9 de Julio de 1886.*

Cómo entró el pecado en nuestro mundo es un misterio. Si uno pudiera comprender cómo se originó ya no sería pecado. No hay excusa para el pecado. Ni siquiera hay una insinuación del porqué de su existencia...

El hombre de pecado es el poder que dice tener derecho de cambiar los tiempos y la ley. Pero, ¿tiene en verdad ese poder? No, porque la ley de Dios está escrita en tablas de piedra, esculpida allí con su propio dedo y está en el templo de Dios en el cielo; y esa gran norma moral será el criterio que juzgará a cada ser humano sobre la faz de la tierra, tanto muertos como vivos...

Cuando él (Cristo) venga por segunda vez, no llevará la corona de espinas, no tendrá esa vieja túnica de color púrpura sobre su cuerpo divino. Las voces no clamarán: ¡Crucifícalo! ¡Crucifícalo! Las huestes angélicas y aquellos que lo esperan exclamarán: ¡Digno, digno, digno es el Cordero, que fue inmolado, el divino Vencedor! En lugar de una corona de espinas, llevará una corona de gloria. En lugar de aquel viejo manto de grana que le pusieron los que lo escarnecieron, llevará un manto más blanco que el blanco más blanco. Y esas manos traspasadas con los crueles clavos, brillarán como el oro. Sus ojos serán como llamas de fuego escudriñando su creación; los justos muertos se levantarán de sus tumbas y los que estén vivos y hayan quedado, serán arrebatados con ellos para encontrarse con el Señor en el aire y así estarán siempre con el Señor. Oirán la voz de Jesús, más dulce que ninguna música que hayan sentido alguna vez los oídos mortales, diciéndoles: „Vuestra guerra ha terminado. Venid, benditos de mi padre, heredad el reino preparado para vosotros desde la fundación del mundo"".

Al mismo tiempo que casi todo el mundo esté invalidando la ley de Jehová, él tendrá un pueblo que guardará su ley... él requiere obediencia de todos. La gente está dispuesta a aceptar todas las ideas falsas que se propugnan contra Dios y su ley, ya que la mente mortal prefiere las fábulas en vez de la verdad de Dios. Prefiere algo que sea más fácil que tener que resistir el mal y ser obediente a las exigencias de Dios...

Así como Cristo se negó a sí mismo y se sacrificó a cada instante, nosotros también debemos hacerlo si queremos sentarnos con él en su trono. Y luego ¿qué recibiremos? La vida eterna, un eterno peso de gloria. Las calles son de oro puro, transparente como vidrio; y allí está el árbol de la vida, cuyas hojas son para la sanidad de las naciones. Todo es bello. Allí no hay enfermedad, tristeza, dolor ni muerte. Nuestra vida allí será semejante a la vida de Dios. —*Manuscrito 11, del 25 de Julio de 1886.*

Cuando la verdad que apreciamos fue reconocida por primera vez como verdad bíblica, ¡cuán extraña parecía y cuán fuerte era la oposición que tuvimos que afrontar al presentarla a la gente al principio, pero cuán fervientes y sinceros eran los obreros obedientes que amaban la verdad! Éramos realmente un pueblo peculiar. Éramos pocos en número, sin riqueza, sin sabiduría ni honores mundanales, pero creíamos en Dios y éramos fuertes y teníamos éxito, aterrorizando a los que obraban mal. Nuestro amor mutuo era firme y no se conmovía fácilmente. Entonces el poder de Dios se manifestaba entre nosotros: los enfermos eran sanados y había mucha calma y gozo santo y dulce.

Pero mientras la luz ha continuado aumentando, la iglesia no ha avanzado proporcionalmente. El oro puro se ha empañado gradualmente, y la muerte y el formalismo han venido a trabar las energías de la iglesia. Sus abundantes privilegios y oportunidades no han impulsado al pueblo de Dios hacia adelante y hacia arriba, hacia la pureza y la santidad. Un fiel aprovechamiento de los talentos que Dios le ha confiado, aumentaría grandemente estos talentos. Donde mucho ha sido dado, mucho será pedido. Los que aceptan fielmente y aprecian la luz que Dios nos ha dado, y toman una decisión elevada y noble, con abnegación y sacrificio, serán conductos de luz para el mundo. Los que no avancen, retrocederán, aun en los mismos umbrales de la Canaán celestial. —*Carta 53, de 1887.*

La vista de Jesús, al mirar a través de las edades, se fijó en nuestro tiempo cuando dijo: "¡Si también tú conocieses, a lo menos en este tu día, lo que es para tu paz!" Este es aún tu día, oh iglesia de Dios, él te ha hecho la depositaria de su ley. Este día de oportunidad y gracia está llegando a su fin. El sol se está ocultando rápidamente. ¿Es posible que se esté ocultando y tú no conozcas "lo que es para tu paz"? ¿Habrá de pronunciarse la irrevocable sentencia, "mas ahora está encubierto de tus ojos"? (Versículo 42). —*Carta 58, de 1887.*

La Palabra de Dios declara claramente que su ley será desdeñada y pisoteada por todo el mundo. Habrá un predominio descollante de la iniquidad. El profeso mundo cristiano formará una confederación con el hombre de pecado, y la iglesia y el mundo estarán en corrupta armonía. Una gran crisis está sobreviniendo al mundo. Las Escrituras declaran que el papado recuperará su supremacía perdida, y que los fuegos de persecución se volverán a encender, a través de las concesiones transigentes del llamado mundo protestante. En este tiempo de peligro, podemos permanecer fieles sólo si tenemos la verdad y el poder de Dios. Los hombres sólo pueden conocer la verdad siendo partícipes de la naturaleza divina. Ahora necesitamos más que sabiduría humana, al leer e investigar las Escrituras y, si con corazones humildes nos acercamos a la Palabra de Dios, él levantará en alto un estandarte contra los elementos desenfrenados...

Porque no hay persecución, han entrado en nuestras filas hombres elocuentes de un cristianismo aparentemente incuestionable, pero quienes, si se levantara una persecución, se apartarían de nosotros porque frente a la crisis darían empuje a razones especiosas que han tenido una influencia en sus mentes. Satanás ha preparado diferentes trampas para mentes diferentes.

Cuando se invalide la ley de Dios, la iglesia será zarandeada por tremendas pruebas y una proporción mayor de la que ahora anticipamos, prestará atención a espíritus seductores y doctrinas de demonios. En vez de fortalecerse al enfrentar dificultades, muchos demuestran que no son ramas vivas de la Vid Verdadera, no llevan fruto y el agricultor las quitará. Pero cuando los poderes de iniquidad traten de invalidar la ley de Dios ¿cuál será el efecto sobre los que son verdaderamente obedientes y leales? ¿Se dejarán llevar por la fuerte corriente del mal? Porque muchos se alistan bajo el estandarte del príncipe de las tinieblas, ¿se desviará de su obediencia el pueblo que guarda los mandamientos de Dios? ¡Nunca! Ninguno que permanezca en Cristo fallará ni se desmoronará. Sus seguidores no se postrarán en obediencia a ningún potentado terrenal.

Mientras que el menosprecio a los mandamientos de Dios, hace que muchos supriman la verdad y demuestren menos reverencia hacia ellos, la falta de respeto hacia la ley de Jehová hace que los fieles eleven sus verdades distintivas con mayor ahínco...

Hay razones sobresalientes para respetar el verdadero sábado, para defenderlo y oponernos al falso, porque es la señal que distingue al pueblo de Dios, del mundo. Por la misma razón que el mundo invalida el mandamiento, el pueblo de Dios le dará mayor honra. Cuando los incrédulos menosprecien la Palabra de Dios aparecerán los que, como Caleb, serán fieles. Entonces estarán firmes en el puesto del deber, sin ostentación y sin desviarse a causa del reproche... El Salmista dice: "Es tiempo de que actúes, oh Señor, porque han invalidado tu Ley. Por eso he amado tus Mandamientos más que el oro, más que el oro muy puro" (Salmos 119:126, 127).

Es justo el momento en que se debe presentar el verdadero sábado ante las personas, tanto por la pluma como por la voz. Mientras se ignora y se desprecia el cuarto mandamiento del Decálogo y a los que lo observan, los pocos fieles saben que no es tiempo de esconderse, sino de exaltar la ley de Jehová desplegando el estandarte en el cual está inscrito el mensaje del tercer ángel: "¡Aquí está la paciencia de los santos, los que guardan los Mandamientos de Dios y la fe de Jesús!" (Apocalipsis 14:12).

Aunque llegará el momento en que sólo podremos contender a costa de la pérdida de bienes y de la libertad, aún así, tendremos que enfrentar el conflicto con un espíritu de humildad y con la mansedumbre de Cristo. La verdad debe ser afirmada y defendida como está en Jesús. La riqueza, la honra, la comodidad, las casas, todo lo demás debe ser de secundaria importancia. No se debe esconder la verdad, no se la debe negar ni ocultar, sino debe ser totalmente aceptada y audazmente proclamada...

El Señor le permitió al enemigo de la verdad, que hiciera un esfuerzo determinado contra el sábado del cuarto mandamiento. Su plan es despertar por este medio, un definido interés en esa cuestión que será la prueba para las personas que estén viviendo en estos últimos días. Esto abrirá el camino para que se proclame el mensaje del tercer ángel con poder...

Si en la tierra que se jacta de su libertad, un gobierno protestante se prepara para sacrificar los principios de su constitución y promulgar decretos para suprimir la libertad religiosa, y forzar falsedades y engaños papales, entonces el pueblo de Dios con fe, debe presentar sus peticiones al Altísimo. Hay aliento en las promesas de Dios para aquellos que ponen su confianza en él.

La perspectiva de tener que enfrentar peligros personales no debe causarnos desaliento, sino que debe reanimar el vigor y las esperanzas del pueblo de Dios, porque el momento de peligro es la oportunidad en que Dios puede concederles manifestaciones más claras de su poder.

No debemos sentarnos de brazos cruzados esperando tranquilamente la opresión y la tribulación, sin hacer algo para evitar el mal. Asciendan juntos nuestros clamores al cielo. Oren y trabajen, y trabajen y oren. Pero no se apresuren imprudentemente. Aprendan como nunca antes, que todos los que en verdad guardan los mandamientos de Dios deben ser mansos y humildes de corazón... A veces deben decirse cosas hirientes, pero esté seguro que el Espíritu Santo reside en su corazón antes de hablar la verdad clara y cortante, entonces deje que ésta corte a su manera. No es usted el que debe cortar.

No debe haber ninguna clase de componenda con los que invalidan la ley de Dios. No es seguro confiar en ellos como consejeros. Nuestro testimonio no debe ser menos decidido que antes; no debemos velar nuestra posición real a fin de agradar a los grandes hombres del mundo. Pueden desear que nos unamos a ellos y que aceptemos sus planes, y pueden realizar propuestas concernientes a nuestra conducta, que podrían proporcionar al enemigo una ventaja sobre nosotros. "No llaméis conspiración a todas las cosas que este pueblo llama conspiración; ni temáis lo que ellos temen, ni tengáis miedo" (Isaías 8: 12). Si bien es cierto que no deberíamos buscar la polémica y no deberíamos ofender innecesariamente. Debemos presentar la verdad con claridad y decisión, y permanecer firmes en lo que Dios nos ha enseñado en su Palabra. No tienen que mirar hacia el mundo a fin de saber lo que deben escribir y publicar, o lo que deben hablar. Que todas sus palabras y acciones testifiquen: "Porque no fuimos seguidores alucinados de fábulas ingeniosas... Además, tenemos la palabra profética aún más segura, a la que hacéis bien en estar atentos, como a una antorcha que alumbra en lugar oscuro" (2 Pedro 1: 16, 19).

El Señor ha permitido que las cosas lleguen a una crisis en nuestros días, que el error sea exaltado por encima de la verdad para que él, el Dios de Israel, pueda obrar poderosamente ennobleciendo más su verdad en proporción al error exaltado. Con su mirada fija en la iglesia, el Señor ha permitido que las cosas lleguen a una crisis una y otra vez, para que en su extrema necesidad el pueblo busque solamente a Dios como su sabiduría y su ayuda. En momentos de aprieto, sus oraciones, su fe, junto con la firme determinación de ser fieles a los principios y a los mandamientos santos del Señor, hacen que Dios interfiera y entonces cumple su promesa: "Entonces invocarás, y el Señor te oirá. Clamarás, y él te dirá: „Aquí estoy". Si quitas de en medio de ti todo yugo, el dedo acusador, y el hablar malicioso" (Isaías 58:9).

Dios reserva su intervención misericordiosa para el tiempo cuando sus hijos se encuentren en necesidad extrema; con eso logra que su liberación sea más notable y sus victorias más gloriosas. Cuando fracasa toda sabiduría humana, se reconoce con más claridad la intervención del Señor y él recibe la gloria que le pertenece. Hasta los enemigos de nuestra fe, los perseguidores, perciben que Dios obra para librar a su pueblo del cautiverio. —*Carta 3, de 1890.*

Cuando Cristo venga por segunda vez, el mundo entero estará representado por dos grupos: los justos e injustos, los píos e impíos. Anticipando la gran señal de la venida del Hijo del Hombre, habrá señales y prodigios en los cielos... Habrá mayores crímenes que los que se hayan registrado hasta ahora. Habrá lamentación, lloro y gemidos...

Ya han caído algunas gotas de la ira de Dios sobre la tierra y el mar, afectando los elementos del aire. Pero en vano se busca la causa de estas condiciones extrañas.

Dios no ha impedido que los poderes de las tinieblas hagan su obra mortífera de viciar el aire, una de las fuentes de vida y alimento, con elementos mortíferos. No sólo ha sido afectada la vida vegetal, sino que el hombre mismo sufre de pestilencia...

Estas cosas son el resultado de gotas de las copas de la ira de Dios que caen sobre la tierra, y son pálidas representaciones de lo que acontecerá en el futuro cercano. Se han sentido terremotos en varios lugares, pero la confusión ha sido muy limitada... Vendrán terribles temblores sobre la tierra y los palacios señoriales, erigidos con grandes sacrificios, ciertamente se volverán montones de ruinas. La corteza de la tierra será rasgada por el ímpetu de los elementos ocultos debajo de las entrañas de la tierra. Estos elementos dispersos, barrerán los tesoros de aquellos que durante años han estado agregando a su riqueza, adquiriendo grandes posesiones, pagando a sus empleados salarios inhumanamente bajos. Y el mundo religioso también será tremendamente agitado, porque el fin de todas las cosas se acerca...

Toda la sociedad está clasificada en dos grandes clases: los obedientes y los desobedientes. ¿En cuál de esas clases seremos hallados?

Los que guardan los mandamientos de Dios, los que viven no sólo de pan sino de toda palabra que sale de la boca de Dios, componen la iglesia del Dios viviente. Los que prefieren seguir al anticristo, son súbditos del gran apóstata. Alineados bajo la bandera de Satanás, quebrantan la ley de Dios e inducen a otros a quebrantarla...

Satanás distrae las mentes con cuestiones baladíes, de modo que no tengan una visión clara y distinta de los asuntos de gran importancia. El enemigo hace planes para entrampar al mundo..

El llamado mundo cristiano será el teatro de acciones grandes y decisivas. Hombres en posiciones de autoridad pondrán en vigencia leyes para controlar la conciencia, según el ejemplo del papado. Babilonia hará que todas las naciones beban del vino del furor de su fornicación. Toda nación se verá envuelta. Acerca de ese tiempo, Juan el revelador declara: "Porque todas las naciones han bebido del vino del furor de su fornicación. Los reyes de la tierra han fornicado con ella, y los mercaderes de la tierra se han enriquecido con su excesiva lujuria".

Y oí otra voz del cielo que decía: "¡Salid de ella, pueblo mío, para que no participéis de sus pecados, y no recibáis de sus plagas! Porque sus pecados se han amontonado hasta el cielo, y Dios se acordó de sus maldades. Dadle como ella os dio, pagadle el doble de lo que ha hecho. En la copa que ella os dio a beber, dadle a beber el doble. Cuanto se glorificó y vivió en deleites, tanto dadle de tormento y llanto. Porque dice en su corazón: "Estoy sentada como reina. No soy viuda, ni veré llanto"" (Apocalipsis 18:3-7).

Éstos tienen un mismo propósito, y darán su poder y autoridad a la bestia. Pelearán contra el Cordero, pero el Cordero los vencerá, porque es Señor de señores, Rey de reyes; y los que están con él son llamados, elegidos y fieles" (Apocalipsis 17:13, 14).

"Éstos tienen un mismo propósito". Habrá un vínculo de unión universal, una gran armonía, una confederación de las fuerzas de Satanás. "Y entregarán su poder y su autoridad a la bestia". Así se manifiesta el mismo poder opresivo y autoritario contra la libertad religiosa, contra la libertad de adorar a Dios de acuerdo con los dictados de la conciencia, como lo manifestó el papado cuando en lo pasado, persiguió a los que se atrevieron a no conformarse con los ritos religiosos y las ceremonias de los romanistas.

En la guerra que se librará en los últimos días estarán unidos, en oposición al pueblo de Dios, todos los poderes corruptos que han apostatado de su lealtad a la ley de Jehová. En esta guerra, el sábado del cuarto mandamiento será el gran punto en discusión, pues en el mandamiento del sábado, el gran Legislador se identifica a sí mismo como el Creador de los cielos y la tierra...

En Apocalipsis 13:13-17 leemos acerca de Satanás: "Realizaba grandes señales, hasta hacía descender fuego del cielo a la tierra ante los hombres. Con las señales que se le permitió realizar en presencia de la primera bestia, engaña a los habitantes de la tierra, y les manda que hagan una imagen de la bestia que tuvo la herida de espada y vivió. Se le permitió infundir aliento a la imagen de la primera bestia, para que la imagen pudiera hablar y dar muerte a todo el que no adore a la imagen de la bestia. Y ordenaba que a todos, pequeños y grandes, ricos y pobres, libres y siervos, se les ponga una marca en la mano derecha o en la frente. Y que ninguno pueda comprar ni vender, sino el que tenga la marca o el nombre de la bestia, o el número de su nombre".

"Miré, y vi al Cordero en pie sobre el monte Sión, y con él, 144.000 que tenían el Nombre del Cordero y el nombre de su Padre escrito en sus frentes. Y oí una voz del cielo como el estruendo de muchas aguas, como el estampido de un gran trueno. Sin embargo, fue el sonido de arpistas que tañían sus arpas. Cantaban un canto nuevo ante el trono, ante los cuatro seres vivientes y ante los ancianos. Y ninguno podía aprender ese canto sino los 144.000 que fueron redimidos de entre los de la tierra. Estos son los que no se contaminaron con mujeres, porque son vírgenes. Estos son los que siguen al Cordero por dondequiera que va. Estos fueron comprados de entre los hombres por primicias para Dios y para el Cordero. Y en sus bocas no se halló engaño, porque son sin mancha" (Apocalipsis 14:1-5).

"Y vi salir de la boca del dragón, de la boca de la bestia, y de la boca del falso profeta, tres espíritus impuros como ranas, que son espíritus de demonios, que hacen señales, y van a los reyes de todo el mundo, para reunirlos para la batalla de aquel gran día del Dios Todopoderoso. „Mirad que vengo como ladrón. ¡Dichoso el que vela y guarda su ropa, para que no ande desnudo y vean su vergüenza!"" (Apocalipsis 16:13-15).

Todas las cosas de la naturaleza y del mundo, en general están cargadas de intensa formalidad. Satanás, con la cooperación de sus ángeles y los hombres malvados, desplegará todo esfuerzo posible para obtener la victoria y parecerá estar teniendo éxito. Pero la verdad y la justicia saldrán de este conflicto, coronadas de triunfante victoria. Los que han creído en una mentira serán derrotados, porque los días de la apostasía habrán terminado. —*Manuscrito 24, de Enero de 1891.*

No habrá tiempo de gracia después de la venida del Señor. Los que dicen que lo habrá, están engañados y extraviados. Antes que Cristo venga, existirá un estado de cosas como el que existió antes del diluvio. Y después que el Salvador aparezca en las nubes del cielo, a nadie se le dará otra oportunidad para obtener la salvación. Todos habrán hecho su decisión.

Antes del cierre de la historia de este mundo, se quitará el oscuro velo de las mentes de los que hayan estado dispuestos a aceptar la prueba. Cuando el mundo entero esté iluminado por la gloria del ángel que desciende del cielo, los corazones serán purificados al aceptar a Cristo.

Las iglesias se están convirtiendo rápidamente al mundo. Tienen música sublime y decoraciones espléndidas, pero son árboles infructuosos y no llevan nada más que hojas. Como el Señor desenmascaró a la higuera, así desenmascarará a esos hipócritas pretenciosos...

Ha llegado el tiempo en que se hará todo tipo de engaño: "Guardaos de los falsos profetas, que vienen a vosotros con vestidos de ovejas". Es posible que hablen palabras hermosas, pero todo el tiempo están tratando de ver cómo pueden conseguir ganancia para sí mismos. Están llenos de egoísmo y contrarrestan los propósitos de Dios, malversando sus bienes. El Salvador declara: "Por sus frutos los conoceréis" (Mateo 7:15, 16). —*Carta 45, del 28 de Diciembre de 1891.*

Cristo ha hecho al hombre libre, pero el opresor está tratando de esclavizar su conciencia. La persecución vendrá en forma más decidida y decisiva sobre el pueblo de Dios, porque los píos buscan la justicia y la santidad, mientras que los desobedientes están en pecado. Los que aman el pecado no escogen el camino y la voluntad de Dios y los que obedecen, por su carácter y conducta, son un constante reproche para el pecador. Cuando la verdad encuentra acceso en el corazón, debe avanzar paso a paso... Entonces se produce el choque. Entonces surge la contienda y, si por medio de la obediencia a los mandamientos de Dios se ha sometido el corazón a Jesús, hay una agresividad escrupulosa, el error se levanta para condenar la verdad, y la verdad fundada firmemente sobre los principios que Dios ha establecido, se opone fuertemente contra el error. Esto sucede en todo el mundo. Los hombres solamente podrán estar firmes en el conflicto, si están arraigados y cimentados en Cristo. Deben recibir la verdad como está en Jesús... Se está por terminar el tiempo de gracia...

Cuando los Estados Unidos, el país de la libertad religiosa, se una con el papado para forzar la conciencia y obligar a los hombres a honrar el falso día de reposo, los habitantes de todo país del globo, se verán inducidos a seguir su ejemplo...

Toda la tierra será iluminada con la gloria de la verdad. El Señor no cerrará el tiempo de gracia hasta que el mensaje haya sido más claramente proclamado. Hay que dar un sonido certero a la trompeta. La ley de Dios ha de ser magnificada. Sus requerimientos han de ser presentados en su verdadero carácter sagrado, para que la gente se vea obligada a decidir en pro o en contra de la verdad. Sin embargo, la obra será abreviada en justicia. El mensaje de la justicia de Cristo, ha de sonar de un extremo de la tierra hasta el otro para preparar el camino del Señor. Esta es la gloria de Dios que concluye la obra del tercer ángel...

Usted ha esperado por mucho tiempo los maravillosos y sorprendentes eventos que ocurrirán justamente antes de la venida del Hijo del hombre en las nubes de los cielos, con gran poder y gloria. Ahora pregunto ¿está usted preparado para dar un sonido certero a la trompeta?...

El Señor viene. Las escenas de la historia de este mundo están concluyendo rápidamente, y nuestra obra no se ha terminado. Hemos estado esperando ansiosamente la cooperación de los agentes humanos para adelantar la obra. Todo el cielo, por así decirlo, espera con impaciencia que los hombres cooperen con las agencias divinas para la salvación de las almas. —*Carta 2c, de 1892.*

Al desarrollar su carácter, los hombres y mujeres tomarán sus posiciones; porque las diferentes circunstancias que tendrán que enfrentar harán que se revele el espíritu que los incita a la acción. Todos revelaremos el carácter de la gavilla con la cual nos estamos ligando. El trigo se está conectando con el granero celestial... El verdadero pueblo de Dios se está distanciando ahora, y la cizaña está siendo atada en manojos para ser quemada. Se tomarán posiciones definidas...

Satanás obrará con su poder magistral para separar a las almas de Dios. En todos los puestos de combate, escuchamos diferentes voces para desviar nuestra atención del verdadero asunto en cuestión para este tiempo. El fin está cerca, no permita que haya una confusión de voces para desviar y desencaminar a muchos. Decir "Paz, paz", a estas almas que han resistido la voz del Verdadero Pastor y que por mucho tiempo han contendido contra la Omnipotencia, es tranquilizar sus conciencias al sueño de la muerte. ¿Ignorará el hombre en su orgullo sus propios intereses, albergando pensamientos o haciendo cosas que estén en oposición a la mente y el espíritu de Dios? Dios se ha dignado mostrarme que los hombres que deberían haber distinguido la voz del verdadero Pastor, debido a la obstinación de su naturaleza humana, estarán prestos a aceptar la voz de un extraño y seguir por caminos prohibidos e inseguros...

Antes que venga al mundo el tiempo de angustia cual nunca hubo desde que fue nación, aquellos que han vacilado y que ignorantemente han llevado a otros por caminos inseguros, lo exteriorizarán al enfrentar la verdadera prueba vital; esa será la última prueba, de manera que no importa lo que digan no estarán proclamando al verdadero Pastor. —*Carta 12, del 22 de Agosto de 1892.*

Satanás está trabajando desde las profundidades, para estimular a los poderes diabólicos de su confederación de maldad, en contra de los justos. Imbuye a los agentes humanos de sus propios atributos. Los ángeles malos unidos a los hombres impíos, realizarán el máximo esfuerzo para atormentar, perseguir y destruir. Pero el Señor Dios de Israel, no abandonará a los que confíen en él. En medio de la intensificación de la infidelidad y la apostasía, en medio de una luz fingida que es la más ciega presunción y engaño, la luz del Santuario celestial brillará sobre el pueblo de Dios. Su verdad triunfará...

Cada persona estará en formación, dispuesta para la batalla, bajo una de las dos banderas. Los escogidos y fieles se colocarán bajo el estandarte ensangrentado del Príncipe Emanuel, y todos los demás bajo el de Satanás. Los que estén de su lado, se unirán a él para honrar el falso día de reposo, rindiendo así homenaje al hombre de pecado, quien se ha exaltado a sí mismo por encima de todo lo que se denomina Dios, y ha pensado en cambiar los tiempos y la ley. Hollaron la ley de Jehová y forjaron otras para obligar a todos a adorar el sábado espurio, el ídolo que ensalzaron. Pero el día de la liberación de los hijos de Dios no está muy lejos...

Los que permanezcan de pie en defensa de la verdad, atraerán sobre sí la aversión, la crítica y la oposición decidida de parientes y profesos amigos. Estarán sujetos al ridículo. Toda oposición y persecución; ya sea en su forma más apacible o más terrible, es sólo el despliegue de un principio que se originó con el primer gran rebelde en el cielo. Mientras Satanás exista, esta obra continuará.

A medida que nos acerquemos al tiempo del fin, los elementos antagónicos obrarán de la misma forma que en el pasado. Toda alma será probada. La persecución manifestará bajo qué estandarte ha escogido estar cada individuo. Mientras exista el pecado, nunca cesará la ofensa de la cruz. Satanás tiene un millar de ataques disfrazados que serán lanzados contra el pueblo leal de Dios, que guarda los mandamientos, para obligarlos a violar su conciencia. Los seguidores de Cristo deben saber que han de tropezar con el desprecio. Serán vilipendiados. Sus palabras y su fe serán tergiversadas. Es posible que la frialdad y el desdén sean más difíciles de soportar que el martirio. Para muchos será más difícil soportar la burla de los demás, que ser atravesados por una espada.

Pero nosotros debemos estar firmes por la verdad, no devolviendo mal por mal, ni maldición por maldición; sino por el contrario, bendiciendo. Los padres se volverán bruscamente en contra de sus hijos que acepten la verdad odiada. Los que sirven a Dios conscientemente serán acusados de rebelión. Las propiedades legadas a hijos u otros parientes que creen la verdad presente, serán entregadas en manos de otros. Los tutores despojarán a los huérfanos y a las viudas de lo que les pertenece. Aquellos que se aparten de lo malo, llegarán a ser víctimas porque se promulgarán leyes para forzar la conciencia. Los hombres se apoderarán de propiedades a las cuales no tienen ningún derecho. En un futuro cercano se confirmarán las palabras del apóstol: "Pero los malos hombres y los engañadores, irán de mal en peor, engañando y siendo engañados" (2 Timoteo 3:13). —*Carta 30a, del 6 de Septiembre de 1892.*

Cuando nos acerquemos al tiempo del fin, Satanás descenderá con gran poder, sabiendo que tiene poco tiempo. Sobre todo, ejercerá su poder sobre el remanente. Hará guerra contra ellos y tratará de dividirlos y esparcirlos, para debilitarlos y derrotarlos. El pueblo de Dios debe actuar con astucia y estar unido en sus esfuerzos. Deben expresar el mismo pensamiento, la misma discreción; entonces no serán esparcidos en sus esfuerzos, sino que de manera drástica harán resaltar la causa de la verdad presente. Debe haber orden y deben estar unidos en mantenerlo, o Satanás tomará ventaja. Vi que el enemigo, por todos los medios posibles, tratará de descorazonar al pueblo de Dios y dejarlo perplejo y preocupado, y que deben actuar sabiamente y prepararse para los ataques de Satanás. —*Carta 32, del 19 de Diciembre de 1892.*

Los poderes de Satanás son tan poderosos para engañar y seducir y sus engaños tan numerosos, que los centinelas deben dar un sonido certero a la trompeta. No puede haber ninguna desviación de la luz que Dios nos da en este momento. Ahora la luz está brillando constantemente sobre muchos, y es justo lo que necesitan para este tiempo. Aunque la providencia de Dios ciertamente está obrando para manejar la crisis, en las escenas finales de la historia de este mundo, el poder del Espíritu Santo obrará para animar los corazones de los hombres, para que estén firmes y unidos en el puesto del deber. "Por lo demás, hermanos míos, fortaleceos en el Señor y en el poder de su fuerza" (Efesios 6:10). Esto siempre fue apropiado para el pueblo de Dios durante todas las edades, pero cuánto más ahora que la iglesia remanente tiene que enfrentar la obra magistral de las tinieblas más constante y poderosa para estos tiempos. Las palabras del apóstol siguen resonando ahora: "Vestíos de toda la armadura de Dios, para que podáis estar firmes contra las artimañas del diablo. Porque no tenemos lucha contra sangre y carne, sino contra principados, contra potestades, contra dominadores de este mundo de tinieblas, contra malos espíritus de los aires" (Versículos 11, 12).

Estas palabras claras son apropiadas para nosotros. El apóstol continúa, "Por tanto", siendo que estamos empeñados en una guerra, no contra carne ni sangre, sino contra las agencias Satánicas disfrazadas, "tome toda la armadura de Dios". Que la Palabra sea su guía. "Tómela". Toda la armadura provista en las Escrituras está a su alcance. "Por tanto, tomad toda la armadura de Dios, para que podáis resistir en el día malo, y habiendo acabado todo, quedar firmes. Estad, pues, firmes, ceñida vuestra cintura con la verdad, vestidos con la coraza de justicia" (Versículos 13, 14). Por todos lados hay ficción; se presentan interpretaciones espurias de las escrituras y fábulas para su aprobación. Pero se necesita mucho discernimiento para que sea la cadena de oro de la verdad, la que nos circunda; "vestíos con la coraza de justicia" (Versículo 14), con la justicia de Cristo, no con la nuestra propia. Éste es el baluarte del alma. Con la justicia de Cristo podemos resistir las tinieblas morales, y discernir las artimañas de las agencias satánicas. "Calzados los pies con la prontitud para dar el evangelio de paz" (Versículo 15). La inconsistencia, el funcionamiento irrazonable de los agentes humanos impulsados por un poder infernal, creará en aquellos que reverencian a Dios, una indignación santa al ver que se menosprecia la verdad de Dios y se da una falsa impresión de sus representantes, ataviándolos con las oscuras vestimentas de acusaciones falsas. Ése es el momento cuando el Espíritu Santo debe tomar posesión de la mente y dar evidencia de que Cristo, la esperanza de gloria, mora en lo más íntimo del ser. Mientras que los agentes humanos están siendo incitados por un poder infernal y las agencias satánicas parecen tener (casi) total control del mundo, desempeñando una parte prominente justo antes de la segunda venida de nuestro Señor para tomar posesión del reino por siempre y para siempre; las dos clases que se formarán para afirmar la solemnidad de los últimos días, se distinguirán como los que guardan los mandamientos de Dios, y los que los violan inspirados por el diablo y sus ángeles. Parecerá que el gobierno satánico ha sido trasladado del infierno a la tierra. El Señor Jesús abrirá los ojos de todos los que han estado caminando en la luz, para que no sean engañados con el espíritu presuntuoso de aquellos que aseveran tener gran santidad y dicen: "Señor, Señor", mientras obstinadamente se niegan a hacer la voluntad de Dios. Cristo repitió los títulos principescos de Satanás como quien está absolutamente familiarizado con sus labores y usurpada autoridad. Cristo nos amonestó para que nos cuidemos de los principados y potestades y maldades espirituales en el aire.

El profeso mundo cristiano está agitado por Satanás. Al príncipe del reino de este mundo Cristo lo llama: Satanás, Belcebú, mentiroso, homicida desde el principio, malvado e inicuo que está trabajando constantemente con los impíos y desobedientes para pisotear las leyes de Jehová... El caudillo rebelde señaló que él tiene autoridad para establecer leyes totalmente opuestas a las leyes de Jehová, el único Dios vivo y verdadero, Monarca supremo en el cielo y en la tierra. Siempre que se acepte este poder engañoso en lugar de la luz especificada en la Palabra de Dios, Satanás permanecerá como su soberano. Las agencias humanas dan superioridad al osado líder rebelde sobre Dios, y reconocen al príncipe de las tinieblas como su autoridad suprema. No podemos hacer conjeturas en cuanto al número de sus ángeles, pero su territorio es la tierra y él se multiplica a través de sus agencias por todo el territorio, el mundo; aprobando e instigando al clero en forma activa y eficaz para invalidar el efecto de la ley de Dios, desacreditando su acto conmemorativo, la insignia de su honor y su supremacía.

Toda alma que por medio de sofismas trate de esquivar ahora un claro: "así dice el Señor", malinterpretando y eludiendo las conclusiones clarísimas de la Palabra inspirada; será un instrumento para tentar, presionar y agitar un espíritu satánico con el propósito de afligir, oprimir y forzar a los agentes humanos para que deshonren la ley de Dios, y acepten y defiendan las normas de Satanás y rindan honor a sus edictos con un celo proporcionado a sus engaños enceguecedores... El mundo está profundamente dormido. Los centinelas están en los brazos de Morfeo proclamando paz y seguridad, en vez de trabajar con todo empeño e investigar las Escrituras diligentemente, para discernir el significado de toda esta maldad que está creciendo con sobrecogedoras proporciones. Al malo que está pisoteando la ley de Dios le dicen, todo irá bien. Porque no se ejecuta luego sentencia sobre la mala obra, el corazón de los hijos de los hombres está en ellos, lleno para hacer mal. La paciencia y tolerancia que el Señor ha manifestado hacia ellos en vez de conmoverlos, los mueve a seguir resistiendo; se halagan en su maldad e impenitencia porque piensan que el que no ha despertado su ira contra ellos para condenar sus invenciones perversas, prorrogará un poco más su misericordia. Muchos piensan que, ambiciosa y persistentemente, pueden participar del pecado, al menos por un tiempo, sin acarrearse graves consecuencias y que después, en algún momento conveniente, se arrepentirán y obtendrán el perdón.

¿Cómo podemos hacerles reflexionar que llega un punto que, así como Judas y Saúl, pueden traspasar los límites de la tolerancia de Dios? Dios concede a las naciones un tiempo de gracia determinado; pero hay un cierto límite que, si la iniquidad acumulada lo sobrepasa, no recibirá misericordia ni tolerancia, sino el despliegue súbito de la indignación de Dios y recibirá el castigo sin mezcla de misericordia. Dios se levantará con fuerte poder y demostrará que aunque es lento para la ira, no dará por inocente al culpable. La maldad de cada generación no queda en el olvido. Cada siglo de libertinaje ha estado acumulando ira. Cristo, dirigiéndose a los que rechazaron su salvación, a los que se rebelaron contra todas las bendiciones y misericordia que él les ofreció, les dijo: "¡Vosotros también colmad la medida de vuestros padres!" (Mateo 23:32), porque de esta nación se demandará la sangre de todos los profetas, que ha sido derramada desde la fundación del mundo. En los celos, el odio, el menosprecio a los mensajes de advertencia que se les enviaron y en el castigo de Dios que les sobrevino por su crueldad, tenían una señal de advertencia y a pesar de todo aquellos que se separaron de Dios repitieron la historia de sus padres, y sucede lo mismo en nuestros días.

Tenemos la evidencia de que Dios lleva un registro de las naciones y que la culpa se acumula. Y aunque está más allá del poder de las mentes humanas definir hasta cuándo Dios permitirá que se traspase ese límite; sabemos que cuando se alcanza de lleno el punto de transgresión, cuando se invalida la ley de Dios, Dios tiene en cuenta la afrenta acumulada contra su gobierno, y le demanda a una generación los crímenes de las generaciones precedentes, si ésta sigue en el mismo curso de maldad. La luz aumenta constantemente.

¿Qué puedo decir para conmover el alma? ¿Qué puedo decir para despertar a nuestro pueblo a una solemne espera y verdadera devoción? —*Carta 60, del 20 de Julio de 1893.*

El mundo pronto ha de ser abandonado por el ángel de la misericordia, y las últimas siete plagas han de ser derramadas. El pecado, la vergüenza, el dolor y las tinieblas están por todas partes, pero el Señor continúa asegurando a las almas de los hombres el precioso privilegio de cambiar las tinieblas por la luz, el error por la verdad, el pecado por la justicia. Sin embargo, la paciencia y la misericordia divinas no esperarán para siempre... La tormenta se está preparando, los dardos de la ira de Dios pronto han de caer: "Porque el Eterno viene de su morada, para castigar por sus pecados a los habitantes de la tierra. Y la tierra descubrirá la sangre derramada sobre ella, y no encubrirá más sus muertos" (Isaías 26:21). Quedarán en pie sólo aquellos que están santificados por medio de la verdad en el amor de Dios. Ellos serán escondidos con Cristo en Dios, hasta que la desolación haya pasado. —*Manuscrito 51, de 1896.*

No debemos evadir nuestra lealtad (a Dios). Ninguna tarea que Dios nos dé, nos llevará por la vía equivocada. La Palabra de Dios debe ser nuestra guía. La palabra del hombre finito es falible...

De hoy en adelante, las naciones estarán en un estado muy incierto. Los reyes y gobernantes, porque son desobedientes a la palabra del Señor y obran en desacuerdo con sus principios, estarán involucrados en mayores perplejidades de las que jamás se hayan imaginado. A todos los que disponemos de la Biblia se nos dirige la pregunta: ¿Estamos preparados para seguir la Palabra de Dios? "Si alguno quiere venir en pos de mí, niéguese a sí mismo, tome su cruz, y sígame" (Marcos 8:34).

Usted no puede depender de los sacerdotes, gobernantes y legisladores porque, como en los días de Cristo, enseñan como doctrinas los mandamientos de hombres. No conocen las Escrituras ni el poder de Dios. Ponen teorías establecidas por los hombres, sobre un claro: "Así dice el Señor". Pero debemos escudriñar nuestras almas: ¿Somos obedientes a la ley de Dios? ¿Podrá toda alma mirar por fe y responder a Dios, como Elías? "Vive el Señor... no te dejaré" (2 Reyes 2:2). No importa lo que venga: sea persecución, reproche, falsedad o cualquier otra cosa que pueda surgir, no renunciaremos a la fuente de nuestro poder. Debemos ser sometidos a pruebas como en un horno. Sólo los que perseveren hasta el fin, serán salvos. Si nuestra fe religiosa es espuria, no tendrá ningún valor. —*Carta 12, del 23 de Enero de 1897.*

"Entonces la multitud habló de apedrearlos. Pero la gloria del Señor se mostró en la Tienda de la Reunión, ante Israel. Y el Eterno dijo a Moisés: ¿Hasta cuándo me ha de irritar este pueblo? ¿Hasta cuándo no me han de creer, a pesar de todas las señales que he hecho? Los heriré de mortandad y los destruiré, y haré de ti una nación mayor y más fuerte que ellos" (Números 14:10-12).

Aquí tenemos una evidencia positiva de que la ira del Señor se enardece contra los rebeldes; los que han sido honrados con gran luz y con oportunidades preciosas de conocer la voluntad de Dios...

Si el pueblo de Dios hubiera andado en sus consejos, la obra de Dios habría avanzado y los mensajes de la verdad hubieran llegado a toda la gente que habita la faz de la tierra. Si ellos hubiesen creído y hubiesen sido hacedores de su Palabra, si hubiesen guardado sus mandamientos, el ángel no habría venido volando rápidamente hacia los cuatro ángeles que sostienen los cuatro vientos con el mensaje: "¡Retened! ¡Retened! ¡Retened hasta que los siervos de Dios estén sellados en la frente!" (Apocalipsis 7:3). Pero porque son desobedientes, desagradecidos, impíos como el antiguo Israel, el tiempo se prolonga para que todos puedan oír el último mensaje de misericordia que se proclama en alta voz. La obra del Señor ha sido obstruida y el tiempo del sellamiento pospuesto, pero el Señor les dará una oportunidad para oír y convertirse. —*Carta 106, del 14 de Mayo de 1897.*

Estamos viviendo en un período muy solemne de la historia de este mundo. Entonces, cuán apropiado es que en este tiempo estemos velando y orando. Encontraremos alivio y consuelo cuando oremos por los oprimidos que sienten la oposición, las pruebas y las dificultades más severas de la persecución. Debemos mantener la lámpara de la fe ardiendo brillantemente. Debemos buscar oportunidades para hacer el bien a aquellos que tendrán que sufrir, porque nuestros hermanos afligidos necesitarán nuestras palabras de consuelo, de valor y esperanza. —*Carta 28, del 29 de Julio de 1897.*

Los hombres pisotean la ley de Dios y le dicen a la gente lo mismo que los judíos le dijeron a Cristo: "Tenemos Ley. Según nuestra Ley debe morir, porque se hizo Hijo de Dios" (Juan 19:7). Una y otra vez, esto se volverá a repetir en las cortes de justicia. Cristo nos dice que en el mundo tendremos aflicción, pero que en él tendremos paz.

Aquellos que vivan en los últimos días de la historia de este mundo, comprenderán lo que significa ser perseguidos por causa de la verdad. En las cámaras legislativas prevalecerá la injusticia. Los jueces se negarán a escuchar las explicaciones de aquellos que son fieles y leales a los mandamientos de Dios, y dirán: "Tenemos una ley, y por nuestra ley debe morir". La ley de Dios no significa nada; para ellos "nuestra ley" es suprema. Los que respetan las leyes humanas serán favorecidos, pero los que no se postren ante un sábado ficticio, no recibirán favores. Aquellos que los condenen se negarán rotundamente a escuchar sus explicaciones, porque saben que los argumentos (de los observadores del sábado) en favor del cuarto mandamiento, son incontrovertibles. Todo lo que se presenta en contra de la validez del cuarto mandamiento, es de invención humana...

l Señor no ha dejado al mundo sin testigo. Él tiene un pueblo fiel y escogido. Ellos no consideran que este mundo es su hogar, sino que están aquí para testificar por Dios. Mientras dure el tiempo de gracia, estos mensajeros fieles serán un testimonio viviente. Satanás, sus ángeles y los hombres que acceden a la tentación, se aúnan contra el pueblo remanente de Dios, los campeones de la justicia. Se esfuerzan por contrarrestar su testimonio y destruirlos...

Muchos, debido a su fe, serán despojados de sus casas y de sus heredades aquí, pero si entregan su corazón a Cristo, aun así pueden estar llenos de alegría. —*Manuscrito 90, del 2 de Agosto de 1897.*

Ellos (los israelitas) eran holgazanes y egoístas. Dios no se refiere a ellos como a "mi pueblo" (en ocasión del segundo templo), porque no habían demostrado buena voluntad en la hora de su oportunidad. No habían obedecido prontamente la Palabra del Señor. Apelaban por un retraso. Inventaban excusas artificiosas de justificación propia para bloquear el progreso. Habían comenzado a reedificar pero no habían concluido su obra, debido a los estorbos ideados por sus enemigos. Razonaban que esos estorbos eran una indicación de que no era el tiempo adecuado para reedificar. Declaraban que el Señor había interpuesto dificultades para reprobar su ardiente prisa. Pero no tenían una verdadera excusa para abandonar su trabajo del templo. Cuando surgieron las dificultades más serias, fue el tiempo cuando debieron perseverar en la edificación. Pero fueron movidos por el deseo egoísta de evitar el peligro, despertando la oposición de sus enemigos. No tenían fe, que es la sustancia de las cosas que se esperan, la evidencia de las cosas que no se ven. No se atrevían a avanzar por fe en las providencias con que Dios les abría el camino, porque no podían ver el fin desde el principio. Cuando surgieron dificultades, fácilmente se apartaron de la obra. La historia se repetirá. Habrá fracasos religiosos, porque los hombres no tienen fe. Cuando contemplan las cosas que se ven, aparecen imposibilidades; pero no hay imposibilidades para Dios. Su obra avanzará sólo cuando sus siervos avancen por fe...

Él (Dios) será una ayuda siempre presente a todos los que le sirven en vez de servirse a sí mismos. El pueblo de Dios conocerá la doctrina, cuando el Señor vea que el corazón está dispuesto a hacer su voluntad. Él estará con ellos. La presencia de Dios lo incluye todo, en él tenemos un refugio seguro, un amigo que nunca falla...

Se me ha llamado a observar los últimos libros del Antiguo Testamento. Se me ha orientado a exhortar al pueblo de Dios a cuidarse de lo que oyen y lo que hacen. Estos escritos hacen referencia especial a los últimos días, cuando se difunda la historia de la Biblia. Se nos muestra a aquellos que no hacen la voluntad del Señor, sino que siguen dirigentes falsos. Por medio de la Palabra, debemos aprender la voluntad de Dios, para que ésta guíe nuestro proceder estos últimos días. Mediten en esto, lean, estudien y aprendan...

"Pero no quisieron escuchar, antes con rebelión me dieron la espalda, y taparon sus oídos para no oír. Endurecieron su corazón como diamante, para no escuchar la Ley ni las Palabras que el Eterno Todopoderoso enviaba por su Espíritu, por medio de los antiguos profetas. Por eso vino un gran enojo de parte del Eterno Todopoderoso. Cuando clamé, no me escucharon, así cuando ellos clamaron, no los escuché, dice el Eterno Todopoderoso: sino que los esparcí con torbellino entre las naciones que ellos no conocían. Y el país quedó desolado tras ellos, sin que nadie fuera ni viniera. Así convirtieron en asolamiento el país deseable" (Zacarías 7:11-14).

Estas palabras son muy impresionantes. El Señor llama al rocío, la lluvia y a diferentes elementos de la naturaleza y obedecen su llamado, ya sea para bendecir o condenar. Están bajo su dirección... Dios convoca hambres, plagas, pestilencias, calamidades por mar y tierra, para retribuir a los habitantes de la tierra con asolación y destrucción o con misericordia y bendición.

¡Cuán notable es el contraste entre las cosas de la naturaleza, las agencias materiales y la apatía acomodadiza y desobediencia somnolienta de los hombres por quienes Cristo murió! Dijo el Señor... Enviaré sobre todos una sequía desoladora. Ésta alcanzará no sólo los frutos de la tierra, sino también a las criaturas existentes. El ganado sufrirá por los pecados de los hombres. —*Manuscrito 116, de 1897.*

El presente nos traerá peligros y debemos prepararnos individualmente para enfrentarlos. El Señor tiene una obra muy superior a la que exige el mundo. Las características de nuestra fe y nuestro trabajo, el gran objeto que debe ser logrado, pasa inadvertido para los que no tienen la mente de Cristo, y está muy lejos de su comprensión y visión. Pero no debemos descender de nuestra posición y siempre debemos permanecer como un pueblo distinto y peculiar en el mundo. Nuestra vocación es noble, santa y elevada. Si los verdaderos creyentes valoraran nuestra fe, se abstendrían de toda rivalidad política. Debemos trabajar por la recuperación espiritual de la humanidad, para que ésta se acerque a Dios y para atraerla bajo su teocracia. Sólo entonces seremos un pueblo seguro...

En el día final, el fuego consumirá muchas almas que se podrían haber salvado, si la iglesia hubiese comprendido su sagrada responsabilidad. —*Manuscrito 139, del 9 de Diciembre de 1897.*

Pronto ocurrirán cambios rápidos y distintivos y, si la iglesia no está dormida, si los seguidores de Cristo velan y oran, podrán tener luz para comprender y apreciar las maniobras del enemigo. —*Manuscrito 151, de 1897.*

La gloria de Dios es ser misericordioso, paciente, benigno, bondadoso y verdadero. Pero la justicia que muestra al castigar al pecador por su iniquidad, es tan ciertamente la gloria del Señor como lo es la manifestación de su misericordia...

Por medio de sus embajadores el Señor nos ha enviado mensajes de advertencia, declarando que el fin de todas las cosas está cerca. Algunos los escucharán, pero una vasta mayoría los ignorarán. Cuando Lot le advirtió a los miembros de su familia acerca de la destrucción de Sodoma, no prestaron atención a sus palabras, sino creyeron que él era un loco fanático. La destrucción los encontró desprevenidos. Así será en la segunda venida de Cristo: granjeros, comerciantes, abogados, mercaderes, estarán totalmente absortos en sus negocios, y para ellos el día del Señor vendrá como una emboscada...

Dios obra a través de sus siervos fieles que no rehúsan declarar toda la verdad en el poder del Espíritu... Los mensajeros de Dios deben sostener el estandarte de la verdad hasta que la mano sea inmovilizada por la muerte. Cuando duermen el sueño de la muerte, los que alguna vez los conocieron, ya no los conocen. Las iglesias en las que predicaron, los lugares que visitaron exponiendo la palabra de vida todavía permanecen. Las montañas, las colinas, las cosas que los mortales pueden ver, todavía están allí. Todas estas cosas finalmente se desvanecerán poco a poco. Se acerca el tiempo cuando la tierra se tambaleará de un lado a otro como un borracho, será removida como una choza, pero los pensamientos, propósitos y acciones de los obreros de Dios, aunque sean inadvertidos ahora, aparecerán en el gran día de retribución y recompensa final. Entonces las cosas que por ahora han sido olvidadas, aparecerán como testigos para salvar o condenar.

En el día de juicio no se podrá vindicar la conducta del hombre que haya retenido la debilidad e imperfección de la humanidad. No habrá lugar para él en cielo. No podría disfrutar de la perfección de los santos en luz. El que no tiene suficiente fe en Cristo para creer que él puede librarlo del pecado, no tiene la fe que le dará entrada en el reino de Dios...

En este momento, el mensaje de misericordia y advertencia debe ir hacia adelante para despertar al mundo de su sueño de muerte. Hoy se debe hacer una obra que perdure por las edades eternas. Se nos ha confiado un mensaje especial y como centinelas, nosotros debemos mantener ante las personas la cercanía del fin. "Por eso, ausentes o presentes, procuramos agradarle. Porque todos debemos comparecer ante el tribunal de Cristo, para que cada uno reciba según lo que haya hecho cuando estuvo en el cuerpo, sea bueno o malo" (2 Corintios 5:9, 10).

Las señales de los tiempos, que se están cumpliendo rápidamente, declaran que el gran día del Señor está sobre nosotros. Ojalá que en aquel día, de ninguno de nosotros se diga: Este hombre fue llamado por Dios, pero él no quiso escuchar ni obedecer. Una vez tras otra el Espíritu obró en su corazón, pero él dijo: „Ahora vete; pero cuando tenga oportunidad te llamaré"" (Hechos 24: 25). Este hombre vio una luz atractiva en el sacrificio del Salvador, pero algo de menor importancia cautivó su corazón. Cuando el Espíritu lo volvió a llamar no quiso responder y renunció a la gracia de la influencia celestial. —*Manuscrito 161, del 16 de Diciembre de 1897.*

Constantemente se levantarán divisiones. Se traerán al frente principios impíos. Todos serán llamados a tomar su posición en un lado o el otro. De algunos de ellos Cristo dice: "Dejadlos". Hombres que por mucho tiempo pisotearon los derechos de Dios aceptando el sábado ficticio, aceptarán creencias muy fuertes e irrazonables.

El Señor no está en las alianzas que se forman con los movimientos políticos. Están destinados a traer confusión y desorden... Los leales y los desleales no tienen un terreno en común donde puedan encontrarse. —*Carta 4, del 20 de Febrero de 1898.*

El Señor convocará a un círculo de gente en el mundo, para que le sirvan en la hora undécima. Habrá un ministerio convertido. Aquellos que han tenido grandes privilegios y oportunidades de discernir la verdad, y no obstante continúan contrarrestando la obra de Dios, serán cortados porque Dios no acepta el servicio de ningún hombre cuyo interés esté dividido. Él acepta todo el corazón, o nada... El mundo y los miembros inconversos de la iglesia se atraerán mutuamente. —*Manuscrito 64, del 19 de Mayo de 1898.*

"A la derecha de aquél que estaba sentado sobre el trono vi un libro escrito por dentro y por fuera, sellado con siete sellos. Vi también a un ángel poderoso que clamaba en alta voz: „¿Quién es digno de abrir el libro y desatar sus sellos?" Y ninguno, ni en el cielo ni en la tierra ni más allá de la tierra, podía abrir el libro, ni mirarlo" (Apocalipsis 5:1-3).

Allí en su mano abierta estaba el libro, el rollo de la historia de la Divina Providencia, la historia profética de las naciones y de la iglesia. Allí se encontraban las declaraciones divinas, su autoridad, sus mandamientos, sus leyes, toda la instrucción inconfundible del Eterno, y la historia de todos los poderes que rigen las naciones. Ese rollo contenía en un lenguaje simbólico la influencia de cada nación, lengua, y pueblo desde el principio hasta el fin de la historia del mundo.

El rollo estaba escrito por ambos lados, por dentro y por fuera. Juan dice: "Y lloraba mucho, porque no se había hallado ninguno digno de abrir el libro, ni de mirarlo" (Versículo 4). La visión que se le presentó a Juan, dejó una impresión en su mente. Ese libro contenía el destino de cada nación. Juan estaba acongojado por la incapacidad absoluta de los seres humanos o de las inteligencias angélicas de leer las palabras, o incluso percibirlas. Su alma llegó a tal punto de agonía y ansiedad, que uno de los ángeles fuertes tuvo compasión de él, y poniendo su mano sobre él le aseguró diciendo: "No llores. El León de la tribu de Judá, la Raíz de David, ha vencido para abrir el libro y desatar sus siete sellos" (Versículo 5).

Juan continúa: "Entonces, en medio del trono, de los cuatro seres vivientes y de los ancianos, vi en pie a un Cordero como si hubiera sido inmolado, que tenía siete cuernos y siete ojos, que son los siete Espíritus de Dios enviados a toda la tierra. Y él vino, y tomó el libro de la mano derecha del que estaba sentado en el trono" (Versículos 6, 7).

Cuando se desenrolló el libro, todos los que observaban se atemorizaron. No había más espacios en blanco, ya no se le podía agregar nada. "Cuando tomó el libro, los cuatro seres vivientes y los veinticuatro ancianos se postraron ante el Cordero. Cada uno tenía un arpa y una copa de oro llena de incienso, que son las oraciones de los santos. Y cantaban un nuevo cántico, diciendo: „Digno eres de tomar el libro y abrir sus sellos, porque fuiste muerto, y con tu sangre compraste para Dios gente de toda raza y lengua, pueblo y nación; y de ellos hiciste un reino y sacerdotes para servir a nuestro Dios, y reinarán sobre la tierra". Y miré, y oí la voz de muchos ángeles alrededor del trono, de los seres vivientes y de los ancianos. Su número era miles de millares, y diez mil veces diez mil. Y decían a gran voz: „El Cordero que fue muerto es digno de recibir poder y riquezas, sabiduría y fortaleza, honra, gloria y alabanza". Y a todos los que estaban en el cielo, en la tierra, en el mar y debajo de la tierra, y a todas las cosas que hay en ellos, les oí cantar: Al que está sentado en el trono y al Cordero, sean la alabanza, la honra, la gloria y el poder, por los siglos de los siglos. Y los cuatro seres vivientes dijeron: „¡Amén!" Y los veinticuatro ancianos se postraron y adoraron" (versículos 8-14).

"Miré, y vi un caballo amarillo. Su jinete se llamaba Muerte, y el sepulcro lo seguía. Y le fue dado poder sobre la cuarta parte de la tierra, para matar con espada, hambre, peste y con las bestias de la tierra. Cuando él abrió el quinto sello, vi debajo del altar las almas de los que habían sido muertos por la Palabra de Dios y por el testimonio que habían dado. Y clamaban a gran voz: „¿Hasta cuándo, Señor, santo y verdadero, no juzgas y vengas nuestra sangre de los que moran en la tierra?" Entonces le dieron a cada uno un vestido blanco, y se les dijo que descansaran un poco más de tiempo, hasta que se completara el número de sus consiervos y sus hermanos, que también habían de ser muertos como ellos" (Apocalipsis 6:8-11).

"Cuando el Cordero abrió el séptimo sello, hubo un silencio en el cielo de casi media hora. Y vi a los siete ángeles que estaban ante Dios, y les dieron siete trompetas. Otro ángel con un incensario de oro, vino y se paró junto al altar. Y le dieron mucho incienso para que lo ofreciera con las oraciones de todos los santos, sobre el altar de oro que está ante el trono. Y el humo del incienso, junto con las oraciones de los santos, subió de la mano del ángel a la presencia de Dios" (Apocalipsis 8:1-4).

Mis palabras de advertencia para mis hermanos son: "El que tiene oído, oiga lo que el Espíritu dice a las iglesias. Escribe al ángel de la iglesia de Filadelfia: Esto dice el Santo, el Verdadero, el que tiene la llave de David, el que abre y ninguno cierra, y cierra y ninguno abre: „Conozco tus obras. He abierto ante ti una puerta que nadie puede cerrar; porque aunque tienes poca fuerza, has guardado mi Palabra, y no has negado mi Nombre". Te entrego de la sinagoga de Satanás, a los que dicen ser judíos y no lo son, sino que mienten. Los obligaré a que vengan y se postren a tus pies, y sepan que te he amado. „Por cuanto has guardado mi Palabra de perseverar con paciencia, también te guardaré de la hora de prueba que ha de venir en todo el mundo, para probar a los que habitan en la tierra". Vengo pronto. Retén lo que tienes, para que ninguno tome tu corona" (Apocalipsis 3:6-11).

Hoy se ve el mismo espíritu representado en Apocalipsis 6:6-8. La historia se volverá a repetir. Lo que sucedió, sucederá una vez más. Este espíritu trabaja para confundir y desconcertar. En cada nación, tribu, lengua y pueblo habrá disensión, y aquellos que no han tenido la disposición de ir en busca de la luz que Dios ha dado a través de sus oráculos vivientes, a través de sus agencias señaladas, serán confundidos. Sus decisiones revelarán su debilidad. En la iglesia habrá desorden, disputa y confusión.

El mismo espíritu que controla las naciones de la tierra, está obrando en la mente de aquellos que han tenido luz. Al igual que los hijos de desobediencia, independientemente de las consecuencias, actúan como ciegos. Están ebrios, pero no de bebida fuerte...

Hemos puesto este asunto en las balanzas celestiales y podemos ver el resultado. Todo este ambicioso espíritu ejercido para exaltar el yo, ciertamente será utilizado por las agencias satánicas hasta que las personas, no importa su profesión, revelarán atributos de carácter heredados y cultivados, que los pondrá en la parte más baja de la balanza, y cuando sean pesados en las balanzas de oro del santuario, se pronunciará la sentencia: "Pesado has sido en balanza, y fuiste hallado falto". —Carta 65, del 23 de Agosto de 1898.

Hoy los hombres son capaces de perseguir hasta la muerte, en su esfuerzo por hacer que sus semejantes rindan culto a un sábado ficticio, que fue creado por el hombre de pecado que piensa cambiar los tiempos y la ley. Pero lo único que pueden hacer es torturar y dar muerte al cuerpo... Bajo su dirección, los hombres han ocasionado dolor y miseria incalculables a sus semejantes. Pero jamás han podido dañar el alma... El Rey del universo tolera bastante la perversidad de los hombres, pero mantiene un registro de sus acciones, y ellos mismos serán castigados en la misma proporción en que han causado dolor a otros...

En los hijos de desobediencia existe un espíritu de exasperación, de venganza y de odio como el del primer gran rebelde. Él inculca en sus seguidores todo tipo de enemistad contra aquellos que no pueden ser inducidos a unirse en sus filas. Prisiones cavernosas se abren ante ellos. Se los amenaza con cadenas y cepos. Así tratan los hombres a aquellos que rinden culto a Dios, conforme a los dictados de su propia conciencia. ¿Se han olvidado que así como juzgan y castigan a otros, serán juzgados y castigados ellos mismos?

Dios ha dicho, "¡No toquéis a mis ungidos, ni hagáis mal a mis profetas!" (1 Crónicas 16:22). Los hombres han levantado falso testimonio contra los escogidos de Dios. Los han maltratado con cadenas y los han quemado en la hoguera. El Señor vengará a sus hijos. Como los hombres han llevado a la práctica el espíritu y los propósitos de Satanás causando dolor a los seres humanos, así sufrirán. Así perecerán todos los que hayan hecho todo lo que estaba a su alcance, para forzar a los hombres a transgredir la ley que Dios estableció para que todos la obedezcan. —*Manuscrito 42, del 28 de Marzo de 1899.*

Cristo previno a sus discípulos de la destrucción de Jerusalén y las señales que ocurrirían antes de la venida del Hijo del Hombre. Mateo 24 es una profecía concerniente a los eventos que precederían a este evento, y la destrucción de Jerusalén caracteriza la última gran destrucción del mundo por medio de las llamas. —*Manuscrito 77, del 14 de Mayo de 1899.*

Los ángeles actúan como agentes invisibles por medio de seres humanos, para proclamar los mandamientos de Dios. Los ángeles tienen mucho más que ver con la familia humana de lo que muchos suponen. Y hablando de los ángeles: "¿No son todos espíritus ministradores, enviados para servicio a favor de los que serán herederos de la salvación?"

Santos ángeles se unirán en el cántico de los redimidos. Aunque no pueden cantar por experiencia propia: "Él nos lavó en su propia sangre y nos redimió para Dios"; sin embargo, comprenden el gran peligro del cual han sido salvados los hijos de Dios. ¿Acaso no fueron enviados ellos para levantar una bandera contra el enemigo? Pueden simpatizar plenamente con el glorioso éxtasis de aquellos que han vencido mediante la sangre del Cordero y por la palabra del testimonio de ellos.

Juan escribe: "Miré, y oí la voz de muchos ángeles alrededor del trono". Ángeles estaban unidos en la obra de Aquel que había desatado los sellos y había tomado el libro. Cuatro ángeles poderosos retienen los poderes de esta tierra, hasta que los siervos de Dios sean sellados en sus frentes. Las naciones del mundo están ávidas por combatir; pero son contenidas por los ángeles. Cuando se quite ese poder restrictivo, vendrá un tiempo de dificultades y angustia. Se inventarán mortíferos instrumentos bélicos. Barcos serán sepultados en la gran profundidad con su cargamento viviente. Todos los que no tienen el espíritu de la verdad, se unirán bajo el liderazgo de seres satánicos; pero serán retenidos hasta que llegue el tiempo de la gran batalla del Armagedón.

Ángeles están circundando el mundo, rechazando las pretensiones de Satanás a la supremacía, las que presenta debido a la gran multitud de sus adeptos. No oímos las voces de esos ángeles, ni vemos con la vista natural la obra de ellos; pero sus manos están unidas alrededor del mundo y con vigilancia que no duerme, mantienen a raya a los ejércitos de Satanás hasta que se cumpla el sellamiento del pueblo de Dios.

Los ministros de Jehová, ángeles que tienen habilidad, poder y gran fortaleza, están comisionados para ir del cielo a la tierra, con el fin de ministrar al pueblo de Dios. Se les ha dado la obra de retener el iracundo poder del que ha descendido como un león rugiente buscando a quien devorar. El Señor es un refugio para todos los que depositan su confianza en él. Les ordena que se escondan en él por un momento, hasta que pase la indignación. Saldrá pronto de su lugar para castigar al mundo por su iniquidad. Entonces la tierra descubrirá su sangre y no encubrirá más sus muertos. (Vea Isaías 26:21). —*Carta 79, del 10 de Mayo de 1900.*

Profanar lo que Dios santificó, es un pecado que amenaza el alma. Satanás con su sutileza, se las ingenió para que el conmemorativo de Dios llegara a ser una cosa baladí. La innovación del papado ha llegado a ser suprema. Su afán es que las iglesias y el mundo se unan en la transgresión. La observancia del domingo llega a ser un poder opresivo en las manos de aquellos que están bajo el control del enemigo, porque siempre que Satanás controle la mente de los hombres, habrá opresión y compulsión. —*Carta 83, del 5 de Junio de 1900.*

Jamás hubo un período en mi vida, en que sentí con más intensidad la necesidad de llevar resueltamente la obra del ministerio del evangelio, en su propio carácter elevado y sagrado, que hoy. Se oye todo tipo de voces diciendo: "Cristo está aquí", "Cristo está allí"; "Cristo está en el desierto", y "Cristo está en las ciudades". Si deseamos, podemos escuchar el llamado, pero Cristo nos ha dicho: "no salgáis, ni creáis".

Nuestra obra está delineada en la palabra profética, y para presentar la verdad al mundo, no debemos desviarnos de la voluntad de Dios ni de sus métodos. Satanás pondrá todo el esfuerzo posible para desviar la obra por líneas erróneas. La razón es que debido a la concepción de métodos e invenciones humanas, ésta perderá su carácter peculiar, santo y distinguido para representar al mundo su eficacia y poder, el orden, la santificación y el carácter elevado de aquellos que compondrán los escogidos, el pueblo que guarda los mandamientos de Dios.

Satanás fusionará a los justos con los impíos, para que la distinción sea tan borrosa que no se pueda diferenciar el carácter del pueblo que guarda los mandamientos de Dios, para que no aparezca como la señal distintiva de la santificación del espíritu en verdadera humildad y santidad. "¡A la Ley y al Testimonio! Si no hablan conforme a esto, es porque no les ha amanecido" (Isaías 8:20)...

Tenemos la verdad, la que al ser proclamada, provocará la crisis en la historia de este mundo. La observancia del día conmemorativo del Señor, el sábado instituido en el Edén, el séptimo día, sábado, es la prueba de nuestra lealtad a Dios. Aquellos que traen consigo, (porque serán traídos) muchos señores y muchos dioses, hasta el punto de que no haya un reconocimiento ostensible de su admitida lealtad al Señor Dios, no pueden tener su marca, la prueba de su obediencia. —*Carta 94, del 3 de Julio de 1900.*

A menudo los obreros de Dios enfrentan oposición en su campo de labor, y de esta manera se ponen obstáculos a su servicio. Tal vez, en su sabiduría, han hecho lo mejor posible. Han sembrado la buena y preciosa semilla. Pero los enemigos se vuelven tan crueles y porfiados, que sería sabio trasladarse a otro lugar; porque aunque algunos estén convencidos de la verdad, se sienten intimidados por la oposición. No tienen valor para admitir que han sido convencidos.

Que los mensajeros de la verdad se trasladen a otro campo de labor. Allí puede haber un grupo de personas más receptivas, donde se pueda sembrar y segar con éxito. La noticia de su éxito llegará al lugar donde la obra de Dios era aparentemente infructuosa, y el próximo mensajero de verdad que vaya allí será recibido más favorablemente. La semilla sembrada con dificultad y desaliento, tendrá vida y vitalidad. Aparecerá primero la hoja, luego la espiga y en ésta, al fin, el grano maduro.

El rechazo a la verdad del evangelio por algunos, prepara el camino para que otros la reciban cuando puedan ver cuán débiles e inconsistentes son los argumentos que se usan para quitar el efecto de la verdad. Así que los que se oponen al consejo de Dios, por su inconsistencia, están adelantando la verdad en lugar de detenerla. Debemos prepararnos para enfrentar una cosa: la determinada resistencia del enemigo. Él obra a través de agentes humanos, para mantener a las personas en ignorancia de la palabra del Señor.

En algunos lugares donde la oposición es muy pronunciada, la vida de los mensajeros de Dios puede estar en peligro. Es entonces su privilegio seguir el ejemplo de su Maestro e ir a otro lugar. Cristo dijo: "Os aseguro que no acabaréis de recorrer las ciudades de Israel, sin que venga el Hijo del Hombre" (Mateo 10:23)...

Los que están en el mundo y han perdido su conexión con Dios, están haciendo esfuerzos desesperados y enloquecidos para constituirse en el centro. Esto los hace desconfiar el uno del otro, a lo cual sigue el crimen. Los reinos del mundo se dividirán contra sí mismos. Irán escaseando poco a poco quienes actúen como cuerdas de simpatía para vincular a los hombres con lazos de hermandad. El egoísmo natural del corazón humano será desarrollado por Satanás. Él usará las voluntades incontroladas y las pasiones violentas, que nunca fueron puestas bajo el dominio de la voluntad de Dios.

Este hombre desea hacer su propia voluntad; el siguiente también. La mano de cada hombre se extenderá contra su semejante. El hermano se levantará contra el hermano, la hermana contra la hermana, los padres contra los hijos y los hijos contra los padres. Todo estará en confusión. Parientes se traicionarán el uno al otro. Habrá maquinaciones secretas para destruir la vida. Se verá por todas partes destrucción, miseria y muerte. Los hombres seguirán las inclinaciones no sometidas de su tendencia al mal, ya sea heredada o cultivada...

Ésta es la reseña del mundo. ¿Y en la iglesia? "Esto ten en cuenta, que en los últimos días vendrán tiempos peligrosos. Habrá hombres amantes de sí mismos, avaros, vanagloriosos, soberbios, blasfemos, desobedientes a los padres, ingratos, impíos, sin afecto natural, desleales, calumniadores, intemperantes, crueles, aborrecedores de lo bueno, traidores, arrebatados, infatuados, amantes de los placeres más que de Dios, tendrán apariencia de piedad, pero negarán su eficacia. A éstos evita" (2 Timoteo 3:1-5).

Dios tiene una reserva de juicios retributivos, que él permite que caigan sobre todos los que han continuado en el pecado, a pesar de la gran luz. He visto las más costosas estructuras de edificios construidos a prueba de fuego, pero así como Sodoma pereció en las llamas de la venganza divina, así estas orgullosas estructuras se convertirán en ceniza. He visto barcos que cuestan inmensas sumas de dinero luchando contra las aguas airadas, tratando de capear las olas poderosas. Pero con todos sus tesoros de oro y plata y con su carga humana, se hundirán en la tumba líquida. El orgullo del hombre será sumergido con los tesoros que ha acumulado mediante el fraude. Dios vengará a las viudas y los huérfanos que en medio del hambre y la desnudez han llorado, clamando delante de él por ayuda contra la opresión y el abuso... El Señor guarda un registro de cada acción buena o mala.

Ha llegado el tiempo cuando habrá en el mundo un dolor que ningún bálsamo humano puede curar. Los deleitables monumentos de la grandeza de los hombres, se harán polvo aun antes que venga la última gran destrucción sobre el mundo... Se desmenuzarán los monumentos halagadores de la grandeza de los hombres en el polvo, incluso antes de que la última gran destrucción descubra el mundo.

Se cumplirán las palabras de Apocalipsis 18. ¿Acaso no es esto suficiente para que todos los que la leen teman y tiemblen? Pero aquellos que no aman la luz, no vendrán a la luz para que sus acciones no sean reprobadas, ni perseverarán en el Señor. Por su actitud dicen, no quiero hacer tu voluntad Señor; quiero la mía propia...

En Lucas 21, Cristo profetizó lo que le ocurriría a Jerusalén y al hacerlo, vinculó las escenas que ocurrirían en la historia del mundo, justo antes de que el Hijo del Hombre venga en las nubes de los cielos con gran poder y gloria. Recuerden que estas palabras estaban entre las últimas que Cristo dijera a sus discípulos. En estas advertencias sagradas y solemnes se alza la señal de peligro. Ésta es la preparación que los miembros de la iglesia y las personas del mundo necesitan, porque es la verdad presente. —*Carta 20, del 28 de Enero de 1901.*

El Señor tiene mucho más conocimiento para los que estén dispuestos a usar el que él les proporcionará. El Señor les dará entendimiento a muchos. Ningún hombre, después de recibir conocimiento de Dios, debe poner precio a ese conocimiento y así manipular la predisposición de sus semejantes, para beneficiarse a sí mismo. —*Manuscrito 14, del 21 de Febrero de 1901.*

Debemos estar bien despiertos para poder distinguir entre lo verdadero y lo falso. Las organizaciones religiosas seguirán planes que, aunque aparentemente tienen la finalidad de beneficiar al mundo, no están de acuerdo con los designios de Dios. No debemos participar en estos movimientos. Muchos simpatizarán con ellos y así serán enredados en sus redes...

Muchos estarán de acuerdo con planes medio encubiertos y se encontrarán trabajando en el lado del enemigo. El Señor desea que sus siervos sean sabios con respecto a la labor del enemigo, para saber cuándo hablar y cuándo guardar silencio... En todo lo que hacemos o decimos, debemos ser guiados por el registro inspirado. "Así dice el Señor", debe ser nuestra regla de acción. No debemos sancionar lo que Dios prohíbe. Las enseñanzas de su Palabra deben ser parte de todas nuestras transacciones en la vida...

El Señor desea que aquellos que toman parte en su obra sean hombres de comprensión espiritual, hombres sensatos que sigan en sus caminos y hagan conocer su voluntad. Sus voces deben oírse en medio del ruido y la confusión, causadas por la impenitencia. Los que están en la sinagoga de Satanás, profesarán estar convertidos y a menos que los siervos de Dios sean perspicaces, no discernirán la labor del poder de las tinieblas. — *Carta 98, del 19 de Junio de 1901.*

Las señales de los tiempos, las guerras y rumores de guerras, las huelgas, los asesinatos, los robos y los accidentes, nos dicen que el fin de todas las cosas está cerca. La Palabra de Dios declara: "Como fue en los días de Noé, así será la venida del Hijo del Hombre. Porque en los días anteriores al diluvio, la gente comía y bebía, se casaban y se daban en casamiento, hasta el día en que Noé entró en el arca. Y no conocieron hasta que vino el diluvio y llevó a todos. Así también será la venida del Hijo del Hombre" (Mateo 24:37-39).

Cuán veraz es esta descripción de la condición del mundo, hoy. Los periódicos están llenos de noticias: gente que se divorcia y se vuelve a casar, ceremonias que han sido condenadas por el Salvador; anécdotas de fiestas y juegos, de competencias pugilísticas en las cuales los seres humanos se mutilan y desfiguran unos a otros para exhibir su fuerza brutal.

En conformidad con Lucifer, su gran líder, los hombres se están preparando para representarlo. Nadie puede dudar de la veracidad de las palabras de los profetas: "Los impíos obrarán impíamente, y ninguno de los impíos entenderá" (Daniel 12:10). Hay un espantoso aumento de la degeneración moral. Bajo la dirección de Satanás, los hombres ya no se espantan por el derramamiento de sangre y la violencia...

No son sólo las agencias humanas que, imbuidas por el espíritu de Satanás, se agrupan contra Dios. Satanás mismo está al frente de su ejército, esforzándose con todo su empeño para complementar las fuerzas que están bajo su mando y tomar venganza sobre el pueblo de Dios. Sabiendo que le queda poco tiempo, ha descendido con gran poder para trabajar contra todo lo bueno. Él llena la mente de sus instrumentos de odio contra Dios y con un intenso deseo de venganza. En las Escrituras se representa a Satanás como un león rugiente que anda rondando, en busca de quién devorar.

En su mayor, parte los habitantes del mundo se han entregado al control de Satanás. Él actúa como el dios de este mundo. Los seres humanos, totalmente entregados al mal, cooperan con él en sus conspiraciones y le ayudan a llevar a cabo sus planes contra el gobierno de Dios...

Entre el pueblo de Dios no debe haber discordia ni controversia, ni guerra entre unos y otros. Las fuerzas de la justicia deben estar unidas en el conflicto contra el mal. Toda la fuerza del pueblo de Dios debe ser dirigida contra las fuerzas del enemigo. La voluntad de cada hijo de Dios debe ser puesta bajo la voluntad de Dios. Los grandes esfuerzos de Satanás contra los agentes de Dios, muestran la necesidad de unión y armonía entre las fuerzas de la justicia.

Un terrible conflicto está delante de nosotros. Nos acercamos a la batalla del gran día del Dios Todopoderoso. Lo que está bajo control ahora, entonces quedará suelto; el ángel de la misericordia está plegando sus alas, preparándose para retirarse del trono de oro, para dejar al mundo bajo el dominio de Satanás, el rey que éste ha escogido, asesino y destructor desde el mismo principio.

Los principados y potestades de la tierra están en amarga revuelta contra el Dios del cielo. Están llenos de odio contra todos los que sirven a Dios y pronto, muy pronto, se librará la última gran batalla entre el bien y el mal. La tierra será el campo de combate. El escenario del final conflicto y de la victoria final. Aquí, donde por tanto tiempo Satanás ha dirigido a los hombres contra Dios, la rebelión será extirpada para siempre.

El pueblo de Dios ha de dar un decidido testimonio en favor de la verdad, por medio de la pluma y la voz, para poner en evidencia los propósitos del Señor. Ha de proclamar de lugar en lugar el mensaje de la Palabra de Dios, para que los hombres y mujeres puedan comprender la verdad... —*Carta 153, del 26 de Octubre de 1901.*

—*Manuscrito 124, del 9 de Diciembre de 1901.*

Se me presentó todo el tercer capítulo de Zacarías y se repitieron las palabras: "El Señor me mostró al sumo sacerdote Josué que estaba en pie ante el Ángel del Eterno. Y Satanás estaba a su derecha para acusarlo. Dijo el Eterno a Satanás: „El Señor te reprenda, oh Satanás; el Señor que ha elegido a Jerusalén, te reprenda. ¿No es éste un tizón arrebatado del incendio?"" (Zacarías 3:1, 2)...

Después que Satanás lleva a los hombres a posturas erradas, se para a la mano derecha del Ángel, haciendo el papel de adversario del hombre, para resistir todo esfuerzo que se haga por salvar lo que ha sido adquirido con la sangre del Cordero de Dios. El diablo persigue a aquellos a quienes él ha inducido a pecar. Es el acusador de los hermanos. Día y noche él los acusa ante Dios. Ésta es su obra especial.

La contravención de la ley de Dios es una perversión de los principios correctos. Aquellos que por medio de sus acciones pervierten los grandes principios de su santa ley, están bajo condenación; porque la justicia de Cristo no puede cubrir un pecado impenitente. La ley ha sido respetada superficialmente. "Cuando la sentencia sobre un crimen no se ejecuta enseguida, el corazón de los hombres se llena para hacer el mal" (Eclesiastés 8:11). Debemos obedecer la ley de Dios si queremos ser leales a él y aceptados por él.

El primer paso hacia la obediencia, es examinarse uno mismo a la luz de la ley y así descubrir la penalidad de la transgresión. Los que en el pueblo de Dios no purifican sus almas poniéndose en contacto con la luz irrebatible, son un reproche para su causa gloriosa. A menudo aquellos que deben permanecer leales y fieles a los principios, son abominables a la vista de Dios porque Dios, en su justicia, no puede soportar los pecados que ellos acarician; pecados que no sólo los llevan por caminos falsos, sino que también llevan a otros por el mal camino.

Vuelva a leer cuidadosamente estos dos versículos: "El Señor me mostró al sumo sacerdote Josué que estaba en pie ante el Ángel del Eterno. Y Satanás estaba a su derecha para acusarlo. Dijo el Eterno a Satanás: „El Señor te reprenda, oh Satanás; el Señor que ha elegido a Jerusalén, te reprenda. ¿No es éste un tizón arrebatado del incendio?"" (Zacarías 3:1,2). Él (Josué) era representante de un pueblo imperfecto, pecador, que se había contaminado con el pecado. Satanás acusaba a Josué de ser un malhechor. ¿Cuál es entonces, la única esperanza del pueblo de Dios en su abandono del carácter cristiano? Su única esperanza es una reconversión, arrepentimiento y fe en nuestro Señor y Salvador Jesucristo, hecho para nosotros justicia y santificación. En el cielo, Josué era considerado como un pecador justificado...

A Josué se lo acusó de ser un pecador; pero a Jesucristo, el portador de los pecados, el sustituto del ofensor a quien señalan todos los tipos, no se lo puede acusar así. Él es el que perdona el pecado del creyente pecador arrepentido. ¡Qué triste es que por su falta de espiritualidad, los seres humanos permitan que Satanás los acuse de ser indignos! —*Carta 153, del 26 de Octubre de 1901.*

La Palabra de Dios declara que cuando le venga mejor, el enemigo, por medio de sus agentes, manifestará un gran poder bajo un despliegue fingido de cristianismo: "para engañar, si fuera posible, aun a los escogidos" (Mateo 24:24). El enemigo se revelará por medio de personas a quienes él mismo les dará poder para obrar milagros. Él crea el dolor, el sufrimiento y la enfermedad. Simulando cambiar su naturaleza, aparentemente sana a aquellos a quienes él ha atormentado...

Los así llamados de alta crítica, pondrán todo su ingenio en un esfuerzo por invalidar la Palabra de Dios. Pero hay un Crítico superior, más poderoso que cualquier mente humana...

Zacarías representa a los escogidos de Dios, y muestra su lealtad a la ley santa en un tiempo de degradación sin precedentes; cuando por medio de la pluma y de la voz el así llamado mundo protestante, demuestra su marcado desdén por la ley de Dios, revelando por sus acciones que han decidido no reconocer sus normas como regla de vida.

Los hombres se están imbuyendo rápidamente con un intenso odio, hasta el punto de no querer oír que se mencione la ley. Se están acercando rápidamente a los límites establecidos por la longanimidad divina. Pronto se sobrepasarán los límites de su gracia. Entonces él interferirá y vindicará su propio nombre y ante todo el mundo magnificará su ley como santa, justa y buena, tan inmutable como su propio carácter.

Los ojos del Señor están sobre su pueblo, que sufrirá por causa de la verdad. No todos han sido firmes y leales a los principios. Algunos han erigido ídolos y les han servido. Esto los ha separado de Dios...

Aquellos que honran a Dios y guardan sus mandamientos, están sujetos a las imputaciones de Satanás. El enemigo trabaja con toda su energía para llevar a las personas al pecado. Luego arguye que a causa de sus pecados pasados, se le debe permitir ejercer su crueldad diabólica contra ellos, por ser sus súbditos. Zacarías escribió acerca de su obra: "El Señor me mostró al sumo sacerdote Josué (un representante del pueblo que guarda los mandamientos de Dios) que estaba en pie ante el Ángel del Eterno. Y Satanás estaba a su derecha para acusarlo" (Zacarías 3:1).

Cristo es nuestro Sumo Sacerdote. Satanás está frente a él noche y día, como acusador de los hermanos. Con su poder magistral, presenta cada rasgo objetable de carácter como razón suficiente para que se retire el poder protector de Cristo, permitiendo así a Satanás que desanime y destruya a aquellos que ha hecho pecar. Pero Cristo ha hecho expiación por cada pecador. Por fe, podemos oír a nuestro Abogado, que dice: "El Señor te reprenda, oh Satanás; el Señor que ha elegido a Jerusalén, te reprenda. ¿No es éste un tizón arrebatado del incendio? (Zacarías 3:2).

"Josué estaba ante el Ángel, vestido de ropa sucia" (Versículos 3). Así aparecen los pecadores delante del enemigo, quien, mediante su magistral poder engañador, los ha apartado de su lealtad a Dios. Con vestimentas de pecado y vergüenza, viste el enemigo a los que han sido vencidos por sus tentaciones, y entonces declara que no es justo que Cristo sea su Luz, su Defensor.

Pobres y arrepentidos mortales, oigan las palabras de Jesús, y crean mientras oyen: "Y habló el ángel y mandó a los que estaban delante de él, diciendo: „quitadle esas vestiduras viles". Borraré sus transgresiones. Cubriré sus pecados. Le atribuiré mi justicia". Y a él le dijo: „Mira que he quitado de ti tu pecado, y te he hecho vestir de ropas de gala"" (Versículo 4).

Las vestiduras viles han sido quitadas, pues Cristo dice: "He quitado de ti tu pecado". La iniquidad es transferida al inocente, al puro, al santo Hijo de Dios; y el hombre, del todo indigno, está ante el Señor limpio de toda injusticia y vestido con la justicia imputada de Cristo. ¡Oh, qué cambio de vestiduras es éste!

Y Cristo hace todavía más que esto para ellos: "Después dijo: Pongan mitra limpia sobre su cabeza. Y pusieron una mitra limpia sobre su cabeza, y lo vistieron de ropa limpia, mientras el Ángel del Eterno estaba presente. Y el Ángel del Señor aseguró a Josué: Así dice el Eterno Todopoderoso: Si andas por mis caminos, y guardas mi ordenanza, también tú juzgarás mi casa, también tú guardarás mis atrios, y te daré lugar entre éstos que están aquí" (Versículos 5-7).

Este es el honor que Dios conferirá a todos los que estén vestidos con las vestiduras de la justicia de Cristo. Teniendo un motivo de aliento como éste ¿cómo pueden los hombres continuar en el pecado? ¿Cómo pueden afligir el corazón de Cristo?

Siempre ha habido dos clases en el mundo: los obedientes y los desobedientes, lo genuino y lo falso. En medio de las tentaciones y engaños de Satanás, todos deben permanecer fieles a los mandamientos de Dios. Entonces Cristo restaurará la imagen moral de Dios en el hombre, y terminará la obra que comenzó con el plan de redención, presentando al hombre delante de Dios, vestido de su justicia (la de Cristo). —*Manuscrito 125, del 9 de Diciembre de 1901.*

La transgresión se está desarrollando de una manera muy destacada. Encontraremos a aquellos que han recibido luz y evidencias, pero que en su perversidad rechazan todo lo que no armoniza con sus propios planes y persisten en su determinación de seguir su propia voluntad. Ellos mismos se niegan a recibir lo bueno, y hacen todo lo posible para llevar a otros a considerar con indiferencia la Palabra del Señor. Hombres doctos en la sabiduría del mundo pensarán que pueden explicar los misterios del mundo, pero al explicar los misterios del evangelio en Cristo, las criaturas y los niños están mucho más adelantados que ellos. El Señor escoge como maestros a hombres indoctos e ignorantes, porque él ve que están tan dispuestos a aprender como a enseñar...

Hoy día las verdades de las Escrituras deben presentarse a los grandes del mundo, a fin de que puedan escoger entre obedecer la ley de Dios o servir al príncipe del mal. Dios les presenta la verdad eterna, la verdad que los hará sabios para la salvación; pero no los obliga a aceptarla. Si se apartan de ella, los abandona a sus propios medios, para que se llenen con los frutos de sus propias obras. —*Manuscrito 106, del 21 de Julio de 1902.*

Los impíos están siendo atados en manojos, atados en consorcios comerciales, en sindicatos o uniones y confederaciones. No tengamos nada que ver con esas organizaciones. Dios es nuestro Soberano, nuestro gobernante y nos llama a que salgamos del mundo y estemos separados. "Salid de en medio de ellos, y apartaos dice el Señor. Y no toquéis lo inmundo" (2 Corintios 6: 17). Si rehusamos hacer esto, si continuamos vinculándonos con el mundo y si consideramos cada asunto desde el punto de vista del mundo, llegaremos a ser como el mundo. Cuando los procedimientos del mundo y las ideas del mundo rigen nuestras transacciones, no podemos estar en la elevada y santa plataforma de la verdad eterna.

Frente a nosotros hay un tremendo conflicto. Dios llama a su pueblo a estar firme sobre la plataforma de la verdad eterna. Los llama a estar en perfecta unidad, en integridad y promete que él estará con nosotros para ayudarnos por medio de su poder maravilloso. Tal vez tengamos que perder la vida en el conflicto, pero finalmente recibiremos una corona de vida que nunca perderá su resplandor. —*Manuscrito 71, del 18 de Junio de 1903.*

Una cosa es cierta: los adventistas del séptimo día que adoptan su posición bajo la bandera de Satanás, primero abandonarán su fe en las advertencias y reproches contenidos en los testimonios del Espíritu de Dios...

Algunos que ahora están promoviendo las sugerencias de Satanás, volverán en sí más tarde. Hay algunos que ocupan importantes posiciones de confianza que no entienden la verdad para este tiempo. A ellos se les debe presentar el mensaje. Si lo reciben, Cristo los aceptará y los hará sus colaboradores.

Pero si se niegan a oír el mensaje, se pondrán en las filas en conformidad con el estandarte azabache del príncipe de las tinieblas. —*Carta 156, del 27 de Julio de 1903.*

El pueblo de Dios, debe aprender a forjar caracteres que les permitan enfrentar las pruebas y dificultades de los últimos días. Muchos viven en una tibieza espiritual y en apostasía. No saben lo que creen. Leamos y estudiemos el duodécimo capítulo de Daniel. Es una advertencia que todos necesitamos entender antes del tiempo del fin. Hay ministros que profesan creer la verdad, pero no han sido santificados por ella. A menos que se produzca un cambio en sus vidas, dirán: "Mi Señor se tarda en venir"...

Las señales de los tiempos se están cumpliendo en nuestro mundo, sin embargo, en general, las iglesias están adormecidas. ¿No aprenderemos de la experiencia de las vírgenes fatuas que cuando vino el llamado: "¡Ahí viene el novio! ¡Salid a recibirlo!" (Mateo 25:6), se dieron cuenta de que no tenían aceite en sus lámparas? Mientras iban a comprar, la procesión avanzó y las dejó atrás. Las cinco que tenían sus lámparas encendidas se unieron a la muchedumbre, entraron en la casa con el séquito nupcial y la puerta se cerró. Cuando las vírgenes fatuas llegaron al salón del banquete, recibieron un rechazo inesperado. El jefe de la fiesta declaró: "No os conozco" (Versículo 12). Fueron dejadas afuera, en la calle desierta, en las tinieblas de la noche. —*Carta 161, del 30 de Julio de 1903.*

El enemigo trabaja incansablemente para engañar a los seres humanos y apartarlos de Dios. En el futuro, él y sus ángeles tomarán la forma de seres humanos y obrarán para hacer que la verdad de Dios no tenga efecto...

Lo que ha sido representado en Apocalipsis 12 se cumplirá en estos últimos días. Satanás continuará el gran conflicto que empezó en el cielo, del cual leemos: "Y hubo una gran batalla en el cielo. Miguel y sus ángeles combatieron al dragón, y el dragón y sus ángeles combatieron; pero éstos no prevalecieron, ni se halló más lugar para ellos en el cielo" (Apocalipsis 12:7, 8). —*Carta 165, del 3 de Agosto de 1903.*

Los hombres exaltarán y rigurosamente implementarán leyes que están en oposición directa a la ley de Dios. Aunque serán celosos en imponer sus propios preceptos, se apartarán de un claro: "Así dice el Señor". Exaltando un día de reposo espurio, procurarán obligar a los hombres a deshonrar la ley de Jehová, el trasunto de su carácter.

Aunque inocentes, los siervos de Dios serán entregados a sufrir humillación y abuso a manos de aquellos que, inspirados por Satanás, están llenos de envidia y fanatismo religioso...

Cuando Cristo padeció por la raza humana, no sintió inquietud, desesperación ni odio. Cuán diferentes serán los sentimientos del pecador que no ha aprovechado el sacrificio expiatorio de Cristo. Demasiado tarde comprenderá lo que ha perdido, al negarse a aceptar la salvación que Dios le ofrecía. Su corazón se llenará entonces de agonía, remordimiento y desesperación, aun cuando seguirá siendo incitado por el odio satánico contra Dios. —*Manuscrito 87, del 11 de Agosto de 1903.*

A causa de sus frecuentes triunfos, Satanás se está tornando más atrevido y desafiante en su rebelión contra Dios. El rápido progreso del mal y la confusión entre las clases trabajadoras, revelan que los hombres están tomando partido con celeridad. Están siendo atados en manojos para ser quemados. Los gremios laborales son incitados rápidamente a la violencia, si no se satisfacen sus demandas. Cada vez más se ve claramente que los habitantes del mundo no están en armonía con Dios. Ninguna teoría científica puede explicar la marcha constante de los obradores de maldad bajo el mando de Satanás. En cada tumulto hay ángeles malos, que trabajan para excitar a los hombres a cometer actos de violencia... Satanás parece tener control sobre la mente de los hombres. Los asesinatos, robos y maldades de todo tipo revelan la técnica del gran enemigo de las almas.

En los días de Noé, la tierra estaba llena de violencia y Cristo declaró que así serán los últimos días. La historia del pasado se volverá a repetir. La perversidad y la crueldad de ellos llegarán a tal grado, que Dios se revelará en toda su majestad. Muy pronto la maldad del mundo habrá llegado a su límite y, como en los días de Noé, Dios derramará sus juicios.

Pero aún cuando la maldad llegue a su apogeo, podemos saber que nuestro Ayudador está a nuestro lado. —*Carta 250, del 16 de Noviembre de 1903.*

En el futuro tendremos que ejercer gran vigilancia. No debería haber insensatez espiritual entre el pueblo de Dios. Los malos espíritus están trabajando activamente para tratar de dominar las mentes de los seres humanos. Los hombres se están uniendo en gavillas, listos para que los consuma el fuego de los últimos días. Los que no acepten a Cristo en su justicia, aceptarán los sofismas que están invadiendo al mundo. Los cristianos deben ser sobrios y velar, para resistir firmemente a su adversario el diablo, que anda alrededor como león rugiente buscando a quién devorar.

Los hombres harán milagros bajo la influencia de los malos espíritus. Enfermarán a la gente mediante sus encantamientos, y después la inducirán a creer que los enfermos fueron sanados en forma milagrosa. Satanás ha hecho esto vez tras vez.

Estamos viviendo en el gran día de la expiación, y debemos confesar nuestros pecados después de arrepentirnos cabalmente. Debemos ejercer todas nuestras capacidades para librarnos de los hombres impíos e irrazonables. Satanás desciende como un hermoso ángel, y presenta encantadoras escenas delante de los ojos de los que han pervertido sus caminos en presencia del Señor, y que no pueden ver lo que son ni saben lo que necesitan. El enemigo ha descendido con gran poder, con todo engaño de iniquidad en los que perecen. Los que están determinados a exaltarse a sí mismos deben ser excluidos... —*Carta 259, del 23 de Noviembre de 1903.*

¿Por cuánto tiempo se rechazarán los testimonios de advertencia, para dar lugar a la sabiduría de los hombres? Hay muchas cosas que no he querido especificar, pero me siento obligada a hacerlo... Ahora tendré que ser más explícita que nunca. Me siento obligada a hacerlo para salvar al rebaño de Dios de las influencias engañosas...

Es posible que sea necesario hacer la misma obra que el Señor inspiró a sus mensajeros a hacer en el pasado, para salvar al mayor número de almas de las influencias satánicas que los desencaminarían. La opinión del mundo se opondrá a la misma obra que se debe hacer, para no exponer al peligro la seguridad del rebaño de Dios.

El hecho de que hombres, a quienes podría mencionar por nombre, estén expuestos al peligro por los sofismas que están entrando en este momento, demuestra que hay un poder infernal que está dejando sus huellas en las mentes humanas. Toda maniobra hecha ahora requiere cuidadosa vigilancia, porque las fuerzas de Satanás tienen las mentes bajo su control, y se esforzarán por perturbar la fe en la experiencia del pasado que lleva la aprobación del cielo. Las influencias engañosas que trabajan en la mente de los hombres, tienen el objetivo de perturbar la fe del pueblo de Dios en los testimonios que el Señor le ha dado a su pueblo.

En su Palabra, el Señor declara lo que hubiese hecho por Israel si éste hubiera obedecido su voz. Pero los líderes del pueblo cedieron a las tentaciones de Satanás y Dios no pudo darles las bendiciones que pensaba proporcionarles, porque ellos no obedecieron su voz, sino que escucharon la voz y siguieron el plan de acción de Lucifer. Esta experiencia se volverá a repetir en los últimos años de la historia del pueblo de Dios, que él había establecido por su gracia y poder. En las escenas finales de la historia de esta tierra, hombres a quienes él [Dios] ha honrado grandemente, imitarán al antiguo Israel, porque están convirtiendo la verdad de Dios en una falsedad. Y Lucifer traerá muchas herejías que engañarán, si es posible, aun a los escogidos...

Recuerde que la historia se volverá a repetir. El pueblo de Dios, volverá a enfrentar en forma más intensa los peligros que enfrentó en el pasado. Satanás ha ejercido su influencia sobre los hombres a quienes Dios había honrado por encima de todas las inteligencias humanas...

Las cosas que presentaban los sacerdotes y gobernantes, se habían contaminado con teorías erróneas. El evangelio del Antiguo Testamento había sido mal interpretado por los maestros, que querían adaptar su presentación a su condición espiritual, en vez de exaltar la verdad y trabajar para traer al pueblo que decía ser el pueblo escogido de Dios, a los principios santos legados por él. Cristo vino a dar al evangelio su pureza y verdadero rumbo, y todos deben respetar su enseñanza.

El Señor estaba guiando a su pueblo a la verdad pura. Las Escrituras muestran lo que habían perdido y continuarían perdiendo, a menos que regresaran a la Palabra y rehusaran dejar que lo que habían oído se escapara de su memoria.

A menos que prestemos mayor atención a la Palabra de Dios, las mentes humanas maquinarán teorías según sus propias prácticas deficientes, como las que presenciamos en 1842, 1843 y sobre todo al correr el tiempo (el 22 de octubre de 1844), mal interpretarán y aplicarán mal un: "Así dice el Señor". El apartarse de los grandes principios que Cristo ha establecido en sus enseñanzas, la invención de proyectos humanos, el uso de las Escrituras para justificar una conducta equivocada bajo la labor perversa de Lucifer, confirmará a los hombres en el error. La verdad que necesitan para mantenerlos alejados de las prácticas erróneas, se escurrirá del alma como agua que se escurre de una vasija rota.

Lo mismo sucede en nuestro tiempo. El apartarse de los principios correctos cegará el entendimiento en cuanto a qué es la verdad... Aquellos que rechazan los testimonios que Dios ha enviado, no están comiendo la carne ni bebiendo la sangre del Hijo de Dios. El carácter que se ha desarrollado contará su historia hasta el fin. Por medio del rechazo a los principios correctos y de la corrupción de la naturaleza humana, Satanás trabaja con sofismas para engañar si es posible, aun a los escogidos. —Manuscrito 5, del 20 de Enero de 1904.

No tenemos tiempo que perder. El tiempo de angustia está frente a nosotros. El mundo está dominado por el espíritu de guerra. Pronto se cumplirán las escenas de tribulación mencionadas en las profecías. Las profecías del capítulo once de Daniel ya casi han alcanzado su cumplimiento final. La mayor parte de la historia que ha ocurrido en cumplimiento de esta profecía, se volverá a repetir. En el versículo 30 se habla de un poder que "se desalentará. Entonces volverá, y se enojará contra el pacto santo. Volverá, pues, y favorecerá a los que abandonen el santo pacto. Sus fuerzas profanarán el Santuario de la fortaleza, quitarán el continuo sacrificio, y pondrán la abominación asoladora. Con lisonjas hará pecar a los violadores del pacto. Pero el pueblo que conoce a su Dios, se mantendrá firme y activo.

"Los sabios del pueblo instruirán a muchos; y por algunos días caerán a espada y a fuego, en cautividad y despojo. Y en su caída serán ayudados de pequeño socorro; y muchos se juntarán a ellos con lisonjas. También algunos de los sabios caerán para ser depurados y limpiados y emblanquecidos, hasta el tiempo determinado; porque aún para esto hay plazo.

"El rey hará a su voluntad, se ensoberbecerá y se exaltará sobre todo dios. Hablará terribles ofensas contra el Dios de los dioses. Y prosperará hasta que se complete la ira, porque lo que está determinado se cumplirá" (Daniel 11:30-36).

Ocurrirán escenas similares a las descriptas en estos versículos. Es evidente que Satanás, rápidamente, está obteniendo dominio sobre la mente de los que no tienen temor de Dios. Todos deben leer y entender las profecías de este libro, porque nosotros estamos por entrar en el tiempo de angustia predicho...

"En aquel tiempo se levantará Miguel, el gran Príncipe que protege a tu pueblo. Y será tiempo de angustia, cual nunca fue desde que hubo gente hasta entonces. Pero en ese tiempo será librado tu pueblo, todos los que se hallen escritos en el libro. Muchos de los que duermen en el polvo de la tierra serán despertados, unos para vida eterna, y otros para vergüenza y confusión eterna. Entonces los sabios resplandecerán como el fulgor del firmamento: y los que enseñan la justicia a la multitud, como las estrellas a perpetua eternidad. Pero tú, Daniel, cierra las palabras y sella el libro hasta el tiempo del fin. Muchos correrán de aquí para allá, y la ciencia se aumentará" (Daniel 12:1-4).

El Espíritu de Dios se está retirando del mundo. Éste no es el momento para que los hombres se exalten a sí mismos. No es tiempo para que el pueblo de Dios erija edificios costosos, ni para que usen los talentos que el Señor les ha confiado, para ensalzarse a sí mismos. —*Carta 103, del 24 de Febrero de 1904.*

En nuestro mundo hay muchos hombres como Cornelio... Como Dios obró por Cornelio, así obra por estos verdaderos portadores de la verdad. Él prepara el camino para que ellos tomen el lugar de aquellos a quienes se les ha dado un conocimiento de la verdad de la Biblia, pero que han defraudado a nuestro Señor y Salvador. Al investigar las leyes que gobiernan nuestro mundo, estos hombres serán leales a los principios puros y santos. Como Cornelio, a través de la visita de los ángeles del cielo, obtendrán un conocimiento de Dios. —*Carta 197, del 15 de Junio de 1904.*

Durante la noche pasó ante mí una escena sumamente impresionante. Parecía haber gran confusión y lucha de ejércitos. Un mensajero del Señor se paró ante mí y dijo: "Llama a tu familia. Yo os conduciré; seguidme". Me llevó por un oscuro pasaje a través de un bosque, luego por un desfiladero de las montañas, y dijo: "Aquí estarás segura". Había otros que habían sido llevados a aquel retiro. El mensajero celestial dijo: "El tiempo de prueba vendrá como ladrón en la noche, como el Señor anunció que vendría". —*Manuscrito 153, del 2 de Noviembre de 1905.*

El tiempo de prueba está delante de nosotros. Debemos edificar sobre la roca que resistirá la tormenta de las pruebas y dificultades. Al ver el cumplimiento de las profecías, sabemos que el fin de todas las cosas está cerca... El Dios que instruyó a Daniel acerca de las escenas del cierre de la historia de este mundo, ciertamente confirmará el testimonio de sus siervos cuando en el momento fijado proclamen el fuerte clamor.

Los mensajes dados desde 1840 deben ser categóricos ahora... No debe haber demora en repetir el mensaje, porque las señales se están cumpliendo. Debe hacerse la obra final. Se hará una gran obra en un corto tiempo. Pronto se dará un mensaje designado por Dios y crecerá en el fuerte clamor. Entonces Daniel estará en pie para dar su testimonio.

Debemos llamar la atención de nuestras iglesias. Estamos en los bordes del mayor evento en la historia de este mundo, y Satanás no debe tener poder sobre el pueblo de Dios para hacer que siga durmiendo.

Aparecerá el papado en su poder. Todos deben despertar ahora y escudriñar las Escrituras, porque Dios le dará a conocer a su pueblo fiel lo que sucederá en el tiempo del fin. La Palabra del Señor vendrá con todo poder sobre su pueblo.

Las señales del fin se están cumpliendo rápidamente. El tiempo de angustia está muy cerca. Seremos probados como nunca lo hemos sido hasta aquí. El tiempo de prueba está cerca, y debemos despertar a esta realidad. Debemos estar seguros de que estamos en el camino estrecho. Necesitamos una experiencia que aún no hemos experimentado para que tengamos la convicción de que él es una ayuda presente en tiempo de necesidad... El tiempo de angustia, angustia como no ha habido desde que hubo nación, es inminente, y nos encontramos como las vírgenes dormidas. Debemos despertar y pedirle al Señor Jesús, que nos sostenga con sus brazos eternos y nos lleve a través del tiempo de prueba que está frente a nosotros.

Desviemos nuestra atención de las cosas insignificantes, y entreguémonos a Dios. Difícilmente imaginamos que a los ángeles destructores ya se les permite traer desastre y destrucción en su trayectoria... ¡Cuán poco sabemos de lo qué está ocurriendo en el cielo! Qué temible indiferencia demuestran los seres terrenales frente a las realidades eternas. Las almas no están preparadas para lo que está a punto de ocurrir en nuestro mundo. Se debe dar la advertencia. El fin de todas las cosas está cerca.

Se debe proclamar el último mensaje de misericordia, para preparar al pueblo para estar en pie en estos últimos días. Todo lo que pueda sacudirse será sacudido y lo que no pueda sacudirse, permanecerá. —*Carta 54, del 30 de Enero de 1906.*

Vendrá el tiempo en que muchos serán privados de la Palabra Escrita. Pero, si ésta está impresa en la memoria, nadie nos la puede quitar: es un talismán que enfrentará los peores errores y el mal.

Ahora debemos hacer una obra diligente para la eternidad. Sólo por un corto tiempo el Señor es paciente con la maldad flagrante que existe en el mundo. Oh, ¡cuán repentinamente vendrá el fin, sorprendiendo al mundo en su iniquidad creciente!

Durante los últimos cincuenta años he estado recibiendo revelación con respecto a las cosas celestiales... Lamentamos mucho cuando leímos el artículo escrito por el pastor Tenney en la revista Medical Missionary on the Sanctuary question [La obra médica misionera sobre la cuestión del Santuario]. El enemigo ha triunfado una vez más sobre este pastor. Si este ministro se hubiese mantenido lejos de las influencias seductoras que Satanás está ejerciendo actualmente en Battle Creek, todavía podría estar en una situación ventajosa... El tema del Santuario es el fundamento de nuestra fe...

Hay un santuario y en ese santuario se encuentra el arca, y en el arca están las tablas de piedra en las que está escrita la ley pronunciada en el Sinaí, en medio de escenas de majestuosa grandeza. Estas tablas de piedra están en los cielos, y serán presentadas en aquel día cuando el juez se siente y se abran los libros y los hombres sean juzgados por las cosas que están escritas en los libros. Serán juzgados por la ley que Dios mismo escribió con su dedo en las tablas de piedra, y que entregó a Moisés para que las depositara en el arca del pacto. Se guarda un registro de las acciones de todos los hombres, y cada hombre recibirá su sentencia de acuerdo a sus obras, ya sean buenas o malas. —*Manuscrito 20, del 7 de Febrero de 1906.*

Hoy ocurre lo mismo que sucedió en los días de Noé, cuando se dio la invitación para que todos los que quisieran entraran en el arca. No sabemos cuán pronto se dará el último mensaje de amonestación y nuestros casos estarán decididos para la eternidad. Se esperaba que todos los habitantes del tiempo de Noé, entraran en el arca antes que se cerraran las puertas. Después que éstas se clausuraron, los que entraron fueron probados duramente, pues estuvieron en el arca una semana entera antes que comenzara a llover. ¡Oh, qué terribles fueron las burlas y cómo desafiaron a Dios los que no quisieron entrar! Pero cuando terminó esa semana, la lluvia comenzó a caer suavemente. Esto era algo nuevo para ellos. La lluvia continuó hasta que cada ser viviente fue arrasado de sobre la faz de la tierra. Pero una familia, la que entró en el arca, se salvó.

Nosotros necesitamos prepararnos ahora para cuando comiencen a desarrollarse las escenas finales de la historia terrenal. Escudriñe cada cual diligentemente su propio corazón y conviértase, para que sus pecados puedan ser perdonados. El mundo se opone cada vez más y en forma más decidida, a Dios y a su verdad. Todos los que quieran hacer la voluntad de Dios, lograrán obtener conocimiento y su experiencia será valiosa. Debemos prepararnos ahora para hacer una gran obra en muy corto tiempo. Debemos tener una experiencia individual.

Me sentí abrumada pensando en la situación de aquellos que han tenido gran luz y, sin embargo, paso a paso, han seguido rechazándola. —*Carta 84, del 17 de Febrero de 1906.*

Satanás aún no ha abandonado su creencia de que los ejércitos del mundo serán tan enormes, que derrotarán al ejército de las huestes celestiales. —Carta 90, del 6 de Marzo de 1906.

Los que hacen el bien, que temen y glorifican a Dios, dirán como David: "Es tiempo de que actúes, oh Señor, porque han invalidado tu Ley" (Salmos 119:126). Y solamente cuando los hombres lleguen hasta el punto de invalidar la ley de Dios, en los pueblos y en las ciudades, la corrupción universal de la ley de Jehová llegará a ser un mal destructivo y resoluto.

Por boca del profeta Sofonías, el Señor habla de los juicios con que afligirá a los que hacen el mal: "Arrasaré por completo todas las cosas de la superficie de la tierra, dice el Señor. Destruiré a los hombres y a las bestias, destruiré las aves del cielo y los peces del mar. Cortaré a los impíos, y raeré de la tierra a los hombres, dice el Eterno. Extenderé mi mano contra Judá, y contra todo habitante de Jerusalén. Exterminaré de este lugar el resto de Baal, y el nombre de los sacerdotes idólatras, a los que se postran en los terrados al ejército del cielo, y a los que se postran y juran por el Eterno y por el dios Milcom, a los que se apartan del Señor, y no lo buscan, ni lo consultan. Calla en la presencia del Señor, del Eterno, porque el día del Señor está cerca, porque él ha preparado sacrificio, ha consagrado a sus convidados. En ese día del sacrificio del Eterno, castigaré a los príncipes, a los hijos del rey y a todos los que visten a la moda extranjera. También castigaré en ese día a todos los que saltan los umbrales, los que llenan de robo y engaño la casa de sus dioses. Y habrá en ese día, dice el Eterno, clamor desde la Puerta del Pescado, y aullido desde la segunda ciudad, y gran quebranto desde las colinas" (Sofonías 1:2-10).

"He oído las afrentas de Moab, y los insultos de Amón con que deshonraron a mi pueblo, y se engrandecieron a costa de su territorio" (Sofonías 2:8).

"Por tanto, esperadme, dice el Eterno, hasta el día en que me levante como testigo. Porque mi determinación es reunir a las naciones, juntar a los reinos, para derramar sobre ellos mi enojo, todo el ardor de mi ira. Por el fuego de mi celo será consumido el mundo entero. Entonces daré labios limpios a los pueblos, para que todos invoquen el Nombre del Eterno, y le sirvan de común acuerdo. Desde más allá de los ríos de Etiopía, mis suplicantes, mis hijos dispersos, me traerán ofrenda. En aquel día no serás avergonzada por tus obras con que te revelaste contra mí. Porque entonces quitare de en medio de ti a los que se jactan con soberbia, y nunca más te engreirás en mi santo monte. Dejaré en medio de ti un pueblo manso y humilde, que confiará en el Nombre del Eterno. El remanente de Israel no cometerá injusticia ni dirá mentira, ni en su boca se hallará lengua engañosa. Serán apacentados y dormirán, y no habrá quien los atemorice" (Sofonías 3:8-13).

"¡Canta, hija de Sión! ¡Da voces de júbilo, Israel! ¡Gózate y regocíjate de todo corazón, hija de Jerusalén! El Eterno ha retirado sus juicios contra ti, ha expulsado a tus enemigos. El Señor, el Rey de Israel, está en medio de ti. Nunca más verás el desastre. En aquel tiempo se dirá a Jerusalén: „¡No temas, Sión, ni se debiliten tus manos! El Eterno está en medio de ti, poderoso, él salvará. Se gozará sobre ti con alegría, te pacificará con su amor, se regocijará sobre ti con cantar. Reuniré a los afligidos por estar apartados de los grupos solemnes; tuyos son, y sufrían por esa humillación. En ese tiempo yo exterminaré a todos tus opresores. Salvaré a la lisiada, y traeré a la descarriada; y las pondré por alabanza, por renombre en toda la tierra. En ese tiempo yo os traeré, en ese tiempo os reuniré yo. Y os pondré por renombre y alabanza entre todos los pueblos de la tierra, cuando restaure vuestros cautivos ante vuestros propios ojos, dice el Eterno"" (Sofonías 3:14-20).

Habrá una serie de acontecimientos que tendrán por objeto mostrar que Dios domina la situación. La verdad será proclamada en un lenguaje claro e inequívoco. Los que predican la verdad, se esforzarán por demostrarla mediante una vida bien ordenada y una piadosa conversación. Y al hacerlo, llegarán a ser poderosos para proclamar la verdad y darle la aplicación acertada que Dios le ha dado...

Como pueblo, debemos preparar el camino del Señor, bajo la supervigilancia del Espíritu Santo, para la diseminación del Evangelio en toda su pureza. La corriente de agua viva debe profundizarse y ampliarse a medida que avanza. En todos los territorios, de lejos y de cerca, se llamará a hombres de detrás del arado y de las actividades comerciales más comunes y que más distraen la mente, para que sean educados junto a hombres de experiencia que comprenden la verdad. Mediante las obras maravillosas de Dios, se moverán montañas de dificultades y se las arrojará al mar...

El mensaje que significa tanto para los moradores de la tierra, será oído y entendido. Los hombres sabrán qué es la verdad. La obra avanzará cada vez más. Y los notables acontecimientos de la providencia se verán y se reconocerán, tanto en juicios como en bendiciones. La verdad obtendrá la victoria. —*Manuscrito 41, del 11 de Octubre de 1906.*

Aquellos que deseen refrescar su memoria y ser instruidos en la verdad, estudien la historia de la iglesia primitiva durante el día de Pentecostés y el tiempo que le siguió en forma inmediata. Estudien cuidadosamente en el libro de Hechos las experiencias de Pablo y de los otros apóstoles, porque el pueblo de Dios en nuestros días debe pasar por experiencias similares. Cuando más imbuido esté el mundo con el espíritu del enemigo, más rotunda será la oposición a la Palabra de Dios. Algunos serán encarcelados cuando se nieguen a quebrantar el sábado del Señor. Aquellos que conserven firmemente el principio de su confianza hasta el fin, darán al mundo un testimonio viviente. Sus palabras tendrán un poder convincente sobre la mente de las personas, y muchos se volverán al Señor por medio de ellos. —*Carta 190, del 6 de Mayo de 1907.*

Ciertamente estamos viviendo en los últimos días. Podemos ver una perfecta revelación de la obra del pecado, en las noticias que se divulgan a diario en los periódicos acerca de la corrupción en San Francisco y el crimen en Montana. Los hombres malvados se han comprometido a quitar la vida de aquellos que se les ponen en el camino o que rehúsan unírseles en sus desfalcos. Por amor a las ganancias matan a sus semejantes. Y esta ilustración es sólo el principio de lo que se revelará en el futuro.

Todas las advertencias de Cristo respecto a los eventos que ocurrirán cerca del fin de la historia de esta tierra, se están cumpliendo ahora en nuestras grandes ciudades. Dios está permitiendo que estas cosas sean manifiestas para que el que corra pueda leer. La ciudad de San Francisco es una muestra de lo que todo está llegando a ser. El soborno perverso, la malversación de fondos, las transacciones fraudulentas entre hombres que tienen autoridad para liberar a los culpables y condenar a los inocentes: toda esta iniquidad está llenando otras grandes ciudades de la tierra y haciendo que el mundo sea como fue en los días anteriores al Diluvio. El Señor está familiarizado con todo lo que concierne a su obra en el mundo. Él conoce todos los secretos que nosotros debemos esperar a que los revele el futuro. En este momento él llama a su pueblo a una verdadera conversión...

El tiempo pasa rápidamente y la maldad aumenta. Si rehusamos hacer el bien que está a nuestro alcance, nos colocamos en una posición peligrosa. Si nos tardamos en entrar en las filas de los colaboradores de Dios, nos encontraremos en las filas de los que se oponen a la verdad y la justicia; los que han apartado sus oídos de la verdad y se han vuelto a las fábulas. Su condición es desventajosa, porque, a menos que un poder rompa el hechizo sobre ellos, estarán eternamente perdidos...

El pueblo de Dios tendrá que atravesar por experiencias agobiantes. Muchos caerán en sus puestos, traicionados y condenados por sus semejantes. En los momentos de prueba, pueden recordar que el Salvador sufrió de la misma manera y atravesó por la misma experiencia en favor de ellos. Sus seguidores nunca tendrán que soportar más de lo que él tuvo que sufrir para salvarlos. —*Carta 230, del 22 de Julio de 1907.*

Se me ha mostrado que el Espíritu del Señor se está retirando de la tierra. Pronto se les negará el poder protector de Dios, a todos los que continúan despreciando sus mandamientos. Diariamente nos llegan informes de transacciones fraudulentas, asesinatos y crímenes de toda clase. La iniquidad se está convirtiendo en un asunto tan común, que ya no sacude los sentidos como en un tiempo lo hacía. Se me ha mostrado que todo el mundo rápidamente está llegando a ser como en los días de Noé. "Porque en los días anteriores al diluvio, la gente comía y bebía, se casaban y se daban en casamiento, hasta el día en que Noé entró en el arca. Y no conocieron hasta que vino el diluvio y llevó a todos. Así también será la venida del Hijo del Hombre. Velad, pues, porque no sabéis a qué hora ha de venir vuestro Señor. Por tanto, estad preparados también vosotros, porque el Hijo del Hombre vendrá a la hora que no pensáis" (Mateo 24:38, 39, 42, 44).

Antes de que el Hijo del Hombre aparezca en las nubes del cielo, todo estará convulsionado en la naturaleza. Rayos del cielo unidos con el fuego interno de la tierra, harán que las montañas ardan como un horno y que hagan fluir sus torrentes de lava sobre aldeas y ciudades. Masas de rocas derretidas, arrojadas dentro del agua por el solevantamiento de cosas ocultas dentro de la tierra, harán que hierva el agua y despida rocas y tierra. Habrá formidables terremotos y gran destrucción de vidas humanas. Pero, así como Noé fue protegido en los días del gran diluvio dentro del arca que Dios había preparado para él, así también en estos días de destrucción y calamidad Dios será el refugio de los que creen en él...

Los que creemos que estamos viviendo en los días del cierre de la historia de este mundo, debemos hacer una gran obra en este momento. Se debe impartir la luz a aquellos que están en tinieblas. Se deben presentar al pueblo las verdades de la Palabra de Dios en forma directa y clara, ya sea que la reciban o la rechacen. "¿Quién, pues, es el siervo fiel y prudente, a quien su señor puso sobre su familia, para que le dé el alimento a tiempo? Dichoso aquel siervo, a quien, cuando su señor vuelva, lo encuentre haciendo así. Os aseguro que lo pondrá sobre todos sus bienes" (Mateo 24:45-47). Aquí se representa a una clase de obreros que no fracasarán ni se desalentarán en su obra...

Se nos advierte que en estos últimos días las influencias satánicas obrarán con tal poder que, si fuera posible, engañarían aun a los escogidos. Pero aunque nos toque vivir en medio de estas fuerzas antagónicas, por medio de la fe y la oración, podemos llamar a nuestro lado a una hueste de ángeles celestiales que nos protegerán de cualquier influencia corrupta. Los obreros que hacen de la palabra de Dios su guía, andarán en la luz del Señor y estarán seguros. —*Carta 248, del 16 de Agosto de 1907.*

Se tendrá que hacer una gran obra en la tierra antes de que se cumpla totalmente el propósito eterno de Dios... Mientras los ángeles están reteniendo los cuatro vientos, debemos aprovechar el tiempo usando toda nuestra capacidad y virtud al servicio de Dios. No hay tiempo que perder. Pronto el medio de alcanzar a las almas, estará asediado por obstáculos inimaginables...

Recordemos que debemos ser fervientes discípulos en la escuela de Cristo. Si nos mantenemos en la posición de humildes aprendices, nuestra luz brillará cada vez más hasta que el día sea perfecto.

Y, cuando terminemos nuestra labor terrenal y Cristo venga en busca de sus hijos fieles, brillaremos como el sol en el reino de nuestro Padre. Pero antes de eso, tendremos que desarraigar toda iniquidad de nuestra vida. —*Carta 416, del 30 de Diciembre de 1907.*

Pronto vendrá el tiempo cuando el pueblo de Dios, debido a la persecución, será esparcido en muchos países. Aquellos que hayan recibido una educación completa, estarán en situación ventajosa doquiera les toque estar. —*Carta 32, del 6 de Enero de 1908.*

Se me indicó que se presentaría entre nosotros otra vez, en los días finales del mensaje, un fanatismo similar al que tuvimos que afrontar después de pasado el tiempo en 1844, y que debemos hacer frente a este mal tan decididamente ahora como lo hicimos antaño.

Estamos en el umbral de grandes y solemnes acontecimientos. Las profecías se están cumpliendo. Se está registrando en los libros del cielo una historia extraña y significativa; acontecimientos que, como se declaró, sucederían poco antes del gran día de Dios. Todo en el mundo está alterado. Las naciones se han airado y se realizan grandes preparativos para la guerra. Una nación conspira contra otra y un reino contra otro. El gran día de Dios se apresura rápidamente. Pero aunque las naciones alistan sus fuerzas para la guerra y el derramamiento de sangre, todavía está en vigencia la orden dada a los ángeles de retener los cuatro vientos, hasta que los siervos de (nuestro) Dios sean sellados en sus frentes. —*Manuscrito 117, del 17 de Diciembre de 1908.*

Estimado hermano y hermana Haskell:

A menudo estoy cansada y, sin embargo, muchas veces me doy cuenta de que la bendición del Señor descansa sobre mí en gran medida. Quiero andar humildemente con Dios. Oro para que el Señor me guíe en todo momento por medio de su Espíritu.

El Señor me ha encomendado hacer una obra especial y es la de advertir a nuestro pueblo. Las fuerzas de Satanás están preparando sus tentaciones seductoras para engañar, si es posible, aun a los escogidos. Satanás obrará a través de aquellos que no han prestado atención a las advertencias que Dios le ha dado a la iglesia. Serán sumamente celosos bajo la obra de una influencia engañosa y aparecerán extrañas manifestaciones.

En todas nuestras iglesias necesitamos la evidencia de la mansedumbre de Cristo. Nosotros debemos esconder al yo en Jesucristo, para cumplir prudentemente la obra solemne que se nos ha encomendado. Nos queda poco tiempo para llevar a cabo esta obra vital. Preparémonos fervorosamente para el conflicto que se aproxima, porque los ejércitos de Satanás están ordenando sus fuerzas para la última gran batalla. Se me ha instruido a decirle a nuestro pueblo: Dejen que su luz brille en palabras y obras, para que éstas revelen que la verdad ha sido valorada en el alma...

Satanás está reuniendo sus fuerzas y está tratando de traer herejías, para confundir la mente de aquellos que no han sido entrenados para entender las instrucciones del Espíritu Santo. Se está preparando una red engañosa para ellos, y aquellos que han sido advertidos una y otra vez, pero que no se han entrenado para comprender las advertencias, serán enredados en la trampa de Satanás.

Los ángeles de Dios han estado reteniendo los cuatro vientos para que no soplen. Juan escribe en Apocalipsis 7:1-17: "Después de esto vi a cuatro ángeles en pie en los cuatro ángulos de la tierra, que detenían los cuatro vientos de la tierra, para que no soplase viento alguno sobre la tierra, ni sobre el mar, ni sobre ningún árbol. Entonces vi a otro ángel que subía del este, y tenía el sello del Dios vivo. Clamó a gran voz a los cuatro ángeles, que habían recibido poder de dañar la tierra y el mar. Y les dijo: „No dañéis la tierra, ni el mar, ni los árboles, hasta que sellemos en sus frentes a los siervos de nuestro Dios".

"Y oí el número de los sellados: ciento cuarenta y cuatro mil fueron sellados de todas las tribus de Israel.

"Después vi una gran multitud que ninguno podía contar, de toda nación, tribu, pueblo y lengua. Estaban ante el trono y en presencia del Cordero, vestidos de ropa blanca y con palmas en sus manos. Y aclamaban a gran voz: „La salvación se debe a nuestro Dios que está sentado sobre el trono, y al Cordero".

"Y todos los ángeles que estaban en pie alrededor del trono, de los ancianos y de los cuatro seres vivientes, se postraron sobre su rostro ante el trono y adoraron a Dios. Dijeron: ¡Amén! Alabanza y gloria, sabiduría y acción de gracias, honra, poder y fortaleza, a nuestro Dios por los siglos de los siglos. ¡Amén!"

"Entonces uno de los ancianos me preguntó: "Estos que están vestidos de ropa blanca, ¿quiénes son, y de dónde han venido?" Respondí: „Señor, tú lo sabes". Y él me dijo: "Estos son los que han venido de la gran tribulación. Han lavado su ropa, y la han emblanquecido en la sangre del Cordero. Por eso están ante el trono de Dios, y le sirven día y noche en su Santuario. Y el que está sentado en el trono tenderá su pabellón sobre ellos. Nunca más tendrán hambre ni sed. El sol no los molestará más, ni ningún otro calor. Porque el Cordero que está en medio del trono los apacentará y los guiará a fuentes de agua viva. Y Dios enjugará toda lágrima de los ojos de ellos." (Apocalipsis 7:1-4, 9-17).

Lean y estudien cuidadosamente este capítulo. Pronto acontecerán cosas maravillosas. El futuro está lleno de profundo interés para todos los que vivan en la tierra. —*Carta 364, del 17 de Diciembre de 1908.*

El fin se acerca y año tras año Satanás está entrenando a su ejército, adiestrando grupos poderosos que estén listos para la batalla del último gran conflicto. —*Manuscrito 134, de 1908.*

Habrá tribulación en nuestro mundo y éste se está preparando para ella. Nosotros también debemos estar preparados, para que podamos tener la protección de nuestro Padre celestial. Y si perdemos la vida en el conflicto, tengamos fe para creer que volveremos a vivir. —*Manuscrito 19, del 15 de Mayo de 1909.*

Estudie el capítulo 9 de Ezequiel. Estas palabras se cumplirán literalmente; sin embargo, el tiempo está pasando y el pueblo está dormido. No quieren humillar sus almas ni convertirse. El Señor no tolerará por mucho más tiempo al pueblo a quien le ha revelado estas verdades sorprendentes e importantes, pero que se ha negado a practicarlas en su experiencia personal. El tiempo es corto, Dios está llamando; ¿Lo escuchará? ¿Recibirá su mensaje? ¿Se convertirá antes de que sea demasiado tarde? Pronto, muy pronto, cada caso se habrá decidido para la eternidad. —*Carta 106, del 26 de Septiembre de 1909.*

Ahora debe proclamarse el mensaje del tercer ángel, no sólo en tierras distantes, sino [también] en lugares descuidados que están cerca, donde moran multitudes que no han sido amonestadas ni salvadas. Nuestras ciudades en todas partes, necesitan que los siervos de Dios hagan una labor ferviente y entusiasta. El mensaje de amonestación para este tiempo no se está dando fervientemente en el gran mundo de los negocios. Día tras día, los centros de comercio están atestados de hombres y mujeres que necesitan la verdad para este tiempo, pero que no obtienen un conocimiento salvador de sus preciosos principios, porque no se realizan esfuerzos fervientes y perseverantes para llegar a esta clase de gente donde ellos se encuentran.

La oscuridad espiritual que cubre a todo el mundo, se intensifica en los centros congestionados de población. El obrero evangélico encuentra la mayor impenitencia y la mayor necesidad en las ciudades de las naciones. Y en estas mismas ciudades se les presentan a los ganadores de almas algunas de las mayores oportunidades. Mezclados con las multitudes que no piensan en Dios ni en el cielo, hay muchos que ansían luz y pureza de corazón. Aun entre los descuidados e indiferentes, hay muchos cuya atención puede ser atraída por una revelación del amor de Dios hacia el alma humana...

Pronto, los hombres se verán forzados a tomar una decisión, y es nuestra responsabilidad hacer que tengan la oportunidad de comprender la verdad a fin de que, inteligentemente, puedan tomar posiciones en el bando correcto. Dios está llamando ahora a sus mensajeros, y no en términos inciertos, para que adviertan a las ciudades, mientras aún se extiende la misericordia y las multitudes están todavía susceptibles a la influencia transformadora de la verdad de la Biblia. Cuando se trabaje en las ciudades como Dios quiere, el resultado será la puesta en operación de un movimiento poderoso, tal como nunca hemos presenciado hasta ahora. Que el Señor les dé sabiduría a nuestros hermanos, para que puedan conocer y llevar adelante la obra en armonía con su voluntad. El clamor debe sonar con gran poder en nuestros grandes centros demográficos: "A medianoche oyeron el clamor: ¡Ahí viene el novio! ¡Salid a recibirlo!" (Mateo 25:6)... El tiempo pasa rápidamente. Hay mucho trabajo que hacer antes de que la oposición satánica cierre el camino...

El Salvador declara que antes de su segunda venida habrá guerras, rumores de guerras y terremotos en diferentes lugares... Estas calamidades están siendo más y más frecuentes, y todo informe acerca de las calamidades que suceden por tierra y por mar, es un testimonio del hecho que el fin de todas las cosas está cerca. El mundo está lleno de iniquidad, y el Señor le está retribuyendo por su maldad. A medida que aumente el crimen y la iniquidad, estos juicios se volverán más frecuentes, hasta que llegue el tiempo en que la tierra no encubrirá más sus muertos.

Los juicios de Dios están pendientes sobre nuestras ciudades. No sabemos cuán pronto serán visitadas por calamidades como las que acaecieron en Italia. Oro para que el Espíritu Santo conmueva profundamente los corazones del pueblo de Dios, para que este mensaje, el último mensaje de advertencia, pueda darse sin retraso. El día del Señor se acerca a pasos gigantescos. El fin está mucho más cerca de lo que estaba cuando creímos primero.

Todo en el mundo está alterado. Las naciones se han airado y se realizan grandes preparativos para la guerra. Pero aunque las naciones alistan sus fuerzas para la guerra, un poder invisible reprime su acción. Los ángeles están reteniendo los cuatros vientos, hasta que los siervos de Dios sean sellados en sus frentes.

Pronto la contienda entre las naciones se desatará con una intensidad que ni siquiera imaginamos ahora. Este momento es de extraordinario interés para todos los que viven actualmente. Los gobernantes y los estadistas, hombres que ocupan puestos de confianza y autoridad, hombres y mujeres reflexivos de toda clase, concentran su atención en los acontecimientos que ocurren en torno de nosotros. Observan la intensidad que está tomando posesión de todo elemento terrenal y presienten que algo grande y decisivo está por acontecer, que el mundo se encuentra en los umbrales de una crisis portentosa. —*Carta 15, de 1910.*

El espiritismo está por cautivar al mundo. Hay muchos que piensan que el espiritismo se mantiene gracias a trucos e imposturas, pero esto dista mucho de la verdad. Un poder sobrehumano está trabajando en una diversidad de formas, y pocos tienen siquiera idea de lo que serán las manifestaciones del espiritismo en el futuro.

El fundamento para el éxito del espiritismo, ha sido puesto en las aseveraciones hechas desde los púlpitos de nuestro país. Los ministros han proclamado como doctrinas bíblicas, falsedades que se habían originado con el archiengañador. La doctrina de la perduración de la vida consciente después de la muerte, de los espíritus de los muertos en comunicación con los vivos, no tiene fundamento en las Escrituras y, sin embargo, esas teorías son afirmadas como verdad. Mediante esta doctrina falsa, se ha abierto el camino para que los espíritus de demonios engañen a la gente al presentarse a sí mismos como los muertos. Los instrumentos satánicos personifican a los muertos y en esa forma llevan cautivas a las almas. Satanás tiene una religión, tiene una sinagoga y adoradores devotos. Para llenar las filas de sus secuaces, utiliza toda clase de engaños. –*Manuscrito 92, 1894.*

Las señales y prodigios del espiritismo se volverán cada vez más y más prominentes, a medida que el mundo cristiano profeso rechace la verdad revelada claramente en la Palabra de Dios, y rehúse ser guiado por un claro: "Así dice el Señor", aceptando en su lugar las doctrinas y los mandamientos de los hombres. Al rechazar la luz y la verdad, muchos están decidiendo su destino: la muerte eterna y, mientras los hombres rechacen la verdad, el Espíritu de Dios se irá retirando de la tierra poco a poco, y el príncipe de este mundo tendrá más y más control sobre sus súbditos. Él mostrará grandes señales y milagros como credenciales de sus demandas divinas, y por medio del espiritismo obrará contra Cristo y sus huestes.

Las Escrituras ciertamente prohiben la intercomunicación con los malos espíritus, bajo la suposición de que existe comunión con los muertos. Por medio de este engaño, Satanás puede educar a las almas en su escuela de falsedad, para invalidar las lecciones que Cristo desea enseñarles y que, si las pusiesen en práctica, tendrían como resultado la vida eterna de aquellos que las obedezcan.

Satanás está tratando de formar una gran confederación del mal, uniendo a los hombres y ángeles caídos. Pero el Señor dice: "Cuando os digan que consultéis a los médium y espiritistas, que susurran y cuchichean, responded: „¿No consultará el pueblo a su Dios? ¿Por qué consultar a los muertos por los vivos? ¡A la Ley y al Testimonio! Si no hablan conforme a esto, es porque no les ha amanecido‴" (Isaías 8:19, 20). "Pondré mi rostro contra el que se vuelva a los médium y espiritistas para prostituirse siguiéndolos, y lo cortaré de entre su pueblo" (Levítico 20:6).

El gran poder que está presente en el espiritismo, tiene su origen en el gran rebelde que va a la cabeza, Satanás, el príncipe de los demonios. Por medio de sus artimañas, los ángeles malos han podido representar a los muertos y a través de una hipocresía embustera, han llevado a los hombres a comunicarse con aquellos que ejercerán un poder desalentador y corrupto sobre la mente.

Cristo ordenó que no tengamos relación con ningún hechicero ni médium. Este grupo está representado entre aquellos que perecerán en su iniquidad: "Pero los cobardes e incrédulos, los abominables y homicidas, los fornicarios y hechiceros, los idólatras y todos los mentirosos, tendrán su parte en el lago que arde con fuego y azufre, que es la segunda muerte" (Apocalipsis 21:8).

Durante años, el espiritismo ha estado creciendo en poder y ha ganado popularidad apoyando un cierto tipo de fe en Cristo, y de esta manera, muchos protestantes han sido infatuados con este misterio de iniquidad. No es de extrañarse que sean engañados, cuando persistentemente sostienen el error de que cuando el aliento de vida abandona el cuerpo, el espíritu se va inmediatamente al cielo o al infierno. Por medio de la aceptación de esta doctrina, se prepara el camino para la obra seductora del príncipe del poder del aire.

Satanás tomó la forma de una serpiente en el Edén, porque consideró que esta criatura era la más apropiada para su sarta de tentaciones. Satanás ha ido aumentando sus métodos astutos y los pone en práctica constantemente en la mente humana. Su único propósito es completar la obra que empezó en el Edén para producir la ruina de la humanidad. Por medio de sus obras misteriosas, él puede introducirse en los círculos de los más cultos y refinados, porque previamente había sido un ser exaltado en una posición de elevada responsabilidad en las huestes celestiales. Es un error representarlo como un ser con cuernos y pezuñas, porque él sigue siendo un ángel caído. Él es capaz de mezclar la grandeza intelectual más elevada con la más baja crueldad y la más devastadora corrupción. Si él no tuviese ese poder, muchos que están cegados con sus representaciones atractivas y atrapados por sus engaños, escaparían de sus trampas.

A medida que el espíritu de Dios se retire de la tierra... el poder de Satanás se manifestará cada vez más. El conocimiento que obtuvo al estar en relación con Dios como querubín cubridor, lo usará ahora para someter a sus súbditos que cayeron de su elevada condición. Él usará todo el poder de su augusto intelecto para desvirtuar a Dios e instigar una rebelión contra Jesucristo, el adalid del cielo.

En la sinagoga de Satanás, él doblega bajo su cetro y trae a sus concilios agentes que puede usar para promover su propia adoración. No nos extrañemos al encontrar una especie de refinamiento y una manifestación de grandeza intelectual en la vida y caracteres de aquellos que son inspirados por los ángeles caídos. Satanás puede impartirles conocimiento científico y aconsejar a los hombres en filosofía. Él es experto en historia y versado en la sabiduría mundana.

Casi todo tipo de talento está siendo cautivado por el príncipe del poder de las tinieblas. Porque desean exaltarse a sí mismos y porque se han separado de Dios, los hombres impíos no quieren retener a Dios en su conocimiento; afirman tener un intelecto más elevado y mayor que el de Jesucristo. Satanás envidia a Cristo, y asevera que tiene derecho a ocupar una posición más elevada que el adalid del cielo. Su exaltación propia lo condujo a despreciar la ley de Dios, y por esto fue expulsado del cielo.

Él ha manifestado su carácter a través del papado, y ha puesto en evidencia los principios de su gobierno. Hablando sobre este poder, el apóstol Pablo dice: "Nadie os engañe en ninguna manera, porque ese día no vendrá sin que antes venga la apostasía, y se manifieste el hombre de pecado, el hijo de perdición, que se opondrá y exaltará contra todo lo que se llama Dios, o que se adora; hasta sentarse en el templo de Dios, como Dios, haciéndose pasar por Dios... porque el misterio de iniquidad ya está obrando, sólo espera que sea quitado de en medio el que ahora lo detiene. Entonces se manifestará aquel inicuo, a quien el Señor matará con el aliento de su boca, y destruirá con el resplandor de su venida. La aparición de ese inicuo es obra de Satanás, con gran poder, señales y prodigios mentirosos, y con todo tipo de maldad, que engaña a los que se pierden. Se pierden porque rehusaron amar la verdad, para ser salvos. Por eso, Dios les envía un poderoso engaño, para que crean a la mentira; para que sean condenados todos los que no quisieron creer a la verdad, antes se complacieron en la maldad" (2 Tesalonicenses 2:2-4, 7-12).

La confederación del mal no permanecerá. El Señor dice: "Sabed, pueblos, que seréis destrozados. Oíd todos los que sois de lejanas tierras: Preparaos, y seréis destrozados. Disponeos para la batalla, y seréis destrozados. Tomad consejo, y será deshecho; proferid palabra, y no será firme, porque Dios está con nosotros. Porque el Eterno me dijo de esta manera con mano fuerte, y me enseñó que no siguiera el camino de este pueblo. Me dijo: „No llaméis conspiración a todo lo que este pueblo llama conspiración; ni temáis lo que ellos temen, ni tengáis miedo". Al Eterno Todopoderoso tendréis por santo. Sea él vuestro temor, él sea vuestro miedo. Entonces él será un Santuario" (Isaías 8:9-14).

Satanás usará sus alianzas para llevar a cabo sus artimañas diabólicas y para subyugar a los santos de Dios, así como en el pasado usó al poder romano para resistir la trayectoria del Protestantismo; aun así el pueblo de Dios puede observar con tranquilidad toda la acumulación del mal y llegar a la triunfante conclusión que, porque Cristo vive, nosotros también viviremos. El pueblo de Dios debe avanzar con el mismo espíritu con el que Jesús enfrentó los ataques del príncipe de las tinieblas en el pasado. La confederación del mal solamente puede avanzar en la dirección que Jesús le permita. Cada paso hacia adelante, trae consigo a los santos de Dios más cerca del gran trono blanco, más cerca de la afortunada conclusión del conflicto.

La confederación de los malos, finalmente será destruida. El profeta (Malaquías) dice: "Viene el día ardiente como un horno. Y todos los soberbios y todos los que hacen maldad serán estopa; aquel día que vendrá los abrazará, ha dicho Jehová de los ejércitos, y no les dejará ni raíz ni rama" (Malaquías 4:1).

Aun de aquel cuyo corazón se había engreído a causa de su hermosura, que había corrompido su sabiduría a causa de su esplendor, el Señor dice: "saqué fuego de en medio de ti, que te consumió, te puse en ceniza sobre la tierra a los ojos de todos los que te miran. Todos los que te conocieron de entre los pueblos, se asombrarán de ti. Espanto serás, y para siempre dejarás de existir" (Ezequiel 28:18, 19). —*Manuscrito 92, 1894.*

Cristo le revela a su pueblo el tremendo conflicto que tendrá que enfrentar antes de su segunda venida. Antes que las escenas de su amarga lucha se presenten ante ellos, se les recuerda que sus hermanos también han bebido la misma copa y han sido bautizados con el mismo bautismo. El que sustentó a los primeros testigos de la verdad, no desamparará a su pueblo en el conflicto final...

A Juan le fueron mostrados grandes acontecimientos del futuro, que sacudirían los tronos de los reyes y harían temblar todos los poderes de la tierra. Él contempló el cierre de todas las escenas terrenales, y la bienvenida al reino del Rey de reyes y cuyo reino perdurará para siempre. "Mirad que viene con las nubes; y todo ojo lo verá, aun los que lo traspasaron. Y todos los linajes de la tierra se lamentarán por él" (Apocalipsis 1:7). Él vio que Cristo era adorado por las huestes celestiales, y escuchó la promesa de que no importa qué tribulación pudiera atormentar al pueblo de Dios, si ellos soportaban valientemente, serían más que vencedores por medio de aquel que los amó; y Jesús les dijo a los vencedores: "El que venza, será vestido de ropa blanca. No borraré su nombre del Libro de la Vida, y confesaré su nombre ante mi Padre y ante sus ángeles" (Apocalipsis 3:5).

Juan estaba preparado ahora para dar testimonio de las escenas aterradoras en el gran conflicto, entre los que guardan los mandamientos de Dios y los que invalidan su ley. Él vio que se levantaría un poder prodigioso para engañar a los que moran en la tierra, a los que no estuviesen conectados con Dios, que: "engaña a los habitantes de la tierra, y les manda que hagan una imagen de la bestia que tuvo la herida de espada y vivió. Se le permitió infundir aliento a la imagen de la primera bestia, para que la imagen pudiera hablar y dar muerte a todo el que no adore a la imagen de la bestia. Y ordenaba que a todos, pequeños y grandes, ricos y pobres, libres y siervos, se les ponga una marca en la mano derecha o en la frente. Y que ninguno pueda comprar ni vender, sino el que tenga la marca o el nombre de la bestia, o el número de su nombre" (Apocalipsis 13:14-17).

El profeta escuchó la solemne advertencia contra la adoración del poder blasfemo: "Y el tercer ángel los siguió diciendo a gran voz: „Si alguno adora a la bestia y a su imagen, y recibe su marca en su frente o en su mano, éste también beberá del vino de la ira de Dios, vaciado puro en la copa de su ira. Y será atormentado con fuego y azufre ante los santos ángeles y ante el Cordero. Y el humo de su tormento sube por siempre jamás. Y los que adoran a la bestia y a su imagen, y los que reciben la marca de su nombre, no tienen reposo ni de día ni de noche"" (Apocalipsis 14:9-11).

Hablando de los fieles y verdaderos, aquellos que no se someten a los decretos de los gobernantes terrenales contra la autoridad del Rey del cielo, el Revelador dice: "¡Aquí está la paciencia de los santos, los que guardan los Mandamientos de Dios y la fe de Jesús!" (Versículo 12).

"Miré, y vi al Cordero en pie sobre el monte Sión, y con él 144.000 que tenían el Nombre del Cordero y el nombre de su Padre escrito en sus frentes. Y oí una voz del cielo como el estruendo de muchas aguas, como el estampido de un gran trueno. Sin embargo, era el sonido de arpistas que tañían sus arpas. Cantaban un canto nuevo ante el trono, ante los cuatro seres vivientes y ante los ancianos. Y ninguno podía aprender ese canto sino los 144.000 que fueron redimidos de entre los de la tierra... Y en sus bocas no se halló engaño, porque son sin mancha" (Apocalipsis 14:1-4, 5).

Estas lecciones son para nuestro beneficio. Necesitamos afirmar nuestra fe en Dios, porque se aproxima el tiempo en que cada alma será sometida a prueba.

Cristo, en el Monte de los Olivos, echó un vistazo a los terribles juicios que iban a preceder su segundo advenimiento: "Oiréis guerras y rumores de guerras. ¡Cuidado! No os turbéis, porque es necesario que todo esto suceda, pero aún no es el fin. Se levantará nación contra nación, y reino contra reino. Y habrá pestes, hambres y terremotos en diversos lugares. Y todo esto será principio de dolores" (Mateo 24:6-8). Aunque estas profecías recibieron un cumplimiento parcial en la destrucción de Jerusalén, tienen una aplicación más directa en estos últimos días.

Juan... fue testigo de las terribles escenas que acontecerán como señales de la venida de Cristo. Vio ejércitos que se reunían para la batalla y el corazón de los hombres desfalleciendo de temor. Vio la tierra sacudida de su lugar, las montañas trasladadas al medio del mar, sus olas rugiendo y agitadas, y las montañas sacudidas por la turbulencia del mar. Vio cuando se abrían las copas de la ira de Dios y la peste, el hambre y la muerte que sobrevenían a los habitantes de la tierra.

El Espíritu restrictivo de Dios se está retirando ahora mismo del mundo. Los huracanes, las tormentas, las tempestades, los incendios y las inundaciones, los desastres por tierra y mar, se siguen en rápida sucesión. La ciencia procura explicar todo esto. Menudean alrededor de nosotros las señales que nos dicen que se acerca el Hijo de Dios, pero son atribuidas a cualquier causa, menos a la verdadera. Los hombres no pueden discernir a los ángeles, que como centinelas, refrenan los cuatro vientos para que no soplen hasta que estén sellados los siervos de Dios; pero cuando Dios ordene a sus ángeles que suelten los vientos, habrá una escena de contienda que ninguna pluma puede describir.

Pronto cautivará nuestra atención un período de extraordinario interés para todos los que estén vivos. Antiguas controversias serán revividas. Surgirán nuevas controversias. Las escenas se representarán en nuestro mundo en formas que ni siquiera hemos soñado. Satanás está obrando por medio de agentes humanos. Pero los siervos de Dios no han de confiar en sí mismos en esta gran emergencia. El mundo no está sin gobernante. El programa de los acontecimientos venideros está en las manos del Señor. La Majestad del cielo tiene a su cargo el destino de las naciones, como también lo que concierne a su iglesia... Cuando la fortaleza de los reyes sea derribada, cuando venga la destrucción sobre los malvados, su pueblo tendrá la garantía de que estará seguro en sus manos. Ellos armarán sus almas de paciencia.

La gran crisis está por sobrecogernos. Para hacer frente a sus pruebas y tentaciones, para cumplir sus deberes, se necesitará una fe perseverante. Pero podemos triunfar gloriosamente. Nadie que vele, ore y crea, será entrampado por el enemigo. Todo el cielo está interesado en nuestro bienestar, y espera que reclamemos su sabiduría y poder.

En el tiempo de prueba que nos espera, Dios pondrá garantía de seguridad sobre todos aquellos que hayan guardado la palabra de su paciencia. Si usted ha cumplido con las condiciones de la Palabra de Dios, Cristo será su refugio en la tormenta. Él les dirá a sus fieles: "Anda, pueblo mío, éntrate en tus aposentos, cierra tras ti tus puertas; escóndete un poquito, por un momento, en tanto que pasa la ira" (Isaías 26: 20). El León de Judá, tan temible para los que rechazan su gracia, será el Cordero de Dios para los obedientes y fieles. La columna de fuego que exterioriza ira y terror para el transgresor de la ley de Dios, será luz, misericordia y liberación para los que hayan guardado sus mandamientos. El brazo potente en castigar a los rebeldes, será fuerte para librar a los leales. Todos los fieles ciertamente serán congregados. "Y enviará sus ángeles con gran voz de trompeta, y juntarán sus escogidos de los cuatro vientos, de un cabo del cielo hasta el otro" (Mateo 24:31).

Se llama ahora a los creyentes de la verdad, a elegir entre hacer caso omiso a las claras exigencias de la Palabra de Dios, o perder el derecho a su libertad. Si renunciamos a la Palabra de Dios y aceptamos las costumbres y tradiciones humanas, todavía podremos vivir entre los hombres comprando y vendiendo, y haciendo respetar nuestros derechos. Pero si queremos mantener nuestra lealtad a Dios, tendremos que sacrificar nuestros derechos entre los hombres, porque los enemigos de la ley de Dios, se han aliado para doblegar la libre convicción en asuntos de fe religiosa y para controlar la conciencia de los hombres. Están determinados a poner fin a la larga y continua controversia concerniente al sábado, para impedir la propagación de la verdad sobre este tema y para asegurar la exaltación del domingo, frente al mandato del cuarto mandamiento.

El pueblo de Dios reconocerá al gobierno humano como una ordenanza divinamente designada, y por precepto y ejemplo, enseñará la obediencia a ella como un deber sagrado, siempre y cuando su autoridad se ejerza dentro de su esfera legítima. Pero cuando sus demandas entren en conflicto con las de Dios, debemos elegir obedecer a Dios antes que a los hombres. Debe reconocerse y obedecerse la Palabra de Dios como una autoridad que está por encima de toda legislación humana. Un: "Así dice el Señor", no debe desecharse por un "Así dicen la Iglesia o el Estado". La corona de Cristo debe elevarse por encima de todas las diademas de los potentados terrenales.

Los principios que debemos sostener en este momento, son los mismos que los creyentes del evangelio lucharon por mantener en los días de la gran Reforma... El estandarte de la verdad y de la libertad religiosa que estos reformadores enarbolaron, nos ha sido confiado en este último conflicto...

Es posible ser un creyente parcial y formalista y, sin embargo, ser hallado falto y perder la vida eterna. Es posible practicar algunas de las órdenes bíblicas y ser considerado como un cristiano y, sin embargo, perecer por carecer de las cualidades esenciales para el carácter cristiano. Si descuidan o tratan con indiferencia las amonestaciones que Dios ha dado, si albergan o excusan el pecado, están sellando el destino de su alma. Serán pesados en la balanza, y hallados faltos. Les serán retiradas para siempre la gracia, la paz y el perdón; Jesús habrá pasado para nunca más estar al alcance de sus oraciones y súplicas...

Dios tendrá por responsables a los que teniendo las enseñanzas directas de su palabra, hacen caso omiso de ellas y aceptan los dichos y hechos de los hombres. ¡Y, sin embargo, cuántos todavía lo hacen!...

Los ministros del Señor y la gente, aún frente a las claras enseñanzas de la Biblia, demuestran desdén por la Palabra de Dios y sus mandatos sagrados, mientras que exaltan un sábado espurio que no tiene otro fundamento que la autoridad de la iglesia romana. Al recibir doctrinas que la Palabra de Dios condena, las iglesias protestantes las ensalzarán y tratarán de forzar la conciencia de los hombres, de la misma forma en que la autoridad papal impuso sus dogmas sobre los defensores de la verdad en la época de Lutero. Nuevamente se librará la misma batalla y toda alma tendrá que decidir de qué lado de la controversia se encontrará...

La gran verdad de nuestra total dependencia de Cristo para nuestra salvación, se acerca mucho al error de presunción. Muchos confunden la libertad en Cristo con la anarquía, y porque Cristo vino a librarnos de la condenación de la ley, los hombres afirman que ésta ha sido abolida y que aquellos que la guardan menoscaban la gracia. Y así, como la verdad y el error se asemejan tanto, los que no son guiados por el Espíritu Santo aceptarán el error, y al hacerlo se colocarán bajo el poder de los engaños de Satanás. De esta manera al llevar a los hombres a aceptar el error como si fuese verdad, Satanás está obrando para ganar la adoración del mundo protestante. —Manuscrito 100, 1893.

¿Por qué aquellos que dicen creer en la verdad, no demuestran por medio de sus acciones que están santificados por ella y dejan de conformarse al mundo? ¿Por qué no salen del mundo y se apartan de él? Pronto pasará el tiempo de oportunidad, en el que como individuos, podamos negarnos a nosotros mismos día a día, tomar la cruz de Jesús y seguirle...

Me siento agobiada hasta el polvo con una profunda tristeza que no puedo expresar... Ellos no tienen la marca del pueblo de Dios. No tienen la mansedumbre ni la humildad de Cristo, por lo tanto no pueden brillar como luces en el mundo. Se amoldan al mundo y su influencia es idéntica a la de los mundanos.

Teniendo verdades tan solemnes, viendo que las señales se cumplen en todo el mundo, que nos demuestran que el fin está cerca y que la crisis está sobre nosotros, el letargo, la apatía, el orgullo y la conformidad a la moda y al espíritu del mundo, son realmente sorprendentes. Hambres, pestilencias, terremotos, tormentas por tierra y mar, están truncando la vida de miles y éste es sólo el principio de todo lo que vendrá. —*Manuscrito 10, 1892.*

Capítulo 14—Las Calamidades

En la formación de nuestro mundo, Dios no estuvo sujeto a sustancia o materia preexistentes. "De modo que lo que se ve fue hecho de lo que no se veía" (Hebreos 11: 3). Por el contrario, todas las cosas, materiales o espirituales, aparecieron por la voz del Señor Jehová y fueron creadas para cumplir los propósitos de él. Los cielos y toda su hueste, la tierra y todas las cosas que en ella hay, no son sólo obra de su mano; llegaron a la existencia por el aliento de su boca.

El Señor había dado evidencia de que por su poder podía disolver en un momento toda la estructura de la naturaleza. Puede dar vuelta las cosas y destruir lo que el hombre ha construido de la manera más firme y sólida... "Él remueve los montes y los quita de en medio en su enojo. Sacude la tierra fuera de su lugar, y sus columnas tiemblan. Los pilares del cielo tiemblan y se asombran por su represión" (Vea Job 9:5, 6). "Los montes tiemblan ante él, y se derriten los collados. La tierra se conmueve a su presencia" (Nahum 1:5).

El Señor dirige advertencias a los habitantes de la tierra, como en el incendio de Chicago y en los incendios de Melbourne, Londres y la ciudad de Nueva York. Cuando la mano restrictiva de Dios se retire, el destructor comenzará su trabajo. Entonces ocurrirán en nuestras ciudades las mayores calamidades... El Señor es lento para la ira. Esto debe inspirar gratitud en el corazón. (Nahum 1:3 citado). Él restringe sus propios atributos. Su poder omnipotente está bajo el control de la Omnipotencia. A pesar de la perversidad de los hombres que son un estorbo, el Señor Jehová es paciente porque hay algunos en las ciudades perversas que todavía tienen la posibilidad de ser perdonados y aceptados por Dios. Me causa dolor, tristeza y a veces agonía, ver cómo aquellos que tienen gran luz y conocimiento, abusan de las misericordias de Dios...

Pronto habrá un cambio súbito en la gracia de Dios. El Señor está preparado para castigar de improviso la tierra, porque la iniquidad de los hombres está aumentando en grandes proporciones. "Cuando la sentencia sobre un crimen no se ejecuta enseguida, el corazón de los hombres se llena para hacer el mal" (Eclesiastés 8:11)...

El Señor les enseña a los hombres que hay límites para su longanimidad. En incendios, inundaciones, terremotos, en la furia de las grandes profundidades, en calamidades por mar y tierra, se da la advertencia de que el Espíritu de Dios no contenderá para siempre con el hombre. Vivimos en un tiempo de gran depravación y de todo tipo de crímenes. ¿Por qué? Porque los hombres a quienes Dios ha bendecido y favorecido, han convertido su santa ley en una carta muerta y la han invalidado por medio de las tradiciones e invenciones del hombre de pecado...

En la misma proporción en que los mandamientos de Dios son despreciados, ignorados y reemplazados por los mandamientos de los hombres que no tienen ni la menor santidad, aumenta su valor para aquellos que han salido del mundo y se han separado de él. Por otro lado, Satanás, a través de su poder magistral, tratará de obtener la supremacía. Es la última gran controversia y acabará en su destrucción. Hay un punto en la iniquidad de los hombres que hace necesaria la intervención de Dios y este punto se está alcanzando; y aquellos que son fieles a los mandamientos de Dios, están comprometidos a apreciar y amar la ley de Dios más que nunca.

Es una cosa terrible cuando una nación agota la paciencia de Dios. Por su iniquidad cada siglo de libertinaje ha acumulado ira contra el día de la ira. Cristo invita ahora a los disolutos de nuestros días a llenar la medida de iniquidad de sus padres. Cuando llegue ese momento y la copa de iniquidad se haya llenado, se demostrará cuán terrible es agotar la paciencia divina y cuán terribles serán las consecuencias para los desobedientes. En sus tácticas, las naciones de la tierra actuarán con poca visión de futuro. Por medio de su propia conducta, los sacerdotes y gobernantes restaurarán el dominio perdido del hombre de pecado. —*Manuscrito 127, del 22 de Noviembre de 1897.*

Ya el insultado, rechazado y maltratado Espíritu de Dios, se está alejando de la tierra. Tan pronto como el Espíritu de Dios se retire, Satanás hará su obra cruel en la tierra y en el mar. El aire está lleno de toxinas. Los juicios por fuego y por inundaciones aumentarán horriblemente porque en la destrucción, Satanás reclama su cosecha de almas. —*Manuscrito 134, del 19 de Octubre de 1898.*

Satanás está trabajando a más no poder para hacerse pasar por Dios y para destruir a todos los que se oponen a su poder, y hoy el mundo se postra ante él... Parece que todos los seres creados se maravillan en pos de la bestia. Los reyes y gobernantes de la tierra, aquellos que se dicen nobles, se creen demasiado importantes para someterse al yugo de Cristo, pero están dispuestos a postrarse ante el mandato de Satanás.

Contemple el poder de Satanás para realizar milagros. Todos los elementos en la tierra, en el aire y en el agua se han empleado para confirmar sus demandas. Aquellos que transigen ante estas demandas están animados con intensa actividad, influyendo, estimulando y confirmando el uno al otro la grandeza y la gloria de su reino. Vea la actividad, el surgimiento alborotado de las masas en su determinación de tomar y ocupar el lugar del trono de Dios. Cuánto desasosiego, qué furia exhiben en su entusiasmo religioso. Note la rebelión desafiante escrita en sus semblantes. Su contienda es contra su Creador y Redentor. ¡Cuán innumerable es la procesión que componen! Cuán poderosos se creen en sus incontables números.

Pero no ven todo. La nube del furor divino, compuesta de los elementos que destruyeron a Sodoma, está pendiente sobre ellos. Juan vio a esta multitud. A él se le reveló esa pleitesía a los demonios y parecía como si el mundo entero estaba parado al borde de la perdición. Pero mientras observaba con intenso interés, él vio un grupo compuesto por el pueblo de Dios, que guarda los mandamientos. Tenían en sus frentes el sello del Dios vivo y él exclamó: "¡Aquí está la paciencia de los santos, los que guardan los Mandamientos de Dios y la fe de Jesús! Y oí una voz del cielo que dijo: „Escribe: ¡Dichosos los que de aquí en adelante mueren en el Señor! Cierto, dice el Espíritu, descansarán de sus fatigas, porque sus obras los acompañan".

"Entonces miré, y vi una nube blanca, y sobre la nube uno sentado semejante al Hijo del Hombre, con una corona de oro en su cabeza, y en su mano una hoz aguda. Y del Santuario salió otro ángel, y clamó a gran voz al que estaba sentado sobre la nube: „Toma tu hoz y siega, porque ha llegado la hora de segar, y la mies de la tierra está madura". Y el que estaba sentado sobre la nube pasó su hoz por la tierra, y la segó. Después otro ángel salió del Santuario que está en el cielo. También tenía una hoz afilada. Y del altar salió aún otro ángel que tenía poder sobre el fuego, y gritó a gran voz al que tenía la hoz afilada: „Toma tu hoz afilada, y vendimia los racimos de la vid de la tierra, porque sus uvas están maduras".

Y el ángel pasó su hoz afilada por la tierra, vendimió la viña de la tierra, y echó la uva en el gran lagar de la ira de Dios. Y el lagar fue pisado fuera de la ciudad. Y del lagar salió sangre hasta los frenos de los caballos por 1.600 estadios (300 Km)" (Apocalipsis 14: 12-20).

Cuando el torbellino de la ira de Dios se desate sobre el mundo, será una revelación terrible para las almas, descubrir que su morada está siendo barrida porque fue construida en la arena. —*Manuscrito 139, del 21 de Octubre de 1898.*

¿Es verdad que el fin de todas las cosas se acerca? ¿Qué significado tienen las calamidades horribles en el mar, los barcos que naufragan y las vidas arrojadas a la eternidad sin ninguna advertencia? ¿Qué significado tienen los horribles accidentes en la tierra, el fuego que consume las riquezas que los hombres han acumulado, cuya mayoría ha sido acumulada oprimiendo a los pobres? El Señor no se interpondrá para proteger los bienes de los que traspasan su ley, violan su pacto y pisotean el sábado que él estableció, aceptando en su lugar un día de reposo espurio. Así como Nabucodonosor preparó una imagen en la llanura de Dura y ordenó que todos se postraran ante ella, el falso sábado ha sido exaltado ante el mundo y se ordena a los hombres a que lo santifiquen...

La maldición de Dios ya está cayendo sobre la tierra, barriendo, como si fuera por el hálito de fuego del cielo, las estructuras costosas. Estos juicios ¿no despertarán a los profesos cristianos? Dios permite que ocurran para que el mundo preste atención, para que los pecadores teman y tiemblen ante él. —*Carta 21, del 16 de Febrero de 1902.*

El Señor permite que vengan calamidades para que los hombres comprendan su maldad, se vuelvan al Señor y humildemente confiesen sus pecados. A menudo, el Señor ha permitido circunstancias difíciles, para que los hombres que se hallaban en tinieblas se despertaran y volvieran a él. Éstos han llegado a ser instrumentos en las manos del Señor para proclamar su verdad...

Dios puede confiar su cometido con más seguridad a aquellos que no buscan su exaltación propia. —*Manuscrito 89, del 22 de Octubre de 1906.*

Las calamidades están siendo más y más frecuentes, pero las noticias de las calamidades que suceden por mar o por tierra son un testimonio de que el fin de todas las cosas está cerca. El mundo está lleno de iniquidad y el Señor lo está castigando por su maldad. Cuanto más aumenten el crimen y la iniquidad, estos juicios serán más frecuentes y más marcados, hasta que llegue el tiempo cuando "la tierra... no encubrirá más sus muertos" (Isaías 26:21). —*Carta 12, del 23 de Diciembre de 1909.*

Cuando empecemos a trabajar activamente en favor de las multitudes que están en las ciudades, el enemigo obrará poderosamente para traer confusión, tratando así de destruir las fuerzas laborales. Algunos que no están totalmente convertidos, se hallan en un peligro constante de confundir las sugerencias del enemigo con la dirección del Espíritu Santo...

Satanás está obrando con un poder impetuoso para desviar las mentes de las multitudes, para que no entiendan ni obedezcan la verdad. Las atrapará en sus redes con todas las trampas que pueda concebir... Pero su esfuerzo supremo será confundir y engañar a los miembros de la iglesia que han tenido mucha experiencia y a los ministros del evangelio de Cristo. Satanás y los ejércitos que están bajo su mando, están trabajando con todo su ingenio y conocimiento supremos para engañar, si es posible, aún a los escogidos...

Debemos recordar que aunque han perdido su primer estado, los ángeles caídos sobrepasan la sabiduría terrenal, porque han estado en los concilios del cielo... el que esté estrechamente conectado con Cristo, será fortalecido para resistir todas las artimañas humanas y satánicas. —*Manuscrito 13, del 8 de Agosto de 1910.*

Capítulo 15—El Juicio y Castigo.

Vi que el Señor durante el juicio caminará por la tierra al fin del tiempo; las terribles plagas comenzarán a caer. Entonces aquellos que han despreciado la Palabra de Dios y la han valorado a la ligera "irán errantes de mar a mar; desde el norte hasta el oriente discurrirán buscando palabra de Jehová, y no la hallarán" (Amós 8:12). Hay un hambre en la tierra por oír la Palabra. Los ministros de Dios habrán hecho su última tarea, ofrecido sus últimas oraciones, derramado sus últimas lágrimas amargas por una iglesia rebelde y un pueblo impío. Su última y solemne amonestación ha sido dada. Entonces, aquellos que han profesado la verdad y no la han practicado ¡cuán rápidamente darían casas y terrenos, dólares que han sido acumulados miserablemente y conservados en forma mezquina, para recibir algún consuelo, para que se les explique el camino de salvación, o para oír de sus ministros una palabra de esperanza, o una oración o una exhortación! Pero no, deberán padecer hambre y sed en vano; su sed nunca será saciada, ni podrán obtener consuelo. Sus casos están decididos y fijados para siempre. Es un tiempo temible, terrible. —*Manuscrito 1, de Junio, de 1857*.

Pero Noé se mantuvo como una roca en medio de la tempestad. Rodeado por el desdén y el ridículo popular, se distinguió por su santa integridad y por su inconmovible fidelidad a los mandamientos de Dios... Noé fue sometido a pruebas y tentado a fondo, sin embargo, conservó su integridad frente a todo el mundo que se le oponía. Así será cuando el Hijo del Hombre sea revelado. Como lo representa el caso de Noé y su familia, serán pocos los que se salven. El mundo pudo haber escuchado las advertencias...

Los que profesaban aceptar a Dios, fueron los principales en rechazar la predicación de Noé y por su influencia llevaron a otros a rechazarlo.

A todos nos llega el tiempo de prueba y dificultad... Los hombres antes del diluvio trataron de acallar la conciencia, movida por el Espíritu de Dios, objetando que era imposible que el mensaje de Noé fuese verdad y que el mundo fuera inundado por un diluvio que cambiaría el curso de la naturaleza. Hoy se oye el mismo razonamiento: "el mundo no será destruido por el fuego". El cántico de alarma es: "Todas las cosas continúan como antes. No es necesario prestar atención cuando se predique que la historia del mundo pronto se acabará. Las leyes de la naturaleza muestran cuán inconsistente es esto". El Señor de la naturaleza puede emplearla para cumplir sus propósitos porque él no es esclavo de la naturaleza.

Razonaban que no estaba de acuerdo con el carácter de Dios salvar solamente a Noé y a su familia, sólo ocho personas en el extenso mundo y permitir que todo el resto fuese aniquilado por las aguas del diluvio. Hoy, razonan como razonaban en los días de Noé, cuando se presenta el mensaje de advertencia de temer a Dios y guardar sus mandamientos, porque la ira de Dios pronto caerá sobre todos los pecadores impenitentes y perecerán en el holocausto universal. Como en los días de Noé, hoy, los profesos siervos infieles de Cristo, que no reverencian a Dios y con temor se preparan para el terrible evento futuro, se tranquilizarán en su seguridad carnal con su razonamiento falaz: Dios es demasiado bueno y misericordioso para salvar solamente a unos pocos que guardan el sábado, y creen que si fuera verdad, los filósofos y los sabios comprenderían la cuestión del sábado y la brevedad del tiempo. No creen que el Dios misericordioso que creó a los hombres, los consumirá por medio del fuego, porque no creen las advertencias presentadas. Esto, razonan ellos, no está en armonía con Dios...

En nuestros días, se representa el amor de Dios como de un carácter tal que impediría que él destruyese al pecador. Los hombres razonan sobre la base de su propia norma inferior de lo correcto y justo. "Pensabas que de cierto sería yo como tú" (Salmo 50: 21). Miden a Dios comparándolo con ellos mismos. Razonan sobre cómo actuarían en las circunstancias y llegan a la conclusión de que Dios haría como ellos se imaginan que haría...

La bondad y longanimidad de Dios, la paciencia y misericordia que ejerce en sus súbditos, no le impedirá castigar al pecador que se niega a obedecer sus requisitos. El hombre, infractor de la santa ley de Dios, perdonado sólo a través del gran sacrificio de Dios, que hizo al dar a su hijo para morir por el culpable, no es el que debe hacer la decisión final por Dios, porque su ley es inmutable. Si los hombres, después de todo el esfuerzo que hizo Dios para conservar el carácter sagrado y exaltado de su ley, convierten la misericordia y condescendencia de Dios en una maldición por medio de los sofismas del diablo, tendrán que sufrir el castigo. Porque Cristo murió, consideran que tienen libertad para transgredir la santa ley de Dios que condena al transgresor y se quejan de que su severidad y su castigo son muy duros e incompatibles con Dios. Expresan las mismas palabras que Satanás profiere a millones, para tranquilizarles la conciencia en su rebelión contra Dios.

En ningún reino ni gobierno se les permite decir a los transgresores de la ley qué castigo debe ejecutarse contra aquellos que han violado la ley. Todo lo que tenemos, todas las mercedes de su gracia que poseemos, se las debemos a Dios. El carácter ofensivo del pecado contra un Dios tal no puede estimarse más de lo que pueden medirse los cielos con un palmo. Dios es un gobernador moral así como un Padre. Es el Legislador. Hace y ejecuta sus leyes. La ley que no tiene penalidad, no tiene fuerza.

Puede presentarse el razonamiento de que un Padre amante no aceptaría que sus hijos sufriesen el castigo de Dios por fuego, teniendo el poder para socorrerlos. Pero por el bien de sus súbditos y por su seguridad, Dios castigará al transgresor. Dios no obra basado en el plan del hombre. Él puede aplicar una justicia infinita que el hombre no tiene derecho de administrar a un semejante. Noé habría desagradado a Dios si hubiese ahogado a uno de los escarnecedores y burladores que lo hostigaban, pero Dios ahogó al vasto mundo. Lot no habría tenido derecho de imponer castigo a sus yernos, pero Dios lo haría usando de estricta justicia.

¿Quién dirá que Dios no hará lo que él dice que hará? "Dios es siempre veraz, aunque todo hombre sea mentiroso" (Romanos 3:4). El Señor vendrá envuelto en llamas de fuego para ejecutar venganza sobre los pecadores que no conocen a Dios ni obedecen el evangelio. Y porque en su infinita misericordia posterga su venida para darle al mundo un mayor período de tiempo para arrepentirse, los pecadores llegan a la conclusión que nunca vendrá. En la prensa pública, en los antros del pecado, así como en las escuelas de ciencia así llamadas, hay una forma de ver las cosas; fruncen los labios despectivamente, hacen bromas de mal gusto, ridiculizan las advertencias porque consideran la posibilidad de que miles no creerán. Se burlan y publican sátiras ingeniosas a expensas de aquellos que esperan y anhelan su venida y, como Noé, se preparan para el evento con temor. Esto no es nada nuevo, es tan antiguo como el pecado. Es tan falso como el padre de mentiras.

Cuando ministros, agricultores, comerciantes, abogados, personajes importantes y hombres aparentemente piadosos exclamen "Paz y seguridad", vendrá destrucción repentina. Lucas registra las palabras de Cristo, de que el día de Dios viene como un lazo: la figura de un animal merodeando en el bosque en busca de su presa y ¡ay!, repentinamente es entrampado por el lazo oculto del cazador. —*Manuscrito 5, de 1876.*

Se me mostró una visión del juicio; Dios enviará consejos, advertencia y represión. Algunos reconocerán su mal proceder y buscarán al Señor, otros seguirán su propia inclinación porque a su corazón natural le resulta más conveniente y agradable. Y otros darán coces contra el aguijón; levantándose contra los testimonios de amonestación, despreciando las advertencias, escogiendo su propia sabiduría, serán entrampados y vencidos por el enemigo, y estarán tan enceguecidos por su infatuación que serán totalmente incapaces de discernir las cosas de Dios y obrarán directamente en contra de la luz, rodeándose de tinieblas y error. Y éstos sostendrán y fortalecerán las manos de nuestros enemigos más despiadados...

Me fue mostrado que en un futuro cercano, aquellos a quienes Dios ha dado advertencias, reproches y gran luz, pero que no se han corregido ni seguido la luz, él les quitará la armadura celestial que los había protegido del poder cruel de Satanás. Ciertamente, el Señor los abandonará para que sigan sus inclinaciones y los consejos de su propia sabiduría. Simplemente quedarán desamparados y la protección de Dios se retirará de ellos y no serán resguardados de los engaños de Satanás... Nadie de mente estrecha y poca visión puede concebir el cuidado que, a través de sus ángeles, Dios ha ejercido sobre los hijos de los hombres en sus viajes, en sus casas, en su comer y beber. Dondequiera que estén, los ojos de Jehová están sobre ellos. Los libra de miles de peligros que nunca han visto. Satanás está al asecho, pero el Señor está obrando constantemente para salvar a su pueblo. Pero a aquellos que no perciben la bondad de Dios, que se niegan a aceptar sus misericordiosas advertencias, que rechazan sus consejos para alcanzar la norma más elevada que demanda la Biblia que lo hacen a pesar del Espíritu de gracia, el Señor les quitará su poder protector.

Me fue mostrado que si pudiera, Satanás confundiría y luego destruiría las almas a quienes él ha tentado. Dios soportará por cierto tiempo, pero hay un límite a su misericordia, una línea divisoria entre su misericordia y su justicia... Es el poder de Satanás que está obrando en el mar y en la tierra, trayendo calamidad y angustia y asolando a las multitudes para asegurarse de su presa. Tanto por tierra como por mar habrá tormentas y tempestades, porque Satanás ha descendido con gran ira. Él está obrando. Sabe que su tiempo es corto y que si no se lo reprime, veremos las manifestaciones más terribles de su poder, como jamás hemos soñado. —*Carta 14, del 8 de Agosto de 1883.*

En las escenas finales de la historia de esta tierra, la guerra prevalecerá. Habrá epidemias, mortandad y hambre. Las aguas del abismo rebasarán sus límites. Incendios e inundaciones destruirán la propiedad y la vida. Inesperadamente vendrán desastres sobre el mundo. Esto debe mostrarnos que las almas por quienes Cristo ha muerto, deben estar preparándose para las mansiones que él ha ido a preparar para ellas. Hay alivio del conflicto terrenal. ¿Dónde? "Para que donde yo esté, vosotros también estéis" (Juan 14:3). El cielo es donde Cristo está. —*Manuscrito 41, de 1896.*

Cuando haya terminado la prueba, cuando los hombres hayan decidido en favor o en contra de la ley de Jehová, el tiempo de gracia y misericordia se habrá acabado. Entonces Dios entrará en la recta final de la justicia para dar a cada hombre según sus obras. Algunos recibirán la recompensa por el bien hacer, otros la retribución por sus obras malas. —*Manuscrito 58, del 21 de Junio de 1897.*

El mundo pronto ha de ser abandonado por el ángel de la misericordia, y las últimas siete plagas han de ser derramadas... La tormenta se está preparando; los dardos de la ira de Dios pronto han de caer y cuando él comience a castigar a los transgresores, no habrá ningún período de respiro hasta el fin.. "Porque el Eterno viene de su morada, para castigar por sus pecados a los habitantes de la tierra. Y la tierra descubrirá la sangre derramada sobre ella y no encubrirá más sus muertos" (Isaías 26:21). Quedarán en pie sólo aquellos que estén santificados por medio de la verdad en el amor de Dios. Ellos serán escondidos con Cristo en Dios hasta que la desolación haya pasado. —*Manuscrito 122, de Agosto de 1899.*

Los hombres han agraviado a Dios, aceptando como santo un día laboral común. Nada puede poner la estampa del hombre de pecado tan definitivamente en el mundo, como la aceptación de un sábado espurio, mientras se pisotea el día que Dios apartó.

Dios escribió con su propio dedo sus mandamientos en dos tablas de piedra. Estas tablas no quedaron al cuidado de los hombres, sino que fueron puestas en el arca; y en el gran día, cuando se decida cada caso, estas tablas inscriptas con los mandamientos, serán exhibidas para que todo el mundo las vea y entienda. El testimonio contra ellos será irrefutable.

Los más rigurosos castigos caerán sobre los que han tomado a su cargo la obra de ser pastores de la grey, porque han presentado a la gente fábulas en vez de presentar la verdad. Se levantarán hijos que maldecirán a sus padres. Los miembros de iglesia que han visto la luz y han sido convencidos de su culpabilidad, pero que han confiado la salvación de sus almas a los ministros, aprenderán en el día de Dios que ninguna otra alma puede pagar el rescate por sus transgresiones. Surgirá un terrible clamor: "Estoy perdido, eternamente perdido". Habrá quienes sentirán que serían capaces de despedazar a los ministros que han enseñado falsedades y han condenado la verdad. La verdad pura para este tiempo exige una reforma de la vida; pero ellos se han separado del amor de la verdad y de ellos se puede decir: "Te perdiste, oh Israel" (Oseas 13:19). El Señor envía un mensaje al pueblo: "Pon a tu boca trompeta. Como águila viene contra la casa de Jehová, porque traspasaron mi pacto, y se rebelaron contra mi ley" (Oseas 8:1). —*Carta 30, del 25 de Febrero de 1900.*

(El Señor declara) Cuando para mi pueblo sea un crimen guardar el sábado, entonces vendré de mi morada para castigar por sus pecados a los habitantes de la tierra. Y la tierra descubrirá la sangre derramada sobre ella, y no encubrirá más sus muertos. (vea Isaías 26:21)...

Cuando el Señor manda a sus siervos con un mensaje de advertencia para los miembros de la iglesia, para abrir delante de ellos la verdad, muchos que dicen ser pastores se niegan a examinar por sí mismos la Palabra del Señor. Y comienzan una perorata contra el mensajero y el mensaje de verdad. Circulan falsedades y hacen todo lo posible para usarlas contra aquellos a quienes el Señor ha enviado, con un mensaje de advertencia para llevar a las personas a escudriñar la Biblia por sí mismos con un sentimiento de sobrecogimiento sagrado, temiendo ser halladas luchando y blasfemando contra Dios. A los mensajeros de Dios se los acusa de hacer la obra de Satanás. Pero mientras siguen el ejemplo del gran Maestro, su obra testifica por ellos...

Los que se han dejado engañar, no tendrán excusa por su negligencia a investigar la Palabra de Dios por sí mismos. Confiaron sus almas a un ministro que no fue diligente en investigar la Palabra para saber la verdad, pero éste no puede pagar el rescate por sus almas. —*Manuscrito 33, del 25 de Junio de 1900.*

En cualquier momento, Dios puede retirar de los impenitentes las prendas de su misericordia y amor maravillosos. ¡Ojalá los seres humanos pudieran considerar cuál será el resultado seguro de su ingratitud para con Dios y de su desprecio del don infinito de Cristo para nuestro mundo! Si continúan amando la transgresión antes que la obediencia, las bendiciones presentes y la gran misericordia de Dios de que ahora disfrutan, pero que no aprecian, finalmente serán la causa de su ruina eterna. Por un tiempo podrán elegir dedicarse a diversiones mundanas y placeres pecaminosos antes que a refrenarse en su senda de pecado, y vivir para Dios y para el honor de la Majestad del cielo. Pero cuando sea demasiado tarde para que vean y comprendan lo que han menospreciado como algo baladí, sabrán lo que significa estar sin Dios y sin esperanza; entonces se darán cuenta de lo que han perdido al elegir ser desleales a Dios y mantenerse en rebelión contra sus mandamientos. En lo pasado desafiaron el poder de Dios y rechazaron sus invitaciones misericordiosas; finalmente caerán sobre ellos los juicios divinos. Entonces comprenderán que han perdido la felicidad: la vida, vida eterna en las cortes celestiales. Ciertamente dirán, ¡"Nuestra vida estaba llena de soberbia contra Dios, y ahora estamos perdidos!"

En el tiempo cuando caigan los castigos de Dios sin misericordia, oh, ¡cuánto envidiarán los impíos la condición de los que habitan "al abrigo del Altísimo; el pabellón en el cual oculta el Señor a todos los que lo han amado y han obedecido sus mandamientos! Para los que sufren como consecuencia de sus pecados, ciertamente será envidiable la suerte de los justos en un tiempo tal. Pero después que termine el tiempo de gracia, la puerta de la misericordia se cerrará para los impíos; no se ofrecerán más oraciones a su favor. —*Manuscrito 151, de 1901.*

En esta época de prodigios satánicos, se dirá y hará todo lo concebible para engañar si es posible, aún a los escogidos. Que los creyentes no digan nada que exalte el poder de Satanás. El Señor distinguirá a su pueblo que guarda los mandamientos con marcadas señales de su favor, si se dejan modelar y transformar por su Espíritu, y edifican una fe más santa escuchando estrictamente a la voz de su Palabra...

Si subsistimos en el gran día del Señor, con Cristo como nuestro refugio y nuestra fortaleza, debemos abandonar toda envidia y toda contienda por la supremacía. Debemos destruir completamente la raíz de estas cosas impías para que no puedan surgir de nuevo a la vida. Debemos ponernos plenamente del lado del Señor. Ciertamente vendrán tribulación e ira sobre los que profesan ser cristianos, pero aceptan los principios de Satanás apartándose de los mandamientos de Dios, mientras viven una mentira en su vida cotidiana.

¿No podemos ver la incertidumbre del tiempo? Hay muchísimos que no están preparados para la venida del Señor. Continúan comportándose como los impenitentes, admirando los principios de los malvados y serán castigados con los inicuos. ¿Puede él ampararlos de los desastres por mar y tierra cuando traicionan la verdad de Dios haciendo que el mensaje que él ha dado sea algo incierto? ¡No, no! —*Carta 195, del 6 de Septiembre de 1903.*

Anoche se presentó una escena delante de mí. Tal vez nunca me sienta libre de revelarla completamente, pero revelaré una parte de ella. Me parecía ver una inmensa bola de fuego que caía sobre el mundo y que aplastaba grandes mansiones. De lugar en lugar se elevaba el clamor: "¡El Señor ha venido, el Señor ha venido!" Muchos no estaban preparados para recibirlo, pero unos pocos decían: "¡Alabado sea Dios!"

Los que sentían que la destrucción venía sobre ellos les preguntaban: "¿Por qué están alabando a Dios?". "Porque ahora vemos lo que hemos estado esperando".

La terrible respuesta que recibieron fue: "Si ustedes creían que estas cosas vendrían, ¿por qué no nos lo dijeron?". "No sabíamos nada de esto. ¿Por qué nos dejaron en la ignorancia? Todo el tiempo nos veían; ¿por qué no vinieron a visitarnos y a hablarnos del juicio que había de venir, y que debíamos servir a Dios para no perecer? ¡Ahora estamos perdidos!"

Que Dios nos ayude a levantarnos, como Daniel, para recibir nuestra heredad durante los días de preparación que nos quedan. Padres, enseñen a sus hijos acerca de las cosas que ocurrirán sobre la tierra, y condúzcanlos a prepararse para encontrar a su Señor en paz. —*Manuscrito 102, del 2 de Julio de 1904.*

Una escena muy impresionante pasó ante mí en visiones nocturnas. Vi una inmensa bola de fuego que caía en medio de un grupo de hermosas casas que fueron destruidas instantáneamente. Oí a alguien decir: "Sabíamos que los juicios de Dios visitarían la tierra, mas no pensábamos que vendrían tan pronto". Otros dijeron en tono de reproche: "Vosotros que sabíais estas cosas, ¿por qué no dijisteis nada? ¡Nosotros no lo sabíamos!" Y por todas partes oía reproches parecidos. —*Carta 217, del 3 de Julio de 1904.*

A medida que nos acerquemos al fin de la historia de esta tierra, se repetirán en otras partes las escenas de la calamidad de San Francisco... Estas cosas me hacen sentir que estamos en tiempos muy solemnes porque sé que el día del juicio es inminente. Los juicios que ya han descendido son una advertencia, pero no el fin del castigo que vendrá sobre las ciudades impías... Nuestras ciudades son los lugares más terribles, donde se practica todo tipo de pecado e iniquidad de naturaleza repugnante. Se deshonra grandemente el nombre del Señor...

En sesiones nocturnas he visto muchos de los juicios de Dios que están empezando a caer sobre nuestras ciudades y ahora puedo entender mejor el verdadero significado de estas escenas que he presenciado... no sabemos cuán pronto vendrán las escenas de destrucción y desolación en forma universal. "Por tanto, estad preparados también vosotros, porque el Hijo del Hombre vendrá a la hora que no pensáis" (Mateo 24:44).

Habacuc 2:1, 2; 2:3-20; Sofonías 1:1-3, 20; Zacarías 1:1-4, 14; Malaquías 1:1-4 citado. Pronto estas escenas serán presenciadas tal como se las describe claramente. Presento estas maravillosas declaraciones de las Escrituras para consideración de todos. Las profecías registradas en el Antiguo Testamento son la palabra del Señor para los últimos días y se cumplirán tan seguramente como hemos visto la desolación de San Francisco.

¿Osarán los hombres traer el desagrado del Señor delineando una ley para forzar la observancia de un sábado espurio y luego imponer la obediencia a esa ley? ¿Insultarán a Dios profanando su día santo y arrogándose la autoridad como dioses, exaltando el primer día de la semana para que sea observado por todos?...

¿Qué miembro de la familia humana que osara desafiar al Señor Dios, pagaría luego el castigo al enfrentarse con el gran Dador de la ley por haber quebrantado su ley? La palabra ha salido. No es la palabra de un poder humano, sino del poder Omnipotente, de un verdadero Dios vivo. ¿Se atrevería el hombre a jugar con la sagrada ley de Jehová, y poner en su lugar un día corriente de labor que marca el principio de la semana para la transacción de negocios comunes? ¿Nos aventuraremos a enfrentarnos con Jehová por haber quebrantado su ley?... ¿Cómo pueden atreverse los hombres a asumir la autoridad de Jehová y personificando a Dios, cambiar los tiempos y la ley?

Llamo la atención a hombres de convicción sobre estas cosas. ¿Se atreverá usted a continuar aceptando un decreto humano que no lleva la estampa de aprobación divina y colocarlo delante de las personas como algo que ellas deben respetar y honrar? ¿Sustituirá una falsificación por lo verdadero y genuino? ¿Se enfrentará así con Dios por la transgresión de su ley, al amenazar, perseguir y castigar severamente a las personas que usted considera como delincuentes, porque escogen obedecer la ley de Jehová en lugar del sábado espurio que el hombre ha creado? —*Carta 154, del 12 de Mayo de 1906.*

Capítulo 16—Cristo Viene.

Cuando Cristo, el gran Dador de la vida, venga en las nubes de los cielos para resucitar a los muertos, habrá un gran terremoto. Se oirá el sonido de la trompeta de Dios a través de los confines de la tierra. Y la voz de Jesús despertará a los muertos de sus tumbas a una vida inmortal... Cristo viene con poder y gran gloria, con el destello de un relámpago que iluminará toda la tierra, de norte a sur y de oriente a occidente. —*Carta 2, del 24 de Agosto de 1874.*

¡Qué escena presentarán estas montañas y cerros [en Suiza] cuando Cristo, el Dador de la vida, llame a los muertos! Vendrán de las cavernas, de los calabozos, de los pozos profundos, donde sus cuerpos han sido enterrados. Se despertarán al sonido de la voz del arcángel y de la trompeta de Dios, en el último grande y terrible día del Señor. —*Carta 97, del 29 de Abril de 1886.*

Ante la gloria de Aquél que ha de reinar, las montañas temblarán y se postrarán, las piedras serán movidas de sus lugares, porque aún una vez el Señor sacudirá no sólo la tierra, sino aún el cielo. Los esparcidos que, debido a la furia del opresor habían huido a las montañas, a las cuevas y a las cavernas de la tierra, se alegrarán al oír la voz de Dios.

Juan, exiliado en la isla de Patmos, se sobresalta al contemplar la obra de Dios en la naturaleza, y, mientras está postrado orando, oye que una voz dice: "Yo soy el Alfa y la Omega, el Primero y el Último" (verso 11). Cae como muerto de asombro al escucharla. Es incapaz de soportar la visión de la gloria divina. Pero una mano levanta a Juan y oye una voz que le recuerda la de su Maestro. Se fortalece y puede hablar con el Señor Jesús. Así será con el pueblo remanente de Dios que está esparcido... algunos perseguidos. Cuando se oiga la voz de Dios y se manifieste el resplandor de su gloria, cuando termine la prueba y desaparezca la escoria, se percatarán de que están ante la presencia de aquel que los redimió con su propia sangre.

Lo que Cristo fue para Juan en el exilio, lo será para su pueblo que sentirá la mano de la opresión a causa de su fe y testimonio por Cristo. Estos mismos mártires, un día resplandecerán con la gloria de Dios, porque él tiene fieles que han sido leales, mientras que el mundo y las iglesias invalidaban su santa ley. Fueron llevados por la tormenta y la tempestad de la persecución a las hendiduras de las peñas, pero estaban ocultos en la Roca de los siglos; en lo recóndito de las montañas, en las cuevas y cavernas de la tierra, el Salvador revela su presencia y su gloria.

Un poco más de tiempo y el que ha de venir vendrá, y no tardará. Sus ojos, como llama de fuego penetran en las prisiones bien custodiadas para buscar a los que están ocultos, porque sus nombres están escritos en el libro de vida del Cordero. Esos ojos del Salvador están por encima de nosotros, a nuestro alrededor y ven toda dificultad, disciernen todo peligro y no hay lugar donde no puedan penetrar, no hay aflicciones o sufrimientos de su pueblo que escapen a la simpatía de Cristo. Alcanzan a los perseguidos por todas partes. "Y el Rey les dirá: En cuanto lo hicisteis a uno de éstos, mis hermanos pequeños, a mí me lo hicisteis" (Mateo 25:40). Los ojos de Cristo, como una llama de fuego, descubren todo acto tenebroso de Satanás que unido con los hombres malos pueda hacer, y es nombrado y registrado por el que escudriña los corazones.

El hijo de Dios quedará aterrorizado ante la primera visión de la majestad de Jesús. Sentirá que no podrá vivir ante su sagrada presencia. Pero al igual que Juan, oye decir: "No temas". Jesús colocó su mano derecha sobre Juan y lo levantó del suelo. Así también hará con sus hijos leales que confían en él, porque para ellos habrá mayores revelaciones de la gloria de Dios.

Habrá también una revelación para los transgresores de la ley de Jehová, los que invalidaron la ley de Dios, que se pusieron del lado del que pensó cambiar los tiempos y la ley. De las multitudes despavoridas se oye el clamor: "Porque ha llegado el gran día de su ira, ¿y quién podrá quedar en pie?" (Apocalipsis 6:17). —*Manuscrito 56, del 21 de Mayo de 1886.*

En Apocalipsis 20:11-15 se presenta ante nosotros el grande y solemne día cuando el juez se sentará y los libros se abrirán y los muertos serán juzgados por las cosas que están escritas en los libros. Cuando veo a la gente de nuestras ciudades que se dan prisa de un negocio a otro, me pregunto si han pensado alguna vez en el día del Señor que está pronto a venir. Todos debiéramos estar viviendo en relación con el gran día que pronto vendrá sobre nosotros...

¿Consideramos diariamente que en los libros del cielo se lleva el registro de todas nuestras acciones aquí? Si prestásemos atención a nuestro comportamiento y tuviésemos el temor de Dios, nuestras vidas aquí serían mucho mejores de lo que ahora lo son... Dios envía a los ángeles del cielo a nuestra tierra para examinar detenidamente el valor moral. Y nuestro Padre celestial nos ha enviado el mensaje de advertencia para que nos preparemos para ese día del último ajuste de cuentas...

Es nuestro privilegio comprender las grandes responsabilidades que Dios ha colocado sobre nosotros, de manera que no estemos en tinieblas respecto de lo que se aproxima sobre nuestro mundo. No podemos permitirnos enfrentar ese día sin estar preparados, sino que, cuando pensamos en el grande y solemne evento de la venida de Cristo en las nubes de los cielos con poder y gran gloria, deberíamos vivir delante de Dios con gran humildad, no sea que caigamos de la gracia de Dios y seamos hallados indignos de la vida eterna...

Vemos que el mundo en general no piensa en ese gran día y muchos de sus habitantes no tienen interés de escuchar cosa alguna en cuanto a ello. Pero tendremos que enfrentar el registro de nuestras vidas. Debemos recordar que hay un testigo de todas nuestras acciones. Un ojo, semejante a una llama de fuego, contempla todas las acciones de nuestra vida. Nuestros pensamientos mismos y las intenciones y propósitos de nuestros corazones están desnudos ante el escrutinio de Dios. Así como los rasgos se reproducen sobre la placa pulida del artista, nuestros caracteres están registrados en los libros del cielo...

Todos verán entonces exactamente dónde se apartaron del camino correcto. Todos descubrirán la influencia que, al apartarse de la justicia de Dios, han tenido sobre sus semejantes para desviarlos de la verdad y la rectitud. Todos entenderán entonces precisamente qué es lo que hicieron para deshonrar al Dios del cielo al quebrantar su ley.

Cuando Cristo venga en las nubes de los cielos, todos los que estén vivos y los que resuciten de entre los muertos estarán frente al tribunal de Cristo. Todos los hechos y acciones secretas, que según pensábamos ningún ojo podía ver, serán conocidos. Hubo un ojo que vio y registró las acciones de los hombres...

Enoc caminó con Dios por trescientos años antes de su traslación al cielo, y el estado del mundo no era entonces más favorable para la perfección del carácter cristiano que lo que es ahora. Enoc fue un representante de aquellos que estarán sobre la tierra cuando Cristo venga, que serán trasladados al cielo sin ver muerte...

Cuando el juez se siente y se abran los libros y cada ser humano sea juzgado de acuerdo con los hechos realizados en el cuerpo, aquellos que han imitado a Cristo en obediencia a los mandamientos de Dios, serán bendecidos. "Y vi también a los muertos, grandes y pequeños, en pie ante el trono. Los libros fueron abiertos, y otro libro fue abierto, el Libro de la Vida. Y los muertos fueron juzgados, según sus obras, por las cosas que estaban escritas en los libros" (Apocalipsis 20:12).

Juan vio también la Santa Ciudad, la Nueva Jerusalén con sus doce puertas y doce cimientos, descendiendo del cielo desde Dios. Se le mostró la ciudad y vio las calles de oro transparente como cristal. El carácter de todos los que entren allí, ha sido cambiado y han sido santificados en esta vida terrenal. Las naciones que han guardado la verdad entran en la ciudad de Dios y se oye una voz clara y patente: "¡Dichosos los que guardan sus Mandamientos, para que tengan derecho al árbol de la vida, y entren por las puertas en la ciudad!" (Apocalipsis 22:14).

La corona de gloria inmortal se coloca sobre la cabeza del vencedor... Cuando Juan ve a esta compañía preciosa, refinada y purificada, alrededor del trono de Dios, "uno de los ancianos le pregunta: "Éstos que están vestidos de ropa blanca, ¿quiénes son, y de dónde han venido?" Y él responde: „Señor, tú lo sabes". Y el ángel afirma: „Éstos son los que han venido de la gran tribulación. Han lavado su ropa, y la han emblanquecido en la sangre del Cordero. Por eso están ante el trono de Dios y le sirven día y noche en su Santuario. Y el que está sentado en el trono tenderá su pabellón sobre ellos"" (Apocalipsis 7:13-15)...

Os amonesto: no coloquéis vuestra influencia contra los mandamientos de Dios. Esa ley es tal como Jehová la escribió en el templo del cielo. El hombre puede hollar su copia terrenal, pero el original se conserva en el arca de Dios en el cielo; y sobre la cubierta del arca, precisamente encima de esa ley está el propiciatorio. Jesús está allí mismo, delante del arca, para mediar por el hombre... Buscad la inmortalidad y la corona de la vida, y finalmente obtendréis el cielo. —*Manuscrito 6a, del 27 de Junio de 1886.*

Espero con ansias el momento cuando suene la trompeta de Dios y todos los que estén en los sepulcros oigan su voz y salgan; los que hicieron bien, a resurrección de vida; y los que hicieron mal, a resurrección de condenación.

¡Oh, que escena veremos entonces! Algunos se despertarán para vida eterna en la primera resurrección. La segunda muerte no tendrá poder sobre ellos. Y entonces al final de los mil años resucitarán los malvados. No puedo soportar pensar en esto. Me explayo con placer en la resurrección de los justos, quienes saldrán de todas partes de la tierra, de las cavernas rocosas, de los calabozos, de las cuevas de la tierra, de la profundidad de las aguas. Nadie es pasado por alto. Todos oirán su voz. Se levantarán con triunfo y victoria. Entonces ya no habrá más muerte, no habrá más pecado, ni dolor. —*Carta 113, del 11 de Julio de 1886.*

En medio de la incredulidad y placeres pecaminosos, se oye la voz del arcángel y la trompeta de Dios. El engaño fatal está roto por fin y serán pesados en la balanza y hallados faltos...

Precisamente cuando el mundo ha sido adormecido por el clamor de paz y seguridad de los profesos centinelas, justo cuando los escarnecedores estén diciendo con intrepidez: "¿Dónde está la promesa de su venida?", cuando todos en nuestro mundo estén activos, sumidos en una ambición egoísta por ganancias, Jesús vendrá como ladrón en la noche. Esté atento a los solemnes eventos predichos, porque a los creyentes que estén vigilando se les dirige la palabra: "Porque vosotros sabéis bien, que el día del Señor vendrá como un ladrón en la noche. Cuando digan: ¡Paz y seguridad! Entonces vendrá sobre ellos destrucción repentina... y no escaparán" (1 Tesalonicenses 5:2, 3)... Los grandes y majestuosos edificios serán derribados. Los creyentes culpables serán sepultados en sus ruinas. —*Manuscrito 15b, del 21 de Julio de 1886.*

Con respecto a la venida del Hijo del Hombre, ésta no ocurrirá hasta que el imponente terremoto de medianoche sacuda la tierra y hasta que las personas hayan oído la voz de Dios. Después de oír la voz de Dios, la gente se halla en una desesperación y angustia tal, cual nunca hubo desde que existió nación y entonces el pueblo de Dios también sufrirá aflicción. Las nubes del cielo se chocarán unas con otras y habrá tinieblas. Entonces se oye aquella voz del cielo y las nubes comienzan a enrollarse como un pergamino y aparece la señal clara y brillante del Hijo del Hombre. Los hijos de Dios saben lo que significa esa nube.

Se oye el sonido de música, y cuando se acerca, se abren las tumbas y los muertos resucitan. Y hay miles de millares y diez mil veces diez mil ángeles que componen esa gloria y circundan al Hijo del Hombre. Aquellos que representaron el papel más prominente en el rechazo y la crucifixión de Cristo, resucitan para verlo como él es, y los que rechazaron a Cristo se levantan y ven a los santos glorificados; es en ese momento cuando los santos son transformados en un instante, en un abrir y cerrar de ojos y son arrebatados para encontrar a su Señor en el aire. Aquellos que le colocaron el manto púrpura y pusieron sobre sus sienes la corona de espinas y los que traspasaron con clavos sus manos y sus pies, lo contemplan y se lamentan. Ésta es precisamente la señal de la venida del Hijo del Hombre...

Ocurrirán muchas señales antes de la venida del Hijo del Hombre, pero cuando se vea la nube blanca, ésta será la señal de la venida del Hijo del Hombre. Habrá señales en el sol, en la luna y en las estrellas, y sobre la tierra angustia de naciones. Éstas todas testifican que Cristo está por venir y que se manifestará en las nubes con gran poder y gloria. —*Manuscrito 81, del 21 de Septiembre de 1886.*

El testimonio directo debe ser llevado a los hombres ya sea que lo escuchen o lo rechacen. Aquellos que han sido reprobados, que no aceptaron las advertencias, los consejos ni se reformaron sino que justificaron su forma de proceder, serán abandonados a su propio destino, para que se llenen con los frutos de sus obras. Como los habitantes del mundo antiguo, seguirán con celo persistente la fantasía de sus corazones y perecerán en sus pecados.

¿Quién podrá estar firme cuando la tierra se bambolee como un ebrio, cuando los cielos se estremezcan y venga el gran día del Señor? Un objeto verán temblando de agonía, y en vano procurarán evitarlo. "He aquí que viene con las nubes, y todo ojo le verá" (Apocalipsis 1: 7). Los que no estén salvos pronunciarán desesperadas imprecaciones a la naturaleza muda, su dios... "Y decían a los montes y a las peñas: „Caed sobre nosotros, y escondednos de la vista de Aquel que está sentado sobre el trono, y de la ira del Cordero‟" (Apocalipsis 6:16).

La creación es leal a su Dios y no escucha los gritos desesperados... El amor menospreciado se torna en furor. Los pecadores que no quisieron que Jesús quitara sus pecados, corren de un lado para otro en busca de un lugar donde ocultarse, exclamando: ¡Pasó la siega, se acabó el verano, y nuestras almas no han sido salvadas! (Véase Jeremías 8:20). ¡Si hubieran visto la Roca de salvación y perfecta seguridad... la hendidura de la Roca, a la cual correr a refugiarse hasta que pase la ira!...

"Cada uno de ellos será como abrigo contra el viento, como refugio contra el temporal" (Isaías 32:2)... Ese Cordero cuya ira será tan terrible para los burladores de su gracia, será gracia, justicia, amor y bendición para todos los que lo han recibido.

La columna de nube que era tinieblas, terror e ira vengadora para los egipcios, para el pueblo de Dios era una columna de fuego y luz. Así acontecerá para con los hijos de Dios en los últimos días. La luz y la gloria de Dios para su pueblo que guarda sus mandamientos, son tinieblas para los incrédulos. Ven que es terrible caer en manos del Dios viviente. El brazo, extendido durante tanto tiempo, fuerte para salvar a todos los que acuden a él, es poderoso para ejecutar su juicio sobre todos los que no quieren ir a él para tener vida. Se ha hecho una provisión segura para refugiar a las almas y amparar a los que han guardado sus mandamientos hasta que pase la ira. —*Carta 137, del 6 de Abril de 1904.*

El Hijo del Hombre en las nubes de los cielos. Vendrá con su propia gloria, con la gloria de su Padre y la de los santos ángeles. Allí no faltarán ni la gloria ni el honor... La ley de Dios será revelada en su majestad; y los que hayan asumido una actitud de desafiante rebelión contra sus santos preceptos, comprenderán que la ley que desecharon, menospreciaron y hollaron bajo sus pies, es la norma de Dios para evaluar el carácter... —*Manuscrito 39, del 11 de Marzo de 1898.*

En el día de su advenimiento se oirá la última gran trompeta y se producirá un terrible temblor que sacudirá la tierra y el cielo. La tierra entera, desde los montes más encumbrados hasta las minas más profundas, escuchará. El fuego lo penetrará todo. La atmósfera viciada será purificada por el fuego. Una vez que el fuego haya cumplido su misión, los muertos que han yacido en sus tumbas se levantarán; algunos, para resurrección de vida, serán tomados para encontrarse con el Señor en el aire; y otros, para observar la venida de Aquel a quien despreciaron y al que ahora reconocen como Juez de toda la tierra.

Los justos están a salvo de las llamas. Pueden caminar por el fuego, el humo y las llamas no tendrán poder para dañar a los justos. Los que estén unidos al Señor escaparán ilesos. Terremotos, huracanes, fuego e inundaciones no pueden dañar a quienes están preparados para encontrarse con su Salvador en paz. —*Manuscrito 159, del 4 de Septiembre de 1903.*

Cuando Cristo venga para reunir consigo a los que han sido fieles, resonará la última trompeta y toda la tierra la oirá, desde las cumbres de las más altas montañas hasta las más bajas depresiones de las minas más profundas. Los muertos justos oirán el sonido de la última trompeta y saldrán de sus tumbas para ser revestidos de inmortalidad y para encontrarse con su Señor. Pero aquellos que traspasaron al Salvador, los que lo azotaron y lo crucificaron, también saldrán de sus tumbas para contemplar la venida en las nubes de los cielos de aquél a quien han burlado y desechado y que viene asistido por la hueste celestial, diez mil veces diez mil y miles de miles... —*Carta 257, del 27 de Julio de 1904.*

Cuando Cristo venga tomará a los que purificaron sus almas por medio de la obediencia a la verdad. Algunos que ahora llevan una vida activa irán al sepulcro otros estarán vivos y serán transformados cuando Cristo venga. Esto mortal se revestirá de inmortalidad y estos cuerpos corruptibles, sujetos a la enfermedad, serán cambiados de mortales en inmortales. Seremos dotados de una naturaleza más elevada. Los cuerpos de todos aquellos que hayan purificado sus almas por medio de la obediencia a la verdad, serán glorificados... han recibido a Jesucristo y han creído en él. —*Manuscrito 36, del 24 de Marzo de 1906.*

Capítulo 17–De Pie ante Dios.

Dios nunca prescindirá de sus derechos legítimos. Él nunca abandonará su autoridad. Con todo, uno puede negarse a obedecer y si muere haciendo lo que le place, rechazando la voluntad de Dios, finalmente el Señor mostrará su justicia al condenarlo ante todo el universo. De los innumerables millones que componen la familia humana, ni siquiera uno podrá alegar ante Dios, que no se salvó a pesar de haber hecho todo lo posible por obedecer las condiciones de la salvación reveladas en su Palabra. Todos los que pierdan la vida eterna se condenarán a sí mismos, porque no podrán ofrecer ninguna excusa delante de Dios. — *Carta 6, del 3 de Noviembre de 1877.*

Cuando la tierra, condenada por el pecado, sea purificada de la degeneración del pecado, cuando el Monte de los Olivos se parta en dos y se convierta en una extensa llanura, cuando la Santa Ciudad de Dios descienda sobre él, la tierra que ahora se llama Tierra Santa ciertamente llegará a ser santa. —*Carta 26, del 11 de Octubre de 1895.*

La escena del juicio se llevará a cabo ante la presencia de todos los mundos, porque en este juicio, el honor del gobierno de Dios será vindicado y su ley seguirá siendo: "santa, justa y buena" (Romanos 7:12). Entonces se decidirá cada caso y se pronunciará el veredicto sobre todo el mundo. Entonces, el pecado no parecerá atractivo, sino que se lo verá en toda su horrenda magnitud. Entonces se verá en qué relación estamos con Dios y los unos con los otros...

Cuando los hijos de Dios se vistan con vestiduras blancas y sean coronados como verdaderos súbditos de su reino, los que han sido desleales verán la ligereza al no unirse con los fieles para honrar y magnificar la ley de Dios que ellos mismos decidieron ignorar...

En su humanidad Cristo tuvo una experiencia tal que él está al lado de todos los que sufren por causa de la verdad, los que son torturados, encarcelados y encadenados... Y todos los que hayan causado sufrimiento a su pueblo, sea el Papa, legisladores, sacerdotes, u otras personas, experimentarán este sufrimiento en sus propios cuerpos. Ese día entenderán que estaban tratando con Cristo en la persona de sus santos. Comprenderán entonces el significado de: "la ira del Cordero" (Apocalipsis 6:16).

Aquellos que han intentado promover sus planes en los concilios y que por ser la mayoría obtuvieron poder para oprimir a los santos de Dios, tratando de obligarlos a deshonrar y desobedecer a su Redentor, comprenderán la obra que hicieron en la tierra como enemigos de Dios y traidores del cometido sagrado. Sabrán entonces cuántas almas han engañado al apartarlas de su lealtad a Dios. Verán que al tergiversar la Palabra de Dios, se han hecho responsables por la pérdida de las almas...

Jesús dice: "No os maravilléis de esto, porque vendrá la hora, cuando todos los que están en los sepulcros oirán su voz. Y los que hicieron bien, resucitarán para vivir, pero los que hicieron el mal, resucitarán para ser condenados" (Juan 5:28, 29). Pronto se oirá esta voz a través de toda la región de los muertos y todos los santos que durmieron en Jesús se despertarán y abandonarán su prisión. El juicio ejecutivo se llevará a cabo al fin de los mil años. Entonces quienquiera que haya repudiado a Cristo y lo haya traicionado en la persona de sus santos, verá el resultado de su obra.

Entonces, en el juicio, Cristo se sentará en el trono. No estará ante el tribunal de Pilato ni el de Herodes. Él es el juez, y Pilato y Herodes están en pie ante el Hombre a quien azotaron y entregaron al capricho de sus enemigos, mientras los sacerdotes y gobernantes demandaban la muerte del Mesías. Pilato, Herodes y todos los que se burlaron, azotaron, rechazaron y crucificaron al Señor, comprenderán entonces qué significa sentir la ira del Cordero. —*Manuscrito 137, del 16 de Diciembre de 1897.*

Agricultores, comerciantes, abogados, fabricantes, estarán completamente ocupados con sus negocios y el día del Señor vendrá sobre ellos como lazo. Cuando los hombres se sienten cómodos, llenos de diversiones, absortos comprando y vendiendo y el ladrón se acerca sigilosamente, así será la venida del Hijo del Hombre.

Viene el tiempo cuando temblará la tierra y será removida como una choza. Pero los pensamientos, los propósitos y los actos de los obreros de Dios, aunque ahora sean invisibles, aparecerán en el gran día final de la retribución y de la recompensa. Cosas ahora olvidadas entonces aparecerán como testigos, ya sea para aprobación o para condenación.

En el día del juicio, la conducta de aquel que haya conservado la fragilidad y la imperfección de la humanidad, no será defendida. Para el tal no habrá lugar en el cielo. No podría disfrutar de la perfección de los santos en luz. El que no tiene suficiente fe en Cristo para creer que él puede guardarlo del pecado, no tiene la fe que le dará entrada en el reino de Dios. —*Carta 21, del 19 de Diciembre de 1897.*

Al impartir sus enseñanzas, Cristo procuró impresionar a los hombres con la certeza y el carácter público del juicio venidero. No es el juicio de unos pocos individuos o aun de una nación, sino del conjunto total de inteligencias humanas, de seres responsables. Se llevará a cabo en presencia de los otros mundos para que el amor, la integridad y el servicio del hombre a Dios puedan ser honrados supremamente.

"El Padre a nadie juzga, sino que confió todo el juicio al Hijo" (Juan 5:22). Él ha dado su autoridad para ejecutar juicio, "le dio autoridad de hacer juicio, porque es el Hijo del Hombre" (Versículo 27). En la excelente humanidad de Cristo se encuentra la razón de su elección. El Padre ha entregado todo el juicio a su Hijo. Sin discusión, él es Dios manifestado en la carne. (Vea 1 Timoteo 3:16).

Dios dispuso que el Príncipe de los sufrientes de la humanidad fuera el juez de todo el mundo. El que se sometió para ser procesado ante un tribunal terreno, el que vino de los atrios celestiales para salvar al hombre de la muerte eterna, Aquel a quien los hombres despreciaron, rechazaron y sobre el cual amontonaron todo el menosprecio de que son capaces los seres humanos inspirados por Satanás, el que sufrió la ignominiosa muerte de la cruz: sólo él habrá de pronunciar la sentencia de recompensa o de castigo. Cuando todos los hombres sean juzgados de acuerdo a sus obras, las palabras habladas a... (los líderes judíos) en la sala del juicio: "os digo que en el futuro veréis al Hijo del Hombre sentado a la diestra del Todopoderoso, y que viene en las nubes del cielo" (Mateo 26:64), aparecerán ante ellos como si estuvieran escritas en letras de fuego. Inspirados por Satanás, los judíos habían escogido a un ladrón y homicida en lugar de Cristo y con ese tipo de gente se sentenciaron para el juicio final...

En ese día la ley de Dios será revelada en su majestad; y los que hayan asumido una actitud de desafiante rebelión contra sus santos preceptos, comprenderán que la ley que desecharon, menospreciaron y hollaron bajo sus pies, es la norma de Dios para evaluar el carácter. Ante todos los que guardaron los mandamientos y todos los transgresores que los transgredieron, aparecerá la escena cuando el sábado fue dado por primera vez en el Edén, cuando se estableció el fundamento de la tierra y se regocijaron todos los hijos de Dios. Allí fue instituido el sábado. Esta escena será vívidamente representada delante de cada mente.

A aquellos que han dirigido en palabra y doctrina y que con palabras suaves y bellos discursos han enseñado que la ley de Dios ya no es necesaria y que el sábado del cuarto mandamiento fue dado solamente para los judíos, a aquellos que han instruido a sus oyentes a despreciar las advertencias enviadas por medio de los profetas y apóstoles del Señor y sus ministros, se les presentarán en su mente las escenas ocurridas en el monte Sinaí con toda su grandeza...

Todo el cielo reconoció, como tal el primer advenimiento de Cristo... Y, ¿será menos gloriosa la segunda venida de Cristo? ¡No! Él vendrá triunfante. En su muerte la creación se envolvió en tinieblas y toda la naturaleza simpatizó con su dolor y humillación; y la naturaleza será testigo de su triunfo en su segundo advenimiento...

El mismo Jesús cuya expiación fue rechazada, cuyos seguidores han sido despreciados y ultrajados, aparecerá "desde el cielo con sus poderosos ángeles, en llama de fuego, para dar la retribución a los que no conocieron a Dios, ni obedecen al evangelio de nuestro Señor Jesucristo. Éstos serán castigados con eterna destrucción por la presencia del Señor y por la gloria de su poder" (2 Tesalonicenses 1:7-9). Entonces: "todos los linajes de la tierra se lamentarán por él" (Apocalipsis 1:7).

Sobradamente saben, los desapercibidos habitantes de la tierra, lo que les espera. Satanás no puede pagar el rescate por sus almas, y los pobres ilusos profesos cristianos que han estado satisfechos permitiendo que los ministros investigaran las Escrituras por ellos, verán que recibirán su merecido de acuerdo a sus obras. También aquellos que han desvirtuado las Escrituras enseñando como doctrinas los mandamientos de los hombres, verán que tendrán que responder por las almas de aquellos a quienes han llevado al error y a la apostasía. Un gemido de desesperación y agonía llega hasta el cielo, pero retumba en la tierra. Fuerte, mucho más fuerte que cualquier clamor humano, es el sonido de la última trompeta, y por encima de todo se oye la voz del Omnipotente: "¡Apartaos de mí, obradores de maldad!" (Mateo 7:23). —*Manuscrito 39, del 11 de Marzo de 1898.*

Actualmente hay abogados, juristas, senadores y jueces que se olvidan de que Dios es parte de todas sus transacciones, que él los llamará a rendir cuenta por toda injusticia practicada contra sus semejantes, al causar sufrimiento a los inocentes y permitir que el culpable se fugue. Los hombres han hecho esto por tanto tiempo, que se han olvidado de Dios. "Cuando la sentencia sobre un crimen no se ejecuta enseguida, el corazón de los hombres se llena para hacer el mal" (Eclesiastés 8:11). Pero el Dios de verdad es testigo de cada declaración falsa y el Alto y Sublime que habita la eternidad no pasará por alto sus pecados.

Ningún hombre puede violar la justicia en las cortes de hoy, tarde o temprano entenderá que todo fraude y toda farsa serán puestos al descubierto a la vista del universo celestial y de los habitantes de la tierra. Dios ha dado a los hombres el talento de la razón, del habla, de la discriminación y si pervierten los dones que Dios les ha otorgado y los usan para estafar, para vilezas e injusticia, el Señor ciertamente los traerá a juicio. Todos los talentos e intelecto confiados a los hombres, o bien sirven a Dios, o lo deshonran. Él ve las transacciones de los hijos de los hombres. Nadie puede practicar la falsedad, nadie puede recibir soborno para exonerar a los hombres de las consecuencias de su culpa y echar la culpa sobre el inocente, sin que el Señor los juzgue por ello.

Ésta será una cuestión de mucha importancia para los que asumieron la responsabilidad de administrar justicia y quienes por usufructo han hecho injusticia a sus semejantes. Los hombres que ocupan posiciones de responsabilidad, deben saber que todo lo que deshonre a Dios es una transgresión a su ley y los emplaza ante el tribunal de justicia de Dios para rendir cuenta por sus hechos. Estos hombres que suponían que podían violar los principios de la justicia y que al fin todo saldría bien, deben saber que por todas estas cosas el Señor los traerá a juicio...

Hay hombres en la iglesia y en el mundo que han aprendido a practicar el fraude y serán juzgados por ello... Los hombres han escogido situarse, no bajo el estandarte ensangrentado del Príncipe Emanuel, sino bajo la bandera subversiva para hacer la obra del príncipe rebelde. Pueden haber vendido sus almas por dinero; pueden haber tomado el dinero del Señor para comprar trigo y las prestaciones con las que los pobres se ganan el sustento, sin derecho, pueden haber exigido a las criaturas del Señor los precios más elevados acumulando fortunas principescas para sí mismos, pero por todo eso el Señor dice que los traerá a juicio...

El clamor de la humanidad hambrienta asciende a Dios, mientras estos hombres se postran ante sus ídolos sin pies ni cabeza, así como los paganos se postran ante sus dioses de madera y de piedra. Aunque todo el mundo se asocie para demostrar lo contrario, cada dólar ganado en este tráfico corrupto implica una maldición. Cuanto más sean las acciones bancarias, mayor será el veredicto de Dios. —*Carta 89, del 30 de Octubre de 1898.*

Les insto a que consideren lo que revelarán los libros del cielo cuando sean abiertos. El libro de memorias los confrontará en el tribunal de justicia, y éste revelará en forma ostensible la longanimidad de Dios. Dios podría haberlos cortado por ocupar inútilmente el suelo, pero en cambio él les señala una puerta abierta y les dice: "arrepentíos y convertíos, para que sean borrados vuestros pecados" (Hechos 3:19).

En el juicio, cuando se decida cada caso se revelará plenamente la responsabilidad de cada uno. Comprenderán la influencia que podrían haber ejercido sobre otras almas, si hubiesen permanecido bajo el estandarte ensangrentado de Jesucristo. Cuán entrelazada es la trama de la influencia humana. La conducta de cada persona tiene una relación directa en la vida de otros.

Se me han presentado las solemnes escenas del juicio y ahora le ruego que se detenga y considere por sí mismo: "¿Cómo está mi alma?" —*Carta 52, del 23 de Marzo de 1899.*

Fuerzas poderosas e invisibles están actuando en los asuntos de los hombres en el último gran conflicto. La contienda se conducirá de forma tal, que el poder que se ha exaltado sobre Dios y ha enrolado a las almas en rebelión contra él, cumplirá de lleno los principios de desobediencia. Toda boca confesará la gloria de Dios. (Vea Filipenses 2:10). Se verá claramente que los principios de la justicia y obediencia a la ley de Dios, son superiores a todos los poderes y que el castigo sobre todos los transgresores es justo.

Los mundos no caídos y todo el universo verán el resultado de la apostasía de Satanás, y reconocerán que Dios es el único Dios vivo y verdadero. Las fuerzas de la rebelión confesarán la justicia de Dios, pero su reconocimiento no les dará otro período de gracia. Sus casos han sido sellados para siempre. Después de la segunda resurrección, Satanás la raíz y sus seguidores, las ramas, perecerán juntos. —*Carta 25, del 15 de Febrero de 1900.*

Cuando los redimidos se hallen en la presencia de Dios, responderán a sus nombres las almas preciosas llevadas allí por los esfuerzos pacientes y fieles hechos en su favor, por las súplicas y la ferviente persuasión de buscar su refugio en el Fuerte. De este modo, los que en este mundo han sido colaboradores con Dios, recibirán su recompensa. —*Carta 74, del 20 de Mayo de 1900.*

En el día cuando cada uno sea recompensado de acuerdo con sus obras ¿cómo se verán a sí mismos los transgresores, ya que por unos momentos se les permitirá ver el registro de sus vidas según escogieron vivirla, sin tener en cuenta la ley que a través de los siglos regirá el universo? Verán entonces, qué es lo que Dios deseaba que hicieran. Se darán cuenta de que deberían haber usado los privilegios comprados con sangre, en favor de la verdad y la justicia. Entenderán que en vez de colocar sus talentos e influencia del lado de la rebelión, fortaleciendo así las fuerzas del enemigo, deberían haber dedicado sus energías a ser buenos y a hacer el bien...

En el día del juicio, los hombres verán lo que podrían haber llegado a ser a través del poder de Cristo. Verán el robo que le han hecho a Dios. Se darán cuenta que ellos han apostatado de su Creador. Verán el bien que podrían haber hecho, pero que no hicieron. Se negaron por completo a ser hechos mejores. Los esfuerzos realizados en su nombre fueron en vano. Conocían las demandas de Dios, pero se negaron a obedecer las condiciones escritas en su palabra. Se unieron a los demonios por su propia decisión. El poder que se les dio para que lo usen en el servicio a Dios, lo usaron para servir a su yo. Se endiosaron a sí mismos, negándose a someterse bajo cualquier otro control. Se engañaron a sí mismos y se hicieron detestables a la vista de Dios...

Los hombres y los ángeles caídos entran en una relación desesperada... los que caen por la apostasía están obrando constantemente en contra de la benevolencia y la obediencia. Se asocian con aquellos que se niegan a guardar la ley de Dios. En el día del juicio todo esto se despliega ante los impenitentes. Escena tras escena pasa ante ellos. Claramente, como a la luz del sol del mediodía, todos ven lo que podrían haber tenido si hubieran cooperado con Dios, en vez de oponérsele. El cuadro no puede modificarse. Sus casos están decididos para siempre. Deben morir con aquellos cuyos caminos y obras siguieron.

Un rayo de luz llegará a todas las almas perdidas. Entenderán plenamente el misterio de la piedad que despreciaron y aborrecieron durante su vida. Y los ángeles caídos, dotados de una inteligencia superior a la del hombre, se darán cuenta de lo que hicieron al emplear sus poderes para inducir a los seres humanos a escoger el engaño y la falsedad. Todos los que se unieron al impostor, los que se instruyeron en sus caminos y practicaron sus engaños, deben perecer con él... El Señor Jesús los mira compasivamente y dice: "Apartaos". En este momento se comprenderán los capítulos 3 y 4 de Zacarías. —*Manuscrito 37, del 8 de Julio de 1900.*

Los que se exaltan a sí mismos se ponen bajo el poder de Satanás y se preparan para ser víctimas de sus engaños. Hay ministros y obreros, que al igual que los rabinos judíos, presentan una trama de falsedades sin sentido como si fueran verdades comprobadas. Presentan las máximas de una nueva comida a su tiempo, mientras las ovejas están pereciendo por falta del pan de vida... Esta mezcla antojadiza que se prepara para el rebaño causa inanición espiritual, decadencia y muerte...

Como en los días de Noé, aquellos que han tenido gran luz mostrarán su inconsistencia. Porque la venida de Cristo ha sido anunciada con mucha anticipación, concluyen que hay un error en esta doctrina... Nosotros que decimos estudiar las profecías ¿olvidamos que la paciencia de Dios para con los malos es parte de su inmenso y misericordioso plan, por el cual está tratando de salvar a las almas? ¿Estaremos nosotros entre los que dejan de cooperar con el Señor y dicen: "Mi señor se tarda en venir?" (vea Mateo 24:48)

El juicio final es un acontecimiento sumamente solemne y terrible. Se desarrollará delante del universo entero. El Padre ha delegado todo el juicio en el Señor Jesús. Él será quien declare la recompensa que recibirán los que hayan sido leales a la ley de Jehová. Dios será honrado y su gobierno reivindicado y glorificado; todo ello en presencia de los habitantes de los mundos no caídos. El gobierno de Dios será reivindicado y exaltado en la mayor medida posible. No se trata del juicio de una persona o de una nación, sino de todo el mundo. ¡Oh, qué cambio se producirá entonces en el entendimiento de todos los seres creados! Allí se percibirá el valor de la vida eterna.

Cuando Dios honra a su pueblo que guarda los mandamientos, no permite que ninguno de los enemigos de la verdad y la justicia esté ausente. Y cuando los transgresores de su ley reciban su condenación, todos los justos contemplarán el resultado del pecado...

El que ocupa la posición de juez es Dios manifestado en la carne. Qué gozo será reconocer en él a nuestro Maestro y Redentor, llevando aún las marcas de la crucifixión, de las que salen rayos de gloria, lo que dará un valor adicional a las coronas que los redimidos recibirán de sus manos, las mismas manos que se extendieron para bendecir a sus discípulos cuando él ascendió.

La misma voz que dijo: "He aquí yo estoy con vosotros todos los días, hasta el fin del mundo" (Mat. 28: 20), da la bienvenida a los redimidos. El mismo que dio su preciosa vida por ellos; quien por su gracia movió sus corazones al arrepentimiento, quien los despertó a su necesidad de arrepentimiento, los recibe ahora en su gozo. ¡Oh, cuánto lo aman! La realización de su esperanza es infinitamente mayor que su expectativa. Su gozo es completo.

Cuando los pecadores sean obligados a contemplar a Aquel que revistió su divinidad con humanidad y que todavía tiene esa apariencia exterior, su confusión es indescriptible. Recordarán cómo menospreciaron su amor y abusaron de su compasión; cómo prefirieron a Barrabás, ladrón y asesino, en lugar de él; cómo coronaron con espinas al Salvador e hicieron que fuera azotado y crucificado; cómo, en la agonía de la muerte en la cruz, se mofaron de él diciendo: "Descienda ahora de la cruz, y creeremos en él; a otros salvó, a sí mismo no se puede salvar". Cada acto de insulto y burla dirigido a Cristo será tan fresco en su memoria como cuando sucedían los actos satánicos. Les parecerá oír de nuevo la voz de súplica de él. Cada expresión de ruego vibrará tan claramente en sus oídos como cuando el Salvador les hablaba en la sinagoga y en las calles. Entonces los que traspasaron a Cristo, clamarán a las rocas y a las montañas que caigan sobre ellos y los oculte del rostro de Aquel que está sentado en el trono de la ira del Cordero. Porque ha llegado el gran día de su ira ¿y quién podrá quedar en pie? (Vea Apocalipsis 6:16, 17).

Aquel que siempre se mostró lleno de ternura, paciencia y magnanimidad; quien, habiéndose entregado como la víctima propiciatoria, fue llevado como oveja al matadero para salvar a los pecadores de la condenación que ahora cae sobre ellos... les hace comprender lo que podrían haber tenido, si hubiesen recibido a Cristo y mejorado las oportunidades que se les habían concedido... En ese gran día, todos verán que su conducta decidió su destino. Serán recompensados o castigados conforme hayan obedecido o violado la ley de Dios. En ese gran día se revelará clara y patentemente el carácter de cada individuo. Dios examinará todos los sentimientos y motivos. Nadie puede ocupar una posición neutral, no existe una posición intermedia. Los hombres y las mujeres son santos o pecadores, o bien merecen una vida eterna gloriosa, o están condenados a la muerte eterna. ¡Que escena será ésa! La agravante culpa del mundo se pondrá al descubierto y se oirá la voz del juez eterno que dice: "Nunca os conocí; apartaos de mí".

El juicio se llevará a cabo de acuerdo con las normas establecidas para que el hombre pudiese tener la vida eterna. La ley de Dios, la que ahora se insta a los hombres a obedecer y a adoptarla como regla de vida y que muchos han rehusado aceptar, es la norma por la cual serán juzgados. Seremos juzgados por nuestras obras. La obediencia o desobediencia es de suma importancia para nosotros.

El gran día final será un testimonio del triunfo de la ley de Jehová. Cuando los impenitentes sean obligados a observar la cruz del Calvario, las escamas caen de sus ojos y ven lo que antes no habían visto. Ven la ley que ellos menospreciaron, ensalzada así como es ensalzado el trono de Dios. Ven que Dios mismo reverencia su ley. —*Carta 131, del 14 de Octubre de 1900.*

—*Carta 2, del 2 de Enero de 1901.*

Se nos ha dado gran luz respecto a la ley de Dios. Esta ley es la norma del carácter. Ahora se requiere que el hombre se conforme a ella, y por ella será juzgado en el gran día final. En aquel día los hombres serán tratados de acuerdo con la luz que han recibido. "El siervo que entendió la voluntad de su señor y no se preparó, ni hizo conforme a su voluntad, será azotado mucho. Pero el que no entendió, e hizo cosas dignas de azotes, será azotado poco. A quien se le dio mucho, mucho se le reclamará; y al que se le confió mucho, más se le pedirá". (Vea Lucas 12:47, 48). Los talentos otorgados determinarán los resultados esperados. La culpabilidad del pecador será medida por las oportunidades y privilegios que dejó de cultivar. No sólo será castigado porque rechazó la salvación ofrecida, sino que tendrá que rendir cuenta por la influencia que ha ejercido para incitar a otros al pecado... El castigo del pecador será en proporción a la magnitud de su influencia ejercida en la impenitencia de otros.

No podemos examinar ahora las muchas decisiones que componen el registro de la vida de los miembros de la iglesia. Estas decisiones están anotadas en los registros de Dios. ¿Cómo aparecerá ese registro en el gran día, cuando cada hombre reciba la recompensa de acuerdo con las obras que haya hecho?... "Y vi también a los muertos, grandes y pequeños, en pie ante el trono. Los libros fueron abiertos, y otro libro fue abierto, el Libro de la Vida. Y los muertos fueron juzgados, según sus obras, por las cosas que estaban escritas en los libros" (Apocalipsis 20:12). Los hombres tendrán entonces un claro y nítido recuerdo de todos sus actos en esta vida. Ni una palabra y ningún hecho escapará de su memoria. —*Carta 22, del 3 de Febrero de 1901.*

El Padre encomendó todo el juicio a su Hijo. Cristo soportó las adversidades y aflicciones de la humanidad, sufrió y fue tentado en todo como nosotros para estar preparado para ser el juez de todo el mundo y estar familiarizado con el poder de las tentaciones de Satanás...

En los libros del cielo se registran exactamente las mofas y las observaciones triviales de los pecadores, que no prestan atención a las invitaciones de la misericordia, cuando Cristo es presentado ante ellos por un siervo de Dios. Así como el artista sobre un vidrio pulido retrata fielmente un rostro humano, así también Dios diariamente coloca sobre los libros del cielo una representación exacta del carácter de cada individuo. —*Manuscrito 105, del 28 de Septiembre de 1901.*

Los miembros de la iglesia necesitan el Espíritu, el Espíritu Santo. Los miembros de iglesia necesitan orar, ayunar y luchar con firmeza para vencer por la sangre del Cordero y la palabra de su testimonio. En ocasión del juicio ejecutivo de Dios, ni una partícula de impureza sodomita escapará de la ira de Dios. Los que no se arrepientan y abandonen toda impureza, caerán con los impíos.

Los que lleguen a ser miembros de la familia de Dios y constituyan el reino de Dios en la tierra renovada, serán seres santos, no pecadores.

Las personas que han recibido mucha luz y la desatienden, se hallan en una condición peor que la de las que no han recibido tanta ventaja. Se enaltecen a sí mismas, no al Señor. El castigo que se impondrá a los seres humanos será, en cada caso, proporcional a la deshonra que le hayan causado a Dios por haber seguido un curso que expone a Cristo a la vergüenza pública. —*Carta 159, del 3 de Noviembre de 1901.*

¿Por cuánto tiempo se rechazarán los testimonios de advertencia para dar lugar a la sabiduría de los hombres? Hay muchas cosas que no he querido especificar, pero me siento obligada a hacerlo... ahora tendré que ser más explícita que nunca. Pero debo hacerlo para salvar al rebaño de Dios, de las influencias engañosas...

Es posible que sea necesario hacer la misma obra que el Señor inspiró a sus mensajeros a hacer en el pasado; para salvar al mayor número de almas de las influencias satánicas que las llevarían por mal camino. La opinión del mundo se opondrá a la misma obra que se debe hacer para no exponer al peligro la seguridad del rebaño de Dios...

En su Palabra el Señor declara lo que hubiese hecho por Israel si éste hubiera obedecido su voz. Pero los líderes del pueblo cedieron a las tentaciones de Satanás, y Dios no pudo darles las bendiciones que pensaba concederles porque no obedecieron su voz, sino que escucharon la voz y siguieron el plan de acción de Lucifer. Esta experiencia se volverá a repetir en los últimos años de la historia del pueblo de Dios, que él había establecido por su gracia y poder. En las escenas finales de la historia de esta tierra, hombres a quienes él [Dios] ha honrado grandemente, imitarán al antiguo Israel.

"Por eso dice el Espíritu Santo: Si hoy oís su voz, no endurezcáis vuestro corazón, como en la provocación, en el día de la tentación en el desierto, donde vuestros padres me pusieron a prueba, y vieron mis obras durante cuarenta años. Por eso me disgusté con esa generación, y dije: Siempre divagan en su corazón, y no han conocido mis caminos. Así, en mi desagrado juré: ¡No entrarán en mi reposo! Mirad, hermanos, que en ninguno de vosotros haya un corazón malo e incrédulo que lo aparte del Dios vivo. Antes, alentaos unos a otros cada día, mientras dura ese hoy, para que ninguno se endurezca con el engaño del pecado" (Hebreos 3:7-13).

Recuerde que la historia se volverá a repetir. Los peligros que el pueblo de Dios enfrentó en el pasado, los volverá a enfrentar con más intensidad. Satanás ha ejercido su influencia sobre los hombres a quienes Dios había honrado por encima de todas las inteligencias humanas... así como honró a Salomón.

"Por tanto, con más diligencia debemos atender a lo que hemos oído, para no desviarnos. Porque si la palabra dicha por los ángeles fue firme, y toda transgresión y desobediencia recibió justa retribución ¿cómo escaparemos, si descuidamos una salvación tan grande? Esta salvación fue anunciada primero por el Señor y fue confirmada para por los que oyeron" (Hebreos 2:1-3).

Las cosas que presentaban los sacerdotes y gobernantes se habían contaminado con teorías erróneas. El evangelio del Antiguo Testamento había sido mal interpretado por los maestros que querían adaptar su presentación a su condición espiritual, en vez de exaltar la verdad y trabajar para traer al pueblo que decía ser el pueblo escogido de Dios, a los principios santos legados por él. Cristo vino a dar al evangelio su pureza y verdadero rumbo, y todos deben respetar su enseñanza.

El Señor estaba guiando a su pueblo a la verdad auténtica. Las escrituras muestran lo que habían perdido y continuarían perdiendo, a menos que regresaran a la Palabra y no dejaran escapar de su memoria nada de lo que habían oído.

A menos que prestemos mayor atención a la Palabra de Dios, las mentes humanas maquinarán teorías según sus propias prácticas deficientes como las que presenciamos en 1842, 1843, y sobre todo al correr el tiempo (el 22 de octubre de 1844) mal interpretarán y aplicarán mal un: "Así dice el Señor". El apartarse de los grandes principios que Cristo ha establecido en sus enseñanzas, la invención de proyectos humanos, el uso de las Escrituras para justificar una conducta equivocada bajo la labor perversa de Lucifer confirmará a los hombres en el error. La verdad que necesitan para mantenerlos alejados de las prácticas erróneas, se escurrirá del alma como agua que se escurre de una vasija rota.

Lo mismo sucede en nuestro tiempo. El apartarse de los principios correctos cegará el entendimiento en cuanto a qué es la verdad... La santa ley de los Diez Mandamientos, escrita en las tablas de piedra por el dedo de Dios, y colocada en el arca, es la norma de justicia. Ésta aparecerá delante de todos, obedientes y desobedientes, en el último gran día y todos los malos serán condenados. Verán que sus acciones provenían de un carácter depravado. Verán que su conducta ayudó a continuar la rebelión que había comenzado en las cortes celestiales. Verán toda la crueldad y la maldad que deshonró a su Creador y trajo la desdicha que colma el mundo.

La ley que desobedecieron era su existencia. La obediencia a ella habría transformado sus caracteres como el oro fino y sus principios como el oro de Ofír. Si hubiesen obedecido la ley que escogieron ignorar y pisotear, habrían tenido felicidad y paz, y esta obediencia habría dado frutos de amor santificado y belleza de carácter. El mundo se habría colmado de santidad y pureza...

Aquellos que rechazan los testimonios que Dios ha enviado, no están comiendo la carne ni bebiendo la sangre del Hijo de Dios. El desarrollo del carácter contará su historia al fin. Por medio del rechazo a los principios correctos y por medio de la corrupción de la naturaleza humana, Satanás trabaja con sofismas para engañar si es posible, aun a los escogidos...

A menos que el hombre reciba la gracia transformadora del cielo, no se sentirá inclinado a oponerse a las sugerencias de Satanás y será dócilmente embaucado por el enemigo. —*Manuscrito 5, del 20 de Enero de 1904.*

En los libros sagrados, la verdad está enunciada y circundada por un "Así dice el Señor". El Espíritu Santo transcribió estas verdades en mi corazón y mi mente tan indeleblemente, como la ley que fue trazada por el dedo de Dios en las tablas de piedra que están ahora en el arca, y que serán presentadas en ese gran día, cuando se pronuncie la sentencia contra toda ciencia seductora del mal, producida por el padre de las mentiras...

Algunos desprecian estos mensajes, los interpretan mal y dicen cosas falsas que llevan a otros por mal camino. Nuestra única esperanza está en el Dios de la verdad. Nuestro mediador entiende todos los detalles de la cuestión. Cuanto más claramente se presente ante el pueblo la ingrata verdad, más porfiado será el odio manifestado por aquellos que se han apartado de la fe y han prestado atención a los sentimientos presentados por Satanás. —*Carta 90, del 6 de Marzo de 1906.*

A veces lo que los hombres enseñan como una "luz especial" es en realidad un error falaz, que como la cizaña sembrada entre el trigo, crecerá y producirá una cosecha funesta. Algunos recibirán este tipo de errores hasta que llegue el fin de la historia de este mundo...

La verdad se sostiene por un claro: "Así dice el Señor". Pero se ha introducido el error y se usan las Escrituras fuera de su contexto natural para probar falacias que engañarán si es posible, aún a los escogidos...

Tarde o temprano tendremos que confesar. Si no lo hacemos voluntariamente ahora, finalmente tendremos que hacerlo delante del universo y del inmenso ejército de Satanás, que rodeará la ciudad de Dios pensando vanamente que por ser muchos, prevalecerán. Los que se niegan a confesarse ahora, se verán obligados luego a confesar sus errores: infidelidad, transacciones encubiertas y toda transgresión a la ley de Dios.

¡Oh, cuánto mejor sería si confesaran ahora los errores, en vez de esperar hasta que se abran los registros del cielo, cuando toda obra será revelada e incluso los motivos que la impulsaron a la acción! Dios lee los motivos secretos del corazón. Y pronto llegará el día cuando todos aquellos que se han unido para apoyar al hombre licencioso, como si sus acciones hubiesen sido justas y correctas, verán que han hecho su parte para engañarlo y que han sido copartícipes de su mal proceder. Entenderán entonces que al no reprobar sus tendencias pervertidas, las han fortalecido y que están unidos a él en el pecado, y que tan ciertamente como el Señor lo ha indicado, compartirán el castigo que será administrado ante la presencia de toda la asamblea universal. —*Carta 136, del 27 de Abril de 1906.*

En el día del juicio, algunos invocarán esta buena acción y aquella otra como una razón por la cual deberían recibir consideración. Dirán: "Ayudé a jóvenes a establecerse en los negocios. Di dinero para fundar hospitales, alivié las necesidades de las viudas y llevé a los pobres a mi hogar". Sí, pero sus motivos estaban tan contaminados de egoísmo que la acción no era aceptable a la vista del Señor. En todo lo que hicieron, el yo figuró en forma prominente. —*Manuscrito 53, de 1906.*

Capítulo 18– Las Cosas Celestiales.

Vi la hermosura y la gloria extraordinaria de Jesús. Su rostro era más brillante que el sol al mediodía. Su manto era más blanco que el blanco más blanco. ¡Cómo podría... describir las glorias del cielo y a los amantes ángeles cantando y tocando sus decacordios!

Vi que percibíamos y comprendíamos escasamente la importancia del sábado... Vi que no sabíamos qué significaba subir sobre las alturas de la tierra y ser alimentados con la heredad de Jacob. Pero cuando desciendan de la presencia del Señor la refrescante lluvia tardía y la gloria de su poder, sí sabremos qué significa comer de la heredad de Jacob y estar sobre las alturas de la tierra. Entonces apreciaremos mejor la importancia y la gloria que tiene el sábado. Pero no lo veremos en toda su gloria hasta que se establezca el pacto de paz con nosotros al llamado de la voz de Dios. Hasta que las puertas de perlas de la Nueva Jerusalén se abran de par en par y giren sobre sus resplandecientes goznes, y se perciba la bella y jubilosa voz del amante Jesús, más dulce que toda música que jamás haya llegado a oídos humanos, invitándonos a entrar.

Vi que teníamos absoluto derecho de entrar en la ciudad porque habíamos guardado los mandamientos de Dios y el cielo, el hermoso cielo es nuestro hogar. —Carta 3, del 11 de Agosto de 1851.

A menudo caminaba por los amplios y extensos jardines del palacio real (en Oslo, Noruega). Son unas campiñas hermosísimas, pero dejaba que mi mente se transportara a la tierra nueva y purificada, donde todas las cosas serán nuevas y ya no existirá la maldición. Cuán gozosa me sentía al pensar que era hija de Dios, miembro de la familia real, hija del Rey celestial y heredera del reino inmaculado, santo e imperecedero.

Me encanta ver todo lo hermoso que hay en la naturaleza en este mundo. Creo que estaría perfectamente satisfecha con esta tierra, rodeada de las cosas buenas de Dios, si ésta no estuviera malograda por la maldición del pecado. Pero tendremos nuevos cielos y nueva tierra. Juan vio esto en una santa visión y dijo: "Y oí una gran voz del cielo que dijo: "Ahora la morada de Dios está con los hombres, y él habitará con ellos. Serán su pueblo, y Dios mismo estará con ellos, y será su Dios"" (Apocalipsis 21:3).

¡Oh, bendita esperanza, gloriosa perspectiva! "Al que tenga sed, le daré gratis de la fuente del agua de la vida. El que venciere heredará todas las cosas; y yo seré su Dios, y él será mi hijo" (versículos 6 y 7). Espero estar aguardando y velando por la venida del Hijo del Hombre en las nubes de los cielos.

No tenemos tiempo para hablar de incredulidad, o de cubrir nuestras almas con una atmósfera de duda. Jesús nos ama y desea que seamos felices...

Mi profundo deseo, si conozco mi corazón, es cumplir estrictamente la voluntad de Dios. Estoy dispuesta a ser peregrina y extranjera aquí, porque estoy buscando una ciudad cuyo constructor y hacedor es Dios. Tenemos sólo un poquito de tiempo para trabajar y deseamos hacer nuestra obra con diligencia. No queremos seguir nuestras propias inclinaciones y deleites, sino simplemente hacer la voluntad de Dios y esperar su salvación y la recompensa final. Tengo paz y gozo en mi Salvador. Estoy mirando hacia el más allá y si el Maestro me dice: "Bien has hecho" quedaré completamente satisfecha. Amo a Jesús; me encanta hacer su voluntad. No pido ni posición ni honor ni comodidad ni conveniencia. Quiero trabajar para Dios practicando abnegación y abstinencia y tomar parte con Cristo en sus sufrimientos, para ser partícipe con él en su gloria...

Debemos considerar la forma de rendir un servicio más perfecto a Dios, buscando constantemente alcanzar la perfección... La vida del cristiano se compara con la vida de un soldado. Por medio del soborno no se puede buscar el bienestar y la complacencia propia. La idea de que los soldados cristianos deben ser absueltos de los conflictos sin soportar pruebas... es una farsa. El conflicto del cristiano es una batalla y una marcha que demanda resistencia. Se debe hacer una obra difícil, y a todos los que se enlistan como soldados en la milicia de Cristo albergando estas falsas nociones de complacencia y bienestar, y luego experimentan pruebas, a menudo les resulta mortal para su cristianismo...

Es tiempo de que los hombres y mujeres tengan una verdadera idea de lo que se espera de un verdadero soldado de la cruz de Jesús. Se espera que aquellos que sirven bajo el estandarte ensangrentado del Príncipe Emmanuel, hagan la difícil obra que agotará todas las fuerzas que Dios les ha dado. Tendrán que soportar pruebas dolorosas por causa de Cristo. Tendrán conflictos que desgarrarán el alma. Pero si son soldados fieles, dirán con Pablo: "Porque esta leve tribulación momentánea produce en nosotros un cada vez más excelente y eterno peso de gloria; no mirando nosotros las cosas que se ven, sino las que no se ven; pues las cosas que se ven son temporales, pero las que no se ven son eternas". —*Carta 62, de Julio, de 1886.*

Ustedes son hijos de Dios. Él los ha adoptado y desea que formen caracteres aquí que les permitan pertenecer a la familia celestial. Recuerde que podrán soportar las pruebas que enfrenten aquí.

En el cielo no habrá distinción de colores, porque todos serán tan inmaculados como Cristo mismo. Agradezcamos a Dios que podemos pertenecer a la familia real. —*Manuscrito 27, del 16 de Marzo de 1901.*

Pronto estaremos en nuestro hogar prometido. Allí Jesús nos guiará a orillas del río de la vida que fluye del trono de Dios, y nos explicará las providencias sombrías por las que nos condujo para perfeccionar nuestros caracteres. Allí veremos por todas partes los hermosos árboles del paraíso, incluso el árbol que lleva doce frutos, una clase de fruto por cada mes del año. Allí contemplaremos claramente las bellezas del Edén restaurado. Allí arrojaremos a los pies de nuestro Redentor las coronas que él ha puesto sobre nuestras cabezas y tocando nuestras arpas de oro daremos alabanza y acción de gracias al que está sentado en el trono. —*Manuscrito 70, del 16 de Julio de 1903.*

"No se turbe vuestro corazón. Creéis en Dios, creed también en mí" (Yo soy el resplandor de la gloria del Padre, la manifestación de su amor, el canal por el cual desciende su misericordia hacia vosotros, y por el cual vuestras oraciones se elevan hacia él). "En la casa de mi Padre muchas moradas hay" (Juan 14:1, 2).

Aquí la palabra "moradas" significa mansiones permanentes, viviendas que no se llevan de aquí para allá como las tiendas, sino que durarán eternamente para la familia de los redimidos. El Padre está allí para reunir a sus hijos en sus brazos paternales y concederles su amor eterno. —*Carta 84, del 5 de Marzo de 1907.*

l hacerse planes para la extensión de la obra, debe abarcarse mucho más que las ciudades. En los lugares alejados existen muchas, muchas familias de las cuales debe cuidarse a fin de saber si entienden la obra que Jesús está haciendo por su pueblo.

No ha de descuidarse a los que se encuentren en los caminos, ni tampoco a los que están en los vallados; y mientras viajamos de lugar en lugar, y pasamos por una casa tras otra, debemos siempre preguntar: "¿Han escuchado el mensaje las personas que viven en este lugar? ¿Ha sido presentada a su oído la verdad de la Palabra de Dios? ¿Comprenden ellos que el fin de todas las cosas es inminente, y que los juicios de Dios están cercanos? ¿Se dan cuenta de que cada alma ha sido comprada a un costo infinito?"...

¡Qué recompensa le espera al ganador de almas! Cuando las puertas de aquella hermosa ciudad en las alturas giren sobre sus resplandecientes goznes, y entren las naciones que han guardado la verdad, sobre sus cabezas serán colocadas coronas de oro; ellos atribuirán honor, gloria y majestad a Dios. En ese momento algunos acudirán a vosotros y dirán: "Si no hubiese sido por las palabras que me hablasteis en forma bondadosa, si no hubiera sido por vuestras lágrimas y súplicas y ferviente esfuerzo, yo nunca habría visto al Rey en su hermosura" ¡Qué recompensa! ¡Cuán insignificante es la alabanza de los seres humanos en esta vida terrena y pasajera, en comparación con las recompensas infinitas que aguardan a los fieles en la vida futura e inmortal!

Cuando entre en la ciudad, y se coloque la corona de vida sobre su frente y sobre la de aquellos por cuya salvación trabajó, éstos lo abrazarán y le dirán: "usted fue un instrumento en la salvación de mi vida. Estaría perdido si usted no me hubiese salvado de mí mismo. Le llevó mucho tiempo, pero fue paciente conmigo y me ganó al conocimiento de la verdad". Y después, cuando coloquen sus coronas a los pies de Jesús y toquen las arpas de oro que les han puesto en sus manos y se unan alabando y glorificando a su Redentor, comprenderán que suya es la gran bendición de la vida eterna y ciertamente se regocijarán. ¡Y pensar que mientras vivamos en esta tierra podemos ser instrumentos de Dios para mostrarles a los hombres y mujeres el camino de la salvación!

Si entregan su corazón a Dios, si con humildad cumplen su cometido y permanecen fieles, finalmente oirán las palabras: "¡Venid, benditos de mi Padre! Heredad el reino preparado para vosotros desde la fundación del mundo" (Mateo 25:34). ¿No es ésta suficiente recompensa? En aquel mundo feliz no habrá más tentación ni más dolor. En su vida terrenal, han sido colaboradores con Dios; viviendo de tal forma que su justicia iba delante de ustedes y la gloria del Señor era su retaguardia. —*Manuscrito 15, del 26 de Abril de 1909.*

Con gozo vio Moisés que la ley de Dios seguía siendo honrada y exaltada por un pequeño grupo de fieles. Vio la última gran lucha de las potencias terrenales para destruir a los que guardan la ley de Dios. Miró anticipadamente el momento cuando Dios se levantará para castigar a los habitantes de la tierra por su iniquidad, y cuando los que temieron su nombre serán escudados y ocultados en el día de su ira. Éstos reconocen la relación que existe entre el Padre y su ley. Sólo por los méritos de Jesucristo puede el hombre ser exaltado y capacitado para guardar aceptablemente la ley de Dios.

Una vez más Moisés escuchó y vio el pacto de paz que Dios hizo con los que habían guardado su ley, cuando habló desde su santa morada, y los cielos y la tierra temblaron al oír su voz. Moisés vio que Dios es la esperanza de su pueblo, mientras que los que rechazaron la ley, los que habían crucificado nuevamente a Jesucristo, se postraban servilmente a los pies de los santos por temor a la voz de Dios. Vio que los semblantes de los santos estaban iluminados con la gloria de Dios y resplandecían sobre los que los rodeaban, al igual que los rostros de los que estaban con él cuando la ley fue dada en el Monte Sinaí. Los que guardaron los mandamientos, los que habían honrado la ley de Dios fueron glorificados. En el momento de la venida de Cristo con esplendor y gloria, fueron trasladados al cielo sin ver la muerte. Y elevando canciones de triunfo entraron por las puertas de la ciudad de Dios, hasta llegar al Edén... él vio que la tierra sería purificada por el fuego y limpiada de todo vestigio de pecado y de toda marca de maldad y que sería renovada y entregada a los santos por los siglos de los siglos. Vio que los reinos de la tierra serían entregados a los santos del Altísimo. En la tierra nueva, no habrá ninguna impureza ni nada que estropee su paz y felicidad.

Las profecías que los judíos aplicaron al primer advenimiento de Cristo se cumplirán en la tierra nueva. Entonces los santos redimidos serán inmortales. En sus cabezas llevarán coronas de inmortalidad, y en sus semblantes estarán estampadas la felicidad y la gloria, la cual reflejará la imagen de su Redentor. —*Manuscrito 69, de 1912.*

Libros Nuevos

Algunos disponibles en Amazon

*Español e Inglés

1. Guía de Estudio: Fundamentos de la Biblia Volumen 1, *Amazon*.
2. Comentario Exhaustivo de los Escritos de Elena G de White sobre Génesis, *Amazon*.
3. Comentario Exhaustivo sobre el libro de Apocalipsis Volumen 1, *Amazon*.
4. Historia de los Patriarcas y Profetas (TAMAÑO GIGANTE) *Amazon*.
5. Historia de los Profetas y Reyes (TAMAÑO GIGANTE) *Amazon*.
6. Serie: El Gran Conflicto en Tapa Dura Rojo. (Contáctanos por email)
7. Urías Smith Daniel y Apocalipsis, *Amazon*.

Inglés

1. Revelation: Bible Study Guide Volume 1 (with Ellen white quotes).

LIBROS QUE VIENEN EN CAMINO

1. Guía de Estudio: Fundamentos de la Biblia Volumen 2.
2. Guía de Estudio: Fundamentos de la Biblia Volumen 3.
3. Comentario Exhaustivo de los escritos de Elena White sobre el libro de Daniel.
4. El Conflicto de los Siglos en letra Grande.
5. El Deseado de todas las Gentes en letra Grande.
6. Eventos del Tiempo Final (Edición Inglés).

¡Y MUCHO MAS!

Contáctanos por email para pedidos de descuentos por cajas

kalhelministries21@gmail.com

www.ingramcontent.com/pod-product-compliance
Lightning Source LLC
Chambersburg PA
CBHW060419010526
44118CB00017B/2283